Beiträge zur Wirtschaftsinformatik

Band 1: Lore Alkier
Zukunftsweisende Konzepte
für die EDV-Ausbildung
1992, VIII / 207 Seiten, Brosch. DM 75,-
ISBN 3-7908-0568-8

Band 2: Ulrich Ludwig Küsters
Entwicklung von regelbasierten
Expertensystemen in APL2
1992, VIII/238 Seiten, Brosch. DM 79,-
ISBN 3-7908-0589-0

Band 3: Rolf J. N. Hildebrand
Betriebswirtschaftliche Schwachstellen-
diagnosen im Fertigungsbereich mit
wissensbasierten Systemen
1992, X/163 Seiten, Brosch. DM 65,-
ISBN 3-7908-0594-7

Band 4: Gerhard Walpoth
Computergestützte
Informationsbedarfsanalyse
1993, X/233 Seiten, Brosch. DM 75,-
ISBN 3-7908-0648-X

Band 5: Gerhard A. Kainz
Computergestütze
Distribuierung von Informations-
und Kommunikationssystemen
1993, XII/241 Seiten, Brosch. DM 85,-
ISBN 3-7908-0664-1

Band 6: Dieter Steinmann
Einsatzmöglichkeiten von
Expertensystemen in integrierten
Systemen der Produktionsplanung
und -steuerung (PPS)
1993, XI/217 Seiten, Brosch. DM 78,-
ISBN 3-7908-0665-X

Band 7: Johannes Walther
Rechnergestützte Qualitätssicherung
und CIM
1993, X/281 Seiten, Brosch. DM 90,-
ISBN 3-7908-0684-6

Band 8:
Otto Petrovic
Workgroup Computing -
Computergestützte Teamarbeit
1993, XVI/272 Seiten, Brosch. DM 90,-
ISBN 3-7908-0705-2

Band 9: Gustaf Neumann
Datenmodellierung mit
deduktiven Techniken
1994, VII/223 Seiten, Brosch. DM 75,-
ISBN 3-7908-0717-6

Band 10: Hubert Schüle
DV-Unterstützung beim Planen
und Einführen von CIM-Lösungen
1994, IX/216 Seiten, Brosch. DM 75,-
ISBN 3-7908-0741-9

Band 11: Otto Ch. Krickl (Hrsg.)
Geschäftsprozeßmanagement
1994, VI/302 Seiten, Brosch. DM 90,-
ISBN 3-7908-0782-6

Thomas Myrach

Konzeption und Stand des Einsatzes von Data Dictionaries

Mit 97 Abbildungen

Physica-Verlag

Ein Unternehmen des
Springer-Verlags

Reihenherausgeber
Werner A. Müller
Peter Schuster

Autor
Dr. Thomas Myrach
Institut für Wirtschaftsinformatik
Universität Bern
Hallerstraße 6
CH-3012 Bern, Schweiz

ISBN-13: 978-3-7908-0822-3   e-ISBN-13: 978-3-642-46962-6
DOI: 10.1007/978-3-642-46962-6

Die Deutsche Bibliothek – CIP-Einheitsaufnahme
Myrach, Thomas:
Konzeption und Stand des Einsatzes von data dictionaries/
Thomas Myrach. – Heidelberg: Physica-Verl., 1994
(Beiträge zur Wirtschaftsinformatik; Bd. 12)

NE: GT

Vorwort

Die vorliegende Arbeit entspricht weitgehend der 1993 an der Rechts- und wirtschaftswissenschaftlichen Fakultät der Universität Bern eingereichten Inaugural-Dissertation. Für die Veröffentlichung wurden einige geringfügige Überarbeitungen vorgenommen. Insbesondere habe ich den Text nochmals daraufhin durchgesehen, inwieweit die gemachten Aussagen noch den aktuellen Versionen der dargestellten Systeme DB/2, ADW und ROCHADE entsprechen, und wo notwendig entsprechende Änderungen vorgenommen.

Die Ausführungen sind Ergebnis einer mehrjährigen Beschäftigung mit dem Themenkreis Data Dictionaries, Repositories und CASE, die ich an der Universität Kiel begonnen und am Institut für Wirtschaftsinformatik der Universität Bern fortgeführt habe. Durch die mir dort zur Verfügung stehenden Ressourcen war es mir möglich, verschiedene relevante Werkzeuge einzusetzen und ihre Leistungsfähigkeit kritisch zu prüfen. Dieser Einsatz erstreckte sich auch auf verschiedene Lehrveranstaltungen wie Übungen und Projektseminare. Spezielle Problemstellungen waren zudem Gegenstand von studentischen Lizentiatsarbeiten. Neben den so gewonnenen Erfahrungen war natürlich das Urteil von Anwendern aus der Praxis von großem Interesse. Zu diesem Zweck wurde eine empirische Untersuchung durchgeführt, die in dieser Arbeit dargestellt wird.

Die Dissertation wurde begleitet und betreut von meinem Doktorvater und langjährigem akademischen Lehrer Prof. Dr. Gerhard Knolmayer, der mein wissenschaftliches Interesse stets wohlwollend gefördert hat, wofür ich ihm überaus dankbar bin. Herrn Prof. Dr. Joachim Griese bin ich für die freundliche Übernahme des Zweitgutachtens sehr verbunden.

Daneben seien noch einige Hilfsassistenten erwähnt, die mir bei der Erstellung wertvolle Hilfestellung geleistet haben. Besonders hervorzuheben ist lic. rer. pol. Reto von Arb, dessen Unterstützung insbesondere bei der Erstellung der Graphiken mir in der Endphase der Erstellung der Arbeit von großer Bedeutung gewesen ist. An der Auswertung der empirischen Untersuchung hat lic. rer. pol. Jürg Hess einen wesentlichen Anteil. Ein Teil der Graphiken stammt zudem von Frau lic. rer. pol. Petra Koch. Bei der für die Buchbearbeitung notwendigen Neuformatierung war mir Frau Petra Suter eine große Hilfe. Ihnen allen und weiteren nicht namentlich genannten Hilfskräften sei Dank und Anerkennung ausgesprochen.

Außerdem ist die freundliche Unterstützung der R&O-Software GmbH und der ATAG Informatik AG bzw. Knowledge Ware AG sowie der Manager Software Products GmbH zu erwähnen, die ihre Produkte zu sehr günstigen Konditionen zur Verfügung stellten oder mir vertiefte Einblicke in diese ermöglichten. Ebenso muß ich den Teilnehmern an der empirischen Untersuchung danken, insbesondere den Interviewpartnern, die mir wertvolle Einsichten in die praktische Verwendung von Data Dictionaries eröffneten; aus Gründen der zugesicherten Vertraulichkeit werden sie hier nicht namentlich erwähnt.

Schließlich kann ich an dieser Stelle nicht umhin, an meine Eltern Siegrid und Gerd-Arno Myrach zu denken, die mir in all den Jahren mehr als alle anderen Menschen auf dieser Welt durch ihre vorbehaltlose Unterstützung Rückhalt gegeben haben.

Bern, im August 1994   Thomas Myrach

Inhaltsverzeichnis

1. Einleitung 1

1.1. Data Dictionary und verwandte Begriffe 1
1.2. Kategorisierung von Data-Dictionary-Systemen.........................5
1.3. Problemstellung..9

2. Grundlagen...12

2.1. Daten und Meta-Daten 12
2.2. Architektur von Dictionary-Systemen 18
2.3. Architektur von Informationssystemen......................................24

3. Die Gestaltung eines Dictionary-Schemas....................................33

3.1. Ableitung eines Dictionary-Schemas 33
    3.1.1. Systemanforderungen 34
        3.1.1.1. Informationsanalyse..34
        3.1.1.2. Funktionsanalyse 49
        3.1.1.3. Verbindung von Informations- und Funktionsanalyse.........59
    3.1.2. Systemrealisierung..67
        3.1.2.1. DV-technische Realisierung der Datenhaltung 67
        3.1.2.1.1. Datenhaltung in herkömmlichen Dateiverwaltungs-
            systemen 68
        3.1.2.1.2. Datenhaltung in relationalen Datenbanksystemen.......72
        3.1.2.1.2.1. Logisches Schema...73
        3.1.2.1.2.2. Verbindung des logischen Schemas mit dem
            der Informationsanalyse 81
        3.1.2.1.2.3. Externes Schema..83
        3.1.2.1.2.4. Internes Schema...85
        3.1.2.2. Die physische Prozeßebene...87
        3.1.2.2.1. Programme und Module..87
        3.1.2.2.2. Verbindung von physischer Datenebene und
            Programmen 92
        3.1.2.2.3. Programmablaufsteuerung...95
    3.1.3. Gesamtmodell 97

3.2. Darstellung eines ausgewählten Dictionary-Schemas 100
   3.2.1. Überblick über Meta-Datenmodelle 100
   3.2.2. Das ORION-Modell 102
      3.2.2.1. Das Gesamtmodell 102
      3.2.2.2. Das konzeptionelle Datenmodell 105
      3.2.2.3. Die physische Datenarchitektur 108
      3.2.2.4. Das konzeptionelle Funktionenmodell 112
      3.2.2.5. Die physische Funktionenarchitektur 114

4.   Leistungsspektrum von Dictionary-Systemen 115

4.1. Datenmodelle zur Verwaltung von Meta-Daten 115
4.2. Funktionen zur Verwaltung von Meta-Daten 126
   4.2.1. Generelle Funktionen von Dictionary-Systemen 127
      4.2.1.1. Datendefinitionsfunktion 127
      4.2.1.2. Datenmanipulationsfunktion 128
      4.2.1.3. Auswertungsfunktion 131
      4.2.1.4. Integritätssicherungs- und Prüffunktion 136
      4.2.1.5. Zugriffsberechtigungsfunktion 139
      4.2.1.6. Versionsverwaltungsfunktion 140
   4.2.2. Funktionen passiver Dictionary-Systeme 143
      4.2.2.1. Nachdokumentationsfunktion 144
      4.2.2.2. Generierungsfunktion 145
      4.2.2.3. Import- und Export-Funktion 145
   4.2.3. Funktionen aktiver Dictionary-Systeme 146
      4.2.3.1. Validierungsfunktion 147
      4.2.3.2. Statistikfunktion 148
4.3. Der IRDS-Standard der ANSI 148
   4.3.1. Das Kernmodul 149
   4.3.2. Ergänzende Module 155
4.4. Beispiele für Dictionary-Systeme 159
   4.4.1. Der DB2-Datenkatalog als sekundäres Dictionary-System 159
   4.4.2. ADW als sekundäres Dictionary-System 170
   4.4.3. ROCHADE als primäres Dictionary-System 180
4.5. Vergleich und Auswahl von Dictionary-Systemen 189

5. Gestaltung von Meta-Daten...**195**

5.1. Bedeutung der Namensgebung von Meta-Objekten..........................197

5.1.1. Bedeutung der Namensgebung für die Speicherung von
Meta-Daten in einem Dictionary.......................................198

5.1.2. Bedeutung der Namensgebung für die Integration von
Meta-Daten...200

5.2. Namensstandards...204

5.2.1. Formen von Namensstandards...204

5.2.2. Namensstandards für Datenelemente...............................208

5.2.3. Alternative zur Namensstandardisierung von
Datenelementen..212

5.3. Alternative Namen..217

5.4. Beschreibungsstandards...220

5.4.1. Allgemeine Beschreibungsstandards................................220

5.4.2. Standards für Definitionen...223

5.4.3. Standards für Beschreibungen von Aufbau und
Wertebereichen...226

6. Integration und Konsolidierung von Meta-Daten.......................**233**

6.1. Überprüfung von Objekten innerhalb eines Dictionaries....................233

6.1.1. Dialoggeführte interaktive Überprüfung beim Entwurf von
Meta-Objekten...235

6.1.2. Überprüfung auf Namenskonflikte bei der automatischen
Übernahme von Meta-Daten...240

6.1.3. Nachträgliche Überprüfung auf Redundanzen innerhalb eines
Dictionaries..242

6.2. Konsolidierung...243

6.2.1. Begriff und Notwendigkeit..243

6.2.2. Ablauf und Probleme der Konsolidierung........................245

6.2.2.1. Konsolidierung gleichartiger Dictionaries.........................246

6.2.2.1.1. Konsolidierung in ROCHADE...............................248

6.2.2.1.2. Konsolidierung in ADW..250

6.2.2.2. Konsolidierung verschiedener Dictionaries mit
kompatiblen Datenmodellen.....................................255

6.2.2.3. Konsolidierung verschiedener Dictionaries mit
inkompatiblen Datenmodellen..................................257

6.3. Integration von verschiedenen Entwicklungswerkzeugen..................264

**7. Nutzung von Data Dictionaries -
Ergebnisse einer empirischen Untersuchung** **268**

7.1. Allgemeine Angaben 269
7.2. Einsatz von Data Dictionaries 272
7.3. Umgebung von Data Dictionaries 278
7.4. Bedeutung des Einsatzes von Data Dictionaries 280
7.5. In Data Dictionaries dokumentierte Sachverhalte 283
7.6. Unternehmensweites Datenmodell 289
7.7. Benutzungshäufigkeit von Data Dictionaries 290
7.8. Nutzen von Data Dictionaries 294

8. Schlußbetrachtungen **297**

8.1. Zusammenfassung 297
8.2. Schlußfolgerungen und Ausblick 301

Literaturverzeichnis **309**

Anhang A: Fragebogen "Nutzung von Data Dictionaries" **324**
**Anhang B: Auswertung des Fragebogens "Nutzung von Data
Dictionaries"** **326**

Abbildungsverzeichnis

Bild 1-1:   Kategorisierung von Data Dictionaries 7

Bild 2-1:   NIAM-Notation des Gehalt-Faktums..15
Bild 2-2:   Chen-Notation für die beiden Varianten des Kauf-Faktums...................17
Bild 2-3:   Typ/Instanzen-Paare auf der Anwendungsebene und der Dictionary-Ebene 20
Bild 2-4:   Typ/Instanzen-Paare auf der Dictionary-Ebene und der Dictionary-Definitionsebene 22
Bild 2-5:   Begriffswelt in der Vier-Schichten-Architektur 23
Bild 2-6:   Das 4-Quadranten-Schema der *British Computer Society*...................27
Bild 2-7:   Klassifikationsschema nach Ortner/Söllner.................................28
Bild 2-8:   Klassifikationsschema im ARIS-Modell 30

Bild 3-1:   Mögliche graphische Darstellungsformen für Faktentypen 36
Bild 3-2:   Meta-Datenstruktur für das Entity-Relationship-Modell.....................39
Bild 3-3:   Vereinfachte Meta-Datenstruktur für das Entity-Relationship-Modell 41
Bild 3-4:   Alternative Meta-Datenstruktur für das Entity-Relationship-Modell 44
Bild 3-5:   Meta-Datenstruktur für Funktionshierarchien 50
Bild 3-6:   Meta-Datenstruktur für Merise-Operationen................................52
Bild 3-7:   Meta-Datenstruktur für Datenflußdiagramme 54
Bild 3-8:   Beispiel für die Zusammenhänge in hierarchischen Datenfluß-diagrammen 56
Bild 3-9:   Meta-Datenstruktur für hierarchische Datenflußdiagramme 58
Bild 3-10: Meta-Datenstruktur des Data Dictionaries der Strukturierten Analyse 62
Bild 3-11: Beispiel für Datenflüsse zwischen Prozessen und Datenspeichern.........64
Bild 3-12: Meta-Datenstruktur der Verbindung des ERM mit dem DFD..............65
Bild 3-13: Meta-Datenstruktur eines COBOL-Datensatzes............................70
Bild 3-14: Meta-Datenstruktur für eine konventionelle Dateiorganisation 72
Bild 3-15: Modellierung eines Kundenauftrags im relationalen Modell.................75
Bild 3-16: Meta-Datenstruktur für das relationale Modell 77
Bild 3-17: Meta-Datenstruktur für das relationale Modell mit Berücksichtigung von Primär- und Fremdschlüsseln 80
Bild 3-18: Zuordnung von logischem und konzeptionellem Schema 82

Bild 3-19: Meta-Datenstruktur von Views 85
Bild 3-20: Meta-Datenstruktur der physischen Ebene einer relationalen
Datenbank 87
Bild 3-21: Meta-Datenstruktur für Modulaufrufe 90
Bild 3-22: Meta-Datenstruktur für Modulaufrufe mit Datenübergabe 91
Bild 3-23: Programmaufruf von Dateien 93
Bild 3-24: Programmaufrufe auf eine relationale Datenbank 94
Bild 3-25: Meta-Datenstruktur für die Abbildung von Jobs 96
Bild 3-26: Gesamtdarstellung des entwickelten Meta-Datenmodells 99
Bild 3-27: Das unnormalisierte ORION-Modell 103
Bild 3-28: Das normalisierte ORION-Modell 104
Bild 3-29: Beispiel für ein hierarchisches Datenschema 110
Bild 3-30: Umsetzung des Beispiels in die Meta-Datenbank 111
Bild 3-31: Unterteilung der Funktionen in drei Klassen 113

Bild 4-1: Dictionary-Schema entsprechend der Stücklistenstruktur 117
Bild 4-2: Beispiel für die Speicherung von Meta-Daten eines ER-Schemas
entsprechend der Stücklistenstruktur 118
Bild 4-3: Beispiel für die Speicherung von Meta-Daten eines ER-Schemas
entsprechend einer modifizierten Stücklistenstruktur 120
Bild 4-4: Dictionary-Schema mit verschiedenen Meta-Objekttypen 122
Bild 4-5: Beispiel für die Speicherung von Meta-Daten eines ER-Schemas 123
Bild 4-6: Beispiel für die Speicherung von Meta-Daten eines ER-Schemas
in einer modifizierten Struktur 124
Bild 4-7: Beispiel für die Speicherung von Meta-Daten eines ER-Schemas
in einer NFNF-Struktur 126
Bild 4-8: Beispiel für das Alias-Konzept 130
Bild 4-9: Alphabetische Auflistung der Meta-Objekte eines Objekttyps 132
Bild 4-10: Strukturstückliste für das Beispiel eines Auftragsdatensatzes 134
Bild 4-11: Matrixdarstellung von Beziehungen zwischen Funktionen und
Datengruppen 135
Bild 4-12: Beispiel für eine Versionsführung 142
Bild 4-13: Graphische Darstellung des Meta-Meta-Modells des IRDS 150
Bild 4-14: Tabellensystem zur Dokumentation des Meta-Meta-Modells des
IRDS 151
Bild 4-15: Beispiel für die Abbildung eines Informationssystems im
Dictionary-Schema des IRDS-Moduls 2 156
Bild 4-16: Meta-Datenstruktur des DB2-Datenkatalogs 162

Bild 4-17: Beispiel für eine Objektdatei (*Object File*) 176

Bild 4-18: Beispiel für eine Assoziationsdatei (*Association File*) 176

Bild 4-19: Beispiel für eine Eigenschaftsdatei (*Property File*) 178

Bild 4-20: Beispiel für eine Textdatei (*Text File*) 179

Bild 4-21: Definition der Dokumenttypen für das ERM 181

Bild 4-22: Definition der Kapiteltypen für das ERM 182

Bild 4-23: Definition von Verknüpfungs-Schlüsselworten für das ERM 183

Bild 4-24: Gestaltungsmöglichkeiten beim Aufbau von Verknüpfungen 184

Bild 4-25: Kapitelfestlegung in Musterdokumenten 186

Bild 4-26: Beispiel für die Auswertung direkter Verknüpfungen 187

Bild 4-27: Beispiel für die Auswertung eines Abfragepfads 188

Bild 5-1: Ausführliche Beschreibung des Aufbaus von AHV-Nummern 229

Bild 5-2: Kurze Beschreibung des Aufbaus von AHV-Nummern 231

Bild 6-1: Ausgangsmaske beim KWIC-Ansatz 236

Bild 6-2: Eingabe von Ähnlichkeitsbedingungen für die Synonymsuche 237

Bild 6-3: Anzeige der Synonymkandidaten 237

Bild 6-4: Ausgangsmaske beim KWOC-Ansatz 238

Bild 6-5: Eingabe von Ähnlichkeitsbedingungen für die Synonymsuche 239

Bild 6-6: Namensvergabe beim KWOC-Ansatz..239

Bild 6-7: Beispiel für Exportdaten aus ROCHADE 249

Bild 6-8: Unterscheidung der Meta-Attribute des ERM in die Eigenschaften
essentiell und nicht-essentiell 251

Bild 6-9: Attribute des Entitätstyps *Kunde* in der Quell-Enzyklopädie 253

Bild 6-10: Attribute des Entitätstyps *Kunde* in der Ziel-Enzyklopädie 254

Bild 6-11: Attribute des Entitätstyps *Kunde* nach der Konsolidierung 255

Bild 6-12: Gegenüberstellung des ADW-Exportformats und der
entsprechenden SQL-Inserts 257

Bild 6-13: Ausschnitt einer Umsetztabelle von ADW in ROCHADE 259

Bild 6-14: Gegenüberstellung einer ADW-Assoziation des Typs *Beziehungstyp* und eines entsprechenden ROCHADE-Dokuments 262

Bild 7-1: Aufschlüsselung der Unternehmen nach Branchenzugehörigkeit 270

Bild 7-2: Aufschlüsselung der Unternehmen nach Anzahl der Mitarbeiter 270

Bild 7-3: Aufschlüsselung der Unternehmen nach Größenklassen und
durchschnittlicher Anzahl der Mitarbeiter in DV-Abteilung und
Systementwicklung 272

Bild 7-4: Aufschlüsselung der Unternehmen mit Data Dictionaries nach Größenklassen 273

Bild 7-5: Auflistung der wichtigsten genannten DD-Produkte 274

Bild 7-6: Einführungszeitpunkte von Data Dictionaries 277

Bild 7-7: Auflistung der wichtigsten genannten Datenbanksysteme 279

Bild 7-8: Auflistung der genannten CASE-Tools 280

Bild 7-9: Aufschlüsselung der Unternehmen nach Bedeutung der Data Dictionaries 281

Bild 7-10: Bedeutung von Data Dictionaries 282

Bild 7-11: DV-Objekte in Data Dictionaries 285

Bild 7-12: Dokumentationsgrad von Daten und Programmen.........................287

Bild 7-13: Aufschlüsselung der Unternehmen nach der Existenz eines unternehmensweiten Datenmodells 290

Bild 7-14: Benutzergruppen von Data Dictionaries 292

Tabellenverzeichnis

Tabelle 3-1: Beschreibungssymbole für ein Data Dictionary in der
Strukturierten Analyse..61

Tabelle 3-2: Attribute des Meta-Objekttyps
Informationsobjekt/Informationsobjekt..................................106

Tabelle 3-3: Attribute des Meta-Objekttyps *Datenelement*......................107

Tabelle 3-4: Attribute des Meta-Objekttyps
Satzstruktur/Datenelementeinsatz...109

Tabelle 3-5: Attribute des Meta-Objekttyps *Satzstruktur* 109

Tabelle 3-6: Attribute des Meta-Objekttyps *SS-Cluster/Satzstruktur*......109

Tabelle 3-7: Attribute des Meta-Objekttyps *SS-Cluster* 110

Tabelle 3-8: Attribute des Meta-Objekttyps *Funktion.* 112

Tabelle 3-9: Attribute des Meta-Objekttyps *Programm.* 114

Tabelle 4-1: Auswahl von Attributen der Katalogtabelle SYSTABLES..............163

Tabelle 4-2: Auswahl von Attributen der Katalogtabelle SYSCOLUMNS 164

Tabelle 4-3: Auswahl von Attributen der Katalogtabelle SYSPLANDEP............164

Tabelle 4-4: Wichtige Merkmale der vorgestellten Dictionary-Systeme 190

Tabelle 5-1: Symbole für die Klassenwörter der OF-Language 209

Tabelle 5-2: Symbole für die Bindewörter der OF-Language............................210

Tabelle 5-3: Beispiele für die Anwendung der OF-Language............................211

Tabelle 5-4: Klassifikation von Schlüsselworten nach P:M:C............................212

Tabelle 5-5: Zuordnung von Schlüsselwörtern als KWIC und KWOC 213

Tabelle 5-6: Mögliche Schlüsselworte im Klassifikationssystem nach Brenner 216

Tabelle 5-7: Beispiele für die Anwendung des Klassifikationssystems nach
Brenner 217

Tabelle 7-1: Beispiele für Mengengerüste von Data Dictionaries........................288

1. Einleitung

1.1. Data Dictionary und verwandte Begriffe

Die Entwicklung des DV-Einsatzes in Unternehmen ist gekennzeichnet durch eine stete Ausweitung der Aufgaben, die von einem Computer übernommen bzw. mit Computerunterstützung abgewickelt werden. Das führt dazu, daß tendenziell sowohl die Zahl der eingesetzten betrieblichen Anwendungssysteme, als auch ihre Komplexität steigt. Desweiteren bringt die zunehmende Verbreitung der DV zur Unterstützung betrieblicher Aufgaben mit sich, daß die eingesetzten Systeme immer mehr der interdependenten Realität betrieblicher Prozesse Rechnung tragen und damit selbst interdependent werden müssen. Die möglichst reibungslose Zusammenarbeit aller Bestandteile des betrieblichen Informationssystems erfordert die Realisierung einer *integrierten Datenverarbeitung*.[1] Mit dem Aufkommen von Datenbanksystemen wird die Verwirklichung von integrierten DV-Systemen insbesondere aus einer datenorientierten Sicht angestrebt. "Der Aufbau und Betrieb integrierter Informationssysteme ist wirtschaftlich nur auf der Basis einer unternehmensweit konsolidierten Datenarchitektur (Unternehmensdatenmodell, Datenmodellierung/Datenstandardisierung) möglich."[2]

In Anbetracht des Umfangs und der Komplexität, die (daten-) integrierte DV-Systeme annehmen können, werden die mit der Gestaltung, dem Betrieb und der Wartung betrieblicher Anwendungssysteme befaßten Personengruppen, insbesondere Daten(bank)administratoren[3], Systemanalytiker und Anwendungsprogrammierer, kaum in der Lage sein, diese Funktion auszuüben, ohne auf eine systematischen Sammlung von Bedeutung, Herkunft und Verwendung der relevanten Daten zurückgreifen zu können. Eine

---

1) Vgl. auch Biethahn/Mucksch/Ruf (1990), S. 4, die in diesem Zusammenhang allerdings von einem ganzheitlichen Informationssystem sprechen. Verschiedene Typen der integrierten Informationsverarbeitung führt Mertens (1991), S. 1 ff auf.

2) Ortner (1991a), S. 315. Zu Begriff und Bedeutung des Unternehmensdatenmodells vgl. auch Scheer (1990); Ortner (1991b).

3) Der Begriff des Datenadministrators wird häufig - aber nicht immer - von dem des Datenbankadministrators abgegrenzt, der sich weniger um die administrativen Aspekte der Erstellung und Pflege einheitlicher Datenstrukturen als um deren technische Umsetzung im Rahmen eines gegebenen Datenbanksystems kümmert. Vgl. dazu z.B. Leong-Hong/Plagman (1982), S. 318; Wertz (1986), S. 42 f; Brathwaite (1988), S. 26; Holloway (1988), S. 7; Habermann/Leymann (1993), S. 226.

solche Sammlung von Daten über Daten wird gemeinhin als *Data Dictionary* bezeichnet.[4] In komplexen Umgebungen ist überhaupt erst mit Hilfe eines Data Dictionaries möglich, das Vorhandensein bestimmter Daten und Programme herauszufinden und festzustellen, wie auf sie zugegriffen werden kann. Dieses Wissen ist aus dem Gesichtspunkt einer Wiederverwendung von DV-Objekten wie beispielsweise Datendefinitionen oder Programmodulen wichtig. Dadurch wird es möglich, Vorhandenes mit neu zu entwickelnden Teilen abzustimmen, was für die Entwicklung integrierter Lösungen unabdingbar ist. Neben dem Integrationsaspekt ist noch zu beachten, daß sich ein Data Dictionary bei Systemänderungen, die allgemein mit dem Begriff Wartung bezeichnet werden, als nützliches Instrument erweist, da es über die Auswertung sog. Verwendungsnachweise die Interdependenzen der zu ändernden Datenstrukturen mit ihrer Umwelt und damit die anzupassenden Programme aufzeigt. "Die Frage, WER (welche Programme, welche Anwender) mit WELCHEN Daten arbeitet, kann ohne Data Dictionary nicht oder nur unvollständig beantwortet werden. Jede Programmänderung, die ohne dieses gesicherte Wissen erfolgt, gleicht einem Russischen Roulett, bei dem man nie weiß, wann der tödliche Schuß kommt."[5]

Zur Bezeichnung von computergestützten Dokumentationssystemen und Entwicklungsdatenbanken wird neben Data Dictionary noch eine Vielzahl von anderen Begriffen verwendet.[6] Diese werden teilweise als Synonyme aufgefaßt, teilweise aber auch deutlich voneinander abgegrenzt. Eine Auswahl aus der gebotenen Vielfalt umfaßt beispielsweise folgende Begriffe: Data Dictionary, Data Directory, Data Dictionary/Directory, Data Catalog, Repository, Information Resource Dictionary, Enzyklopädie.

Der Begriff *Data Dictionary* lehnt sich eng an die Verwendung von Dateiverwaltungssystemen bzw. Datenbanksystemen an.[7] Historisch entstanden Data Dictionaries als Erweiterung der in Schemata niedergelegten Beschreibungen von Datenstrukturen[8]. Ziel dieser computergestützten Dokumenta-

---

4)   Vgl. z.B. Biethahn/Mucksch/Ruf (1991), S. 211 f.

5)   GPS (1987), S. 9.

6)   Vgl. dazu auch Habermann/Leymann (1993), S. 214 ff, die allerdings vom Begriff des Repositories ausgehen.

7)   Vgl. z.B. Mertens/Griese (1991), S. 12 f; Hesse/Merbeth/Frölich (1992), S. 214; Habermann/Leymann (1993), S. 216.

8)   Vgl. Everest (1986), S. 602.

tionssysteme war also vornehmlich das Erfassen und Speichern von Daten-definitionen und -strukturen. Damit sind datenbezogene Meta-Objekte wie z.B. Datenelemente, Datengruppen und Dateien bzw. Datenbanken gemeint. Für diese werden über die physischen Datendefinitionen hinausgehende Meta-Daten gespeichert, z.B. benutzerorientierte Definitionen. Darüber hinaus ist nicht nur die Bedeutung von Meta-Daten relevant, sondern auch deren Herkunft bzw. Verwendung. Soll diese ausführlich dokumentiert werden, so sind auch prozeßbezogene Meta-Objekte im Dictionary abzulegen. Dabei handelt es sich z.B. um Programme, Module und Jobs.

Gelegentlich wird ein Data Dictionary von einem Data Directory abgegrenzt. Nach der vorherrschenden Definition erfaßt ein *Directory* die physischen, maschinenorientierten Attribute eines Datenelements, während ein *Dictionary* die logischen, benutzerorientierten Attribute des Datenelements umfaßt.[9] Demnach gibt ein Dictionary vor allem darüber Auskunft, *was* die Daten bedeuten und ein Directory darüber, *wo* die Daten zu finden sind.[10] Bei einer derartigen Begriffsbildung muß allerdings eingeräumt werden, daß eine saubere Trennung in Dictionary- und Directory-Attribute nicht möglich erscheint und daß nahezu alle Systeme sowohl Dictionary- als auch Directory-Komponenten in sich vereinigen.[11] Um diesen Sachverhalt zu betonen, wird der kombinierte Begriff *Data Dictionary/Directory* verwendet.

Im Zusammenhang mit Datenbanksystemen wird auch der Begriff *Katalog* verwendet.[12] Bei dem Katalog handelt es sich in der Regel ebenfalls um ein eher systemnahes Verzeichnis der für das Datenbanksystem relevanten Objekte; er ist daher mit diesem Datenbanksystem eng gekoppelt oder sogar integriert, was ihn von den allgemeineren Data Dictionaries unterscheidet.[13] Dies gilt insbesondere für relationale Datenbanksysteme, bei denen der Katalog als integraler Bestandteil vorgeschrieben ist.

---

9) Vgl. z.B. Van Duyn (1982), S. 22; Dolk/Kirsch (1987), S. 49; Zimmermann (1989), S. 479; Habermann/Leymann (1993), S. 15.

10) Vgl. z.B. Leong-Hong/Plagman (1982), S. 18 f; Everest (1986), S. 601; Brathwaite (1988), S. 40.

11) Vgl. Leong-Hong/Plagman (1982), S. 19 f.

12) Eine Abgrenzung von Data Dictionary, Data Directory und Data Catalog nimmt Van Duyn (1982), S. 22 f vor.

13) Vgl. z.B. Habermann/Leymann (1993), S. 216.

Außer im Kontext von Datenbanksystemen und der mit ihnen in Zusammenhang stehenden Programmierumgebungen spielen computergestützte Dokumentationswerkzeuge auch in der Software-Entwicklung eine große Rolle. Werden doch im Zuge des Software-Entwicklungs-Prozesses eine Vielzahl von untereinander in Beziehung stehenden Entwicklungsdokumenten erzeugt, deren Gesamtheit eine vollständige Systemdokumentation ausmacht und zusammen mit den entwickelten Quellcodes die *Software* eines Anwendungssystems darstellt.[14] Dabei handelt es sich z.B. um fachliche Beschreibungen der Funktionen bzw. Prozesse des Systems und die zu verwendenden Informationsobjekte. Auch diese Entwicklungsdokumente können manuell gesammelt oder in einer eigens dafür vorgesehenen Datenbank abgelegt werden. Das Führen derartiger Entwicklungsdatenbanken wird durch den Einsatz von Werkzeugen zur Software-Erstellung, sog. CASE-Tools, vereinfacht, da die mit ihnen erstellten Entwicklungsdokumente unmittelbar in einer computerisierten Form vorliegen.

Vielfach wird der Begriff des Data Dictionaries, der ja im engeren Sinne die Dokumentation von Datenstrukturen unterstellt, für einen derart erweiterten Funktionsumfang als ungeeignet und nicht treffend empfunden. Einen weiteren Kontext impliziert beispielsweise der im Rahmen der Normungsbemühungen der ANSI und der ISO verwendete Begriff *Information Resource Dictionary*[15]. Im Rahmen des von IBM entwickelten Konzepts des AD/Cycle wird für das zentrale computergestützte Dokumentationssystem der Begriff *Repository*[16] verwendet. Dieses soll für verschiedene Entwicklungswerkzeuge, die den Software-Entwicklungszyklus gesamthaft abdecken, als zentraler Speicher aller im Software-Entwicklungsprozeß anfallenden Ergebnisse dienen. Jedes Werkzeug einer solchen umfassenden Software-Produktions-Umgebung legt dann seine Ergebnisse in diesem ab oder entnimmt benötigte Dokumente vorheriger Entwicklungsstufen aus diesem. In dieser Rolle wird ein Repository zum Rückgrat einer *Software-Produktions-Umgebung*.

---

14) Vgl. z.B. Hesse/Merbeth/Frölich (1992), S. 22; Habermann/Leymann (1993), S. 19.

15) Vgl. dazu z.B. Dolk/Kirsch (1987), S. 48.

16) Vgl. Habermann/Leymann (1993), insbesondere S. 15 f und S. 216 ff. Dieser Begriff wird entsprechend im Rahmen des CASE verwendet; vgl. etwa Strunz (1988), S. 64 f.

Data Dictionaries im herkömmlichen Verständnis würden in einem solch umfassenden Repository-Konzept aufgehen. Allerdings muß man sehen, daß in der Praxis Systeme unter dem eingeführten Namen Data Dictionary vertrieben werden, deren Funktionen diesen erweiterten Umfang ganz oder zumindest teilweise abdecken. Auch in der Literatur werden Definitionen angeführt, die dem Begriff Data Dictionary einen Leistungsumfang unterstellen, der über das ausschließliche Speichern von Datenstrukturen hinausgeht.[17] Der Begriff Repository wird sogar herangezogen, um den des Data Dictionaries zu erläutern.[18]

Im deutschen Sprachraum wird der Begriff Data Dictionary wie so viele Begriffe der Computer-Terminologie allgemein ohne Änderung übernommen. Nur gelegentlich wird versucht, diesen angelsächsischen Begriff einzudeutschen. Als quasi direkte Übersetzung bietet sich dabei der Begriff Daten-Wörterbuch an.[19] Ein weiterhin gebrauchter Begriff lautet Daten-Lexikon.[20] Auch dieser erscheint zutreffend, da in Lexika üblicherweise sehr stark mit Verweisen auf sachverwandte Begriffe gearbeitet wird, was bei Data Dictionaries ein wichtiger Punkt ist. Außerdem wird auch der Begriff Diktionär verwendet.[21]

1.2. Kategorisierung von Data-Dictionary-Systemen

Ein Data Dictionary kann zwar grundsätzlich manuell in Form einer strukturierten Liste oder eines Karteikartensystems geführt werden, aufgrund der Komplexität und der dynamischen Struktur sowie der Möglichkeit der Weiterverwendung der gespeicherten Meta-Daten bietet es sich jedoch an, es computergestützt im Rahmen eines Dokumentationswerkzeugs zu implementieren. Ein solches System wäre dann analog zur Unterscheidung zwi-

---

17) Vgl. z.B. Wertz (1986), S. 51; Brathwaite (1988), S. 3.

18) Vgl. etwa Schussel (1977), S. 129: "A data dictionary is a repository of information about the definition, structure and usage of data." Vgl. auch Uhrowczik (1972), S. 332; Durell (1985), S. 1; Appleton (1987), S. 68.

19) Vgl. z.B. Röhrle/Kratzer (1988).

20) Vgl. z.B. Biethahn/Mucksch/Ruf (1991), S. 214; Hesse/Merbeth/Frölich (1992), S. 18 f.

21) Vgl. z.B. Biethahn/Mucksch/Ruf (1991), S. 214.

schen Datenbank und Datenbanksystem als *Data-Dictionary-System* zu bezeichnen. Dies liegt nahe, weil ein Data Dictionary als eine spezielle Datenbank aufgefaßt werden kann. Die Unterscheidung zwischen Data Dictionary und Data-Dictionary-System wird jedoch oftmals begrifflich nicht klar herausgestellt.

In der Literatur wurden verschiedentlich Bemühungen unternommen, um Data Dictionaries bzw. Data-Dictionary-Systeme zu kategorisieren.[22] Diese Differenzierung erfolgt nach verschiedenen Kriterien, von denen sich einige komplementär zueinander verhalten.

Eine der gängigsten Klassifizierungen ist die in *abhängige und unabhängige* bzw. *selbständige und integrierte* Data Dictionaries bzw. Repositories. Diese unterscheidet Data Dictionaries bezüglich der Abhängigkeit von einem Trägersystem. Für ein "klassisches" Data Dictionary ist dieses Trägersystem oftmals ein Datenbanksystem. Data Dictionaries werden als abhängig (*dependent*) bezeichnet, wenn deren Datenhaltungskomponenten ganz in einem gegebenen Datenbanksystem implementiert sind und sie daher ohne dieses nicht existieren können. Im Gegensatz dazu gilt ein Data Dictionary als unabhängig oder alleinstehend (*stand alone*), wenn es über eine eigene Datenhaltungskomponente verfügt und ohne ein anderes System arbeiten kann.[23]

Eine weitere sinnvolle Klassifizierung unterscheidet *primäre und sekundäre* Data Dictionaries. Dabei wird auf den Hauptverwendungszweck des Systems abgestellt. Als primäre Data Dictionaries werden solche Systeme bezeichnet, die einzig auf den Zweck der Speicherung von Meta-Daten ausgerichtet sind. Sekundäre Data Dictionaries dagegen sind Systeme, die im Rahmen ihres Funktionsumfangs auch über eine Dictionary- bzw. Directory-Komponente verfügen. Dazu gehören verschiedene Datenbanksysteme, Sprachen der vierten Generation und CASE-Tools, die über die Möglichkeit zur Speicherung von Meta-Daten verfügen. Man kann dieses Begriffspaar mit der Unterscheidung in abhängige und alleinstehende Data Dictionaries kombinieren. Da unabhängige Data Dictionaries nach ihrer Definition nur primäre Data Dictionaries sein können, kommt nur noch eine weitere Unter-

---

22) Vgl. z.B. Reusch (1980), S. 177 ff; Schütt/Schütt/Wildgrube (1981), S. 284; Leong-Hong/Plagman (1982), S. 176 ff; Van Duyn (1982), S. 23; Österle (1988), S. 16; Biethahn/Mucksch/Ruf (1991), S. 234 ff; Heinrich (1992), S. 401.
23) Vgl. auch Habermann/Leymann (1993), S. 238.

teilung in primäre abhängige und sekundäre abhängige Data Dictionaries in Betracht (vgl. Bild 1-1).

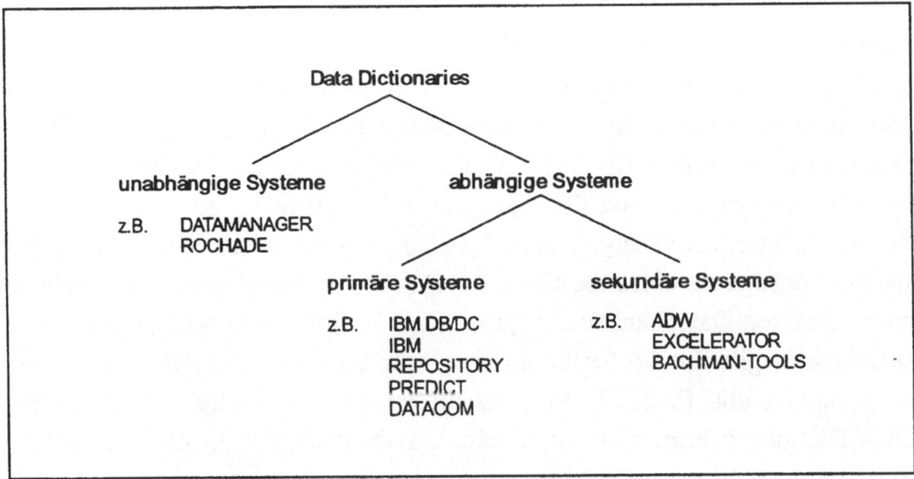

Bild 1-1:   Kategorisierung von Data Dictionaries

Sehr populär ist die Klassifizierung in aktive und passive Data Dictionaries bzw. Repositories.[24] Diese unterscheidet nach der Kopplung mit Anwendungssystemen. Als aktives Data Dictionary bezüglich eines Programms oder Prozesses kann nach der Definition von Leong-Hong/Plagman nur gelten, wenn dieses Programm oder dieser Prozeß voll von dem Data Dictionary als einzige und ausschließliche Quelle von Meta-Daten abhängig ist.[25] Alle anderen Systeme wären danach als passiv anzusehen, wobei solche Data Dictionaries, die zwar über die Möglichkeit zur automatischen Generierung von Meta-Daten für andere Systeme verfügen, aber nicht notwendigerweise die Meta-Daten für diese erzeugen, eine besondere Position einnehmen. Diese Data Dictionaries werden z.B. als potentiell-aktiv[26] oder semi-aktiv[27] bezeichnet. Hier wird im Sinne der oben angeführten Defini-

---

24) Vgl. z.B. Habermann/Leymann (1993), S. 16 und S. 235 f.

25) Leong-Hong/Plagman (1982), S. 22: "A DD/DS is said to be active with respect to a program or process if and only if that process or program is fully dependent upon the DD/DS for it's metadata."

26) Vgl. Leong-Hong/Plagman (1982), S. 22.

27) Vgl. Appleton (1987), S. 68; Wertz (1986), S. 177.

tion für aktive Data Dictionaries von unbedingt und bedingt aktiven Data Dictionaries gesprochen werden. Die Mehrzahl der derzeit kommerziell angebotenen Data Dictionaries - auch solcher, die als aktiv bezeichnet werden - ist lediglich als bedingt aktiv einzustufen.

Bemerkenswert an der oben angeführten Definition ist, daß sie die Eigenschaft der Aktivität immer bezüglich eines ganz bestimmten Programms oder Prozesses unterstellt. Die Einordnung in aktive oder passive Data Dictionaries erfolgt häufig global. Dabei wird jedoch über die Tatsache hinweggesehen, daß ein Data Dictionary über Schnittstellen zu verschiedenen Software-Systemen verfügen kann. Das Data Dictionary ist dann unter Umständen bezüglich eines bestimmten Datenbanksystem aktiv, gegenüber einem anderen Datenbanksystem jedoch nur bedingt aktiv oder passiv. Entsprechendes gilt für die Stellung eines Data Dictionaries zu Programmierumgebungen und CASE-Tools. Aus diesem Grunde müßte ein konkretes Data Dictionary immer als aktiv bzw. passiv bezüglich eines bestimmten Systems bezeichnet werden.

Weiterhin gilt es, bei aktiven Data Dictionaries verschiedene Aktivitätsgrade zu berücksichtigen. Bezüglich der Generierung von Datendeklarationen für Programme kann man den Aktivitätsgrad beispielsweise dadurch differenzieren, daß man den Zeitpunkt unterscheidet, an dem die Meta-Daten aus dem Data Dictionary für dieses Programm bereitgestellt werden. So kann nur eine bedingte Aktivität unterstellt werden, wenn das Data Dictionary die benötigten Datendeklarationen in der Syntax einer bestimmten Computersprache als Quellcode generiert und dieser explizit in den übrigen Quellcode eingefügt werden muß. Bei unbedingt aktiven Data Dictionaries liegt ein geringerer Grad der Aktivität vor, wenn dieser Vorgang automatisch zum Zeitpunkt der Kompilation anstatt beim Aufruf des entsprechenden Programms erfolgt.[28] Ein noch höherer Grad der Aktivität liegt vor, wenn die Meta-Daten erst zur Laufzeit an ein konkretes Programm gebunden werden. Dies erscheint vor allem bei Einsatz interpretierter Programmiersprachen denkbar. Manche Autoren wollen nur solchen Data Dictionaries das Attribut aktiv vorbehalten.[29]

---

28) Vgl. z.B. Leong-Hong/Plagman (1982), S. 117 f.
29) Vgl. z.B. Appleton (1987), S. 68; GPS (1987), S. 27; Brathwaite (1988), S. 34; Habermann/Leymann (1993), S. 16.

Wie dargelegt, sollte man bei der Verwendung der Begriffe aktiv und passiv für Data Dictionaries differenzieren bezüglich der Zwangsläufigkeit, mit der das Data Dictionary für ein bestimmtes Programm oder einen bestimmten Prozeß Meta-Daten bereitstellt, bezüglich des Zeitpunkts, an dem diese Bereitstellung erfolgt und außerdem bezüglich welcher Programme und Prozesse es sich wie verhält. Eine undifferenzierte Verwendung des Begriffspaars aktiv/passiv erscheint deshalb als zu grob, um eine widerspruchsfreie Charakterisierung von Data Dictionaries zu ermöglichen.

1.3. Problemstellung

Untersuchungsgegenstand dieser Arbeit sind zum einen Data Dictionaries bzw. Repositories als Sammlungen von Meta-Daten, zum anderen computergestützte Dokumentationswerkzeuge in ihrer Rolle als Dictionaries bzw. Repositories.

Zunächst werden im Kapitel 2 einige grundlegende Begriffe erläutert, die im Zusammenhang mit Dictionaries bzw. Dictionary-Systemen wichtig sind und dem Verständnis der nachfolgenden Ausführungen dienen. Dies betrifft insbesondere den Begriff der Meta-Daten, der häufig zur Definition von Dictionaries herangezogen wird. Im Rahmen eines Dictionaries treten jedoch nicht nur Meta-Daten auf, sondern auch Meta-Meta-Daten, Meta-Meta-Meta-Daten, usf. Dieser Sachverhalt wird im Rahmen einer 4-Schichten-Architektur systematisiert. Schließlich wird noch der Begriff der Architektur von Informationssystemen eingeführt und seine Bedeutung im Kontext von Dictionary-Systemen aufgezeigt.

Ziel des Einsatzes von Data Dictionaries ist die Erstellung einer aussagekräftigen Dokumentation der Informationssysteme einer Organisation und der mit ihnen im Zusammenhang stehenden Sachverhalte. Dadurch soll es als zentrale Informationsquelle für alle mit der Entwicklung, Verwaltung und Nutzung von Informationssystemen befaßten Personengruppen dienen. Um dieses Ziel zu erreichen, reicht es keinesfalls aus, ein beliebiges Data Dictionary System ohne gründliche methodische Vorbereitung implementieren zu wollen.[30] Gefordert sind also *konzeptionelle Vorüberlegungen*, die

---

30) Vgl. Wertz (1986), S. 114: "It should be clear ... that implementating a data dictionary is not a process in which you can select a package, install it on your

insbesondere Konfiguration, Methodiken und organisatorische Einbettung festlegen. Diese werden im Rahmen der Arbeit erörtert.

Zuerst muß festgelegt werden, welche DV-Objekte Gegenstand von Data Dictionaries sein sollen. Dazu ist ein Meta-Modell zu entwickeln, welches die zu dokumentierenden DV-Objekte, die zwischen ihnen auftretenden Beziehungen und die sie beschreibenden Eigenschaften bestimmt. Dieses Dokumentationsmodell stellt die Struktur bzw. das Schema eines Dictionaries dar. Durch das Modell wird nicht nur prinzipiell festgelegt, welche Aspekte von Informationssystemen beschrieben werden können, sondern auch ein Rahmen vorgegeben, wie diese Dokumentation zu erfolgen hat. Im Kapitel 3 wird die Ableitung eines solchen Dictionary-Schemas aus bestimmten zugrundeliegenden Entwicklungsmethoden und DV-Technologien dargestellt. Anschließend wird dieses Dictionary-Schema einem ähnlichen Konzept vergleichend gegenübergestellt.

Ein derart bestimmtes Dictionary-Schema muß im Rahmen eines gegebenen Dictionary-Systems implementiert werden. Kapitel 4 beschreibt das Leistungsspektrum von Data-Dictionary-Systemen mit den ihnen unterliegenden Datenmodellen und ihrer Funktionalität. Außerdem wird die ANSI-Norm für ein *Information Resource Dictionary System* (IRDS) vorgestellt. Um die Bandbreite von Systemen zur Verwaltung von Meta-Daten aufzuzeigen, werden drei sehr unterschiedliche Systeme exemplarisch für verschiedene Kategorien von Dictionary-Systemen dargestellt, und zwar der Datenkatalog des relationalen Datenbanksystems DB2, die Enzyklopädie des CASE-Werkzeugs ADW und das primäre Data-Dictionary-System ROCHADE.

Ist ein konkretes Dictionary-System gegeben und dessen Dictionary-Schema definiert, dann sind die (technischen) Voraussetzungen geschaffen, um konkrete Meta-Daten abspeichern zu können. Durch das Dictionary-Schema ist ein Rahmen vorgegeben, wie die zu speichernden DV-Sachverhalte auszusehen haben. Dabei sind allerdings bestimmte Freiheiten möglich, die den Wert der Dokumentation und damit ihre Qualität beeinflussen. Im Kapitel 5 wird die Ausgestaltung von Meta-Daten in Hinblick auf Ziele wie Integration und Dokumentationsqualität diskutiert. Für das Ziel des Erkennens von Integrationsmöglichkeiten ist dabei die Namensstandardisierung von großer

---

system, and start using it. You should view the software you receive from the vendor as a sort of *do-it-yourself dictionary kit*."

Bedeutung. Weiterhin sind für die Beschreibung der Semantik insbesondere benutzerorientierte Meta-Daten wichtig, die in der Regel als unstrukturierte Texte formuliert werden können. Auch für diese wird eine Reihe möglicher Dokumentationsrichtlinien bzw. -standards vorgestellt.

Natürlich müssen sich einmal gespeicherte Meta-Daten auch wieder auffinden und weiterverwenden lassen. Die Wiederverwendung und die Konsolidierung von Meta-Daten steht im Kapitel 6 im Vordergrund der Betrachtungen. Dabei richtet sich die Wiederverwendung von Meta-Daten auf die Problematik, daß bei einer Neuentwicklung bevorzugt schon vorhandene Spezifikationen für Meta-Objekte herangezogen werden sollen und diese nicht unnötig neu definiert werden, was im schlimmsten Fall zu widersprüchlichen Definitionen führen kann. Der Vorgang des Aufspürens schon vorhandener Spezifikationen kann durch geeignete Suchroutinen unterstützt werden. Neben der internen Wiederverwendung von Meta-Daten ist auch die externe Wiederverwendung von Bedeutung. Diese wird dann relevant, wenn verschiedene Dictionaries eingesetzt werden, womöglich unter verschiedenen Dictionary-Systemen. Dann wird ein Abgleich der Inhalte verschiedener Dictionaries notwendig, der als Konsolidierung bezeichnet wird. Dieser Konsolidierungsvorgang kann einige Probleme aufwerfen, insbesondere wenn er automatisiert erfolgen soll.

Abschließend wird der tatsächliche Einsatz von Data Dictionaries in Unternehmen anhand einer empirischen Untersuchung überprüft. Dabei gaben 150 Schweizer Unternehmen anhand eines kurzen Fragebogens unter anderem Auskunft über die Bedeutung des Einsatzes von Data Dictionaries in ihren Organisationen, die in Dictionaries dokumentierten Sachverhalte und welche Benutzergruppen wie häufig mit dem Dictionary arbeiten. Unter diesen wurden 14 Unternehmen für vertiefende Interviews ausgewählt, um die näheren Umstände des Einsatzes von Data Dictionaries in Erfahrung zu bringen. Im Kapitel 7 werden die Ergebnisse dieser Studie aufbereitet und kommentiert.

Kapitel 8 faßt schließlich die wesentlichen Aussagen zusammen und gibt einen Ausblick auf mögliche Entwicklungen im Bereich computergestützter Dokumentationssysteme.

2. Grundlagen

2.1. Daten und Meta-Daten

Obwohl für die hier besprochenen Konzepte computergesteuerter Dokumentationssysteme teilweise verschiedene Begriffe verwendet und sie nach verschiedenen Kategorien unterschieden werden, ist ihnen doch grundsätzlich gemeinsam, daß es um die Speicherung von DV-bezogenen Sachverhalten geht. Dieses meint die Beschreibung von Datenelementen und -strukturen sowie Programmen, Modulen und Prozessen sowie allen sonstigen Objekten samt ihren Beziehungen untereinander, soweit sie zum betrieblichen Informationssystem gehören oder mit ihm im Zusammenhang stehen. Damit ist die DV-Welt im Rahmen ihrer Funktion als betriebliches Informationssystem über Zustände und Vorgänge einer Diskurswelt selbst Gegenstand eines Informationssystems. Aufgrund dieser Tatsache werden computergestützte Dokumentationssysteme im allgemeinen und Data Dictionaries im besonderen häufig dadurch definiert, daß sie Informationen respektive Daten über Daten - also Meta-Daten - speichern können.[1]

Daten sind Angaben über Sachverhalte und Vorgänge einer irgendwie gearteten Diskurswelt (*Universe of Discourse; UoD*),[2] wobei mit Diskurswelt ein relevanter Ausschnitt aus einer vergangenen, gegenwärtigen, zukünftig erwarteten oder geplanten Welt gemeint ist. Beispiele für Datenwerte (lexikalische Objekte) sind 'Müller' oder '4711'. Diese Daten sind allein für sich stehend nahezu bedeutungslos, da sie nicht eindeutig interpretiert werden können. Erst im Zusammenhang mit einer entsprechenden Interpretationsvorschrift werden sie zu Fakten, die Aussagen über die Diskurswelt treffen. Im Falle des Datenwertes 'Müller' könnten die Interpretationen *Die Person hat den Namen 'Müller'* oder *Die Person hat den Beruf 'Müller'* gelten. Für den Datenwert '4711' sind z.B. die Interpretationen *Die Person bezieht das Gehalt '4711' sFr* oder *Das Produkt hat die Bezeichnung '4711'* oder *Der Ort hat die Postleitzahl '4711'* denkbar.

---

1) Vgl. z.B. Kent (1978), S. 29; Leong-Hong/Plagman (1982), S. 16; Wertz (1986), S. 64; Uhrowczik (1972), S. 332; Durell (1985); Brathwaite (1988), S. 33.

2) Ganz ähnlich definiert beispielsweise Hansen (1992), S. 13, wobei er allerdings für Daten zusätzlich eine maschinell verarbeitbare Form unterstellt. Vgl. auch Stahlknecht (1991), S. 6 f.

Die Beschreibung von Sachverhalten durch Fakten kann im Rahmen einer faktenorientierten Informationsanalyse erfolgen.[3] Fakten setzen sich jeweils aus verschiedenen Elementen zusammen. Bei Datenwerten handelt es sich um lexikalische Objekte. Diese sind Instanzen einer Menge von Werten einer bestimmten Bedeutung. Wertemengen werden lexikalische Objekttypen oder auch Domänen genannt. Im obigen Gehaltsfaktum ist '4711' Instanz der Domäne *Schweizer Franken*, im Postleitzahlenfaktum gehört es zur Domäne *Schweizer Postleitzahlen*. Jeder Datenwert (d.h. jedes lexikalische Objekt) muß einem nicht-lexikalischen Objekt bzw. einer Entität zugeordnet sein. Diese werden in den als Beispiele verwendeten Faktentypen als *die Person*, *das Produkt* und *der Ort* bezeichnet. Diese Objekte heißen nicht-lexikalisch, weil sie in einer datenorientierten Sicht abstrakt sind und üblicherweise allein über die ihnen zugeordneten Datenwerte repräsentiert werden. Die Zuordnung erfolgt über Rollen, in den obigen Beispielen also *hat_den_Namen*, *hat_die_Bezeichnung* und *hat_die_Postleitzahl*. Jedem Objekt einer Diskurswelt ist normalerweise wenigstens ein Datenwert zugeordnet, weshalb es auch zumindest eine Rolle spielt;[4] erst durch diese Beziehung entsteht eine sinnvolle Aussage über die Diskurswelt.[5]

Die Bezeichnung eines Objekts als *die* Person, *das* Produkt und *der* Ort bedingt, daß ein Einvernehmen darüber herrscht, welches Objekt der Diskurswelt konkret gemeint ist. Ohne zusätzliche Informationen ist das nur möglich, wenn jeweils nur eine Person, ein Produkt und ein Ort innerhalb der Diskurswelt existieren. In der kommerziellen Datenverarbeitung ist jedoch davon auszugehen, daß in der Regel eine Menge gleichartiger Objekte auftritt. Diese lassen sich zu einem Objekttyp zusammenfassen, also Person/en, Produkt/e, Ort/e. Zur Identifikation bestimmter Objekte eines Objekttyps ist dann besonders wichtig, daß Rollen existieren, die bestimmte Datenwerte eindeutig einem und nur einem Objekt zuordnen. Wenn also beispielsweise *hat_den_Namen* für die Instanzen von Personen diese Eigenschaft hat und *Person X hat den Namen 'Müller'* Bestandteil der Diskurswelt ist, dann kann kein Faktum *Person Y hat den Namen 'Müller'* existieren. In diesem Fall

---

3) Vgl. Kent (1983), Nijssen/Halpin (1989), Halpin/Orlowska (1992); ferner Kudlich (1988), S. 80 ff, der jedoch nicht von Fakten, sondern von (Elementar-) Aussagen spricht.

4) Vgl. Nijssen/Halpin (1989), S. 37.

5) Vgl. dazu Kent (1978), S. 63: "Relationships are the stuff of which information is made."

läßt sich anstatt *Person X* auch *Person (mit dem Namen) 'Müller'* schreiben. Dieser Identifikator kann dann in anderen Fakten verwendet werden, also z.B. *Die Person (mit dem Namen) 'Müller' bezieht das Gehalt '4711' sFr.*[6]

Fakten der Diskurswelt, die zwei Objekte betreffen, heißen binäre Fakten. Diese lassen sich grundsätzlich auf zwei verschiedene Arten formulieren. So läßt sich das Faktum *Die Person (mit dem Namen) 'Müller' bezieht das Gehalt '4711' sFr* auch durch den Satz *Das Gehalt von '4711' sFr wird bezogen von der Person (mit dem Namen) 'Müller'* umschreiben; grammatikalisch handelt es sich beim letzteren Satz um die Passivform des ersteren. In den beiden Sätzen wird das Subjekt und das Objekt jeweils getauscht und eine andere Rolle verwendet. Dennoch drücken sie das gleiche Faktum aus, das durch einen Begriff gekennzeichnet werden könnte, z.B. Gehalt. Demnach ist *bezieht_das_Gehalt* die Rolle von Person 'Müller' und *ist_Gehalt_von* die Rolle von '4711' sFr im Faktum *Gehalt*. Dies läßt sich wie folgt ausdrücken:[7]

> Gehalt {(Person 'Müller', bezieht_das_Gehalt),('4711' sFr, ist_Gehalt_von)}

Unter Abstraktion von konkreten Datenwerten stellt ein Faktum ein (binäres) logisches Prädikat dar, in dem die Objekte Instanzen sind. Als ein Prädikat wird dabei ein Satz mit zwei Platzhaltern für Objekt- bzw. Domäneninstanzen bezeichnet, also beispielsweise X als eine Instanz des Objekttyps *Person* und Y als eine Instanz der Domäne *Schweizer Franken*.[8] Ein Prädikat soll hier auch als Faktentyp bezeichnet werden. Der Faktentyp für obiges Faktum lautet:

> Gehalt {(Person X, bezieht_das_Gehalt),(Y sFr, ist_Gehalt_von)}

Durch diese Interpretationsvorschriften wird Daten wie 'Müller' und '4711' eine bestimmte Bedeutung gegeben, weshalb sie Daten über Daten sind, also Meta-Daten. Die im Kontext des Gehalt-Faktentyps relevanten Meta-Daten sind 'Gehalt' als Name des Faktentyps, 'Person' als Name des Objekttyps, 'bezieht_das_Gehalt' als Bezeichnung der Rolle des Objekttyps, 'Schweizer Franken' als Name der Domäne und 'ist_Gehalt_von' als Bezeichnung der Rolle der Domäne. Diese Zusammenhänge lassen sich übrigens auch gra-

---

6)   Zur Identifikationsproblematik vgl. auch Kent (1978), S. 41 ff.
7)   Vgl. Nijssen/Halpin (1989), S. 41.
8)   Vgl. Nijssen/Halpin (1989), S. 37.

phisch verdeutlichen, z.B. in der NIAM-Notation (Bild 2-1).[9] Dort werden die Objekttypen durch Kreise, die Domänen durch gestrichelte Kreise dargestellt. Bei der Beschreibung der Faktentypen werden gewöhnlich nur die Rollen notiert und nicht auch der hier ebenfalls angeführte Name.

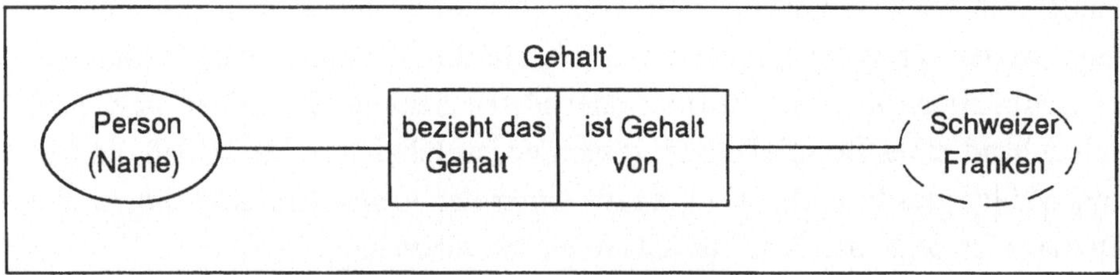

Bild 2-1:   NIAM-Notation des Gehalt-Faktums

Namen und Bezeichnungen sind nicht die einzigen Arten von Meta-Daten, die für die Beschreibung von Faktentypen relevant sind. Ein wichtiges Meta-Datum zur Beschreibung von Domänen ist insbesondere der durch sie verkörperte Wertebereich; dies kann ein durch Intervallgrenzen abgeschlossener Zahlenbereich sein, wie z.B. alle ganzen Zahlen zwischen 0 und 9999, oder auch eine Menge von diskreten Werten, z.B. die Farben grün, blau, gelb, rot. Das obige Faktum *Der Ort hat die Postleitzahl '4711'* wäre im Rahmen der Domäne *Schweizer Postleitzahlen* unzulässig, da die Nummer '4711' derzeit keinem Ort zugeordnet ist.

Ein wichtiges Meta-Datum bei der Beschreibung von Rollen ist die Angabe, wie häufig ein Objekt in einer Rolle mindestens auftreten muß und höchstens auftreten darf. Damit wird eine Beschränkung formuliert, welche Objekte einer Diskurswelt durch Fakten in Beziehung gesetzt werden können. Dies kann beispielsweise in einer (min,max)-Notation geschehen. Soll jede denkbare Kombination möglich sein, so ist die Rollenkardinalität (0,N). Im Beispiel braucht nicht jeder Wert aus der Domäne *Schweizer Franken* einer Person zugeordnet sein, ein bestimmter Wert darf aber sehr wohl mehreren Personen zugewiesen werden, weshalb die Kardinalität der Rolle *ist_Gehalt_von* (0,N) ist. Umgekehrt muß jedem Objekt vom Typ *Person* ein Gehalt zugewiesen werden und es darf ihm auch nicht mehr als ein Gehalt zukommen, weshalb die Kardinalität der Rolle *bezieht_das_Gehalt*

---

9)   Vgl. auch Kapitel 3.1.1.1.

(1,1) lautet. Durch die Angabe von Kardinalitäten wird die Menge der zulässigen Fakten der Diskurswelt eingeschränkt. Kardinalitätsangaben werden üblicherweise ebenfalls graphisch zum Ausdruck gebracht.

Gängige Methoden der Datenmodellierung, wie z.B. das Entity-Relationship-Modell (ERM) mit seinen Varianten, unterscheiden zwei Arten von Fakten, nämlich Fakten über Objekte (Attribute) und Fakten, die Objekte miteinander verbinden (Beziehungen).[10] Für die Semantik eines Faktums ist es unerheblich, ob es als Attribut oder als Beziehung abgebildet wird. Dies soll anhand eines Beispiels gezeigt werden, welches formuliert, daß die Person 'Müller' das Produkt '4711' kauft. Unter der Annahme, daß Produkt eine Domäne ist, wäre das Attribut KAUF zu schreiben als:

Kauf {   (Person (mit dem Namen) 'Müller', kauft),
        (Produkt '4711', wird gekauft)}

Nun soll Produkt '4711' als ein Objekt aufgefaßt werden, das durch seine Bezeichnung identifiziert werden kann, also *Produkt (mit der Bezeichnung) '4711'*. Dies würde nichts am obigen Faktum ändern, nur daß formal anstatt von einem Attribut von einem Beziehungstyp zu sprechen ist. Dieser Unterschied wird im ERM auch graphisch zum Ausdruck gebracht. Bild 2-2 zeigt beide Varianten in einer Chen-Notation.[11] Dabei sind Objekttypen, die im Zusammenhang mit dem ERM Entitätstypen genannt werden, als Rechtecke, Beziehungstypen als Rauten und Attribute als Kreise dargestellt; Domänen werden bei dieser Technik üblicherweise graphisch nicht explizit notiert.

---

10) Vgl. Kent (1983), S. 12. Der Zusammenhang von ER-Diagrammen mit Fakten bzw. Aussagen bzw. Sätzen wird insbes. erörtert bei Chen (1983); auch Kudlich (1988), S. 80 ff.

11) Vgl. auch Kapitel 3.1.1.1.

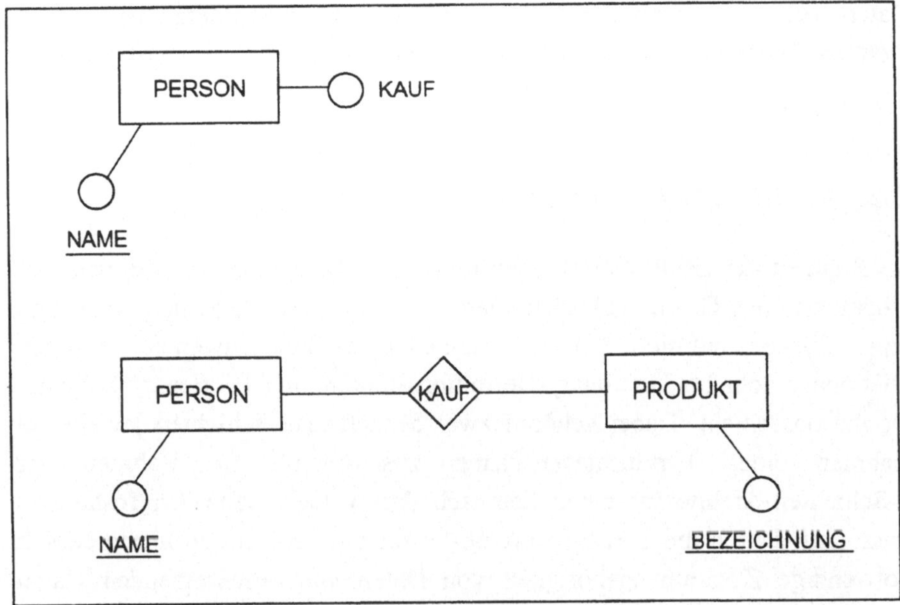

Bild 2-2:   Chen-Notation für die beiden Varianten des Kauf-Faktums

Die prinzipielle Gleichartigkeit der angeführten Modellierungen zeigt eine grundsätzliche Schwierigkeit auf, das Wesen eines Attributs sauber zu definieren.[12] Der wesentliche Unterschied zwischen beiden Varianten ist formal-technischer Art und entspringt der unterschiedlichen Mächtigkeit der verwendeten Modellkonstrukte. Als Objekt kann ein Produkt nämlich seinerseits durch Attribute beschrieben werden, zum Beispiel durch einen Preis; ein entsprechendes Faktum wäre beispielsweise *Das Produkt (mit der Bezeichnung) '4711' hat den Preis '9.95'* sFr. Wird ein Produkt hingegen als Attribut modelliert, so ist dies nicht möglich.

Meta-Daten können nicht nur Daten im eigentlichen Sinne und die Zusammenhänge zwischen diesen betreffen, sondern beispielsweise auch deren Verwendung durch bestimmte Benutzer (Personen, Organisationseinheiten) und Funktionen (Prozesse, Programme). Beispiele dafür sind *Das Faktum 'Gehalt' wird benötigt für die Funktion 'Gehaltsüberweisung'*. Allerdings führt die Bezeichnung von Programmen als Meta-Daten zu begrifflichen Schwierigkeiten, da im allgemeinen Begriffsverständnis Meta-Daten ja

---

12) Vgl. dazu insbes. Kent (1978), S. 77 ff.

Daten über Daten darstellen, Programmcodes und -dokumentationen jedoch vielmehr Daten über Prozesse bzw. Programme sind.[13]

2.2. Architektur von Dictionary-Systemen

Im Rahmen der IRDS-Normen der ISO und ANSI wird eine Begriffswelt eingeführt, die Daten und Meta-Daten auf vier verschiedenen Schichten bzw. Ebenen definiert.[14] Diese Schichten heißen Anwendungsschicht, Dictionary-Schicht, Dictionary-Definitionsschicht und Dictionary-Schema-Definitionsschicht. Dabei gehören zwei benachbarte Schichten jeweils im Rahmen eines Typ/Instanzen-Paares zusammen.[15] Im Rahmen der 4-Schichten-Architektur treten demnach drei verschiedene Typ/Instanzen-Paare auf. Durch diese Paare werden die für eine eindeutige Interpretation notwendige Zusammengehörigkeit von Daten *und* beschreibenden Daten (Meta-Daten) zum Ausdruck gebracht; Daten beschreiben dabei die Instanzenebene und Meta-Daten die Typebene.

Der Anwendungsschicht werden die in den jeweiligen Anwendungen verwendeten Daten zugerechnet. Dabei handelt es sich um Daten und Interpretationsvorschriften, wie sie im vorherigen Kapitel ausgeführt worden sind. So sind beispielsweise die Daten 'Müller' und '4711' Instanzen dieser Schicht, das zu ihrer Interpretation notwendige Faktum lautet *Die Person 'Müller' bezieht das Gehalt '4711' sFr*. Der zu den Instanzen gehörige Faktentyp *Gehalt* drückt also das Prädikat *Person X bezieht das Gehalt Y sFr* aus. Faktentyp und Instanzen zusammen bilden eine Typ/Instanzen-Paar auf der Anwendungsebene. Dieses ist üblicherweise nicht Gegenstand eines Dictionaries.[16]

---

13) Vgl. auch Gane/Sarson (1979), S. 48.

14) Vgl. ANSI (1989); Goldfine/Konig (1988); ISO (1987); ISO (1989). Eine Darstellung dieser Architektur geben z.B. auch Olle/Black (1988); Habermann/Leymann (1993), S. 77 ff.

15) Habermann/Leymann (1993), S. 61, verwenden dafür auch den Begriff des Intension/Extension-Paares.

16) Vgl. z.B. Kent (1978), S. 28 f, der auf die Künstlichkeit dieser Trennung ausdrücklich hinweist. Vgl. auch Mark/Roussopoulos (1983).

Im Rahmen des ERM wird eine begrifflich eindeutige Unterscheidung zwischen Typ- und Instanzenebene verwendet. Auf der Instanzenebene wird stets von Entität und Beziehung gesprochen. Auf der Typebene wird diesen Begriffen jeweils das Suffix *-typ* angehängt, also Entitätstyp und Beziehungstyp. Eine Sonderrolle spielen dabei gewöhnlich Attribute, die als spezielle Faktentypen einen Entitätstyp auf eine Domäne abbilden. Bei diesen ist das Attribut für gewöhnlich die Bezeichnung für den Typ, der Attributwert die Instanz; *Gehalt* wäre danach als Attribut zu bezeichnen. Entsprechendes gilt auch für Domänen, sofern diese explizit zum Ausdruck gebracht werden. Damit die Regel gewahrt bleibt, wird übrigens gelegentlich auf der Typebene anstatt von Attributen auch von Attributtypen gesprochen.

In der *Dictionary-Schicht*, die das eigentliche Dictionary beinhaltet, werden die Typen der Anwendungsschicht zu Instanzen und damit zu Meta-Daten. Das oben angeführten Attribut *Gehalt* kann dann u.a. durch die Meta-Daten 'Gehalt', 'Person' und 'Schweizer Franken' ausgedrückt werden. Da auch Meta-Daten wiederum für sich allein genommen nicht aussagekräftig sind, müssen sie im Rahmen von Typ/Instanzen-Paaren zusammen mit entsprechenden Interpretationsvorschriften gesehen werden. Diese lassen sich wiederum als Fakten ausdrücken. In diesem Fall bezeichnen die angeführten Meta-Daten jeweils eine bestimmte (Meta-) Entität, nämlich *Der Entitätstyp mit dem Namen 'Person'*, *Das Attribut mit dem Namen 'Gehalt'*, *Die Domäne mit dem Namen 'Schweizer Franken'*; sie sind damit Instanzen der Meta-Entitätstypen *Entitätstyp*, *Attribut* und *Domäne*.

Um die Semantik des Attributs *Gehalt* vollständig abzubilden, reicht die Erwähnung der betroffenen Meta-Entitäten noch nicht aus. Sie stehen nämlich außerdem noch in bestimmten (Meta-) Beziehungen zueinander, hier beispielsweise einer binären Beziehung vom Typ *Besitzt*, die das Faktum *Der Entitätstyp (mit dem Namen) X besitzt das Attribut (mit dem Namen) Y* ausdrückt, sowie einer binären Beziehung vom Typ *Hat*, die das Faktum *Das Attribut (mit dem Namen) X hat die Domäne (mit dem Namen) Y* verkörpert. Über die beiden Meta-Beziehungstypen *Besitzt* bzw. *Hat* wird also der Zusammenhang zwischen den drei Meta-Entitätstypen hergestellt.

Für das angeführte Beispiel werden in Bild 2-3 die Typ/Instanzen-Paare auf der Anwendungsebene und auf der (Information-Resource-) Dictionary-

Ebene einander gegenübergestellt.[17] Dabei sind allerdings nur das Attribut *Gehalt* und auf der nächsthöheren Ebene die beiden entsprechenden Meta-Beziehungen vom Typ *Besitzt* und *Hat* explizit dargestellt. Der Zusammenhang zwischen den drei Meta-Entitätstypen *Attribut*, *Entitätstyp* und *Domäne* ließe sich übrigens auch anders abbilden, zum Beispiel durch eine ternäre Meta-Beziehung vom Typ *Das Attribut X bildet den Entitätstyp Y auf die Domäne Z ab*.

	Typ/Instanzenpaar auf der Anwendungs-ebene	Typ/Instanzenpaar auf der IRD-Ebene
IRD-Definitionsebene		Besitzt: Entitätstyp X besitzt das Attribut Y Hat: Attribut X hat die Domäne Y
IRD-Ebene	Gehalt: Person X bezieht ein Gehalt von Y sFr	('Person', 'Gehalt') ('Gehalt', 'Schweizer Franken')
Anwendungsebene	('Müller', '4711')	

Bild 2-3:   Typ/Instanzen-Paare auf der Anwendungsebene und der Dictionary-Ebene

In der *Dictionary-Definitionsschicht* ist die Datenstruktur des Dictionaries festgelegt, also das Dictionary-Schema. Dabei werden die Typen der Dictionary-Schicht wiederum zu Instanzen. Dies führt für das Beispiel zu Daten wie 'Entitätstyp', 'Attribut', 'Domäne', 'Besitzt' und 'Hat'; diese Daten wären folgerichtig als Meta-Meta-Daten zu bezeichnen. Auch deren Bedeutung ist wiederum im Rahmen von Typ/Instanzen-Paaren zu interpretieren. Die an-

---

17) Diese und die folgenden Darstellungen orientieren sich an Olle/Black (1988), S. 43 ff. Vgl. auch ISO (1989), S. 10.

gegebenen Daten beschreiben bestimmte (Meta-Meta-) Entitäten, nämlich beispielsweise *Der Meta-Entitätstyp mit dem Namen 'Entitätstyp'*, *Der Meta-Entitätstyp mit dem Namen 'Attribut'* und *Der Meta-Entitätstyp mit dem Namen 'Domäne'*; sie sind also Instanzen eines einzigen Typs, nämlich *Der Meta-Entitätstyp (mit dem Namen) X*.

Die zwischen diesen Meta-Meta-Entitäten bestehenden Zusammenhänge können als ternäre (Meta-Meta-) Beziehungen formuliert werden, z.B. *Der Meta-Beziehungstyp (mit dem Namen) 'Besitzt' verbindet den Meta-Entitätstyp (mit dem Namen) 'Entitätstyp' mit dem Meta-Entitätstyp (mit dem Namen) 'Attribut'*; entsprechend ließe sich schreiben *Der Meta-Beziehungstyp (mit dem Namen) 'Hat' verbindet den Meta-Entitätstyp (mit dem Namen) 'Attribut' mit dem Meta-Entitätstyp (mit dem Namen) 'Domäne'*. Auch diese beiden Meta-Meta-Beziehungen sind wiederum Instanzen eines einzigen Meta-Meta-Beziehungstyps, und zwar *Der Meta-Beziehungstyp (mit dem Namen) X verbindet den Meta-Entitätstyp (mit dem Namen) Y mit dem Meta-Entitätstyp (mit dem Namen) Z*.

Die oberste Schicht im Rahmen der 4-Schichten-Architektur ist die *Dictionary-Schema-Definitionsschicht*. Sie beinhaltet die grundlegenden Strukturelemente, mit deren Hilfe sich Dictionary-Schemata formulieren lassen. Man spricht dabei auch von der Fundamentalebene. Die zur Verfügung stehenden Bausteine werden durch das vom jeweiligen Dictionary-System verwendete Datenmodell bestimmt und können deshalb nicht ohne weiteres abgeändert werden.

Im Rahmen des ANSI-IRDS-Standards wird die Verwendung des Entity-Relationship-Modells unterstellt. Die grundlegenden Strukturelemente zur Definition eines Dictionary-Schemas sind damit (Meta-Meta-) Entitätstyp, (Meta-Meta-) Beziehungstyp und (Meta-Meta-) Attribut. Die zugrundegelegte Variante des ERM sieht nur binäre Beziehungstypen vor, so daß alle (Meta-Meta-) Beziehungen vom Typ *Meta-Beziehungstyp X verbindet Meta-Entitätstyp Y mit Meta-Entitätstyp Z* sein müssen. Attribute können sowohl Entitäts- als auch Beziehungstypen zugeordnet werden, d.h. *Meta-Entitätstyp X hat Meta-Attribut Y* oder *Meta-Beziehungstyp X hat Meta-Attribut Y*.

Der Zusammenhang zwischen den Typ/Instanzen-Paaren auf der Dictionary-Ebene und der Dictionary-Definitionsebene wird anhand der Beispiele in Bild 2-4 dargestellt. Dabei werden allerdings nur die Meta-Beziehungstypen

Besitzt und *Hat*, sowie auf der nächsthöheren Ebene die diesen entsprechenden zwei Meta-Meta-Beziehungen des fundamentalen Meta-Meta-Beziehungstyps explizit aufgeführt. In dem Beispiel wird unterstellt, daß Attribute
als Meta-Entitätstyp modelliert werden und der Zusammenhang zu Entitätstypen und Domänen jeweils über Meta-Beziehungstypen zum Ausdruck
kommt. Das muß jedoch nicht so sein. Statt dessen ließen sich die Attribute
selbst als Meta-Beziehungstyp modellieren, der dann folgenden Faktentyp
ausdrücken würde: *Der Meta-Beziehungstyp (mit dem Namen) 'Attribut'*
verbindet den Meta-Entitätstyp (mit dem Namen) 'Entitätstyp' mit dem Meta-
Entitätstyp (mit dem Namen) 'Domäne'. Notwendige Voraussetzung dafür ist
allerdings, daß Meta-Beziehungstypen auch eigene Meta-Attribute zugeordnet werden können.

	Typ/Instanzenpaar auf der IRD-Ebene	Typ/Instanzenpaar auf der IRD-Definitions- ebene
Fundamentalebene		Meta-Beziehungstyp X verbindet Meta-Entitätstyp Y mit Meta-Entitätstyp Z
IRD-Definitionsebene	Besitzt: Entitätstyp X besitzt das Attribut Y Hat: Attribut X hat die Domäne Z	('Besitzt', 'Entitätstyp', 'Attribut') ('Hat', 'Attribut', 'Domäne')
IRD-Ebene	('Person', 'Gehalt') ('Gehalt', 'Schweizer Franken')	

Bild 2-4:   Typ/Instanzen-Paare auf der Dictionary-Ebene und der
             Dictionary-Definitionsebene

Bei den angestellten Überlegungen mag es zu Verwirrungen führen, daß auf
verschiedenen Ebenen die Begriffe Entität/styp, Beziehung/styp und Attribut
verwendet werden, denen zum Zwecke der Unterscheidbarkeit allenfalls ein
oder mehrere "Metas" vorangestellt werden. Dies liegt daran, daß das dem
IRDS zugrundeliegende Entity-Relationship-Modell verwendet wurde, um

sich selbst zu beschreiben, was ohne weiteres möglich ist. Die in diesem Fall auftretenden Begriffe sind in Bild 2-5 zusammengefaßt.

	Typ/Instanzenpaar auf der Anwendungsebene	Typ/Instanzenpaar auf der IRD-Ebene	Typ/Instanzenpaar auf der IRD-Definitionsebene
Fundamentalebene			Meta-Meta-Entitätstyp Meta-Meta-Beziehungstyp Meta-Meta-Attribut (-typ)
IRD-Definitionsebene		Meta-Entitätstyp Meta-Beziehungstyp Meta-Attribut (-typ)	Meta-Meta-Entität Meta-Meta-Beziehung Meta-Meta-Attribut (-wert)
IRD-Ebene	Entitätstyp Beziehungstyp Attribut (-typ)	Meta-Entität Meta-Beziehung Meta-Attribut (-wert)	
Anwendungsebene	Entität Beziehung Attribut (-wert)		

Bild 2-5:   Begriffswelt in der Vier-Schichten-Architektur

Beim Übergang von einem Typ/Instanzen-Paar auf das nächste kann es zu einer Entsprechung von Begriffen kommen. Dies gilt beispielsweise für Entitätstypen. So wäre etwa der Entitätstyp *Person* auf der Anwendungsebene gleichzusetzen mit der Meta-Entität *Person* des Meta-Entitätstyps *Entitätstyp* auf der Dictionary-Ebene und der Meta-Entitätstyp *Entitätstyp* auf der Dictionary-Ebene entspricht wiederum der Meta-Meta-Entität *Entitätstyp* auf der Dictionary-Schemaebene. Anders verhält es sich jedoch beispielsweise mit Attributen. So wird hier ein Attribut *Gehalt* auf der Anwendungsebene als Meta-Entität *Gehalt* eines Meta-Entitätstyps *Attribut* auf der Dictionary-Ebene abgebildet und nicht etwa als ein Meta-Attribut *Gehalt*.[18]

Um das Begriffswirrwarr noch weiter zu erhöhen, sei an dieser Stelle darauf hingewiesen, daß der ANSI-IRDS-Standard eine leicht abweichende Terminologie gebraucht.[19] Dort werden die Instanzen auf der Dictionary-Ebene statt als Meta-Entitäten, Meta-Beziehungen und Meta-Attribute ganz einfach

---

18) Vgl. auch Habermann/Leymann (1993), S. 68 ff.

19) Vgl. z.B. Habermann/Leymann (1993), S. 85 f.

als Entitäten, Beziehungen und Attribute bezeichnet. Dies entspricht einer Logik, die die Dictionary-Ebene als für ein Dictionary unterste relevante Ebene ansieht und nicht die Anwendungsebene. Entsprechend heißen die Instanzen auf der Dictionary-Definitionsebene auch Meta-Entitäten, Meta-Beziehungen und Meta-Attribute, anstatt wie in den hier gemachten Ausführungen Meta-Meta-Entitäten, Meta-Meta-Beziehungen und Meta-Meta-Attribute.

Die Bedeutung von ERM auf der Ebene des Dictionary-Schemas ergibt sich daraus, daß es sich dabei um ein populäres Instrument zur Beschreibung von Daten aus einer fachlichen Sicht handelt. Natürlich können auf dieser Ebene beliebige andere DV-relevante Sachverhalte beschrieben werden, zum Beispiel das relationale Datenmodell, welches als Basis vieler derzeit eingesetzter Datenbanksysteme relevant ist.[20] Dort werden üblicherweise nur die Konstrukte Attribut und Relation als n-Tupel von Attributen unterschieden. Die Beziehungstypen müssen indirekt über Primär-Fremdschlüsselbeziehungen modelliert werden. Auf der Dictionary-Ebene wären Relation und Attribut jeweils als Meta-Entitätstypen (bzw. Meta-Meta-Entitäten) zu behandeln.

2.3. Architektur von Informationssystemen

Um die Informationssysteme von Organisationen systematisch und einheitlich beschreiben zu können, bedarf es einer klar definierten Vorstellung über die Art der ihnen zugrundeliegenden Bausteine, deren funktionale Eigenschaften und den zwischen ihnen bestehenden Zusammenhängen. Dabei läßt sich von einer Architektur von Informationssystemen sprechen.[21] Die Formalisierung einer solchen Architektur für die Zwecke der Software-Entwicklung bzw. Dokumentation wird auch als Meta-Modell oder Informationsmodell bezeichnet.[22] Soll ein Informationssystem beschrieben werden,

---

20) Vgl. auch Kapitel 3.1.2.1.2.

21) Vgl. Scheer (1991), S. 2 f. Zum Begriff der Informationssystemarchitektur vgl. auch Zachman (1987); Krcmar (1990).

22) Vgl. etwa Nauer (1991), S. 27 ff; Hesse/Merbeth/Frölich (1992), S. 104 f; Heinrich (1992), S. 397 f. Habermann/Leymann (1993), S. 60, unterscheiden beide Begriffe noch genauer: "Modelle, deren Instanzen wieder Modelle sind, oder Beschreibungen von Beschreibungen, werden als *Metamodelle* bezeichnet. ...

so sind dafür alle vom Metamodell festgelegten Sachverhalte zu spezifizieren bzw. zu dokumentieren. Das Informationsmodell legt fest, *was* grundsätzlich zur Beschreibung von Informationssystemen erforderlich ist. Damit wird auch weitgehend vorgegeben, *wie* die Beschreibung eines Informationssystems aussehen muß. Es bildet somit den Rahmen für die Darstellung der in Zusammenhang mit der Entwicklung und dem Einsatz von Informationssystemen als relevant erachteten Sachverhalte.[23]

Eine Informationssystemarchitektur schlägt sich im Rahmen von Dictionaries bzw. Repositories als Dictionary-Schema nieder. Dieses muß wiederum mit den vom jeweiligen Dictionary-System vorgegebenen Strukturelementen der Dictionary-Definitionsschicht implementiert werden. Dabei kann es sich um aus der Anwendungsentwicklung bekannte Modelle handeln, wie z.B. das relationale Datenmodell oder das Entity-Relationship-Modell (ERM), aber auch speziell dafür vorgesehene Ansätze.[24] Im Falle des ERM drückt sich die Architektur von Informationssystemen durch Meta-Entitätstypen, Meta-Beziehungstypen und Meta-Attribute aus.

Herkömmliche Data Dictionaries dokumentieren vor allem den Datenbereich von Systemen auf der DV-technischen Ebene, der sich in Datenschemata von Datenbanksystemen und Datendefinitionen in Programmen niederschlägt. Typische Meta-Entitätstypen dafür wären also etwa *Datei, Datensatz, Datenelement* bzw. *-feld*. Da damit nur die statischen Aspekte eines Systems abgebildet werden, nicht jedoch die dynamischen, ist darüber hinaus der prozedurale Bereich als Verwendung von Daten in Programmen von großer Bedeutung. Daten- und Prozedurebene zusammen bilden eine vollständige Beschreibung von Systemen anhand von Programmen, Datenschemata und den zwischen ihnen bestehenden Beziehungen. Die konkrete Ausformung des Informationsmodells auf dieser Ebene wird maßgeblich durch die Technologien bestimmt, mit denen ein System realisiert wurde bzw. wird. Dabei wird hier unter Technologie nicht nur die verwendete

---

Metamodelle, die das Ziel haben, eine Sprache zur Verfügung zu stellen, mit der man die gesamte Anwendungsentwicklung eines Unternehmens beschreiben kann, werden dann auch *Informationsmodelle* genannt."

23) Scheer (1991), S. 3, definiert seinen Vorschlag für eine Architektur integrierter Informationssysteme (ARIS) als Rahmen, "in dem integrierte Anwendungssysteme entwickelt, optimiert und in die EDV-technische Realisierung umgesetzt werden können."

24) Vgl. auch Hesse/Merbeth/Frölich (1992), S. 105.

Hardware, sondern auch Systemsoftware verstanden; dies schließt systemnahe Software wie Datenbanksysteme ein.

Eine Dokumentation der statischen und dynamischen Aspekte von Systemen auf der Ebene von Implementationstechnologien allein stellt noch keine umfassende Beschreibung eines Systems dar. Bei der Systemrealisierung in gegebenen Umgebungen muß nämlich auf technische Nebenbedingungen und Unzulänglichkeiten Rücksicht genommen werden, was häufig eine nur unvollständige oder gar verfälschte Wiedergabe der ursprünglichen fachlichen Anforderungen zur Folge hat. Im Software Engineering werden deshalb Methoden zur Abbildung von fachlichen Systemspezifikation eingeführt und ihre schrittweise Überführung in ein implementierbares Anwendungssystem entsprechend den verschiedenen Phasen von Software-Entwicklungs-Zyklen behandelt. Die Struktur des Dokumentationsmodells auf der fachlichen Ebene wird bestimmt von den verwendeten Methoden und Techniken der Software-Entwicklung, wie z.B. der Modellierung von ER-Diagrammen auf der Datenebene und von Datenflußdiagrammen auf der Prozeßebene.

Erst die zusammenfassende Dokumentation der realisierten Strukturen auf der DV-technischen Ebene und der Anforderungsspezifikationen auf der fachlichen Ebene stellt eine vollständige Beschreibung der Architektur eines Informationssystems dar. Diese hat damit zumindest zwei Dimensionen, nämlich die Art der zu dokumentierenden DV-Objekte und ihre Einordnung im Rahmen eines (hier nur rudimentären) Software-Entwicklungszyklus. Ein derartiger Klassifikationsansatz findet sich im 4-Quadranten-Schema der British Computer Society wieder, welches die in einem Data Dictionary enthaltenen Meta-Entitätstypen nach zwei Dimensionen einteilt (vgl. Bild 2-6):[25] in der einen Dimension wird nach Datenstrukturen (*Types of Data*) und Datenverwendung (*Use of Data*) unterschieden, in der anderen Dimension nach Systemanforderungen (*System Requirements*) und Systemrealisierung (*Design Decisions*). Jeder dieser vier Ebenen wird eine Anzahl von Meta-Objekttypen zugeordnet, ohne daß die Beziehungen zwischen ihnen beschrieben würden. Da die Meta-Objekttypen der verschiedenen Ebenen nicht unabhängig voneinander sind, bestehen zwischen ihnen globale Zuordnungsbeziehungen.

---

25) Vgl. BCS (1977).

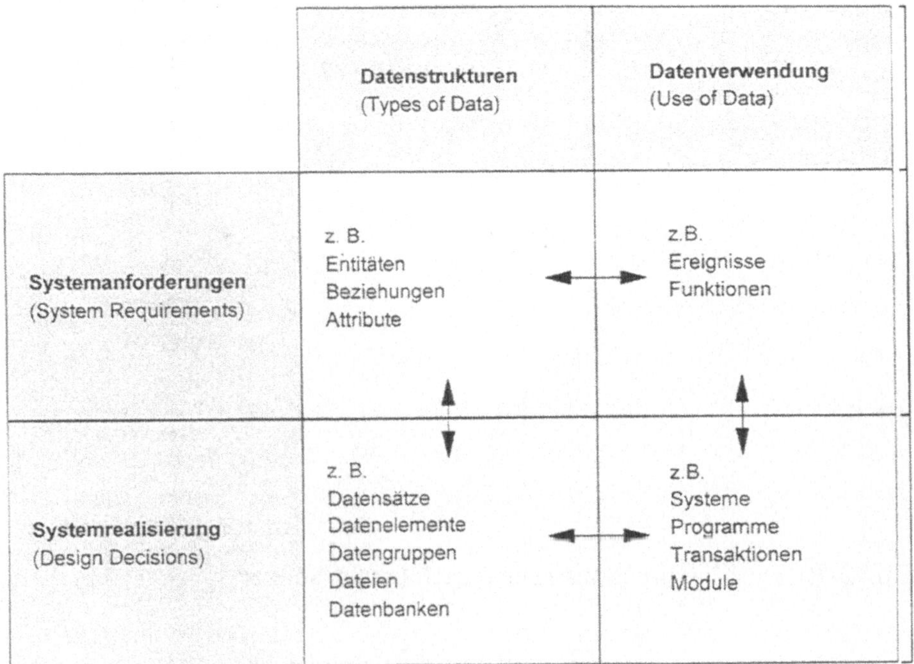

Bild 2-6:   Das 4-Quadranten-Schema der *British Computer Society*

Die vom 4-Quadranten-Schema vorgenommene Unterteilung der zu dokumentierenden Sachverhalte findet sich in anderen Modellen in einer zum
Teil erweiterten Form wieder. Ein Beispiel dafür ist das Klassifikationsschema von Ortner/Söllner[26], bei dem in der einen Dimension ebenfalls eine
Unterteilung nach dem fachlichen Entwurf (Anwendungsbereiche) und der
DV-technischen Realisierung (DV-Systeme) erfolgt. In der anderen Dimension wird auch zwischen den Daten- und Prozeßressourcen unterschieden,
allerdings eine zusätzliche Ebene für die Ressourcenverwertung eingeführt
(Bild 2-7).

---

26) Vgl. Ortner/Söllner (1989), S. 88.

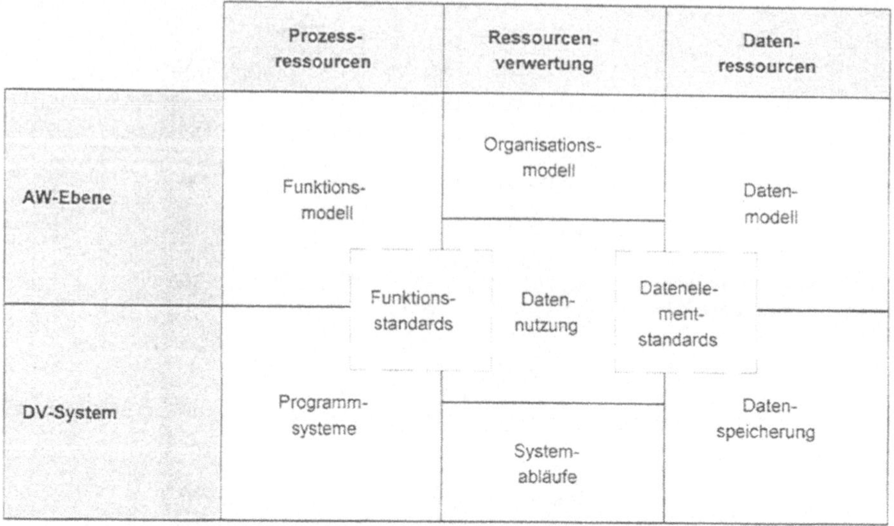

Bild 2-7:   Klassifikationsschema nach Ortner/Söllner

In dieses Schema werden sieben verschiedene Modelle eingeordnet, nämlich

- das *Funktionsmodell*, in dem die Informationsverarbeitung eines Anwendungsbereichs aus funktionaler Sicht beschrieben sind. Dazu gehören Meta-Objekttypen wie AUFGABE, VORGANG, AKTION;

- das *Organisationsmodell*, in dem die Organisationsstruktur beschrieben wird. Dazu gehören Meta-Objekttypen wie ORGANISATIONSEINHEIT, ARBEITSPLATZ und STELLENBESCHREIBUNG;

- das *Datenmodell*, in dem die Datenstruktur aus fachlicher Sicht beschrieben wird. Dazu gehören Meta-Objekttypen wie OBJEKTTYP, BEZIEHUNGSTYP, ATTRIBUT und INTEGRITÄTSREGEL;

- die *Programmsysteme*, in denen die DV-technische Realisierung eines im Funktionsmodell spezifizierten Vorgangs beschrieben wird. Dazu gehören Meta-Objekttypen wie PROGRAMM, MODUL und MAKRO. Die Schnittstelle zwischen beiden Bereichen bilden standardisierte Meta-Objekte vom Typ ELEMENTARFUNKTION;

- die *Datennutzung*, welche die Schnittstelle zwischen den Prozeß- und Datenressourcen beschreibt. Dazu gehören Meta-Objekttypen wie MASKE bzw. DATENSICHT;

- die *Systemabläufe*, die die Ablaufstrukturen bei der Verarbeitung von Daten durch Programme beschreiben. Dazu gehören Meta-Objekttypen wie JOB und STEP;

- die *Datenspeicherung*, welche die DV-technische Speicherung von fachlichen Datenstrukturen beschreibt. Dazu gehören Meta-Objekttypen wie DATEI bzw. DATENBANK, DATENSATZ und DATENFELD. Die Schnittstelle zwischen beiden Bereichen bilden standardisierte Meta-Objekte vom Typ DATENELEMENT.

Eine ähnliche Dreiteilung erfolgt auch im Gliederungskonzept der ARIS-Architektur, die in Bild 2-8 dargestellt wird. Dort wird allerdings die Verbindung zwischen Daten- und Funktionssicht als Steuerungssicht bezeichnet und die Abbildung der Organisationsstrukturen als eigene Sicht behandelt, so daß in diesem Konzept vier Sichten auf die Architektur von Informationssystemen existieren: die Organisationssicht, die Datensicht, die Steuerungssicht und die Funktionssicht. Jede dieser Sichten wird wiederum unterteilt, wobei in Anlehnung an Lebenszyklus-Modelle der Software-Entwicklung eine Dreiteilung in Fachkonzept, DV-Konzept und technische Implementierung erfolgt.[27]

Andere Ansätze verwenden mehrdimensionale Kategorisierungen. Dies ist z.B. bei der im Zuge des Information Engineering verwendeten Informationssystempyramide der Fall.[28] Diese unterscheidet in der Horizontalen mit den Phasen Planning, Analysis, Design und Construction vier verschiedene Stufen des Software-Entwicklungszyklus. Jede Seite der Pyramide stellt ein Bezugsobjekt der Systementwicklung dar, und zwar Daten, Prozesse und Technologie.

---

27) Vgl. Scheer (1991), S. 13 ff. Eine entsprechende Unterteilung in fachliche Entwurfs-Ebene, technische Entwurfs-Ebene und Implementierungsebenen wird auch dem Metamodell von Hesse/Merbeth/Frölich (1992), S. 106 ff, zugrundegelegt, die darüber aber noch eine Benutzer-Ebene ansiedeln.

28) Vgl. z.B. Martin (1989a), insbesondere S. 3 f und S. 101 ff.

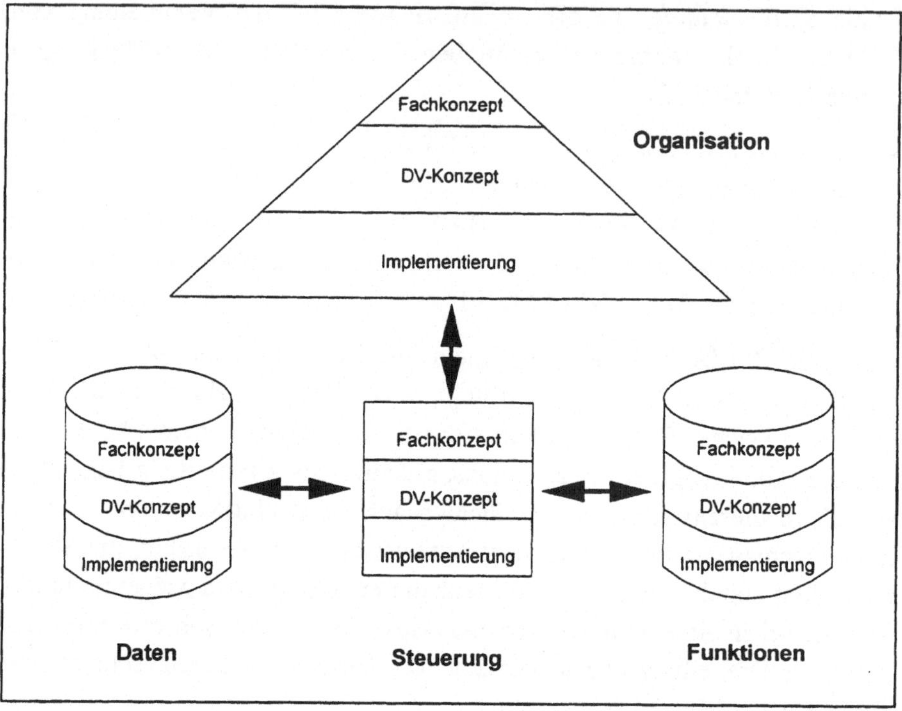

Bild 2-8:   Klassifikationsschema im ARIS-Modell

Derartige Klassifikationssysteme sind letztlich Hilfsmittel, die allein dem Zweck dienen, ein anderweitig komplexes Dokumentationsmodell leichter faßbar zu machen. Ein Abwägen und Bewerten der Vorteilhaftigkeit der verschiedenen Vorschläge dürfte daher für die praktische Umsetzung eines geeigneten Meta-Datenmodells wenig bringen. Wichtiger ist die konkrete Ausgestaltung des Dokumentationsmodells; diese ergibt sich aus den verwendbaren Meta-Objekttypen, den zwischen ihnen zulässigen Beziehungen und den für ihre Beschreibung vorgesehenen Attributen.

In den in der Literatur meist nur übersichtsartig dargestellten Informationssystemarchitekturen werden gewöhnlich nur die relevanten Meta-Objekttypen und die zwischen ihnen auftretenden Meta-Beziehungstypen explizit beschrieben. Ein Dokumentationsmodell ist jedoch erst dann vollständig bestimmt, wenn die für die Spezifikation der gewählten Objekttypen (und gegebenenfalls auch Beziehungstypen) notwendigen Attribute festgelegt sind. Auch dabei kann zwischen verschiedenen Arten bzw. Typen von Attributen unterschieden werden. Attribute eines bestimmten Typs können durchaus für verschiedene Objekt- und gegebenenfalls auch Beziehungstypen vorgesehen sein. Während einige Attributtypen allgemeiner Natur und damit für alle oder zumindest die meisten Objekttypen erforderlich sind, werden andere speziell für einen bestimmten Objekt- bzw. Beziehungstyp gebraucht. Entsprechend ihrer Funktion lassen sich diese Attributtypen in verschiedene Kategorien einteilen.[29]

Eine besondere Rolle spielen die *Identifikationsattribute*, über die ein konkretes Meta-Objekt anzusprechen ist. Ein Meta-Objekt kann durchaus mehrere Identifikatoren bzw. Namen aufweisen, die für verschiedene Zwecke benötigt werden. Dabei ist prinzipiell zwischen global und lokal gültigen Namen zu unterscheiden. Während der globale Name über das ganze Data Dictionary eindeutig sein muß, ist der lokale Name an eine bestimmte Verwendung geknüpft und kann theoretisch mehrfach vorkommen. Üblicherweise muß jedes Meta-Objekt wenigstens einen globalen Namen aufweisen. Da dies aus technischen wie organisatorischen Gründen nicht immer garantiert werden kann, muß unter Umständen speziell für die Verwendung innerhalb eines Dictionaries ein interner Identifikator generiert werden. Dabei handelt es sich häufig um eine einfache Zählnummer. Wenn immer möglich empfiehlt sich jedoch die Vergabe eines global gültigen sprechenden Namens, der für den Benutzer eine Bedeutung trägt. Darüber hinaus können Synonyme als alternative Zugriffsnamen innerhalb eines Dictionaries nützlich oder sogar notwendig sein. Ein Beispiel für die sinnvolle Verwendung alternativer Namen ist die Verwendung eines Langnamens und eines Kurznamens. Außerdem lassen sich dann noch lokale Namen in Abhängigkeit von der Verwendungsumgebung als Alias-Namen führen; sind dies Namen, die in einer konkreten Implementation, d.h. in einer Datei oder einem Programm, verwendet werden, dann wird dabei auch von einem physischen Namen gesprochen.

Eine besondere Kategorie von Attributen, über die auf Meta-Objekte zugegriffen werden kann, sind die *Klassifikationsattribute*. Diese unterscheiden sich von den Identifikationsattributen insofern, als daß sie nicht eindeutig sein müssen. Über sie werden Meta-Objekten bestimmte Schlagworte bzw. Deskriptoren zugeordnet, die deren Klassifikation nach bestimmten Kriterien erlauben.

---

29) Vgl. Leong-Hong/Plagman (1982), S. 81 ff; diese Systematik wird auch von Biethahn/Mucksch/Ruf (1991), S. 222 f, übernommen.

Nebst den Identifikatoren beinhalten Meta-Objekte aller Typen in der Regel auch noch *Verwaltungs- bzw. Kontrollattribute*, die verschiedene allgemeine Informationen über ein Meta-Objekt dokumentieren. Damit werden beispielsweise folgende Fragen abgedeckt:

- Wann und von wem wurde ein Meta-Objekt erstmalig angelegt?

- Wann und von wem wurde es letztmalig geändert?

- Wer ist zuständig für die Beschreibung und Pflege des Meta-Objekts?

- Welchen Status bzw. Reifegrad hat das Meta-Objekt?

Darüber hinaus werden Meta-Objekte in der Regel über eine Anzahl von *Beschreibungsattributen* näher charakterisiert. Allgemein üblich ist es, jedes Meta-Objekt durch eine möglichst kurze und griffige Definition zu beschreiben. Für weitergehende bzw. ergänzende Informationen wird oftmals noch ein zusätzliches Beschreibungs- bzw. Kommentarfeld geführt. Bei beiden handelt es sich generell um unformalisierte, textuelle Informationen, die sich ausschließlich an Benutzer richten. Neben diesen allgemeinen, benutzerorientierten Attributen können noch speziell den jeweiligen Typ betreffende Beschreibungsattribute vorgesehen sein, die oftmals formalisiert und damit maschinell interpretierbar sind. Für Meta-Objekte des Typs *Datenelement* sind das beispielsweise Attribute wie *Datentyp* und *Länge*.

Von besonderer Bedeutung sind auch die *Beziehungs- oder Verknüpfungsattribute*, die dazu dienen, Beziehungen zwischen verschiedenen Meta-Objekten zu dokumentieren. Beispiele dafür sind Beziehungen des Enthaltenseins, wie sie etwa zwischen Datenelementen und Datensätzen bestehen, oder Aufrufbeziehungen, wie sie zwischen verschiedenen Programmen auftreten. Derartige Attribute werden allerdings nur dann benötigt, wenn in dem vom Dictionary-System unterstützten Datenmodell Beziehungen über symbolische Referenzen aufgebaut werden, wie es etwa beim relationalen Modell der Fall ist. Dann werden andere Tupel über die entsprechenden Werte von Attributen oder Gruppen von Attributen referenziert, bei denen es sich um Fremdschlüssel handelt. Nicht jedes Modell arbeitet jedoch mit solchen symbolischen Verknüpfungen; ein Beispiel dafür ist das ERM.

3. Die Gestaltung eines Dictionary-Schemas

3.1. Ableitung eines Dictionary-Schemas

In den folgenden Kapiteln wird am Beispiel populärer Software-Entwicklungsmethoden und verbreiteter DV-Technologien ausführlich dargestellt, wie sich ein Dokumentationsmodell ableitet. Dabei ist nicht das Ziel, eine möglichst umfassende und vollständige Beschreibung der Architektur von Informationssystemen zu geben, sondern einen Eindruck über die Grundelemente und die zwischen ihnen bestehenden Zusammenhänge zu vermitteln. Dafür ist es unumgänglich, zumindest übersichtsartig auf Spezifika der unterstellten Methoden und Implementationsumgebungen einzugehen.

Als Bausteine einer Systemarchitektur sollen *auf der konzeptuellen Ebene* für die Datenmodellierung Entity-Relationship Modelle in verschiedenen Varianten sowie für die prozedurale Modellierung insbesondere Datenflußdiagramme im Sinne der Strukturierten Analyse betrachtet werden; *auf der Implementationsebene* wird vom Einsatz eines relationalen Datenbanksystems und darauf aufsetzenden Programmen in einer der üblichen Programmiersprachen der 3. Generation[1] - insbesondere COBOL - ausgegangen. Dabei werden in erster Linie die notwendigen Meta-Objekttypen und die zwischen ihnen auftretenden Meta-Beziehungstypen behandelt. Auf die den so bestimmten Meta-Objekttypen und Meta-Beziehungstypen zuzuordnenden Meta-Attribute soll nur insoweit eingegangen werden, als wie sie absolut notwendige spezielle Beschreibungsattribute darstellen.

Die Formulierung eines derartigen Meta-Datenmodells muß notwendigerweise wiederum mit den Mitteln eines Datenmodells erfolgen, wie dies in der 4-Schichten-Architektur ausgeführt wird. Die folgenden Ausführungen basieren auf einem binären ERM, Beziehungen können also jeweils nur zwei Entitäten miteinander verbinden.

Zur Verdeutlichung der entwickelten Meta-Datenstrukturen werden teilweise Beispiele herangezogen. Für diese wird aus Gründen der Anschaulichkeit eine Darstellungsform gewählt, die symbolische Verknüpfungen

---

1) Für eine Darstellung des Generationenbegriffs in Zusammenhang mit Programmiersprachen vgl. z.B. Heinrich/Burgholzer (1990), S. 257 ff; Stahlknecht (1991), S. 114 ff; Hansen (1992), S. 356 ff.

zwischen (Meta-) Entitätstypen verwendet und damit über entsprechende Verknüpfungsattribute verfügt.

3.1.1. Systemanforderungen

Auf der fachlichen Ebene erfolgt eine möglichst vollständige und präzise Systembeschreibung, die losgelöst von allen Implementationsaspekten einer konkreten Technologie sein soll.[2] Dies wird aus zwei Gründen angestrebt: Zum einen ermöglicht eine fachliche Spezifikation im Zuge einer Systementwicklung eine Kommunikation zwischen Software-Entwicklern und den betroffenen Mitarbeitern in den Fachabteilungen (Kommunikationsaspekt); zum anderen kann die Erstellung einer fachlichen Spezifikation die Portierbarkeit von Systemen auf verschiedene Technologien erheblich vereinfachen (Portabilitätsaspekt). Aus diesen Anforderungen ergibt sich, daß eine bestimmte Implementation zielgerichtet aus den fachlichen Spezifikationen abgeleitet werden muß und jede Änderung an einem Anwendungssystem, die nicht ausschließlich Implementationsgesichtspunkte betrifft, zunächst auf der fachlichen Ebene zu erfolgen hat.

Entsprechend den hier eingeführten zwei grundsätzlichen Sichtweisen auf Systeme unterteilt sich die Beschreibung der Systemanforderungen in eine Daten- bzw. Informationsanalyse und in eine Funktions- bzw. Prozeßanalyse.

3.1.1.1. Informationsanalyse

Die fachliche Beschreibung von Datenstrukturen erfolgt in der Regel unter Verwendung von semantischen Datenmodellen. Es existiert eine Vielzahl semantischer Datenmodelle, von denen insbesondere das Entity-Relationship-Modell große Popularität gewonnen hat.[3] Entsprechend ihrem Namen

---

2) Vgl. dazu auch die Ausführungen zu den entsprechenden Phasen *Fachkonzept* bei Scheer (1991), S. 16 sowie Business Area Analysis bei Martin (1989), S. 106 ff.

3) Für eine Übersicht über semantische Datenmodelle bzw. Modellierung vgl. etwa Ortner (1985), S. 20 ff. Das ERM wurde eingeführt von Chen (1976), S. 9 ff, und ist seitdem laufend weiter entwickelt worden. Eine kurze Beschreibung auch neuerer Entwicklungen des ERM geben z.B. Sinz (1990), S. 17 ff bzw. Ferstl/Sinz (1993), S. 90 ff. Eine Einbettung des ERM in einen Ansatz der kon-

handelt es sich dabei um Datenmodelle, die weitergehendere Möglichkeiten zur exakten Modellierung der Semantik einer Diskurswelt bieten, als dies bei in kommerziell verfügbaren Datenbanksystemen implementierten Datenmodellen der Fall ist. Die Verwendung eines semantischen Datenmodells zur fachlichen Beschreibung einer Diskurswelt bedingt, daß die in ihm dargestellten Datenschemata in die Datenmodelle des jeweiligen Ziel-Datenbanksystems transformiert werden. Um diese beiden Ebenen unterscheiden zu können, wird gelegentlich eine begriffliche Trennung von konzeptueller und logischer Ebene vorgenommen;[4] dabei wird auf der konzeptuellen Ebene das fachliche Datenschema formuliert, auf der logischen Ebene hingegen ein entsprechendes Datenschema in einem konkreten Datenbanksystem implementiert.

Ein wesentliches Merkmal populärer semantischer Datenmodelle ist, daß sich Faktentypen durch graphische Formalismen darstellen lassen. Bild 3-1 zeigt anhand des Beispiels von Kunden, die Produkte kaufen, drei Varianten, bei denen einmal die Rollen bezeichnet werden, ein anderes Mal der Name des Faktentyps. Jeder dieser Varianten ist Darstellungsmittel unterschiedlicher semantischer Datenmodelle bzw. Datenmodellierungsmethoden, und zwar von oben nach unten der *Nijssen Information Analysis Method*, des *Entity-Relationship-Modells* nach Chen und einer gängigen Variante davon. Diese Modelle unterscheiden sich nicht nur in der Darstellungsform, sondern teilweise auch in den zugrundeliegenden Annahmen.

---

zeptuellen Datenmodellierung erfolgt z.B. bei Teorey (1990) und Batini/Ceri/Navathe (1992). Das ERM wird auch in umfassenden Methoden zur Software-Entwicklung verwendet, z.B. im Information Engineering (vgl. insbes. Martin (1990a), S. 161 ff) und SSADM (vgl. z.B. Ashworth/Goodland (1990), S. 19 ff; Downs/Clare/Coe (1992), S. 121 ff).

4) Vgl z.B. Schlageter/Stucky (1983), S. 42 ff; Lockemann/Radermacher (1990), S. 5 f.

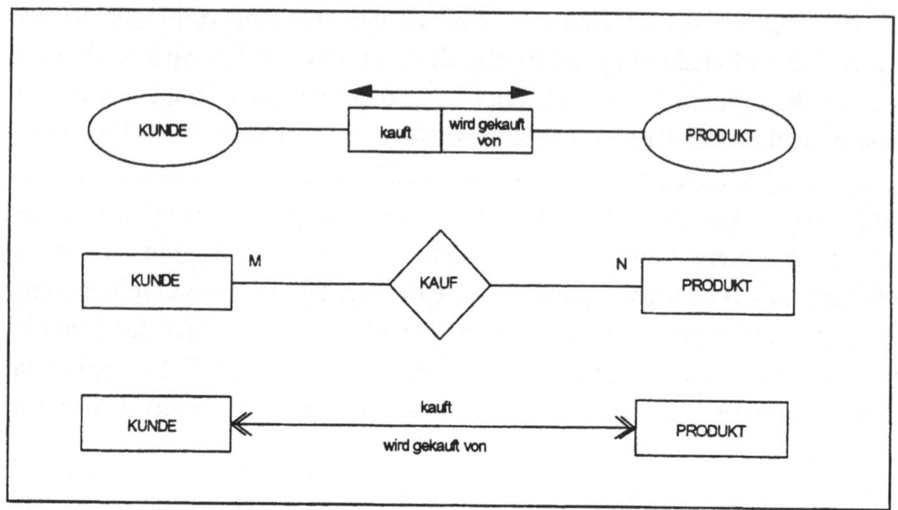

Bild 3-1:   Mögliche graphische Darstellungsformen für Faktentypen

Besonders geeignet für die Darstellung elementarer Faktentypen ist die *Nijssen Information Analysis Method* (NIAM)[5], bei der Entitätstypen als nicht-lexikalische Objekttypen (NOLOTs) und Domänen als lexikalische Objekttypen (LOTs) bezeichnet werden. Objekttypen werden graphisch durch Kreise dargestellt, die im Falle von LOTs gestrichelt sind. NIAM unterscheidet formal nicht Beziehungen zwischen verschiedenen NOLOTs und solchen zwischen NOLOTs und LOTs. Die Faktentypen werden jeweils durch ihre Rollen ausgedrückt, die in die verschiedenen Felder eines Rechtecks geschrieben werden.

Im Gegensatz dazu müssen im *Entity-Relationship-Modell* (ERM) und seinen Varianten die zwei Arten von Fakten durch unterschiedliche Modellkonstrukte ausgedrückt werden, nämlich Fakten über Objekte als Attribute und Fakten, die Objekte miteinander verbinden als Beziehungen. Attribute werden in diesem Kontext auch als Funktionen definiert, die Objekttypen auf Domänen abbilden. Die graphische Darstellung von ERM konzentriert

---

5)   Vgl. z.B. Verheijen/Van Bekkum (1982); Leung/Nijssen (1988); Diese Methodologie bildet auch die Grundlage der Conceptual Schema Design Procedure (CSDP), die in Nijssen/Halpin (1989) ausführlich dargestellt wird. Das im Rahmen des NIAM verwendete Datenmodell hat ursprünglich nur zweistellige Beziehungstypen zugelassen; in dieser Form ist es als Binärer-Beziehungstyp-Ansatz Gegenstand der ISO-Norm TC97/SC5/WG3 (vgl. ISO (1982)); vgl. dazu auch Mark (1983).

sich auf die Abbildung von Objekt- und Beziehungstypen. Für Attribute existieren nur zum Teil eigene Symbole, selbst dann werden sie jedoch nur selten dargestellt.[6]

In Entity-Relationship-Diagrammen nach Chen[7] werden Entitätstypen durch ein Rechteck, Beziehungstypen durch eine Raute dargestellt und jeweils über einen eigenen Namen identifiziert. An den Kanten, die die Beziehungsrauten mit den Entitätstypen verbinden, können theoretisch auch noch die Rollenbezeichnungen angeschrieben werden, was jedoch meist unterbleibt. Beziehungstypen beschränken sich nicht auf den binären Typus; als ternäre, quartäre, usw. Beziehungstypen umfassen sie dann drei, vier, usw. Rollen. Attribute können sowohl Entitäten als auch Beziehungen auf Domänen abbilden. Sie werden graphisch durch Kreise symbolisiert, die durch Kanten mit den jeweiligen Entitäts- bzw. Beziehungstypen verbunden werden; eine explizite graphische Notation unterbleibt jedoch oftmals.

Eine populäre Abart des ERM nach Chen stellt Objekttypen in der Regel als Rechtecke dar und die Beziehungstypen zwischen ihnen als Kanten.[8] An diese Kante werden gewöhnlich die Rollenbezeichnung angeschrieben, worin sie der NIAM-Notation ähneln. Die Konsequenz dieser Notation ist, daß nur binäre Beziehungstypen zugelassen sind. Außerdem ist bei dieser Version des ERM die Zuordnung von Attributen zu Beziehungen nicht möglich. Mehrstellige Beziehungen und/oder Beziehungen mit Attributen können durch die Einführung eines zusätzlichen, eigenständigen Entitätstyps für die betreffende Beziehung dargestellt werden, was allerdings die Semantik der verwendeten Konstrukte verfälscht und außerdem eine redundante Angabe von Kardinalitäten erfordert.[9]

Üblicherweise werden in ER-Diagrammen auch Kardinalitätsangaben ausgedrückt. Abgesehen von notationellen Unterschieden kann dabei auch ein unterschiedliches Interpretationsverständnis unterliegen. Die ursprüngliche Chen-Notation unterstellt ein Kardinalitätsverständnis, bei dem definiert

---

6) Konversionsregeln zwischen NIAM und ERM werden ausführlich behandelt bei Song/Forbes (1991).

7) Vgl. insbes. Chen (1976). Diese Notation wird u.a. auch bei Scheer (1988) und (1991) verwendet.

8) Vgl. z.B. Martin/McClure (1985), S. 249 ff; vgl. auch die Darstellung von Biethahn/Mucksch/Ruf (1991), S. 85.

9) Vgl. Knolmayer/Myrach (1990).

wird, wievielen anderen Entitäten eine gegebene Entität im Rahmen eines bestimmten Beziehungstyp zugeordnet werden *kann*. Binäre Beziehungstypen, die jeweils zwei Entitäten miteinander verbinden, können grundsätzlich eins-zu-eins (1:1), eins-zu-viele (1:N) und viele-zu-viele (M:N) Kardinalitäten aufweisen. In Bild 3-1 wird die M:N-Beziehung zwischen KUNDE und PRODUKT auf verschiedene Arten notiert. Zusätzlich dazu ließe sich eine Minimalkardinalität angeben, die festlegt, ob jede Entität eines bestimmten Typs in wenigstens einer Beziehung enthalten sein *muß* oder nicht. Werden diese beiden Kardinalitätsangaben im Sinne einer (min,max)-Notation gebraucht, dann wird oftmals ein alternatives Kardinalitätsverständnis verwendet, welches angibt, an wievielen Beziehungen eines bestimmten Beziehungstyps eine konkrete Entität höchstens teilnehmen darf und mindestens muß. Bei binären Beziehungstypen führt das im Vergleich zum obigen Kardinalitätsverständnis zu einem simplen Vertauschen der Kardinalitätsangaben.[10]

Mit den graphischen Mitteln des ERM lassen sich nicht nur Datenschemata auf der fachlichen Ebene beschreiben, sondern sie können auch dazu dienen, sich selbst und andere Meta-Datenstrukturen auszudrücken. Bild 3-2 zeigt ein Diagramm für eine solche Meta-Datenstruktur, die sowohl die binäre als auch die Chen-Variante des ERM abdeckt. Dabei wird aus Gründen der einfacheren und kompakteren Darstellbarkeit eine Darstellungsform gewählt, die der untersten im obigen Bild 3-1 entspricht.

---

10) Vgl. zu dieser Konvention auch Scheer (1988), S. 25.

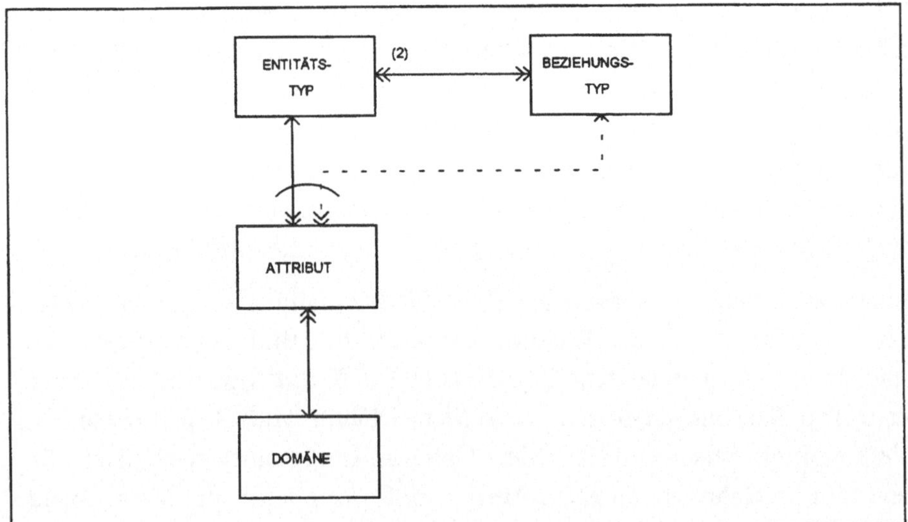

Bild 3-2:   Meta-Datenstruktur für das Entity-Relationship-Modell

Das dargestellte Modell basiert auf den vier Meta-Objekttypen Entitätstyp, Beziehungstyp, Attribut und Domäne. Jedes Attribut stellt einen eindeutigen Zusammenhang zwischen einem Entitätstyp bzw. einem Beziehungstyp und einer Domäne her. Da eine Zuordnung von Attributen zu Beziehungstypen nicht in allen Varianten des ERM zulässig ist, wird die zwischen diesen Meta-Objekttypen auftretende Beziehung gestrichelt dargestellt. Auf jeden Fall kann ein Attribut nur entweder einem Entitätstyp oder einem Beziehungstyp zugeordnet werden; dieses exklusive Oder (XOR) wird in der Graphik durch einen die beiden Beziehungen überschneidenden Bogen ausgedrückt. Zwischen Entitätstyp und Beziehungstyp besteht beim Chen-Modell eine M:N-Beziehung; im Falle des binären ERM darf die Kardinalität für den Beziehungstyp bei der Abbildung allerdings höchstens 2 sein.

Dieses Meta-Datenmodell eignet sich auch dann, wenn in binären ERM eine rollenorientierte Darstellung erfolgt, bei der die Beziehungstypen nicht über einen eigenen Namen bezeichnet werden, sondern über die Rollenbezeichnungen der beteiligten Entitätstypen. Auch dann sind die Rollen natürlich nicht unabhängig voneinander, sondern gehören implizit zu einem Beziehungstyp, der ihre Zusammengehörigkeit zum Ausdruck bringt. Die Identifikation eines solchen Beziehungstyps im Rahmen eines Dictionaries muß dann entweder über eine oder mehrere der Rollenbezeichnungen oder aber über die Einführung eines "künstlichen" internen Bezeichners erfolgen.

Die durch Domänen ausgedrückten Sachverhalte lassen sich auch als Beschreibungsmerkmale des Meta-Objekttyps *Attribut* ausdrücken. Das ERM reduziert sich dann auf die drei grundlegenden Strukturelemente Entitätsyp, Beziehungstyp und Attribut. Allerdings führt dies dazu, daß Domänen unter Umständen mehrfach beschrieben werden müssen, oder daß Attribute mit gleichen Domänen immer gleich benannt werden und dementsprechend auch nicht mehr eindeutig einem Entitätstyp zugeordnet werden können.

Eine Darstellung der Umsetzung eines ER-Diagramms entsprechend einer derart vereinfachten Meta-Datenstruktur erfolgt in Bild 3-3. Aus dem Beispiel ergeben sich zwei Meta-Objekte vom Typ *Entitätstyp*, ein Meta-Objekt vom Typ *Beziehungstyp* und sechs Meta-Objekte vom Typ *Attribut*. Die Verknüpfung zwischen diesen Meta-Objekten erfolgt über symbolische Referenzen im Rahmen von Meta-Attributen. So beinhalten die Meta-Objekte des Typs *Entitätstyp* und *Beziehungstyp* im Rahmen des Meta-Attributs *Attribute* die Namen der ihnen zugeordneten Meta-Objekte vom Typ *Attribut*. Besonders zu beachten ist die Behandlung der Verknüpfung auf die Entitätstypen im Rahmen des Meta-Objekts BEZIEHUNGSTYP AUFPOS. In ihm werden im Rahmen des Meta-Attributs *Entitätstypen* den Namensverweisen auf die verbundenen Meta-Objekte vom Typ *Entitätstyp* noch die jeweiligen Kardinalitätsangaben als Klammerausdrücke beigefügt. Damit soll ausgedrückt werden, daß diese Kardinalitäten eine Eigenschaft der Beziehung zwischen den Meta-Objekten AUFPOS und AUFTRAG sind. Sowohl bei den Kardinalitäten als auch bei den Rollenbezeichnungen handelt es sich nämlich im Prinzip um Meta-Attribute der jeweiligen Rollen und nicht des Beziehungstyps. Auf eine Dokumentation von Rollenbezeichnungen wird hier jedoch verzichtet.

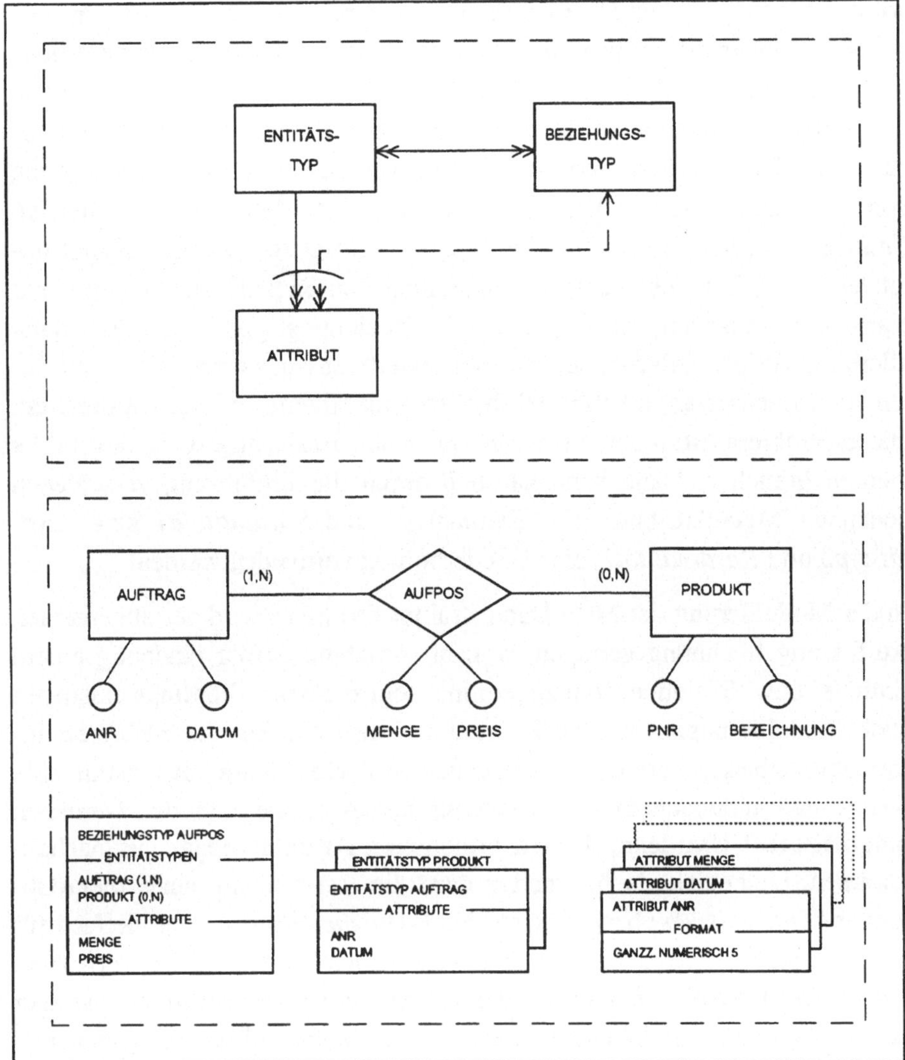

Bild 3-3:   Vereinfachte Meta-Datenstruktur für das Entity-Relationship-Modell

Prinzipiell verlangt die korrekte Behandlung von Kardinalitäten und Rollenbezeichnungen, daß diese den Meta-Beziehungen zwischen Meta-Objekten vom Typ *Beziehungstyp* und *Entitätstyp* zugeordnet werden können. Ist dies im Rahmen eines konkreten (Meta-) Datenmodells nicht möglich, dann bieten sich grundsätzlich zwei pragmatische Alternativen an. Die eine ist, einen eigenen Meta-Objekttyp *Beziehungsrolle* einzuführen, dem die entsprechenden Eigenschaften als Meta-Attribute zuzuordnen wären. Dies würde jedoch die Meta-Datenstruktur verkomplizieren und außerdem eine Namensproblematik aufwerfen, da die Rollenbezeichnungen als natürliche Identifikatoren von Rollen zumindest untereinander eindeutig sein müßten. Die andere Alternative ist, diese Angaben direkt einem Beziehungstyp zuzuordnen. Dies erscheint jedoch nur dann sinnvoll, wenn die Verknüpfung von Meta-Objekten des Typs *Beziehungstyp* auf Meta-Objekte vom Typ *Entitätstyp* über eine symbolische Referenz erfolgt, wie es im Beispiel unterstellt wird. Die angemessene Behandlung von Rollenbezeichnungen und Kardinalitätsangaben im Rahmen von Beziehungstypen erfordert dann allerdings Wiederholgruppen, die sich jeweils aus mehreren Meta-Attributen zusammensetzen, im Beispiel der Namensreferenz und der Kardinalität. Dieses Problem tritt nicht auf, wenn nur binäre Beziehungstypen abgebildet werden brauchen. Dann kann nämlich durch die Einführung verschieden benannter Meta-Attribute, z.B. *Entitätstyp1* und *Kardinalität1* bzw. *Entitätstyp2* und *Kardinalität2*, eine Wiederholung vermieden werden.

In der Modellierung der Meta-Datenstruktur des ERM wird der allgemeinen Auffassung Rechnung getragen, wonach Attribute immer eindeutig einem Entitäts- bzw. Beziehungstyp zugeordnet sein müssen. Allerdings existieren auch Modellierungen, die die Zuordnung eines Attributs zu mehreren Informationsobjekten erlauben. Begründet wird dies damit, daß damit eine weitgehend redundanzfreie Verwaltung der Attribute und der Domänen möglich sei.[11] Um dennoch dem orthodoxen Attributsverständnis nachzukommen, bietet sich als Alternative dazu die Verwendung eines Meta-Objekttyps *Datenelement* bzw. präziser *Fach-Datenelement* an, der vielfach für die kleinste definierte Einheit innerhalb eines Datenmodells verwendet wird.[12] Ein Datenelement wäre dann als ein elementarer Informationsträger aufzufassen, der unabhängig von einem Informationsobjekt existieren und mehreren Informationsobjekten zugeordnet werden kann. Die Zuordnung eines Datenelements zu einem Informationsobjekt erfolgt dann über ein Attribut. In diesem Fall würde das Datenelement Spezifikationen umfassen, die rollenunabhängig sind, während dem Attribut nur solche Meta-Daten zugeordnet werden, die von der jeweiligen Rolle des Datenelements bezüg-

---

11) Vgl. auch Scheer (1991), S. 101.

12) Vgl. Ortner/Rössner/Söllner (1990), S. 19, die zwischen verwendungsneutralen und verwendungsspezifischen Fach-Datenelement unterscheiden, wobei letztere als Attribute bezeichnet werden. Zitny (1987), S. 49, sieht hingegen das Fach-Datenelement als gleichbedeutend mit dem Attribut im ERM.

lich des zugeordneten Informationsobjekts abhängen; zu letzterem zählen vor allem Kardinalitätsangaben. Allerdings ergeben sich bei einer derartigen Definition Abgenzungsprobleme zum Konzept der Domäne, wenn dafür ebenfalls ein eigenständiger Meta-Objekttyp vorgesehen ist.

Im ERM nach Chen verwischt der Unterschied zwischen einem Entitäts- und Beziehungstyp, da ja beiden Attribute zugeordnet sein können. Deshalb kann man anstatt der hier vertretenen Sichtweise, bei der Entitäts- und Beziehungstyp grundsätzlich verschiedene Konzepte darstellen, beide auch als Spezialform eines Informationsobjekts ansehen; dann wäre ein Entitätstyp ein einfaches und ein Beziehungstyp ein aggregiertes Informationsobjekt. In diesem Fall sind die Attribute bzw. Datenelemente jeweils direkt mit dem Informationsobjekt zu verbinden, was zumindest den Vorteil hat, daß die Integritätsbedingung für das exklusive Oder (XOR) bei der Attributzuordnung entfallen kann.[13] Dieses Vorgehen muß sich übrigens nicht auf die Ebene des Meta-Modells beschränken, sondern auch bei der semantischen Datenmodellierung selbst kann mit nur einem Konstrukt gearbeitet werden; dies geschieht zum Beispiel im *Data Aggregation Model*.[14] Eine entsprechende Meta-Datenstruktur zeigt Bild 3-4.

---

13) Eine derartige Sichtweise wird beispielsweise im ARIS-Modell mit dem Meta-Objekttyp *Informationsobjekt* realisiert, der eine Generalisierung der beiden Meta-Objekttypen *Etyp* und *Btyp* darstellt; vgl. Scheer (1991), S. 97 ff.

14) Vgl. Batra/Kirs (1990), die die Brauchbarkeit dieses Ansatzes im Vergleich zu einer Variante des ERM im Rahmen eines Human-Factors-Experiments untersuchen.

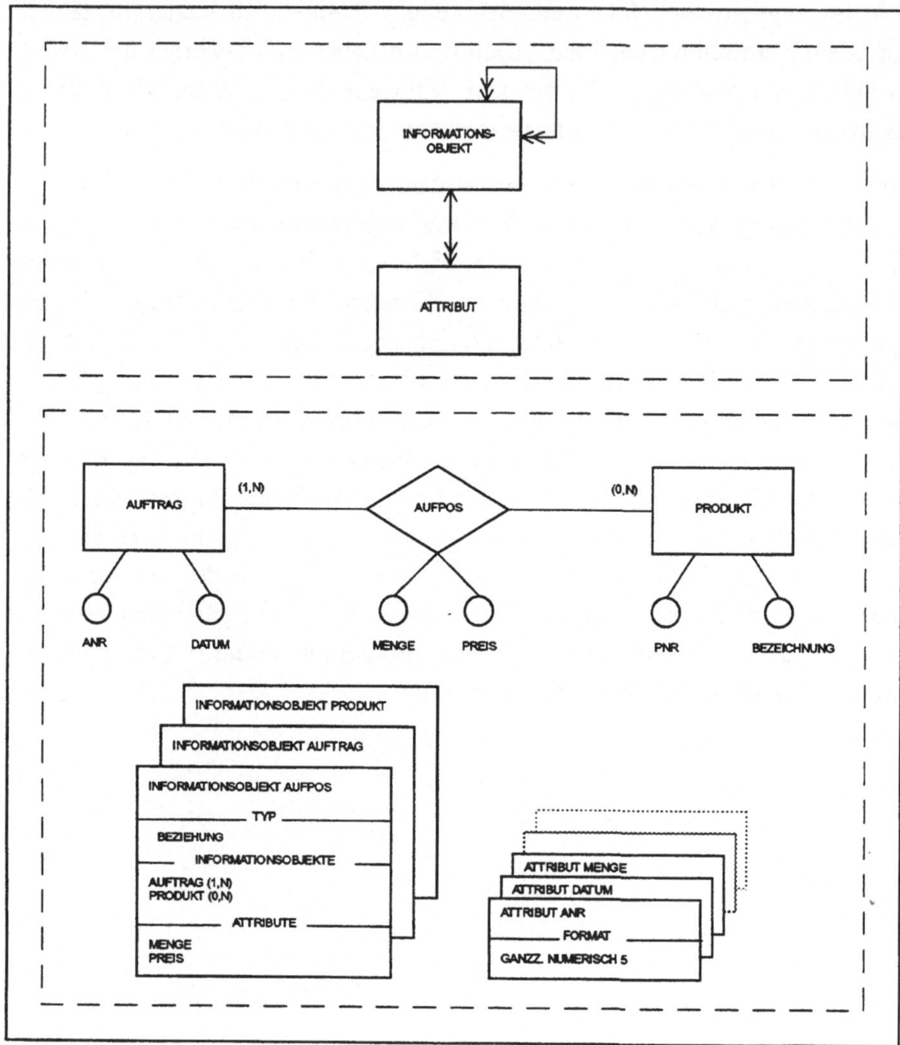

Bild 3-4:   Alternative Meta-Datenstruktur für das Entity-Relationship-Modell

Die Verwendung eines generalisierten Meta-Objekttyp *Informationsobjekt* eignet sich prinzipiell auch für das Strukturierte ER-Modell (SERM)[15], einer weiteren Variante des Chen'schen ERM. Im SERM erfolgt eine strukturierte Anordnung der Elemente eines Datenschemas in einem Diagramm

---

15) Vgl. Sinz (1988); Biethahn/Mucksch/Ruf (1991), S. 87; Ferstl/Sinz (1993), S. 101 ff.

entsprechend ihren Existenzabhängigkeiten. Dabei stehen Typen, die von anderen Typen existenzabhängig sind und deren Objekte damit für sich allein nicht existieren können, generell rechts von diesen. Durch die strukturierte Anordnung der Objekttypen im SERM soll sowohl die Übersichtlichkeit erhöht als auch das versehentliche Modellieren von Zyklen vermieden werden. Neben den beiden grundsätzlichen Objekttypen, die E-Typ und R-Typ genannt werden, verwendet das SERM einen speziellen Entitätstyp für Existenzabhängigkeiten mit der Kardinalität (1,1): in diesem Fall wird der Entitätstyp mit dem verbundenen Beziehungstyp verschmolzen, weshalb von einem ER-Typ gesprochen wird.

Auch das ERM nach Chen kennt mit dem schwachen Entitätstyp einen Spezialfall, der sich dadurch auszeichnet, daß er stets von anderen Entitätstypen identifikatorabhängig ist.[16] Eine Identifikatorabhängigkeit als Spezialfall der Existenzabhängigkeit verlangt, daß ein Objekt eines Typs nicht ohne ein Objekt eines anderen Typs identifizierbar ist.[17] Im Unterschied zum Beziehungstyp ist der schwache Entitätstyp in der Regel, jedoch nicht notwendigerweise, von nur einem anderen Entitätstyp identifikatorabhängig. Außerdem braucht nicht unbedingt eine volle Identifikatorabhängigkeit zu bestehen, d.h. der schwache Entitätstyp kann dann nicht allein über die Entitätstypen bestimmt werden, von denen er existenzabhängig ist.

Die Einstufung eines Entitätstyps als schwach wird gelegentlich nicht erst an das Vorliegen einer Identifikatorabhängigkeit, sondern schon an eine Existenzabhängigkeit geknüpft.[18] Mit Recht kann man argumentieren, daß die Existenzabhängigkeit gegenüber der Identifikatorabhängigkeit die grundlegendere Eigenschaft ist, da die Identifikatorabhängigkeit eines Entitätstyp durch die Einführung eines 'künstlichen' Identifikators jederzeit aufgehoben werden kann.[19] Dem läßt sich allerdings entgegenhalten, daß eine Existenzabhängigkeit schon durch eine Minimalkardinalität von 1 im Rahmen einer (min,max)-Notation angezeigt wird, weshalb die besondere Kennzeichnung eines existenzabhängigen Entitätstyps als schwacher Entitätstyp keine zusätzlichen Informationen liefert.

---

16) Vgl. Chen (1976).
17) Vgl. auch Knolmayer/Myrach (1990), S. 92.
18) Vgl. z.B. Sinz (1990), S. 20 f.
19) Vgl. Sinz (1990), S. 25 f.

Wenn ein schwacher Entitätstyp in mehreren Beziehungstypen enthalten ist, so kann unter Umständen kein eindeutiger Rückschluß auf die Abhängigkeit erfolgen. Dies ist immer dann der Fall, wenn ein schwacher Entitätstyp von mehr als einem Entitätstyp existenzabhängig ist. Dann nämlich kann nicht bestimmt werden, welche dieser Existenzabhängigkeiten gleichzeitig eine Identifikatorabhängigkeit zum Ausdruck bringt. Um dies besonders herauszuheben, wird zusätzlich der schwache Beziehungstyp benötigt.[20] Über den schwachen Beziehungstyp ist dann immer ein eindeutiger Rückschluß auf die Identifikatorabhängigkeit möglich.

Außerdem ist für das ERM noch eine Erweiterung relevant, bei der Beziehungstypen nicht nur Entitätstypen, sondern auch andere Beziehungstypen in Beziehung setzen dürfen. Dieser Fall ist im ursprünglichen ERM zwar nicht erlaubt, wurde aber über die Einführung eines speziellen zusammengesetzten Typs (composite type) bzw. uminterpretierten Beziehungstyps möglich.[21] In dem Meta-Datenschema kann der zusammengesetzte Typ prinzipiell relativ einfach berücksichtigt werden, indem über dem Meta-Objekttyp *Beziehungstyp* ein entsprechender rekursiver Meta-Beziehungstyp eingeführt wird.

Eine weitere wichtige Erweiterung des ursprünglichen ERM ist das Konstrukt des Generalisierungstyps (ISA type).[22] Dieser stellt eine spezielle Beziehung zwischen verschiedenen Entitätstypen her, bei denen einer der Generalisierungstyp ist und die anderen die Spezialtypen sind. Dieses Konstrukt ist besonders dann zu wählen, wenn verschiedene Entitätstypen teilweise gleiche Attribute, insbesondere gleiche Identifikatoren, aufweisen. Wenn z.B. Personen, mit der eine Unternehmung in Geschäftsbeziehung steht, sowohl Kunden als auch als Lieferanten sein können, dann erscheint die Definition eines Generalisierungstyps *Geschäftspartner* mit einem einheitlichen Identifikator als sinnvoll. Unterschiede bezüglich der Interpretation von Generalisierungstypen bestehen darin, ob sich die einzelnen Spezialisierungstypen gegenseitig ausschließen oder nicht. In den objektorientierten Ansätzen besitzt dieser spezielle Beziehungstyp insbesondere im Zu-

---

20) Vgl. Scheer (1991), S. 52.

21) Vgl. z.B. Scheer (1988), S. 27 f; Sinz (1990), S. 24; Scheer (1991), S. 52 f; Ferstl/Sinz (1993), S. 98.

22) Vgl. z.B. Scheer (1988), S. 23 f; Sinz (1990), S. 24 f; Scheer (1991), S. 51; Ferstl/Sinz (1993), S. 98 f.

sammenhang mit der sog. Vererbung eine große Bedeutung. Dabei wird unterstellt, daß für ein Objekt definierte Attribute (und als Methoden bezeichnete Prozeduren!) auch seinen spezialisierten Objekten implizit zugeordnet sind.[23]

Generalisierungstypen lassen sich im Meta-Datenschemata auf verschiedene Weise berücksichtigen. Wird unterstellt, daß pro Objekttyp jeweils nur ein Generalisierungstyp zulässig ist, so kann dieser Zusammenhang durch direkte Beziehungen zwischen verschiedenen Meta-Objekten vom Typ *Entitätstyp* dokumentiert werden; dabei kommt einer Entität die Rolle des generalisierten Objekts zu, den anderen die der spezialisierten Objekte. Diese Modellierung ist unzureichend, wenn eine Entität eine Generalisierung im Rahmen mehrerer Generalisierungshierarchien darstellen kann. Spätestens dann ist dafür ein eigener Meta-Objekttyp *Generalisierungstyp* einzuführen, der Beziehungen zu Meta-Objekten des Typs *Entitätstyp* erlaubt. Problematisch dabei ist allein, daß eine Generalisierung graphisch in der Regel nur durch ein Symbol mit der einheitlichen Bezeichnung "IS-A" ausgedrückt und damit nicht durch einen eindeutigen Namen gekennzeichnet wird.

Über diese zusätzlichen Modellkonstrukte hinaus können noch weitere Sachverhalte für die Formulierung eines fachlichen Datenschemas wichtig sein, die üblicherweise nicht Bestandteil der Diagramme sind. Insbesondere sind hier abgeleitete Daten und Integritätsregeln zu erwähnen. Abgeleitete Daten sind solche, die sich über eine Formel aus anderen Daten ergeben. Sie lassen sich auf der Meta-Ebene einfach dadurch abbilden, daß Attribute mit anderen Attributen verbunden werden, woraus sich ein rekursiver Beziehungstyp über dem Meta-Objekttyp *Attribut* ergibt. Natürlich sind für die Spezifikation von abgeleiteten Attributen nicht nur die Attribute wichtig, aus denen sie abgeleitet werden, sondern auch die Formel, aus der sich das abgeleitete Attribut ergibt.[24]

Über die Datenmodellen wie dem ERM inhärenten Eigenschaften ist es möglich, durch eine geeignete Datenmodellierung bestimmte Integritätsbedingungen sicherzustellen. In ER-Diagrammen handelt es sich bei den an den einzelnen Beziehungstypen notierten Kardinalitäten um spezielle Inte-

---

23) Vgl. z.B. Coad/Yourdon (1990), S. 79 ff; Rumbaugh et al. (1991), S. 38 ff; Ferstl/Sinz (1993), S. 155.

24) Zur Behandlung von abgeleiteten Daten im ERM vgl. insbes. Rauh (1992a) bzw. Rauh (1992b). Vgl. auch Nijssen/Halpin (1989), S. 58 ff.

gritätsbedingungen, die die Menge möglicher Wirklichkeitsausprägungen einschränken. Bezogen auf mehrere Beziehungstypen untereinander sind weitere Integritätsbedingungen denkbar, z.B. daß sich Beziehungen verschiedener Typen gegenseitig bedingen oder ausschließen. Dies ist ja in der obigen Darstellung der Meta-Datenstruktur des ERM der Fall, wo der Meta-Objekttyp *Attribut* mit den beiden Meta-Objekttypen *Entitätstyp* und *Beziehungstyp* in Beziehung steht, ein gegebenes Meta-Objekt vom Typ *Attribut* allerdings nur in einer Beziehung entweder des einen oder des anderen Beziehungstyps auftreten darf. Verschiedene Erweiterungen des ERM und insbesondere von NIAM erlauben die graphische Notation solcher Sachverhalte.[25] Darüber hinaus können jedoch noch eine Vielzahl weiterer Integritätsregeln auftreten, für die keine graphische Notationen vorgesehen sind und die deshalb anderweitig dokumentiert werden müssen.

Integritätsregeln beinhalten grundsätzlich mehrere Bestandteile. Das ist in erster Linie der eigentliche Bedingungsteil (*Condition*), der eine boolesche Formel (Prädikat) darstellt und sich auf eine Menge von Objekten (*Objects*) bezieht. Außerdem legt sie fest, welche Ereignissen (*Events*) eine Überprüfung durch die Integritätsregel auslösen und welche Reaktionen (*Reactions*) in Abhängigkeit von dem Prädikat erfolgen sollen.[26]

Eine Integritätsbedingung kann verschiedene Bezugsobjekte haben, z.B. die Domänen von Attributen, mehrere Attribute oder mehrere Beziehungen. Integritätsregeln, die sich auf nur ein Meta-Objekt beziehen (z.B. eine Domäne, eine Beziehung) können als Spezifikation eben dieses Meta-Objekts berücksichtigt werden. Für solche Integritätsregeln, die mehrere Meta-Objekte betreffen, ist dies allerdings nicht möglich; in diesem Fall ist ein eigener Meta-Objekttyp *Integritätsregel* einzuführen, der mit allen Meta-Objekttypen des ERM in Beziehung treten können sollte.[27]

---

25) Vgl. z.B. Verheijen/Van Bekkum (1982), S. 548 ff; Mark (1983), S. 206 f; Nijssen/Halpin (1989), S. 109 ff.

26) Vgl. z.B. Schlageter/Stucky (1983), S. 292 f; Habermann/Leymann (1993), S. 229 ff. Sinnentsprechend auch bei Röhrle/Kratzer (1988), S. 19.

27) Vgl. dazu auch Röhrle/Kratzer (1988), S. 22 f, die einen Membertyp (= Meta-Objekttyp) Integritätsbedingung vorsehen. Dabei fällt auf, daß dieser nur mit Attributen und nicht mit Objekttypen (= Entitätstypen) und Objekttyp-Beziehungen (= Beziehungstypen) in Verbindung steht.

3.1.1.2. Funktionsanalyse

Die Funktionsanalyse sieht eine fachliche Beschreibung der durch ein Anwendungssystem zu erfüllenden Funktionen vor. Neben der Spezifizierung dieser Funktionen bzw. Prozesse sind vor allem die Beziehungen wichtig, die sie untereinander und mit der Umwelt aufweisen. Durch Funktionen und ihre Umweltbeziehungen wird die Dynamik eines Systems abgebildet. Dabei sind grundsätzlich drei Arten von Beziehungen zwischen Funktionen untereinander und zu ihrer Umwelt zu unterscheiden: Hierarchien, Ereignisse und Datenflüsse.

Eine Funktionshierarchie ist eine Gliederung eines Systems, die in erster Linie der Veranschaulichung und Durchdringung der abgedeckten Funktionen durch geeignete Abstraktionen dient. Dabei werden, ausgehend von einer das Gesamtsystem verkörpernden Funktion, Teilfunktionen mit zunehmender Detailliertheit auf verschiedenen Hierarchieebenen spezifiziert. Ein Beispiel eines Funktionshierarchie-Diagramms und seiner Umsetzung in ein Meta-Datenmodell zeigt Bild 3-5. Dabei wird anstelle des Begriffs Funktion der hier als gleichbedeutend angesehene Begriff Prozeß zur Bezeichnung des entsprechenden Meta-Objekttyps verwendet. Da unterstellt wird, daß alle betrachteten Funktionen bzw. Prozesse prinzipiell gleichartig sind, ist der Meta-Objekttyp rekursiv mit sich selbst verbunden.

Gelegentlich wird eine Klassifizierung von Funktionen entsprechend dem Abstraktionsgrad z.B. in Haupt-, Teil- und Elementarfunktionen vorgenommen.[28] Dies kann im Meta-Modell entweder durch ein entsprechendes Meta-Attribut ausgedrückt werden, oder aber zu einer Spezialisierung der verwendeten Meta-Objekte in verschiedene Typen führen.

---

28) Vgl. etwa Scheer (1991), S. 65.

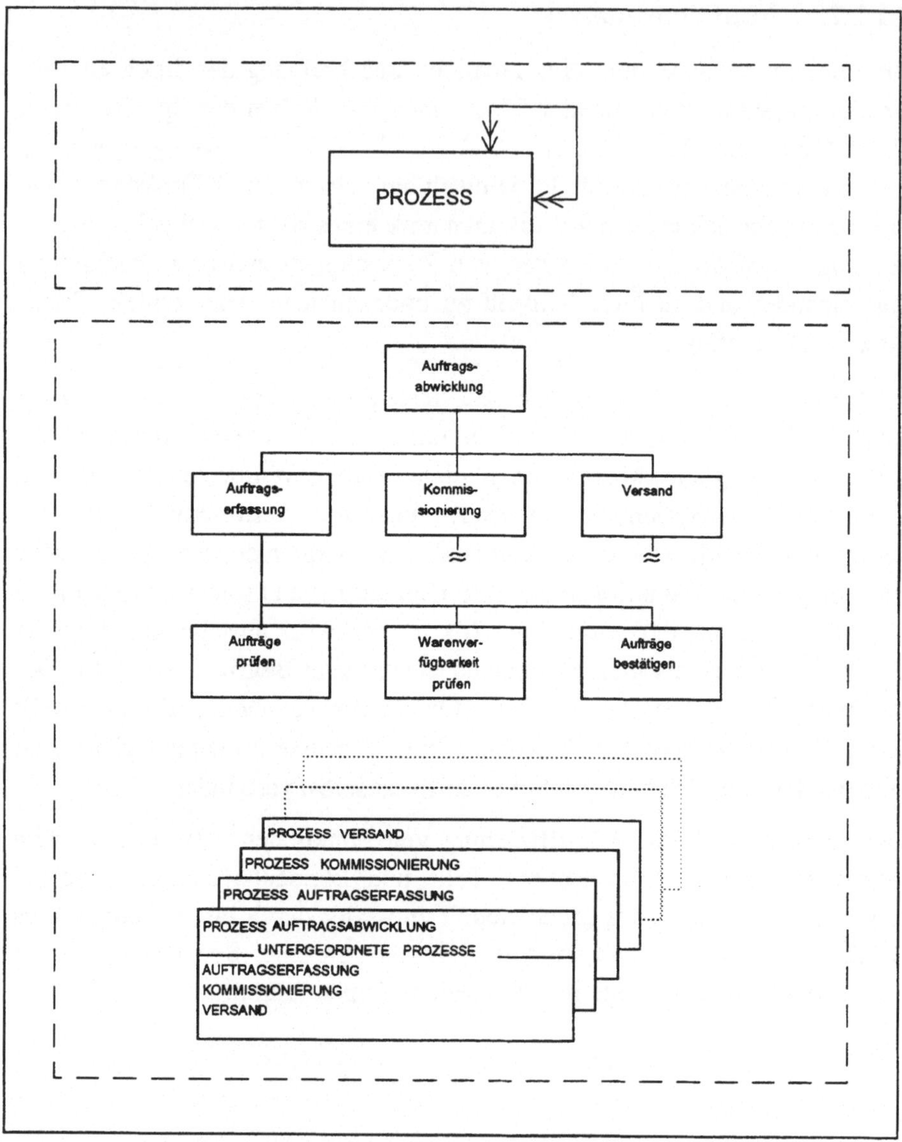

Bild 3-5:   Meta-Datenstruktur für Funktionshierarchien

Ein Ereignis ist ein Geschehnis, das allein oder zusammen mit anderen Ereignissen in einem gegebenen System bestimmte Aktionen auslöst.[29] Ein Beispiel für ein Ereignis ist der Eingang eines Auftrags oder das Erreichen eines bestimmten Zeitpunkts. Die Ausführung von Prozessen wird durch das

---

29) Vgl. z.B. Quang/Chartier-Kastler (1991), S. 48.

Vorliegen bestimmter Ereignisse ausgelöst. Wenn mehrere Ereignisse einen Prozeß betreffen, so muß eine Synchronisierung zwischen diesen Ereignissen stattfinden.[30] Diese könnte beispielsweise ausdrücken, ob ein Prozeß ausgelöst wird, wenn nur *ein* Ereignis von mehreren gegeben ist, oder ob die Prozeßauslösung an das Vorliegen *aller* Ereignisse geknüpft ist. Darüber hinaus sind auch andere Synchronisationsbedingungen denkbar. So kann sich Synchronisierung beispielsweise auch auf einen bestimmten Zustand beziehen, z.B. Lagerbestand kleiner als 100, oder auf die Häufigkeit von Ereignissen, z.B. die Auslösung einer ABC-Analyse nach Eingabe von 20 neuen Lagerprodukten.

Die Beendigung eines durch ein Ereignis ausgelösten Prozesses ist wiederum ein Ereignis, welches dann unter Umständen eine Vorbedingung für einen anderen Prozeß darstellt. Dabei können durch ein Prozeßende verschiedene Ereignisse bedingt sein, was von einer dem Prozeß zugeordneten Ausgangsregel abhängt. Eine typische Ausgangsregel ist die Unterscheidung, ob der Prozeß ein ordnungsgemäßes Ergebnis erbracht hat oder nicht. Ein derartiger Formalismus wird z.B. in MERISE auf der Ebene des konzeptionellen Prozeßmodells verwendet;[31] Bild 3-6 zeigt dessen graphische Darstellung und die zugehörige Meta-Datenstruktur. Dabei wird deutlich, daß ein Ereignis bezüglich verschiedener Prozesse (bzw. Operationen) sowohl Auslöser als auch Ergebnis sein kann. Auf diese Weise bildet eine Menge von Prozessen eine Folge von Vorgängen, die von Ereignissen ausgelöst wird und die mit Ereignissen endet. Eine Abbildung derartiger Vorgangsketten ist auch durch State-Transition-Diagramme oder Petri-Netze möglich.[32]

---

30) Vgl. z.B. Quang/Chartier-Kastler (1991), S. 52.

31) Vgl. z.B. Quang/Chartier-Kastler (1991), S. 46 ff.

32) State-Transition-Diagramme werden z.B. in Martin/McClure (1985), S. 219 ff behandelt. Übersichtsartige Beschreibungen der Grundprinzipien von Petri-Netzen finden sich u.a. bei Schulz (1990), S. 149 ff; Heinrich/Burgholzer (1991), S. 100 ff; Ferstl/Sinz (1993), S. 19 ff.

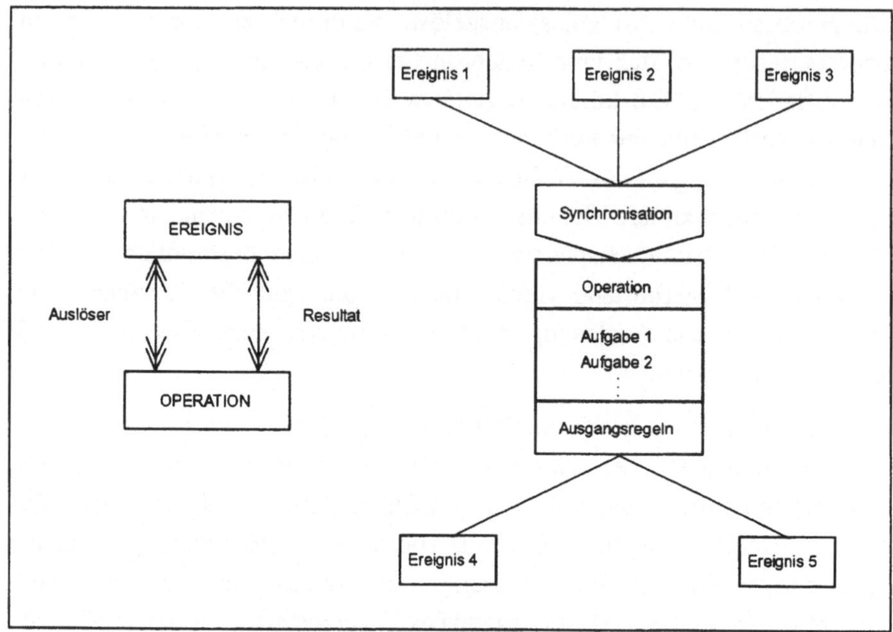

Bild 3-6:   Meta-Datenstruktur für Merise-Operationen

Datenflüsse bringen zum Ausdruck, daß Datenelemente zwischen Prozessen ausgetauscht werden. Ein Datenfluß betrifft gewöhnlich genau zwei Prozesse, wobei der eine als Datenquelle den Datenfluß erzeugt und der andere als Datensenke den Datenfluß aufnimmt. Datenflüsse sind jedoch nicht nur zwischen zwei Prozessen denkbar, sondern können auch einen Prozeß mit anderen Objekten verbinden, insbesondere mit Datenspeichern und der Systemaußenwelt. Im Gegensatz zur ereignisorientierten Sicht ist durch die Datenflüsse eines Datenflußdiagramms nicht ohne weiteres ein Rückschluß auf die Auslösung von Prozessen möglich; allerdings fallen Ereignisse häufig mit dem Senden von Datenflüssen zusammen. Eine Methode, die im wesentlichen Datenflußdiagramme verwendet, ist die Strukturierte Analyse (SA);[33] prinzipiell gleichartige Datenflußdiagramme werden ebenfalls in den Methoden *Information Engineering* und SSADM als Entwurfstechnik

---

33) Vgl. insbes. DeMarco (1979); Gane/Sarson (1979); Yourdon (1989). Die Strukturierte Analyse bzw. Datenflußdiagramme werden auch in verschiedenen Lehrwerken zum Software-Engineering übersichtsartig dargestellt, z.B. Schulz (1990), S. 82 ff; Biethahn/Mucksch/Ruf (1991), S. 321 ff; Heinrich/Burgholzer (1991), S. 91; Ferstl/Sinz (1993), S. 130 ff.

eingesetzt.[34] Auch in MERISE werden Datenflußdiagramme verwendet, allerdings sind dort nicht Prozesse Quellen bzw. Senken der Datenflüsse, sondern sog. interne und externe Aktoren, unter denen typischerweise Personen oder Organisationseinheiten zu verstehen sind;[35] diese Datenflußdiagramme dienen als Ausgangspunkt für die Erstellung der oben erwähnten Ereignisdiagramme.

Die Strukturierte Analyse in den Varianten von DeMarco bzw. Gane/Sarson nimmt eine Funktionsmodellierung über hierarchisch verfeinerte Datenflußdiagramme vor. In einem Datenflußdiagramm werden die einzelnen Prozesse eines (Sub-) Systems aufgeführt und die Datenflüsse zwischen ihnen dargestellt. Neben Prozessen stehen im Rahmen von Datenflußdiagrammen zwei weitere Elemente zur Verfügung, die Quellen bzw. Senken von Datenflüssen sein können. Eines davon sind Externe Entitäten, mit deren Hilfe Schnittstellen zur Systemaußenwelt abgebildet werden können; diese werden auch Terminatoren genannt.[36] Außerdem ist eine temporäre Speicherung von Daten (-flüssen) vorgesehen, die durch das Konstrukt des Datenspeichers dargestellt wird. Damit können drei Arten von Datenflüssen unterschieden werden: Datenflüsse zwischen Prozessen, Datenflüsse zwischen Prozessen und Externen Entitäten und Datenflüsse zwischen Prozessen und Datenspeichern.

Die Meta-Datenstruktur von Datenflußdiagrammen wird anhand eines Beispiels in Bild 3-7 gezeigt.[37] Darin sind die wesentlichen Meta-Objekttypen *Prozeß*, *Externe Entität*, *Datenfluß* und *Datenspeicher* sowie die zwischen ihnen auftretenden Meta-Beziehungstypen enthalten.

---

34) Zum Einsatz im Information Engineering vgl. insbes. Martin (1990a), S. 269. Zum Einsatz in SSADM vgl. z.B. Ashworth/Goodland (1990), S. 37 ff; Downs/Clare/Coe (1992), S. 103 ff.

35) Vgl. Quang/Chartier-Kastler (1991), S. 27 ff.

36) Vgl. z.B. Martin/McClure (1985), S. 96; Yourdon (1989), S. 155 f.

37) Vgl. auch Hesse/Merbeth/Frölich (1992), S. 189. Eine viel elementarere Modellierung erfolgt im ARIS-Modell; vgl. Scheer (1991), S. 114 ff. Dort werden Funktionen über Operationen eines bestimmten Typs (Anlegen, Löschen, Ändern und Lesen) direkt mit Attributzuordnungen (eigentlich Attribute) verbunden. Operationen lassen sich verknüpfen und ergeben so indirekt einen Datenfluß; sie werden nicht als eigenständiger Meta-Objekttyp betrachtet.

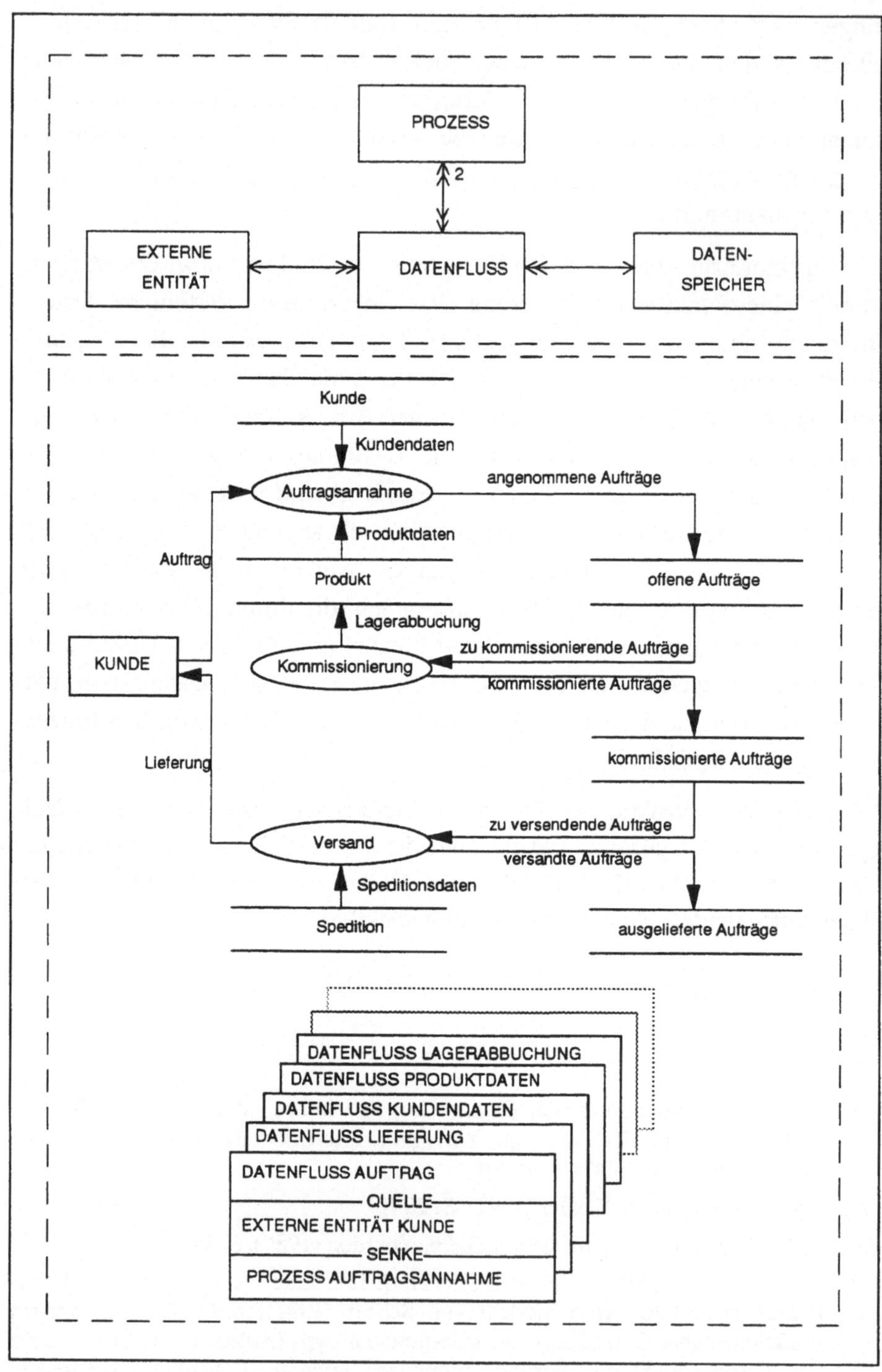

Bild 3-7: Meta-Datenstruktur für Datenflußdiagramme

Zentrales Element sind dabei die Meta-Objeke des Typs *Datenfluß*; alle von einem Datenfluß ausgehenden Meta-Beziehungen drücken für die betroffenen Meta-Objekte aus, daß diese entweder Quelle oder Senke des Datenflusses sind. Die gezeigte Meta-Datenstruktur bildet allerdings die unterliegende Semantik nicht vollständig und präzise ab. Jeder Datenfluß muß nämlich mit genau zwei Meta-Objekten verbunden sein, wobei eines die Rolle der Quelle und das andere die der Senke aufweist. Als weitere wichtige Integritätsbedingung ist zu beachten, daß wenigstens eine der als Senke bzw. Quelle referenzierten Meta-Objekte ein Prozeß sein muß. Aus der Logik eines Datenflusses ergibt sich, daß er höchstens zwei Prozesse betreffen kann. Mit den Mitteln des ERM sind diese Zusammenhänge jedoch nicht ohne weiteres formulierbar.

Damit Betrachter von Datenflußdiagrammen nicht durch zu komplexe Darstellungen überfordert werden, wird empfohlen, die Anzahl der Elemente (insbesondere Prozesse) auf einem Diagramm zu begrenzen.[38] Um dies zu erreichen, sollen Prozesse ausgehend von einem Kontextdiagramm, das ein System durch einen einzigen Prozeß darstellt, auf verschiedenen Hierarchieebenen zunehmend detaillierter dargestellt werden. Dabei umfaßt ein Datenflußdiagramm auf einer untergeordneten Ebene nicht mehr das Gesamtsystem, sondern nur einen Ausschnitt davon, der aus den aus einem Oberprozeß verfeinerten Prozessen samt den mit ihnen verbundenen Externen Entitäten und Datenspeichern besteht. Nicht weiter aufgelöste Prozesse werden durch sog. Mini-Spezifikationen beschrieben. Diese setzen sich aus verschiedenen prozeduralen Konstruktionselementen zusammen, auf die hier jedoch nicht weiter eingegangen wird. Durch die Modellierung von Datenflußdiagrammen auf den verschiedenen Abstraktionsebenen entsteht indirekt eine Funktions- bzw. Prozeßhierarchie.

Bei hierarchischen Datenflußdiagrammen wird ein Datenfluß, für die der übergeordnete Prozeß Quelle bzw. Senke ist, auf einem Datenflußdiagramm einer untergeordneten Hierarchieebene wieder aufgenommen, wobei einer der verfeinerten Prozesse für diesen Datenfluß die neue Senke bzw. Quelle wird. Bei der Abbildung von Teilsichten untergeordneter Hierarchieebenen

---

38) Vgl. Yourdon (1989), S. 160:"... *don't create a DFD with too many processes, flows, stores, and terminators.* In most cases this means, that you shouldn't have more than half a dozen processes and related stores, flows, and terminators on a single diagram."

als Datenflußdiagramme werden die Quellen der eingehenden bzw. die Senken der ausgehenden Datenflüsse des übergeordneten Prozesses entweder durch Schnittstellen abgegrenzt oder aber in die untergeordnete Hierarchieebene übernommen.[39] Für die Dokumentation hierarchischer Datenflußdiagramme in einem Data Dictionary bedeutet dies, daß ein Datenfluß in Abhängigkeit vom Datenflußdiagramm verschiedene Quellen und Senken haben kann, wobei diese jedoch jeweils Verfeinerungen bzw. Vergröberungen voneinander sein müssen.

Das in Bild 3-8 dargestellte abstrakte Beispiel soll die angesprochenen Sachverhalte verdeutlichen. Darin wird eine zweistufige Prozeßhierarchie beschrieben, die ausgehend von einem Kontextprozeß K auf der ersten Hierarchieebene ein Datenflußdiagramm mit den Prozessen A und B kennt und auf der zweiten Hierarchieebene zwei Datenflußdiagramme mit den Prozessen C und D bzw. E und F. In dieser Prozeßhierarchie sei nun der Datenfluß X definiert. Dieser Datenfluß hat, ausgehend von der Sicht des jeweiligen Datenflußdiagramms, folgende Quellen und Senken:

X (DFD 1):   A -> B

X (DFD 2.1):   D -> B

X (DFD 2.2):   A -> E

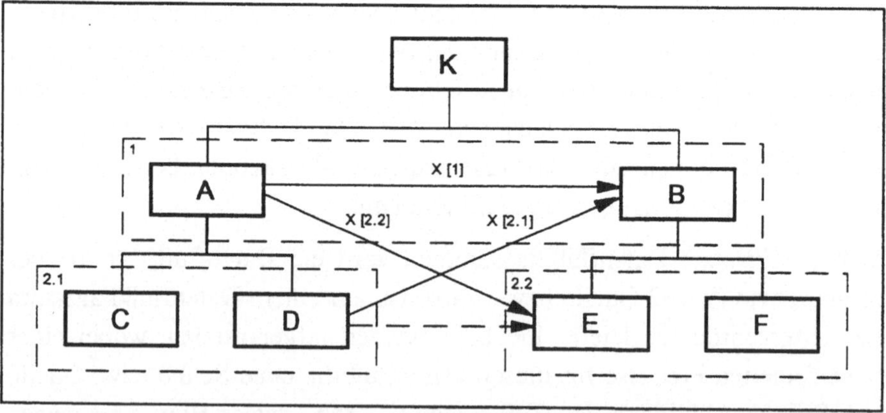

Bild 3-8:   Beispiel für die Zusammenhänge in hierarchischen Datenflußdiagrammen

---

39) Für die erste Variante vgl. beispielsweise DeMarco (1979), S. 75 ff; Yourdon

Um diesen Fall abbilden zu können, bietet sich die Verwirklichung eines Sichtenkonzepts für Datenflüsse an. Bild 3-9 veranschaulicht die entsprechend erweiterte Meta-Datenstruktur für Datenflußdiagramme. Gegenüber dem ursprünglichen Meta-Datenschema ist zusätzlich der Meta-Objekttyp *DF-Sicht* eingeführt, durch den die Datenflußsichten ausgedrückt werden. Die Prozesse, Externen Entitäten und Datenspeicher sind dann jeweils Quellen bzw. Senken einer solchen Datenflußsicht. Jede Datenflußsicht ist eindeutig einem Meta-Objekt des Typs *Datenfluß* zugeordnet, während dieser Datenfluß entsprechend den verschiedenen Datenflußdiagrammen durchaus in mehreren Sichten auftreten kann. Da sich jedes Datenflußdiagramm durch den Prozeß identifizieren läßt, dessen Verfeinerung es darstellt, ist jede Datenflußsicht eindeutig einem Vaterprozeß unterzuordnen, was durch den mit der Bezeichnung *Hierarchie* angeschriebenen Meta-Beziehungstyp zwischen den Meta-Objekttypen *DF-Sicht* und *Prozess* ausgedrückt wird. Darüber hinaus weisen auch Prozesse untereinander eine Hierarchie auf, die durch einen rekursiven Meta-Beziehungstyp über dem Meta-Objekttyp *Prozeß* modelliert wird. Bei dieser Modellierung hierarchischer Datenflußdiagramme ist allerdings nicht sichergestellt, daß die Integrität zwischen den jeweiligen Sichten nicht verletzt wird.

Die Spezifikation von Datenflüssen auf einer untergeordneten Hierarchieebene macht die gesonderte Erfassung des Datenflusses auf einer übergeordneten Ebene (z.B. X(1)) oder die bereichsübergreifender Datenflüsse (z.B. X(2.1) und X(2.2)) eigentlich überflüssig, da sie prinzipiell aus den Informationen der untergeordneten Ebene ableitbar ist. Demzufolge hätte die Verknüpfung von Datenflüssen jeweils auf Elementarprozesse zu erfolgen, da diese nicht mehr weiter detailliert werden; im Beispiel müßte der Datenfluß X also zwischen den beiden Elementarprozessen D und E bestehen. Eine Definition von ausschließlich zwischen Elementarprozessen fließenden Datenflüssen, aus denen alle anderen Datenflußsichten in den verschiedenen Datenflußdiagrammen einer Hierarchie abgeleitet werden können, ist zwar logisch richtig, widerspricht jedoch der Top-Down-Vorgehensweise der Strukturierten Analyse. Sollen zudem in Verbindung mit einer Graphikkomponente Layoutinformationen gespeichert werden, so ist schon aus diesem Grund jede Sicht eines Datenflusses explizit zu führen.

(1989), S. 165 ff. Die zweite Variante findet sich etwa bei Gane/Sarson (1979), S. 13.

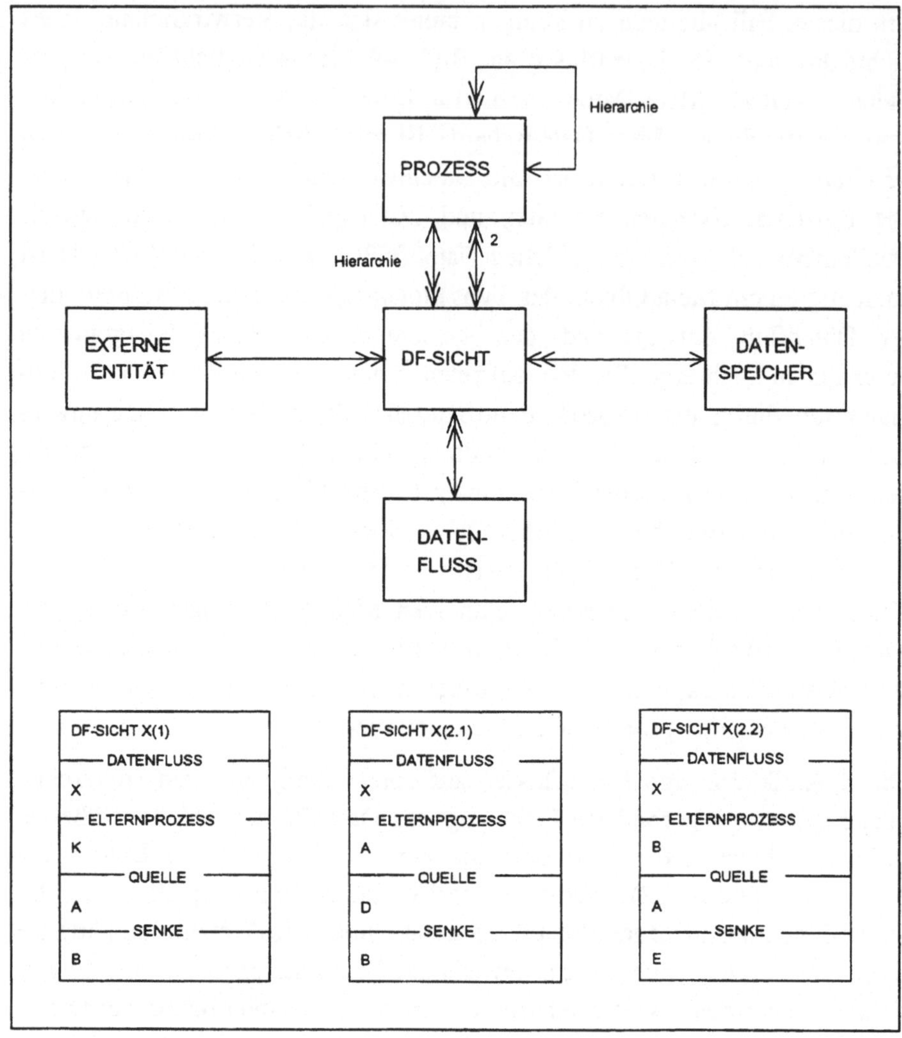

Bild 3-9:   Meta-Datenstruktur für hierarchische Datenflußdiagramme

Im Kontext hierarchisierter Datenflußdiagramme sind neben Prozessen und Datenflüssen natürlich auch noch die Datenspeicher und Externen Entitäten den verschiedenen Datenflußdiagrammen zuzuordnen. Externe Entitäten stellen Schnittstellen des Systems nach außen dar und sind daher grundsätzlich auf der Ebene des Kontextdiagramms anzusiedeln. Datenspeicher hingegen sind auf jenen Ebenen darzustellen, auf denen sie als Bindeglied zwischen Prozessen dienen. Zu den Prozessen der untergeordneten Datenflußdiagramme sind sie dann entweder über Schnittstellen verbunden oder sie werden wiederholt.[40]

Bei der Strukturierten Analyse erfolgt die Hierarchisierung von Datenflußdiagrammen durch die Verfeinerung von Prozessen. Eine zunehmende Verfeinerung ist unter Umständen nicht nur für Prozesse, sondern auch für andere Elemente sinnvoll, wie z.B. Datenflüsse und Datenspeicher; diese könnten dann in mehrere Teildatenflüsse bzw. -speicher zerlegt werden. Dies dürfte insbesondere beim Übergang zu einer tieferen Hierarchieebene relevant sein. Derartige Möglichkeiten sind jedoch in den orthodoxen Datenflußdiagrammen nicht vorgesehen.

Ähnlich wie in der Strukturierten Analyse wird auch in SADT vorgegangen.[41] Auch hier erfolgt eine Darstellung von Prozessen, die hierarchisch verfeinert werden können, und der zwischen ihnen bestehenden Datenflüsse. Im Unterschied zur Strukturierten Analyse unterscheidet diese Technik jedoch "normale" Datenflüsse und Steuerflüsse (control flows). Im Gegensatz zu den Datenflußdiagrammen der Strukturierten Analyse gibt es kein Konstrukt Datenspeicher und auch die Externen Entitäten sind nicht explizit ausgeführt. Dafür können sog. Mechanismen definiert werden, die auf einen Prozeß einwirken bzw. ihn unterstützen.

3.1.1.3. Verbindung von Informations- und Funktionsanalyse

Die fachliche Darstellung der Funktionen und der Informationsobjekte eines Anwendungssystems gehören unbedingt zusammen. Während die Informationsanalyse mit der Spezifizierung von Entitäts- und Beziehungstypen die statischen Aspekte eines Informationssystems beschreibt, stellt die Funktionsanalyse die dynamischen Aspekte eines Informationssystems dar.

Bei der Strukturierten Analyse wird die Verbindung zwischen Funktions- und Datensicht typischerweise über Datenflüsse und Datenspeicher herge-

---

40) Vgl. z.B. Yourdon (1989), S. 169: "... show a store at the highest level where it first serves as an interface between two and more bubbles; then show at again in EVERY lower-level diagram that further describes (or partitions) those interface bubbles."

41) Für eine Darstellung dieser Technik vgl. insbesondere Balzert (1982), S. 111 ff. Vgl. auch z.B. Schulz (1990), S. 59 ff; Biethahn/Mucksch/Ruf (1991), S. 354 ff; Heinrich/Burgholzer (1991), S. 85 ff.

stellt. Beide repräsentieren Daten (-strukturen), wobei Datenflüsse einen Datenaustausch zwischen verschiedenen Systemelementen, Datenspeicher hingegen eine persistente Speicherung von Daten symbolisieren.[42] Die in einen Datenspeicher eingehenden bzw. von ihm ausgehenden Datenflüsse stellen jeweils Sichten auf die in den Datenspeichern enthaltenen Datenstrukturen dar. Die anderen Datenflüsse repräsentieren hingegen Kommunikationsstrukturen.

In Datenflußdiagrammen werden für gewöhnlich nur die Namen von Datenflüssen und -speichern notiert; die zugehörigen Datenelemente und die zwischen ihnen bestehenden Zusammenhänge sind dann in einem gesonderten, als Data Dictionary bezeichneten *Verzeichnis* zu führen.[43] Dies muß nicht notwendigerweise ein Data Dictionary im hier verwendeten Sinne einer Datenbank für Meta-Daten sein.[44] Im Rahmen der Strukturierten Analyse wird das Data Dictionary oftmals durch eine formale Notation ausgedrückt. Durch sie wird die Zusammensetzung von Datenstrukturen aus Datengruppen und Datenelementen unter Berücksichtigung von Eigenschaften wie Optionalität, Iteration und Selektion beschrieben. Dazu werden die in Tabelle 3-1 aufgeführten Symbole verwendet.[45]

---

42) Vgl. Gane/Sarson (1979), S. 50: "Data flows are data structures in motion; data stores are data structures at rest"; ähnlich Yourdon (1989), S. 143.

43) Vgl. Yourdon (1989), S. 189: "The data dictionary is an organized listing of all the data elements that are pertinent to a system, with precise, rigorous definitions so that both user and systems analyst will have a common understanding of all inputs, outputs, components of stores, and intermediate calculations." Eine ausführliche Beschreibung der Rolle von Data Dictionaries bei der Datenfluß-Modellierung geben DeMarco (1979), S. 125 ff und Gane/Sarson (1979), S. 48 ff.

44) Vgl. dazu DeMarco (1979), S. 125: "Data Dictionary, as we use the term in Structured Analysis does not necessarily refer to any of the commercially available packages that help you keep track of physical data descriptions during implementation."

45) Vgl. z.B. DeMarco (1979), S. 133; Peters (1988), S. 31 und 41; Yourdon (1989), S. 191.

=	Komposition
+	Konkatenation
()	Optionalität
n{}m	Iteration (mit n als minimale und m als maximale Iteration)
[]	Alternativenmenge
¦	Separator für die in [] aufgeführten Alternativen
**	Kommentar

Tabelle 3-1: Beschreibungssymbole für ein Data Dictionary in der Strukturierten Analyse

Ein Beispiel für die Beschreibung von Daten durch eine derartige Notation sei der folgende Datensatz AUFTRAG, wie er sich aus einer Dokumentenanalyse ergeben haben könnte:

AUFTRAG = AUFNR + AUFDAT + KUNDDAT + {AUFPOS}

KUNDDAT = KUNDNR + KUNDNAME + KUNDADRESSE

KUNDADRESSE = PLZ + ORT + STRASSE

AUFPOS = POSNR + PRODDAT + MENGE + PREIS

PRODDAT = PRODNR + PRODBEZ

Der Datensatz AUFTRAG beinhaltet nicht nur Elemente, die unmittelbar einem Auftrag zuzuordnen sind, sondern auch Kunden- und Produktdaten. Diese sind durch eine entsprechende Strukturierung als Untergruppen modelliert worden. Bei dieser Art der Beschreibung wird eine hierarchische Strukturierung von Daten unterstellt, wie es auch in Jackson-Diagrammen oder Warnier/Orr-Diagrammen geschieht.[46] Durch die Hierarchisierung werden dabei Beziehungen zwischen den verschiedenen Gruppen zum Ausdruck gebracht.

Die Meta-Datenstruktur eines Data Dictionaries soll in Bild 3-10 anhand des Beispiels verdeutlicht werden.[47] Dabei wird unterschieden zwischen einem

---

46) Zur Jackson-Methode vgl. z.B. Balzert (1982), S. 400 ff; Martin/McClure (1985), S. 145 ff; Schulz (1990), S. 99 ff. Zu Warnier-Orr-Diagrammen vgl. z.B. Martin/McClure (1985), S. 137 ff; Schulz (1990) S. 137 ff.

47) Vgl. dazu auch die entsprechende Meta-Datenstruktur bei Gane/Sarson (1979), S. 50.

elementaren Datenelement und einer Datengruppe, die sich aus Datenelementen und/oder anderen Datengruppen zusammensetzt. Außerdem wird die Annahme gemacht, daß im Regelfall einzelne Datenelemente nicht direkt bestimmten Datenflüssen und -speichern zugeordnet werden, sondern als ganze Bündel bzw. Gruppen von Elementen, weshalb kein Meta-Beziehungstyp zwischen den Meta-Objekttypen *Datenelement* und *Datenfluß* bzw. *Datenspeicher* vorgesehen ist.

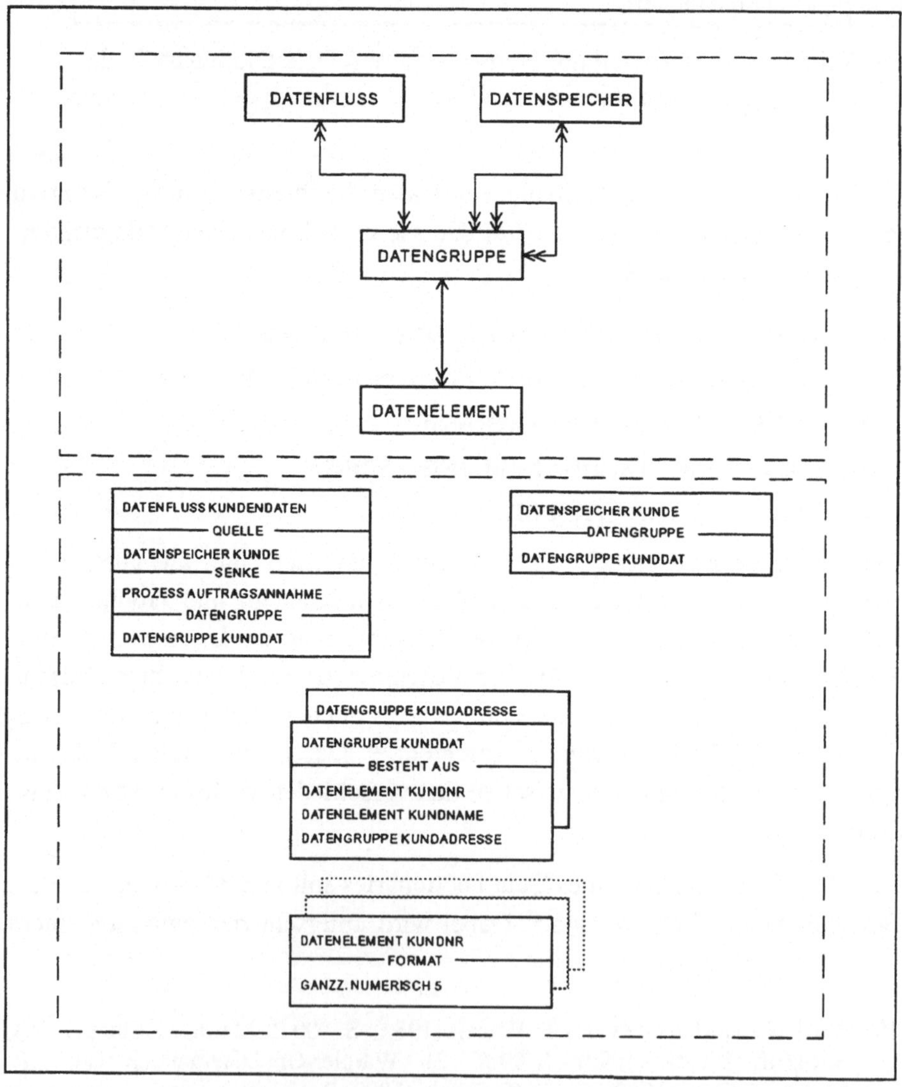

Bild 3-10:   Meta-Datenstruktur des Data Dictionaries der Strukturierten Analyse

Die hier verwendete Form zur Notation von Datenstrukturen unterscheidet sich grundlegend von der Sichtweise der fachlichen Informationsanalyse, wie sie beispielsweise durch das ERM ausgedrückt wird. Zwar entsprechen Datenelemente prinzipiell den Attributen des ERM, weshalb sich Datengruppen auch als Äquivalent der Entitätstypen auffassen lassen, jedoch besteht kein entsprechendes Konstrukt für Beziehungstypen. Diese sind allenfalls indirekt über die Hierarchiebeziehungen von Datengruppen abzuleiten. So drücken beispielsweise + KUNDDAT und + {AUFPOS} in der Datengruppe AUFTRAG die entsprechenden Beziehungen der Kunden- bzw. Auftragspositionsdaten zum Auftrag aus. Dadurch kommt die Semantik der dahinterstehenden Beziehungstypen nicht explizit zum Ausdruck, nämlich daß ein Auftrag von einem Kunden gestellt wird und ein Auftrag aus Auftragspositionen besteht. Außerdem wird jeweils nur die Kardinalität *einer* Rolle des ihnen entsprechenden Beziehungstyps wiedergeben. So besagt die Notation zwar, daß ein Auftrag höchstens einem Kunden zugeordnet wird und daß er mehrere Auftragspositionen umfassen kann, nicht jedoch, ob ein Kunde bzw. eine Auftragsposition ausschließlich zu diesem Auftrag gehören muß oder nicht.

Eine Datengruppe braucht im übrigen nicht notwendigerweise einem Entitätstyp bzw. einer Sicht auf diesen zu entsprechen. So ließe sich obiges Beispiel derart abwandeln, daß eine Datengruppierung in Auftragskopf und -position erfolgt und keine weitere Untergruppierung der Kunden- und Produktdaten stattfindet. In diesem Fall existiert auch keine direkte Entsprechung von Beziehungstypen und Hierarchiebeziehungen.

Die Verbindung zwischen Datenflußdiagrammen und ER-Diagrammen geschieht oftmals über Datenspeicher. Dabei wird im allgemeinen unterstellt, daß ein Datenspeicher einem Entitätstyp entspricht.[48] Die direkte Entsprechung von Entitätstypen und Datenspeichern kann sich jedoch als problematisch erweisen. Abgesehen davon, daß diese Sichtweise nicht die Möglichkeit berücksichtigt, daß einem Beziehungstyp Attribute zugeordnet werden können, ergeben sich bei der Abbildung von Beziehungen zwischen Entitätstypen noch weitere Schwierigkeiten, was sich wiederum anhand des Auftrag-Beispiels demonstrieren läßt. In diesem treten die Entitätstypen KUNDE, PRODUKT und AUFTRAG auf, wobei der Entitätstyp AUFPOS hier aus Vereinfachungsgründen als Teil von AUFTRAG aufgefaßt wird.

---

48) Vgl. z.B. Yourdon (1989), S. 281.

Sollen nun Auftragsdaten an den Datenspeicher AUFTRAG fließen, so dürfen dies nur solche Datenelemente sein, die in AUFTRAG als Attribute vorhanden sind, wie Bild 3-11 veranschaulicht. Damit wird jedoch der Zusammenhang zwischen diesen Auftragsdaten und dem zugehörigen Kunden bzw. den zugehörigen Produkten zerstört. Diese Beziehungsinformationen drücken sich in der Systematik des ERM nicht in Datenelementen aus, weshalb sie explizit notiert werden müssen.[49] Eine derart ausgebaute Notation würde aber in ihrer Semantik einem ER-Diagramm entsprechen.

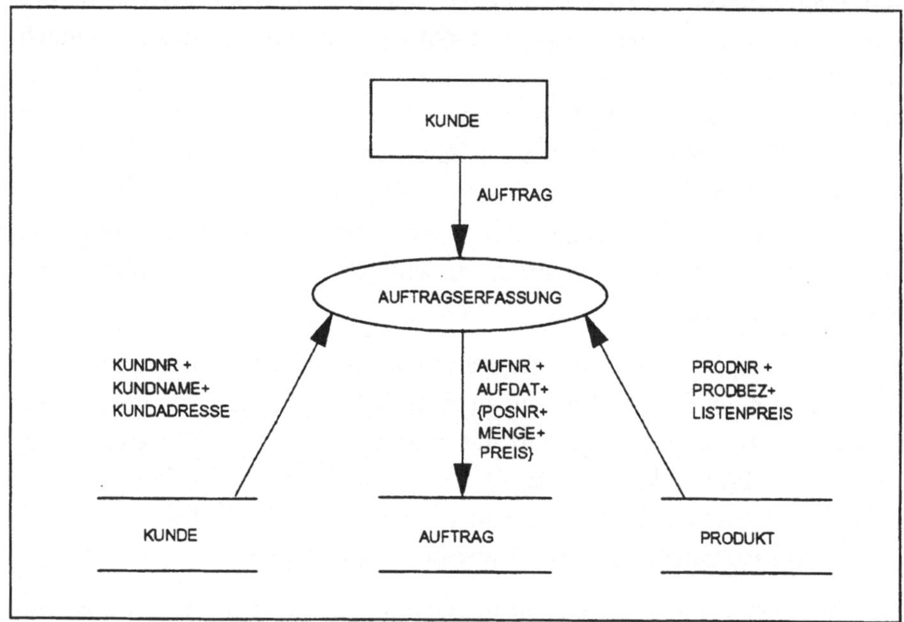

Bild 3-11:   Beispiel für Datenflüsse zwischen Prozessen und Datenspeichern

Um die Datenflußdiagramme der Strukturierten Analyse mit den zugehörigen ER-Datenschemata ohne allzu große Probleme verbinden zu können, bietet sich ein Sichtenkonzept an. Einem Datenspeicher wird dann eine Sicht zugeordnet, die nicht nur ein oder mehrere Entitätstypen umfassen kann, sondern auch noch die zwischen ihnen relevanten Beziehungstypen. Dabei sollen einem Entitätstyp und gegebenenfalls auch einem Beziehungs-

---

49) Vgl. z.B. Yourdon (1989), S. 252 f.

typ nur die im Rahmen dieser Sicht relevanten Attribute zugeordnet sein. Dieses Sichtenkonzept läßt sich nicht nur für die Beschreibung von Datenspeichern gebrauchen, sondern auch für die Spezifikation von Datenflüssen.

Eine entsprechende Meta-Datenstruktur für das Sichtenkonzept wird in Bild 3-12 gezeigt. Dabei wird ein Meta-Objekttyp *Sicht* als Generalisierung der Meta-Objekttypen *Datenspeicher* und *Datenfluß* eingeführt. Der Meta-Objekttyp *Sicht* weist dann Meta-Beziehungstypen zu den drei grundsätzlichen Meta-Objekttypen des ERM auf. Da unterstellt wird, daß aufgrund der eindeutigen Zuordnung von einem Attribut immer auf den zugehörigen Entitätstyp geschlossen werden kann, ist eine explizite Zuordnung der Entitätstypen eigentlich überflüssig, sofern jeder Entitätstyp wenigstens ein Attribut aufweist; dies wird im Bild durch eine strichlierte Kante ausgedrückt. Dasselbe gilt prinzipiell auch für Beziehungstypen, wobei diesen allerdings häufiger keine eigenen Attribute zugeordnet sein dürften.

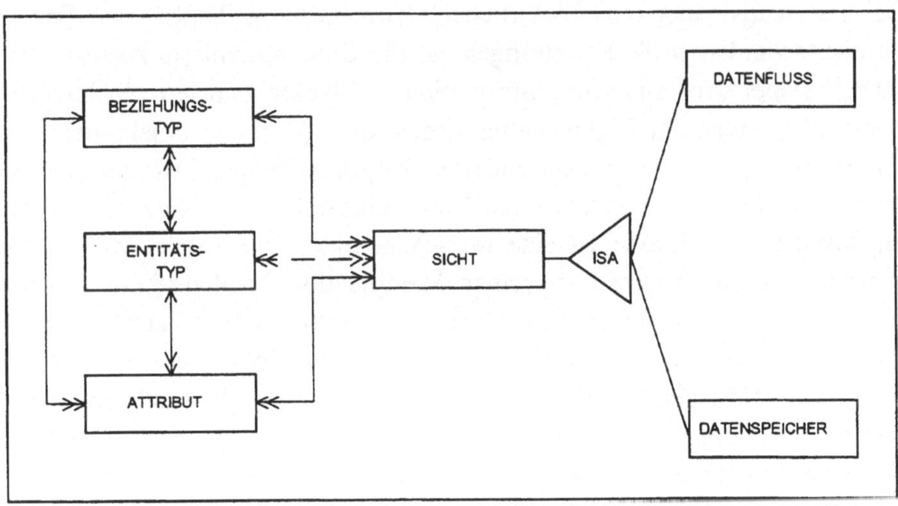

Bild 3-12: Meta-Datenstruktur der Verbindung des ERM mit dem DFD

Wie die vorhergehenden Erläuterungen zeigen sollten, ist die Verbindung zwischen Datenflußdiagrammen und ER-Schemata generell nicht unproblematisch. Dies hat zum einen historische Gründe, da dem Datenkonzept von Datenflußdiagrammen vor allem Vorstellungen über eine dateiorientierte Datenverwaltung zugrunde liegen. Seinen Niederschlag findet das im Konstrukt des Datenspeichers von Datenflußdiagrammen und in den Strukturelementen der diesen zugeordneten Data Dictionaries. Selbst dann, wenn das Datenkonzept so modifiziert wird, daß die Datenkopplung auch über Sichten auf ER-Schemata erfolgen kann, treten grundsätzliche Abstimmungsprobleme auf.

Aus der Natur der beiden Entwicklungsmethodiken folgt, daß Daten- und Funktionssicht mehr oder minder unabhängig voneinander entwickelt werden müssen. Dies macht eine nachträgliche Abstimmung und Kopplung der beiden Sichten erforderlich. Dafür besteht jedoch keine ausreichende theoretische Fundierung. Die Zuordnung von Sichten zu Datenflüssen und -speichern ist grundsätzlich beliebig, eine Abstimmung beider Sichten kann nicht systematisch erfolgen. Außerdem ist im Rahmen der Strukturierten Analyse eine schrittweise Verfeinerung möglich, nicht jedoch im ERM. Aus diesen Gründen muß grundsätzlich in Zweifel gezogen werden, ob dieses Paradigma der Analyse von Informationssystemen eine befriedigende Lösung darstellt.[50]

Bei der Realisierung eine "natürlichen" Kopplung von Daten- und Funktionsseite werden große Erwartungen auf die Objektorientierte Analyse gesetzt.[51] Dabei wird eine auf (Informations-) Objekte zentrierte Sichtweise verwendet, wobei auf Eigenschaften abgestellt wird, die in objektorientierten Technologien wie objektorientierten Programmiersprachen und objektorientierten Datenbanksystemen zur Verfügung stehen. Das einzelne Objekt als Instanz einer Klasse ist eine in sich geschlossene Kapsel, die neben Attributen auch Prozesse zu seiner Manipulation beinhaltet; in diesem Kontext werden Prozesse auch Methoden genannt. Über Vererbungsmechanismen lassen sich Methoden auch auf andere Objekte anwenden. Jede Methode betrifft genau ein Informationsobjekt. Es ist also nicht möglich, daß eine Methode mehrere Objekte manipuliert. Objekte werden über an sie gesandte Botschaften angesprochen, die zur Ausführung von ihnen zugeordneten Methoden führen.[52]

---

50) Vgl. z.B. Ferstl/Sinz (1993), S. 133 ff.

51) Vgl. z.B. Ferstl/Sinz (1993), S. 135.

52) Vgl. diverse Methoden der objektorientierten Analyse, wie z.B. etwa Shlaer/Mellor (1988); Coad/Yourdon (1991); Rumbaugh et al. (1991); Ferstl/Sinz (1990), Ferstl/Sinz (1991) und Ferstl/Sinz (1993), S. 136 ff.

3.1.2. Systemrealisierung

Auf der Implementationsebene erfolgt die möglichst vollständige und präzise Beschreibung eines Systems, wie es DV-technisch realisiert worden ist bzw. werden soll.[53] Dabei schlagen sich die Systemobjekte in Dateien bzw. Datenbanken nieder, die Systemfunktionen in Programmen und Modulen. Aufgrund der beschränkten Möglichkeiten von derzeit verfügbaren DV-Technologien (Hardware und Systemsoftware) und der Berücksichtigung bestimmter Ziele, wie z.B. kurze Antwortzeiten zu realisieren, kann sich die Implementation von den zugrundeliegenden fachlichen Spezifikationen beträchtlich unterscheiden. Aus diesem Grunde müssen zwischen den Objekten der fachlichen Spezifikation und denen der DV-Welt explizite Beziehungen hergestellt werden, um den Zusammenhang zwischen beiden Ebenen ersehen zu können.

Im Zuge eines Software-Entwicklungs-Prozesses wird die Implementierung zielgerichtet aus der fachlichen Spezifikation abgeleitet. Dies geschieht in der Design-Phase, in der das jeweils gewünschte Zielsystem festgelegt und die fachlichen Beschreibungen entsprechend den Erfordernissen dieses Zielsystems umgeformt werden. Zwar lassen sich in der Regel gewisse feste Transformationsregeln anwenden, allerdings treten auch Wahlfreiheiten auf, die Designentscheidungen notwendig machen. Neben dem Ergebnis dieses Transformationsprozesses ist auch die Dokumentation der getroffenen Designentscheidungen von Bedeutung.

3.1.2.1. DV-technische Realisierung der Datenhaltung

In der fachlichen Informationsanalyse wird die relevante Diskurswelt anhand einer faktenorientierten Sichtweise modelliert. Sind die für die Beschreibung einer gegebenen Diskurswelt relevanten Fakten DV-technisch abzubilden, so müssen sie in von den Implementationsumgebungen bereitgestellte Datenstrukturen umgesetzt werden. Dabei werden Faktentypen in Dateien bzw. Datenbanken überführt. Deren Verwaltung auf externen Speichermedien erfolgt über Dateiverwaltungs- bzw. Datenbanksysteme.

---

53) Vgl. auch Scheer (1991), S. 16, der allerdings noch zwischen der Erstellung eines DV-Konzepts und der eigentlichen technischen Implementierung unterscheidet. Ganz ähnlich auch Martin (1989), S. 12 ff.

3.1.2.1.1. Datenhaltung in herkömmlichen Dateiverwaltungssystemen

In der herkömmlichen kommerziellen Datenverarbeitung erfolgt die Abbildung typischerweise auf der Basis von Satzstrukturen (Records). Dabei sind Datensätze eine Folge von Datenfeldern bzw. -elementen, die unter einem bestimmten Gesichtspunkt als Einheit betrachtet und manipuliert werden sollen. Datenfelder bzw. -elemente als kleinste Elemente der Datenverarbeitung, die fachlich als Einheit betrachtet werden, sind gekennzeichnet durch Meta-Attribute wie Name, Datentyp und Länge.[54]

Datenelemente entsprechen prinzipiell Faktentypen in der Informationsanalyse. In erster Linie sind das Attribute, unter Umständen jedoch auch Beziehungstypen. Im Unterschied zum oben eingeführten Begriffsverständnis von Attributen werden Datenelemente jedoch weniger als global gültige funktionale Zusammenhänge zwischen einem Objekttyp und einer Domäne aufgefaßt, sondern vor allem als lokal gültige Platzhalter für Datenwerte eines Datensatzes. Als Bestandteil von Datensätzen werden Datenelemente durch diese qualifiziert, d.h. ein Datenelement ist nur im Zusammenhang mit dem Namen des es enthaltenden Datensatzes ansprechbar; ist also z.B. NAME ein Datenelement im Datensatz KUNDE, dann ist es als KUNDE.NAME anzusprechen.

Datensätze lassen sich als Bündel bzw. Aggregate von Faktentypen bezeichnen. Über die Entsprechung von Datenelementen und Faktentypen stehen Datensätze in Zusammenhang mit Objekten bzw. Entitäten einer Diskurswelt. Allerdings muß ein Datensatz nicht notwendigerweise mit einem Objekt übereinstimmen, d.h. ein Datensatz kann sowohl mehrere Objekte repräsentieren als auch nur Teile eines Objekts. Die Zusammenfassung von Faktentypen zu Datensätzen richtet sich nach verschiedenen Kriterien, von denen die wichtigste die Homogenität ist.[55] Diese liegt vor, wenn alle durch einen Datensatz abzubildenden Sachverhalte durch die gleichen Datenelemente beschrieben werden können. Ein Beispiel für ein homogenes Objekt sei der Datensatz MITARBEITER, der alle Mitarbeiter des Unternehmens gleichermaßen über die Datenelemente AHV-Nummer, Name, Adresse, Gehalt beschreibt. Sind in einem Unternehmen sowohl Mitarbeiter mit einem Zeitlohn als auch Mitarbeiter mit einem Akkordlohn beschäftigt, so ist die Homogenität nicht mehr vollumfänglich gegeben.

---

54) Vgl. z.B. Kent (1979), S. 108.

In Programmiersprachen der dritten Generation, wie z.B. COBOL, C oder PASCAL, lassen sich hierarchische Satzstrukturen formulieren. Ein Datensatz besteht aus Datenfeldern bzw. -elementen. Datenfelder können innerhalb eines Satzes wiederum zu Gruppen zusammengefaßt werden, wobei für diese Gruppen auch ein wiederholtes Auftreten möglich ist. Dies entspricht prinzipiell den mit der Data-Dictionary-Notation in der Strukturierten Analyse gegebenen Möglichkeiten. Dies verdeutlicht, daß in der herkömmlichen Strukturierten Analyse eine sehr implementationsnahe Vorstellung von Datenstrukturen unterstellt wird, bei der Datenspeicher vor allem Dateien bzw. (hierarchischen) Datenbanken gleichgesetzt werden.[56]

Im Vergleich zu der oben eingeführten Notation sind in der Regel noch weitere Einschränkungen zu berücksichtigen. Die in einem Datensatz enthaltenen Datengruppen können sich zwar wiederholen, die Anzahl der Wiederholungen muß in den angeführten Programmiersprachen allerdings fest vorgegeben sein. Außerdem kann die Optionalität von Datengruppen und -elementen nicht explizit ausgedrückt werden. Bild 3-13 verdeutlicht den Zusammenhang zwischen einer COBOL-Datenstruktur, der Meta-Datenstruktur und der internen Speicherung der Meta-Daten. Dabei wird zwischen den beiden Meta-Objekttypen *Datenelement* und *Datensatz* unterschieden, wobei Datensätze rekursiv untereinander verbunden sein können. Als Datensatz werden hier alle Gruppen von Datenelementen und anderen Datensätzen bezeichnet. Also ist auch beispielsweise ADRESSE als Datensatz zu behandeln. Soll ein begrifflicher Unterschied zwischen der obersten Gruppe KUNDE und der Untergruppe ADRESSE gemacht werden, so würde dessen Abbildung einen dritten Meta-Objekttyp *Datengruppe* erfordern, ohne daß dies in der Sache große Auswirkungen hätte.

---

55) Vgl. Kent (1979), S. 110 ff.

56) Vgl. Yourdon (1989), S. 150: "For the systems analyst with a data processing background, it is tempting to refer to the stores as *files* or *databases* (e.g., a magnetic tape file, or a disk file organized with IMS, DB2, ADABAS, IDMS, or some other well-known database management system)."

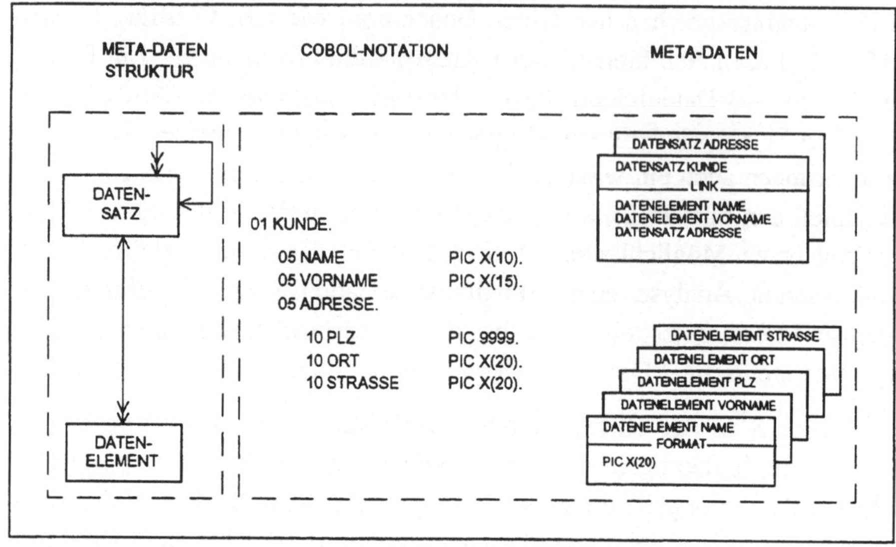

Bild 3-13:   Meta-Datenstruktur eines COBOL-Datensatzes

Die gezeigte Meta-Datenstruktur zur Speicherung von Datensätzen kann zu Problemen führen, wenn in verschiedenen Datensätzen Datenelemente mit gleichen Namen verwendet werden. Da in der angegebenen Meta-Datenstruktur Datensätze und Datenelemente in verschiedenen Meta-Objekttypen gespeichert und durch Verweise miteinander verknüpft werden, braucht das Datenelement in diesem Fall nur einmal spezifiziert werden. Dies ist vorteilhaft, solange die gleichnamigen Datensätze und Datenelemente die gleiche fachliche Bedeutung *und* physische Spezifikation aufweisen. In der Logik der Definition von Datenstrukturen in Programmiersprachen ist dies jedoch nicht zwingend; da gleichnamige Datensätze und Datenelemente stets durch die Datensätze qualifiziert werden, in denen sie enthalten sind, können innerhalb eines Programmes ohne weiteres gleiche Namen mit verschiedenen Bedeutungsinhalten verwendet werden. Dies unterscheidet sie von der Logik der Datendefinition in einem Data Dictionary, die implizit eine Namenseindeutigkeit voraussetzt. Im Zusammenhang mit COBOL tritt dies etwa im Zusammenhang mit dem häufig benutzten Datenelement FILLER auf, das zwar prinzipiell immer die gleiche (triviale) Bedeutung hat, aber in unterschiedlichen Formaten benötigt wird.[57] In diesem Fall bie-

---

57) Vgl. Zimmermann (1989), S. 480.

tet sich eine Versionierung an, bei der die verschiedenen Datenelemente als Varianten voneinander geführt werden.

Bei der dargestellten Meta-Datenstruktur wird das Enthaltensein durch Verweise ausgedrückt, weshalb die Qualifizierung von Datenelementen entfällt und es damit zu Namenskonflikten kommen kann. Dies wäre zum Beispiel der Fall, wenn das Datenelement NAME in einem Personalsatz als Name einer Person und in einem Abteilungssatz als Name einer Abteilung verwendet wird. Die gleiche Überlegung trifft auch auf Datengruppen zu. Ein Beispiel dafür sind Adreßsätze, die einmal einem Kunden in der Rolle Lieferadresse und ein anderes Mal in der Rolle Rechnungsadresse zugeordnet werden können.

Zur Vermeidung von Namenskonflikten sind verschiedene Strategien denkbar. Zum einen läßt sich über die Etablierung von Namensstandards eine eindeutige Vergabe von Namen anstreben. Anstatt des Namens könnte ein Datenelement bzw. eine Datengruppe aber auch durch einen internen Schlüssel identifiziert werden, der die geforderte Eindeutigkeit innerhalb des Data Dictionaries herstellt. Diese Möglichkeiten werden in Kapitel 5 noch ausführlich dargestellt.

Soll eine Menge von Datensätzen gleicher Struktur auf einem externen Speichermedium abgelegt werden, so geschieht das im Rahmen einer Datei bzw. eines Datasets. Dazu werden Dateiverwaltungssysteme benötigt, die zum Beispiel bestimmte Zugriffsverfahren auf in Dateien abgelegte Datensätze unterstützen. Ein Beispiel dafür ist VSAM, welches eine index-sequentielle Dateiorganisation ermöglicht.[58] Einzelne Felder sind bei der Definition von Datasets innerhalb dieser Datenverwaltung von geringer Bedeutung. Sie dienen allenfalls dazu, einen bestimmten Speicherplatz eines Datensatzes zu bezeichnen, über den dann z.B. eine Indexierung erfolgen kann.[59] Da aber für das sinnvolle Arbeiten mit Dateien die logische Struktur und Semantik der in ihnen enthaltenen Daten bekannt sein muß, ist dennoch eine Verbindung zwischen einer Datei und der dokumentierten Datenstruktur herzustellen. Dies wird in Bild 3-14 dargestellt.

---

58) Darstellungen dieser Speicherorganisation finden sich beispielsweise bei Ollmert (1989), S. 211 ff; Biethahn/Mucksch/Ruf (1991), S. 161 ff.

59) Vgl. Kent (1979), S. 114: "When provided at all, fields are used by record management systems only to designate some space within a record. This suffices for the system to provide its services, such as matching keys or sequencing."

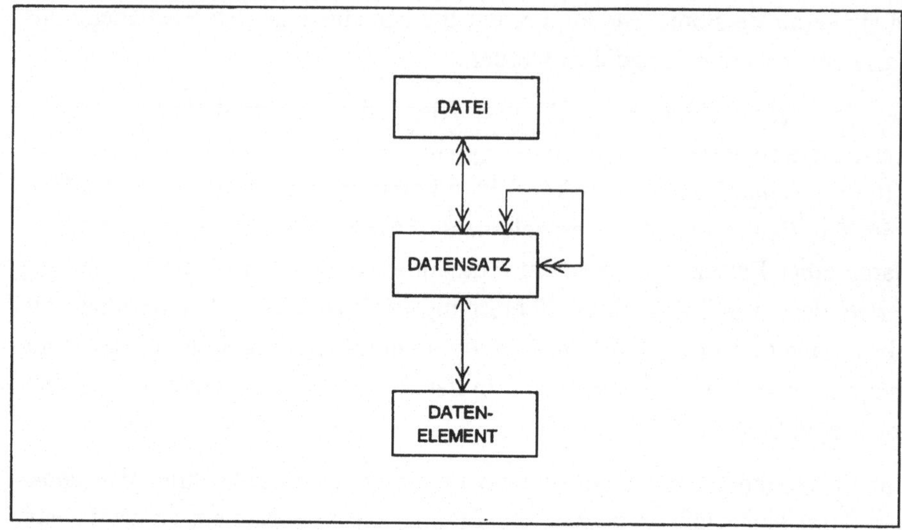

Bild 3-14:   Meta-Datenstruktur für eine konventionelle Dateiorganisation

Die in gesonderten Bibliotheken verwalteten Datenstrukturen werden als Copy-Strecken bzw. Copy-Books bezeichnet.[60] Diese spezifizieren den genauen Satzaufbau einer Datei gemäß dem Syntax der jeweiligen Programmiersprache. Idealtypisch wird eine Datei durch genau eine Datenstruktur beschrieben, allerdings ist es auch denkbar, mehrere Datenstrukturen für eine Datei zu definieren; eine Datenstruktur kann durchaus mehreren Dateien zugeordnet sein. Derartige Dateiverwaltungssysteme, die eine programmbezogene Dateihaltung unterstützen, dürften angesichts der viel mächtigeren Datenbanksysteme immer mehr an Relevanz verlieren.

3.1.2.1.2. Datenhaltung in relationalen Datenbanksystemen

Der Einsatz von Datenbanksystemen erlaubt eine anwendungsneutrale und damit von den spezifischen Anforderungen einzelner Programme entkoppelte Datenhaltung. Wesentliches Element dieser Entkopplung ist die Gewährleistung von Datenunabhängigkeit, welche einen Benutzer bzw. seine Anwendungen von den Auswirkungen etwaiger Änderungen der Datenbankumgebung abschirmen soll. Nach der ANSI/SPARC 3-Schema-Architektur soll diese Entkopplung durch eine externe, eine logische und eine

---

60) Vgl. z.B. die Definition bei Durell (1985), S. 180.

physische Sicht auf die Daten gewährleistet werden.[61] Dabei repräsentiert die externe Sicht die für eine bestimmte Anwendung relevanten Datenstrukturen und -elemente. Die logische Sicht beinhaltet alle Datenstrukturen und -elemente, die für ein ganzes Unternehmen bzw. einen Unternehmensbereich von Bedeutung sind; sie ergibt sich aus der Zusammenfassung aller definierten Teilsichten. Die interne Sicht betrifft die konkrete Speicherung der Daten mit dem Ziel einer effizienten Nutzung der Hardware-Ressourcen.

Jedem Datenbanksystem liegt ein bestimmtes Datenmodell zugrunde. Dieses Datenmodell bestimmt, welche Datenkonstrukte zur Modellierung von Diskurswelten verwendet werden können und welche Operationen über diese Datenkonstrukte möglich sind. Die konkrete Modellierung einer Diskurswelt wird als Datenbankschema bezeichnet. In der Praxis verbreitete Datenmodelle sind das hierarchische, das Netzwerk- und das relationale Datenmodell. Obwohl sie gegenüber der oben beschriebenen konventionellen Datenhaltung weitergehende Möglichkeiten zur Strukturierung von Daten aufweisen, treten auch bei ihnen die mit einer satzorientierten Sichtweise in Zusammenhang stehenden grundsätzlichen Probleme auf. Die folgenden Ausführungen konzentrieren sich auf das relationale Modell, welches vor allem aufgrund seiner Verständlichkeit und Flexibilität große Popularität erlangt hat.[62]

3.1.2.1.2.1. *Logisches Schema*

Das relationale Datenmodell kennt mit der Relation nur ein einziges Datenkonstrukt. Eine Relation wird als Menge von n-Tupeln konkreter Werteausprägungen von Attributen aufgefaßt. Die von konkreten Werteausprägungen abstrahierende Struktur einer Relation (das Relationenschema) ist also durch die in ihr enthaltenen Attribute gekennzeichnet. Anschaulich wird eine Relation gerne als Tabelle dargestellt, bei der die einzelnen Tupel

---

61) Vgl. ANSI/X3/SPARC (1975) bzw. Tsichritzis/Klug (1978). Dort wird allerdings nicht von einer logischen, sondern von einer konzeptionellen Sicht gesprochen.

62) Das relationale Modell geht zurück auf Codd (1970). Erweiterungen werden in Codd (1979) eingeführt und in Codd (1990) wird gar eine Version 2 vorgestellt. Das Modell wird in zahllosen Werken mehr oder minder ausführlich beschrieben, z.B. in Ullman (1982), S. 145 ff; Schlageter/Stucky (1983), S. 80 ff; Date (1986), S. 93 ff; Elmasri/Navathe (1986), S. 135 ff; Meier (1992).

die Zeilen und die einzelnen Attribute die Spalten sind. Auf bestimmte Datenwerte in dieser Tabelle kann ausschließlich durch die Angabe der gewünschten Tupel und Attribute zugegriffen werden. Während Attribute innerhalb einer Relation durch ihren Namen identifiziert werden, sind Tupel nur durch ihre Datenwerte anzusprechen. Aus diesem Grunde dürfen in einer Relation niemals zwei gleiche Tupel enthalten sein (*Objektintegrität*). Die kleinste Menge von Attributen, mit deren Werten jedes Tupel einer Relation identifizierbar ist, wird Schlüssel genannt. Jede Relation muß wenigstens einen Schlüssel aufweisen, der im extremsten Fall alle Attribute der Relation umfassen kann. Bieten sich in einer Relation mehrere Schlüssel an, so ist einer davon als Primärschlüssel zu bestimmen.

Beziehungen zwischen Tupeln verschiedener Relationen können über Wertevergleiche von Attributen hergestellt werden, wobei diese Attribute theoretisch die gleiche Domäne haben müssen; im relationalen Modell war jedoch das Domänenkonzept ursprünglich nicht berücksichtigt und viele derzeit verfügbare Implementationen unterstützen es auch nicht. Üblicherweise haben die für einen Wertevergleich herangezogenen Attribute gleicher Domäne in der einen Relation die Funktion eines Primärschlüssels und in der anderen die eines Fremdschlüssels. Ein Fremdschlüssel in einer Relation ist eine Menge von Attributen, die einem Primärschlüssel in der gleichen oder einer anderen Relation entspricht; dadurch werden Beziehungen innerhalb des relationalen Modells modelliert. Dabei muß sichergestellt sein, daß jeder Fremdschlüsselwert in einer Relation einem Primärschlüsselwert in der durch sie referenzierten Relation entspricht (*referentielle Integrität*).

Relationen im herkömmlichen Sinne müssen eine normalisierte Datenstruktur aufweisen. Das bedeutet, daß in jedem Tupel einer Relation nur atomare Attributwerte erscheinen und daß pro Tupel keine Wiederholgruppen von mehreren Attributwerten auftreten dürfen. Diese Anforderung wird als 1. Normalform bezeichnet. Darüber hinaus werden in der Normalformentheorie noch weitergehende Anforderungen definiert, deren Berücksichtigung das Auftreten von Anomalien bei Datenmanipulationsoperationen verhindern soll. Ausgangspunkt für die Normalformenbetrachtungen ist das Vorliegen verschiedener Datenabhängigkeiten: die 2., 3. und Boyce-Codd Normalform sind auf der Basis funktionaler Abhängigkeiten definiert, die 4. Normalform auf der Basis mehrwertiger Abhängigkeiten und die

5. Normalform auf der Basis von Verbundabhängigkeiten.[63] Jede dieser Normalformen schließt die vorhergehenden ein.

Ein Beispiel für die Modellierung eines Kundenauftrags durch die vier Relationen KUNDE, AUFTRAG, AUFPOS und PRODUKT zeigt Bild 3-15 in einer tabellarischen Form. In diesen Relationen sind die Schlüsselattribute jeweils durch Unterstreichungen kenntlich gemacht. Über den Fremdschlüssel AUFTRAG.KDNR wird eine Verbindung zwischen den Relationen KUNDE und AUFTRAG hergestellt. Entsprechende Verknüpfungen zwischen AUFTRAG und AUFPOS bzw. zwischen AUFPOS und PRODUKT erfolgen über die Fremdschlüssel AUFPOS.AUFNR bzw. AUFPOS.PRODNR. Dieses Datenschema erfüllt übrigens nicht die Bedingungen der dritten Normalform, wenn unterstellt wird, daß von einer Postleitzahl eindeutig auf einen Ort geschlossen werden kann.

Relation KUNDE:

KDNR	KDNAME	PLZ	ORT	STRASSE

Relation AUFTRAG:

AUFNR	AUFDAT	KDNR

Relation AUFPOS:

AUFNR	POSNR	PRODNR	PREIS	MENGE

Relation PRODUKT:

PRODNR	PRODBEZ

Bild 3-15:   Modellierung eines Kundenauftrags im relationalen Modell

Die Meta-Datenspeicherung der Grundstruktur des relationalen Modells auf der logischen Ebene stützt sich auf die beiden Meta-Objekttypen *Relation* und *Attribut*; da sich Domänen in vielen relationalen Datenbanksystemen

---

63) Die Normalformentheorie wird in nahezu jedem Lehrbuch über Datenbanksysteme oder Datenmodellierung erläutert. Ausführliche Darstellung finden sich z.B. bei Ullman (1982), S. 211 ff; Date (1986), S. 361 ff; Elmasri/Navathe (1989), S. 355 ff; Vetter (1990), S. 149 ff.

nicht explizit definieren lassen, werden sie nicht berücksichtigt. Jede Relation besteht aus einem oder mehreren Attributen, wobei jedes Attribut eindeutig einer Relation zugeordnet ist. Die Beziehung eines Attributs zu einer Relation kann in der Regel näher spezifiziert werden: muß es in jedem Tupel einen definierten Wert aufweisen, was einer Mindestkardinalität von eins entspricht, so sind sog. Nullwerte auszuschließen (SQL-Klausel NOT NULL). Da für jede Relation die erste Normalform vorausgesetzt wird, braucht die Maximalkardinalität nicht explizit definiert werden, da sie immer eins ist. Sehen relationale Datenbanksysteme keine explizite Deklaration von (Primär-) Schlüsseln und Fremdschlüsseln vor, so ergibt sich eine Meta-Datenstruktur wie in Bild 3-16. Diese soll durch das Beispiel einer Relation PERSONAL verdeutlicht werden, deren Spezifikation in einer SQL-Notation erfolgt. Dabei entfällt für Attribute des Datentyps INTEGER und SMALLINT die Längenangabe, da diese für beide implizit vorgegeben ist.

Welche Attribute in einer Relation den Primärschlüssel bilden kann bei einer derartigen Meta-Datenstruktur allenfalls daraus geschlossen werden, daß die betreffenden Attribute keine Nullwerte erlauben und sie Bestandteil eines eindeutigen Indexes (UNIQUE INDEX) sind. Dieses ist bei einer theoretisch einwandfreien Datenmodellierung zwar ein notwendiges, aber kein hinreichendes Kriterium für das Vorliegen eines Primärschlüssels. Darüber hinaus kann durch die alleinige Auswertung der Schemadefinitionen nur aufgrund von Namensgleichheiten auf eine Primär-Fremdschlüssel-Beziehung geschlossen werden. Diese Namensgleichheit wird bei einer von einer sog. Universalrelation ausgehenden Normalisierung zwar implizit unterstellt, ist jedoch aufgrund der Logik des relationalen Modells keineswegs zwingend; es kann sogar sinnvoll sein, durch eine besondere Bezeichnung des Fremdschlüssels die durch ihn repräsentierte Beziehung zu verdeutlichen. Ein Beispiel dafür wäre ein durch eine Personalnummer PNR identifizierter Mitarbeiter, der eine bestimmte Abteilung leitet. In der Abteilungsrelation könnte der Fremdschlüssel dann den Namen PNR-LEITER bekommen; LEITER wäre in diesem Zusammenhang die Rolle von PNR in der Abteilungsrelation.

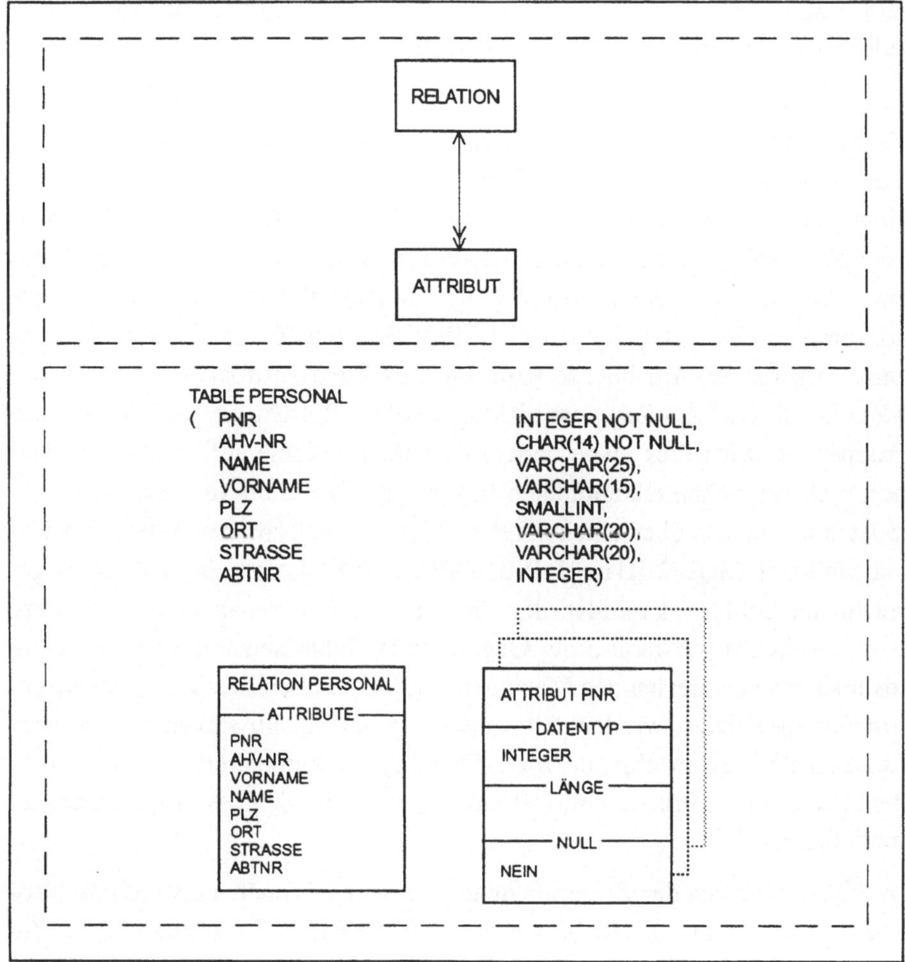

Bild 3-16: Meta-Datenstruktur für das relationale Modell

Im übrigen ergibt sich bei dieser Meta-Datenstruktur durch die Verwendung gleichnamiger Attribute für die Implementierung von Primär- und Fremdschlüsseln bezüglich möglicher Namenskollisionen grundsätzlich dasselbe Problem wie bei den oben beschriebenen konventionellen Datenstrukturen. Ein Ausweg aus diesen Dilemma wäre, eine Zuordnung einer Attributspezifikation zu mehreren Relationen zuzulassen. Allerdings ist auch dies nicht sehr praktikabel, da zusammenhängende Primär- und Fremdschlüsselattribute gleichen Namens zwar prinzipiell die gleiche Bedeutung haben, aber in ihren jeweiligen Relationen unterschiedliche Rollen spielen. Daraus folgt, daß zwar einige Spezifikationen, wie Datentyp und Länge, unbedingt gleich sein müssen, andere Spezifikationen, wie die Zulässigkeit von Nullwerten, jedoch von der jeweiligen Rolle abhängen.

Aufgrund der aufgeführten Probleme sollten Primär- und Fremdschlüssel als Meta-Daten festgehalten werden, auch und gerade wenn das Datenbanksystem deren explizite Definition nicht unterstützt. Eine sprachliche Unterstützung derartiger Konzepte bietet das erweiterte SQL/2.[64] Notwendige Eigenschaft eines Schlüsselkandidaten ist, daß ein bestimmter Wert eines Attributs bzw. einer Attributgruppe in einer Relation höchstens einmal vorkommen darf (SQL/2-Klausel UNIQUE). Betrifft die Eindeutigkeitseigenschaft nur ein Attribut, so kann dies als Meta-Attribut im Rahmen des Meta-Objekttyps *Attribut* ausgedrückt werden. Betrifft sie jedoch Attributgruppen, so wirft dies insbesondere deshalb Probleme auf, weil eine Relation mehrere Schlüsselkandidaten haben kann. Deshalb sind Schlüsselkandidaten am besten über einen eigenen Meta-Objekttyp abzubilden. Ein Primärschlüssel (SQL/2-Klausel PRIMARY KEY) ist ein besonders ausgezeichneter Schlüsselkandidat, der für jede Relation genau einmal existiert. Aus diesem Grunde kann er im Gegensatz zu Schlüsselkandidaten problemlos über ein entsprechendes Meta-Attribut im Rahmen des Meta-Objekttyps *Attribut* spezifiziert werden. Sind allerdings die Schlüsselkandidaten einer Relation über einen eigenen Meta-Objekttyp dokumentiert, so ist es auch denkbar, einen Primärschlüssel als speziellen Schlüsselkandidaten zu modellieren.

In SQL/2 läßt sich der Zusammenhang zwischen Primär- und Fremdschlüsseln mit der Klausel FOREIGN KEY ... REFERENCES definieren. Im Zusammenhang mit der Spezifikation von Fremdschlüsseln sind noch weitere Sachverhalte festzulegen; dazu gehören vor allem Regeln zur Wahrung der referentiellen Integrität, die bei bestimmten Datenmanipulationsoperationen auszulösen sind. Dies gilt insbesondere für die Operation DELETE, für die z.B. festgelegt werden kann, daß eine Löschung eines Tupels auch die Löschung der Tupel mit den zugehörigen Fremdschlüsselwerten zur Folge hat (ON DELETE CASCADE) oder daß die zugehörigen Fremdschlüsselwerte nullgesetzt werden (ON DELETE SETNULL). Da eine Relation mehr als einen Fremdschlüssel umfassen kann und Fremdschlüssel außer-

---

64) Dieser erweiterte Standard wird auch SQL-92 genannt. Vgl. z.B. Finkenzeller/Kracke/Finkenstein (1992); Melton/Simon (1993).

dem unter Umständen aus mehreren Attribute bestehen, sind sie idealerweise über einen eigenen Meta-Objekttyp abzubilden

Die Meta-Datenstruktur des logischen Modells eines relationalen Datenbanksystems unter Berücksichtigung von Schlüssel- und Fremdschlüsselde-
finitionen als eigene Meta-Objekttypen wird in Bild 3-17 anhand eines Beispiels erläutert. Die Konsequenz dieser Modellierung ist, daß für Schlüssel
(Primärschlüssel und Schlüsselkandidaten) sowie für Fremdschlüssel jeweils
interne Namen vergeben werden müssen, damit sie im Rahmen eines Data
Dictionaries identifiziert werden können. In dem Beispiel tritt eine gewisse
Redundanz auf, da im Meta-Attribut *Attribute* der Relation PERSONAL
alle ihr zugehörigen Attribute enthalten sind, obwohl sich einige von diesen
auch indirekt aus der Zuordnung zu Meta-Objekten der Typen *Schlüssel* und
Fremdschlüssel ergeben.

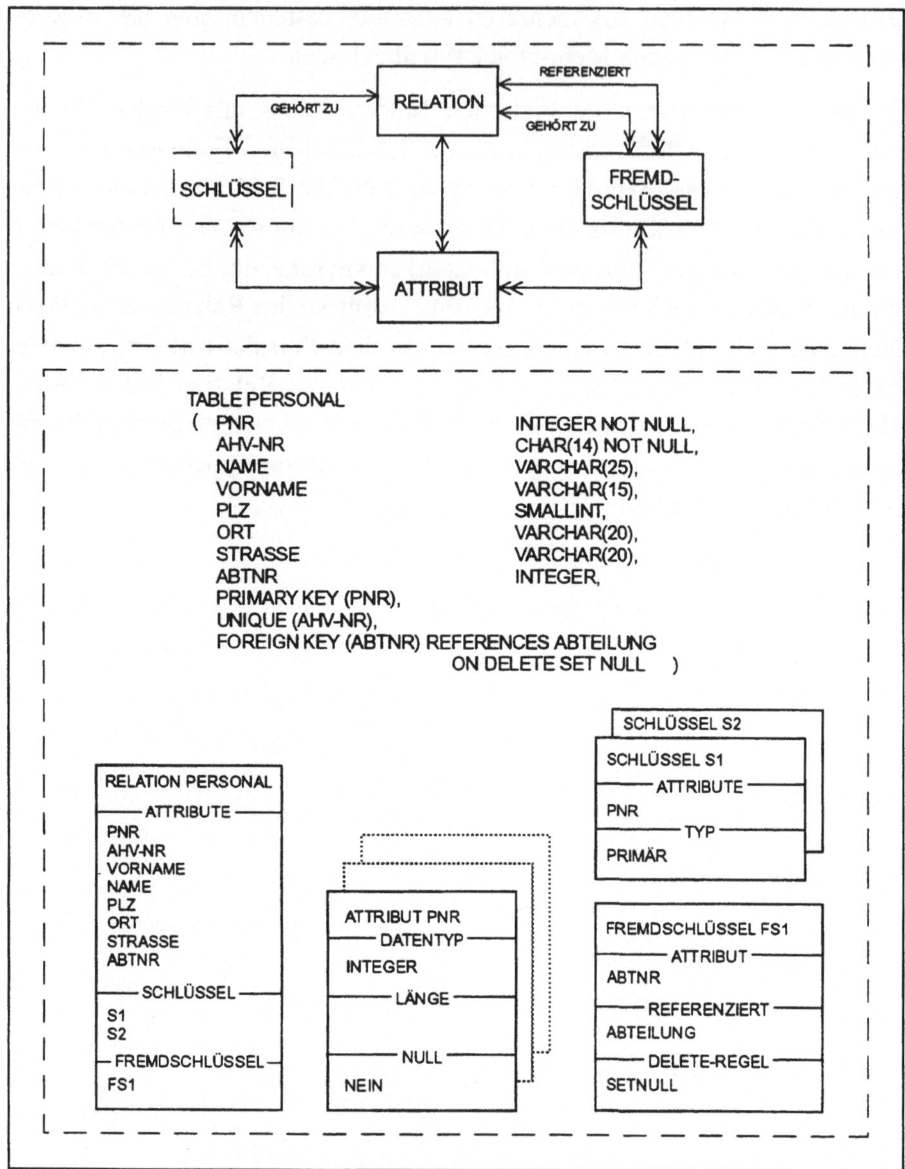

Bild 3-17:   Meta-Datenstruktur für das relationale Modell mit Berücksichtigung von Primär- und Fremdschlüsseln

3.1.2.1.2.2. Verbindung des logischen Schemas mit dem der Informationsanalyse

Wird bei der Datenmodellierung sukzessive entsprechend einem Phasenmodell vorgegangen, so ist das relationale Schema aus einem ER-Schema abzuleiten. In der Begriffswelt des 3-Schema-Modells für eine Datenbankarchitektur sind die Relation und die Attribute die Konstrukte zur Definition des logischen Schemas. Diese entsprechen den Entitätstypen, Beziehungstypen und Attributen der Informationsanalyse, die das konzeptionelle Schema bilden.

Das ERM zeichnet sich dadurch aus, daß es mit Hilfe einfacher Transformationsregeln leicht in verschiedene gängige Datenmodelle umgeformt werden kann. Dabei entstehen bestimmte Transformationsbeziehungen zwischen den jeweiligen Konstrukten der beiden Datenmodelle. Bei einer Umwandlung in das relationale Modell wird jeder Entitätstyp in eine entsprechende "Entitäts-Relation" umgeformt; Beziehungstypen werden situativ als eigene "Beziehungs-Relationen" oder als Fremdschlüssel innerhalb von "Entitäts-Relationen" abgebildet.[65]

In beiden Datenmodellen wird das Konstrukt Attribut verwendet. Deshalb drängt sich die Idee auf, dafür auch nur einen einzigen Meta-Objekttyp vorzusehen. Dies erweist sich jedoch insbesondere wegen der nur im Relationenmodell existierenden Fremdschlüsselattribute als problematisch. Werden jedoch die Attribute des relationalen Modells und die des ERM als unterschiedliche Meta-Objekttypen geführt, so ergibt sich erst einmal ein Namensproblem, da zwei verschiedene Meta-Objekttypen nicht gleich benannt sein können. Dies läßt sich vermeiden, indem erstere als RM-Attribute und letztere als ERM-Attribute bezeichnet werden.

Wenn zwei unterschiedliche Meta-Objekttypen für die Attribute verwendet werden, dann ist zwischen diesen eine Beziehung herzustellen. Dabei ist jedes RM-Attribut prinzipiell genau einem ERM-Attribut zuzuordnen, umgekehrt können einem ERM-Attribut jedoch durchaus mehrere RM-Attribute zugeordnet werden; dies ist insbesondere für Fremdschlüssel der Fall. Eine Zuordnung der Attribute der zwei verschiedenen Ebenen dokumentiert ihre gleiche Bedeutung. Davon abgesehen können sie entsprechend

---

65) Für ausführlichere Darstellungen vgl. z.B. Teorey (1990), S. 61 ff; Batini/Ceri/Navathe (1992), S. 313 ff; Meier (1992), S. 22 ff.

ihrer jeweiligen Rolle in einem Entitäts- bzw. Beziehungstyps auf der einen und einer Relation auf der anderen Seite voneinander abweichende Spezifikationen haben; dies kann beispielsweise den verwendeten Namen, den Datentyp oder die Schlüsseleigenschaft betreffen.

Eine explizite Zuordnung von Entitätstypen zu Relationen ist eigentlich überflüssig, wenn die ERM-Attribute jeweils eindeutig einen Entitätstyp betreffen. Dann sind nämlich über die Zuordnung von RM-Attributen zu ERM-Attributen die in der Relation zusammengefaßten Entitätstypen der fachlichen Spezifikation unmittelbar ersichtlich; das gleiche gilt für Beziehungstypen mit eigenen Attributen. Beziehungstypen ohne eigene Attribute bleiben auf diese Art vorerst unberücksichtigt. Zwar werden durch die einer Relation zugeordneten Objekttypen die sie verbindenden Beziehungstypen impliziert, was aber unter Umständen keinen eindeutigen Rückschluß auf einen bestimmten Beziehungstyp erlaubt; dies ist dann der Fall, wenn zwischen den betreffenden Objekttypen mehrere Beziehungstypen existieren. Um auch hier einen zweifelsfreien Rückschluß auf die gemeinten Beziehungstypen zu erlauben, ist deren ausdrückliche Zuordnung zu den jeweiligen Relationen unumgänglich. Eine Meta-Datenstruktur für die Zuordnung des ERM zum relationalen Modell wird in Bild 3-18 gezeigt.[66]

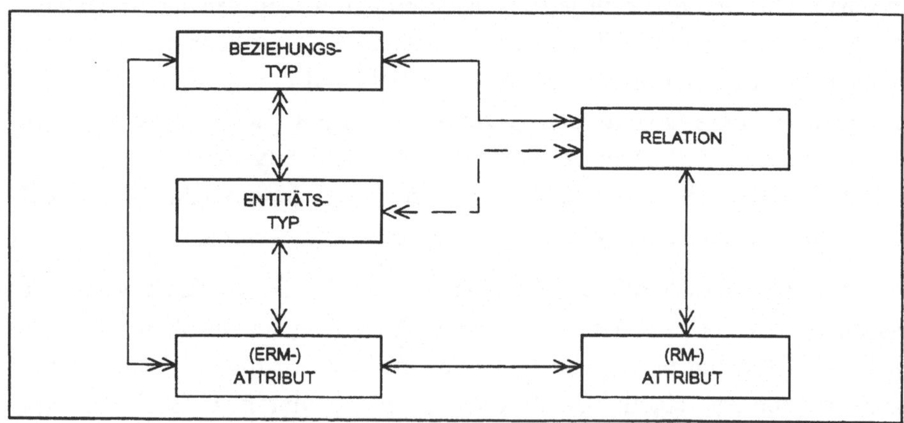

Bild 3-18:   Zuordnung von logischem und konzeptionellem Schema

---

66) Vgl. auch Scheer (1991), S. 157, nur daß im ARIS-Modell Entitätstypen und Beziehungstypen zu einem Informationsobjekt generalisiert worden sind und ein Attribut mehreren Informationsobjekten zugeordnet werden kann, weshalb die

Das aus einem ER-Diagramm abgeleitete kanonische Schema muß nicht zwangsläufig ein optimales Datenbankschema sein. Im allgemeinen wird unterstellt, daß fachliche ER-Schemata in einer unnormalisierten Form vorliegen, was eine nachträgliche Normalisierung und damit die weitergehende Zerlegung der abgeleiteten Datenstrukturen notwendig machen würde. Dies allerdings erst im logischen Modell zu tun erscheint unzweckmäßig, da eine Normalisierung auf der Basis semantischer Überlegungen und nicht aufgrund technischer Anforderungen erfolgt. Außerdem müßten derartige Normalisierungsüberlegungen bei einer neuerlichen Ableitung noch einmal durchgeführt werden. Daher erscheint es sinnvoll, die Normalformenüberlegungen schon auf das konzeptionelle Modell und damit das ERM anzuwenden.[67]

Im Gegensatz zur weitergehenden Normalisierung des aus einem ER-Diagramm abgeleiteten relationalen Schemas kann insbesondere aus Performance-Gründen eine Denormalisierung in Frage kommen, bei der einzelne Normalisierungsschritte zurückgenommen werden. In diesem Fall werden aus dem ERM abgeleitete Relationen wieder zusammengelegt. Jede weitere Normalisierung bzw. Denormalisierung führt also zu einer Aufsplittung bzw. Zusammenfassung der ursprünglich abgeleiteten Relationen zu anderen Relationen. Sollen diese Transformationsschritte dokumentiert werden, so ist dies über einen rekursiven Beziehungstyp über dem Meta-Objekttyp *Relation* abzubilden. Dabei treten die betroffenen Attribute jeweils in anderen Rollen auf, woraus sich Änderungen in bestimmten Attributeigenschaften ergeben können, was eine zumindest teilweise Neudokumentation nötig macht.

3.1.2.1.2.3. *Externes Schema*

Für die Definition externer Schemata steht im relationalen Modell ein Sichtenkonzept zur Verfügung. Eine Sicht (VIEW in SQL) soll nur die von einer bestimmten Anwendung (einem Programm) benötigten Tupel und Attribute der Relationen einer Datenbank enthalten. Sichten über Tabellen

---

Zuordnung der Attribute in den beiden Modellen über die Meta-Beziehungstypen *Allgemeine Attributzuordnung* und *Relationattributzuordnung* erfolgt.

67) Vgl. insbesondere Batini/Ceri/Navathe (1992), S. 151 ff. Vgl. auch Jajodia/Ng/Springsteel (1983), Ling (1985), Myrach (1991).

stellen wiederum Tabellen dar, die allerdings nur virtueller Natur sind. Sie ergeben sich durch eine Operation, die der einer normalen Datenbankabfrage entspricht; in SQL erfolgt diese über den Befehl SELECT. Sichten können simple Projektionen oder Selektionen über Relationen sein, sie können aber z.B. auch abgeleitete Attribute enthalten. Die durch eine Sicht definierte virtuelle Tabelle läßt sich prinzipiell durch Einfügungen, Änderungen und Löschungen von Tupeln manipulieren, wobei allerdings gewisse Einschränkungen zu beachten sind. Diese Operationen sind zum Beispiel für solche Sichten unzulässig, die eine Sortieroperation oder aufgrund einer Gruppierungsoperation aggregierte Attribute enthalten. Außerdem ist das *Update* von Sichten problematisch, die mehrere Tabellen umfassen.[68] Zwar gibt es Views, die einen Verbund (*Join*) mehrerer Tabellen enthalten und theoretisch durch die genannten Operationen manipuliert werden können, aus pragmatischen Gründen lehnt ein Datenbanksystem wie DB2 jedoch alle Updates über derartige Views ab.[69]

Für die Meta-Modellierung von Sichten sind grundsätzlich zwei Ansätze denkbar. Zum einen lassen sich Sichten als spezielle Relationen behandeln und dementsprechend im Meta-Objekttyp *Relation* abspeichern. Dann ist allerdings für diesen ein zusätzliches Meta-Attribut vorzusehen, in dem die Typisierung eines gegebenen Meta-Objekts als Relation oder View erfolgen kann. Der andere Ansatz ist, alle Sichten in einem eigenen Meta-Objekttyp abzulegen.

Eine Meta-Datenstruktur mit View als eigenständigem Objekttyp zeigt Bild 3-19. Dort können die Meta-Objekte des Typs *View* direkt mit den ihnen unterliegenden Tabellen und den ihnen zugehörenden Attributen verbunden werden; dies sind einerseits Attribute der betroffenen Tabellen oder abgeleitete Attribute. Letztere beziehen sich wiederum auf die Attribute, aus denen sie abgeleitet werden. Aus der Formulierung der View kann die Entstehung und damit die Bedeutung eines solchen abgeleiteten Attributs nachvollzogen werden, so daß sich grundsätzlich die Frage stellt, ob sie gesondert erfaßt werden sollen oder nicht. Da sich über die Attribute jederzeit die zugehörigen Tabellen ableiten lassen, ist die direkte Beziehung zwischen Views und Tabellen eigentlich überflüssig. Da Views prinzipiell auf ande-

---

68) Vgl. z.B. Date (1986), S. 178 ff; Elmasri/Navathe (1989), S. 199 f.
69) Vgl. z.B. Wiorkowski/Kull (1988), S. 72; Elmasri/Navathe (1989), S. 674.

ren Views aufsetzen können, ist über dem Meta-Objekttyp ein rekursiver Meta-Beziehungstyp definiert.

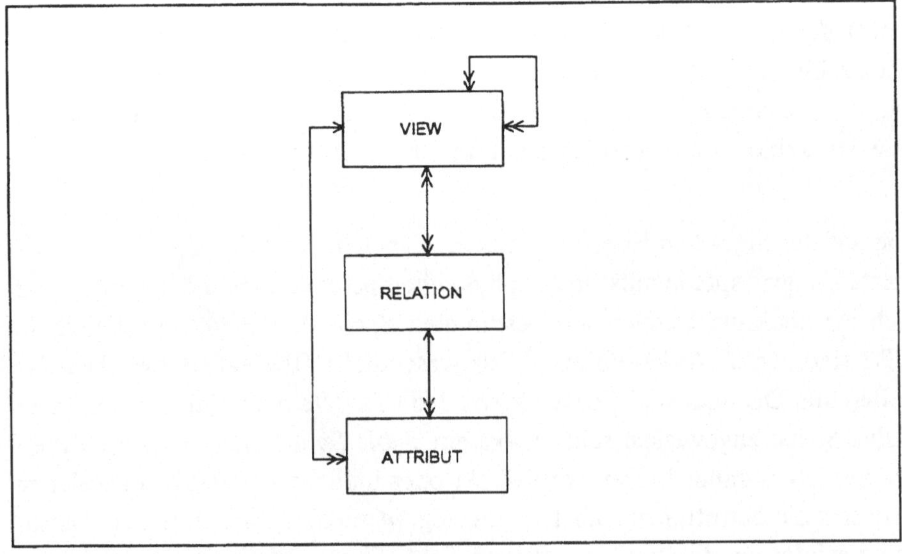

Bild 3-19:   Meta-Datenstruktur von Views

3.1.2.1.2.4. Internes Schema

Auf der internen Ebene wird die Spezifikation der physischen Speicherung geregelt. Ein wichtiger Aspekt ist dabei die Regelung von Zugriffspfaden. In relationalen Systemen werden Zugriffspfade üblicherweise über Indizes implementiert.[70] Die Definition eines Indexes ist keine Bedingung, um auf einzelne Tupel einer Relationen zugreifen zu können. Allerdings ist nur durch sie bei größeren Relationen ein ausreichendes Antwortzeitverhalten zu erreichen. Da mit Relationen unabhängig von etwaig definierten Indizes gearbeitet werden kann, ist ein wesentlicher Aspekt von Datenunabhängigkeit erfüllt. In vielen Datenbanksystemen kann jedoch die Einhaltung von Integritätsbedingungen wie der Objektintegrität und der referentiellen Integrität nur über Indizes erzwungen werden, was wiederum eine Einschränkung dieser Datenunabhängigkeit darstellt.

---

70) Vgl. z.B. Date (1986), S. 103 f.

Die Meta-Modellierung von Indizes erfolgt ähnlich wie die von Schlüsseln, d.h. über einen eigenen Meta-Objekttyp, der mit einer Menge von Attributen verknüpft ist. Im Unterschied zum Schlüssel sind spezifische Eigenschaftsmerkmale relevant, wie z.B. die Sortierung (absteigend bzw. aufsteigend) der Indexattribute. Indizes können Schlüssel betreffen, aber auch Nichtschlüsselattribute, über die ein besonders schneller Zugriff erwünscht ist. Im letzteren Fall wird dann auch von Sekundärschlüsseln gesprochen, obwohl keine Schlüsseleigenschaft im theoretischen Sinne gegeben sein muß.[71]

Die auf der logischen Ebene definierten Tabellen samt der über ihnen definierten Zugriffspfade müssen auf physische Speicher abgebildet werden, die sich als konkrete Dateien auf bestimmten Speichereinheiten darstellen; in DB2 sind das VSAM-Datasets.[72] Das wesentliche Bindeglied zwischen Tabellen und Datasets sind *Table Spaces*. Jede Tabelle muß einem bestimmten *Table Space* zugewiesen sein, wobei ein *Table Space* auch mehrere Tabellen umfassen kann. In ihm wird direkt oder indirekt festgelegt, in welchen Datasets die betroffenen Tabellen abgelegt werden. Bei der direkten Zuordnung erfolgt ein direkter Zugriff vom *Table Space* auf ein schon existierendes VSAM-Dataset; bei der indirekten Zuordnung referenziert er eine Speichergruppe (*Storage Group*), die die Speicherung in bestimmten Datasets auf bestimmten Datenspeichern (*Volumes*) festlegt.[73] Jeder *Table Space* ist immer genau einer Datenbank zugeordnet. Entsprechend wie bei Tabellen werden auch Indizes auf Datasets abgebildet; dies erfolgt allerdings nicht über einen *Table Space*. Sowohl *Table Spaces* als auch Indizes können partitioniert und damit auf verschiedene Speichereinheiten verteilt werden.

Die beschriebenen Zusammenhänge werden als Meta-Datenstruktur in Bild 3-20 dargestellt.[74] Dabei ist die Alternative einer direkten oder indirek-

---

71) Vgl. z.B. Schlageter/Stucky (1983), S. 46.

72) Vgl. z.B. Date (1986), S. 102 f; Wiorkowsky/Kull (1988), S. 29 ff; Elmasri/Navathe (1989), S. 675 ff.

73) Vgl. Wiorkowski/Kull (1988), S. 37, Box 3.1.

74) Vgl. dazu auch die entsprechende Graphik für das ARIS-Modell bei Scheer (1991), S. 194. Auffällig ist dabei, daß darin den Meta-Objekttypen *Relation* und *Attribut* der logischen Ebene auf der internen Ebene die Meta-Objekttypen *Satz* und *Feld* gegenübergestellt werden. Der Meta-Objekttyp *Speicherbereich (Area)* dürfte dem Table Space und der Meta-Objekttyp *Speichereinheit* dem Datenspeicher entsprechen.

ten Verbindung von Table Spaces bzw. Indizes auf Datasets durch einen die entsprechenden Meta-Beziehungstypen überschneidenden Bogen ausgedrückt. Da sich über die Zuordnung von bestimmten Attributen zu einem Index auch die betroffene Tabelle ergibt, ist der entsprechende Meta-Beziehungstyp zwischen den Meta-Objekttypen *Tabelle* und *Index* eigentlich überflüssig. Dies wird wiederum durch eine gestrichelte Linie angedeutet.

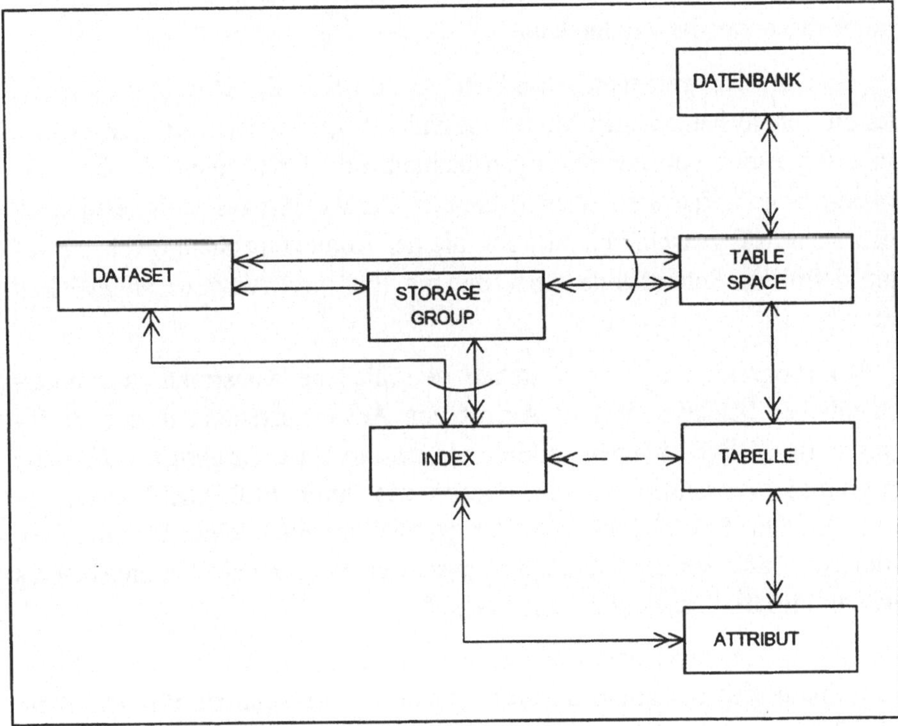

Bild 3-20:   Meta-Datenstruktur der physischen Ebene einer relationalen Datenbank

3.1.2.2.   Die physische Prozeßebene

3.1.2.2.1. Programme und Module

Die Funktionen bzw. Prozesse eines Anwendungssystems werden durch Programme realisiert, die wiederum Unterprogramme aufrufen können. Dabei ist es möglich, über eine spezifizierte Schnittstelle Daten direkt zwischen aufrufendem und aufgerufenem Programm zu übergeben. Bei der

Realisierung von Anwendungssystemen kommen verschiedene Entwurfsprinzipien zum Tragen, wobei gemäß dem Prinzip der Modularisierung ein komplexes System in möglichst unabhängige Module zu zerlegen ist.[75] Die Erstellung eines Moduldesigns kann als Bindeglied der Transformation von Funktionen bzw. Prozessen zu Programmen angesehen werden. Dabei ist es möglich, daß eine Funktion von einem oder mehreren Modulen abgedeckt wird und ein Modul eine oder mehrere Funktionen umfaßt. Programme bestehen aus einer Anzahl von Modulen, wobei ein Modul in mehreren Programmen verwendet werden kann.

Der Entwurf von geeigneten Modulen ist von zentraler Bedeutung für das Design von Systemen. Ein Modul ist dadurch gekennzeichnet, daß es sich um einen Block von Anweisungen handelt, der durch einen Namen referenziert bzw. aufgerufen werden kann.[76] Darüber hinaus weist es jedoch noch weitere Eigenschaften auf, u.a. die der Kontextunabhängigkeit bis auf eine definierte Schnittstelle, über die die Ein- und Ausgabe abgewickelt wird.[77]

In den Programmiersprachen stehen verschiedene Konstrukte mit unterschiedlicher Mächtigkeit zum Aufruf von Anweisungsblöcken zur Verfügung.[78] In COBOL können Module als durch CALL aufgerufene (Unter-) Programme verstanden werden, ebenso wie durch PERFORM angesprochene Kapitel (SECTIONS) oder Paragraphen innerhalb eines Programmes. Allerdings läßt sich ein PERFORM anstatt eines Modulaktivierungsbefehls auch als simple Verzweigung auffassen.[79]

Die Abgrenzung zwischen Modulen und Programmen fällt generell schwer. Programme sind vor allem dadurch gekennzeichnet, daß sie für sich allein ablauffähig sind.[80] Sie können sowohl als ein Modul als auch als aus Modulen bestehend angesehen werden. In letzterem Verständnis bildet ein Programm in erster Linie einen Rahmen zum Aufruf von Modulen.[81]

---

75) Vgl. z.B. Balzert (1982), S. 44 ff und S. 214 ff.

76) Vgl. z.B. Peters (1989), S. 155.

77) Vgl. z.B. Balzert (1982), S. 214 ff; Page-Jones (1988), S. 35 ff.

78) Übersichten für gängige Programmiersprachen finden sich z.B. bei Page-Jones (1988), S. 35; Peters (1988), S. 155.

79) Vgl. Biethahn/Mucksch/Ruf (1991), S. 269.

80) Vgl. z.B. Page-Jones (1988), S. 355.

81) Vgl. Scheer (1991), S. 144.

Die Darstellung der Module eines Systems mit ihren Aufrufbeziehungen erfolgt im Strukturierten Design über Strukturdiagramme.[82] Diese bilden die Systemmodule als eine Hierarchie ab, wobei Kanten zwischen zwei Modulen Aufrufbeziehungen symbolisieren, bei der das hierarchisch übergeordnete das untergeordnete Modul aufruft. Diese Aufrufbeziehungen werden in der Regel noch näher spezifiziert, indem man die bei einem Aufruf zwischen den Modulen ausgetauschten Daten explizit notiert; die Datenelemente lassen sich danach unterscheiden, ob sie Nutzdaten darstellen (*data couples*) oder im wesentlichen Steuerungsfunktion haben (*control couples*).

Eine Modulhierarchie läßt sich auf der Meta-Ebene im einfachsten Fall durch einen rekursiven Beziehungstyp über dem Meta-Objekttyp *Modul* berücksichtigen. Dies wird in Bild 3-21 anhand eines Beispiels dargestellt. Die Datenelemente können bei der gegebenen Datenstruktur nur entweder dem aufrufenden oder dem aufgerufenen Modul zugeordnet werden; die übliche Form dürfte dabei die Beschreibung der Ein- und Ausgänge bei dem jeweils aufgerufenen Modul sein, wie es im Beispiel unterstellt wird. Für die Datenelemente wird dann noch die Zusatzinformation gegeben, ob es sich um eingehende (I) oder ausgehende (O) Daten bzw. um Nutzdaten (D) oder Steuerdaten (S) handelt.

---

82) Diese Technik geht auf Yourdon/Constantine (1979) zurück. Übersichtsartige Darstellungen finden sich z.B. bei Balzert (1982), S. 352 ff; Page-Jones (1988), S. 32 ff; Peters (1988), S. 151 ff; Schulz (1990), S. 63 ff.

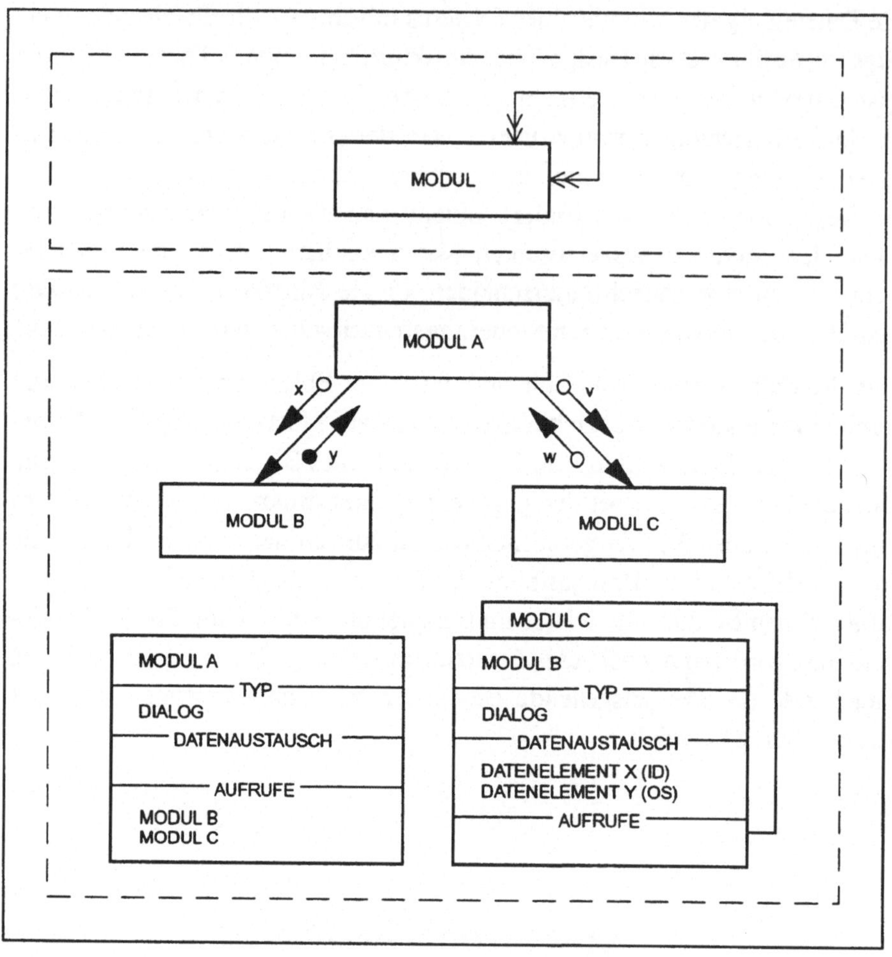

Bild 3-21:   Meta-Datenstruktur für Modulaufrufe

Die graphische Darstellung von Modulhierarchien unterstellt, daß Datenelemente weder dem aufrufenden noch dem aufgerufenen Modul zugeordnet
werden, sondern daß sie sich entlang der Aufrufbeziehung bewegen. Soll
dies sinngemäß umgesetzt werden, so müßten die Datenelemente den entsprechenden Meta-Beziehungen direkt zugeordnet werden können. Da eine
solche Zuordnung in dem gewählten Datenmodell nicht ohne weiteres möglich ist, muß dafür eigens ein Meta-Objekttyp AUFRUF eingeführt werden.
Bild 3-22 zeigt diese Variante wiederum am selben Beispiel.[83] Bei den so

---

83) Vgl. dazu auch Scheer (1991), S. 140 ff, insbes. S. 142 f. Da im ARIS-Modell
     das ERM nach Chen unterstellt wird, kann dem Meta-Beziehungstyp *Kommuni-*

zusammengefaßten Datenelementen handelt es sich quasi um eine Kommunikationsgruppe.

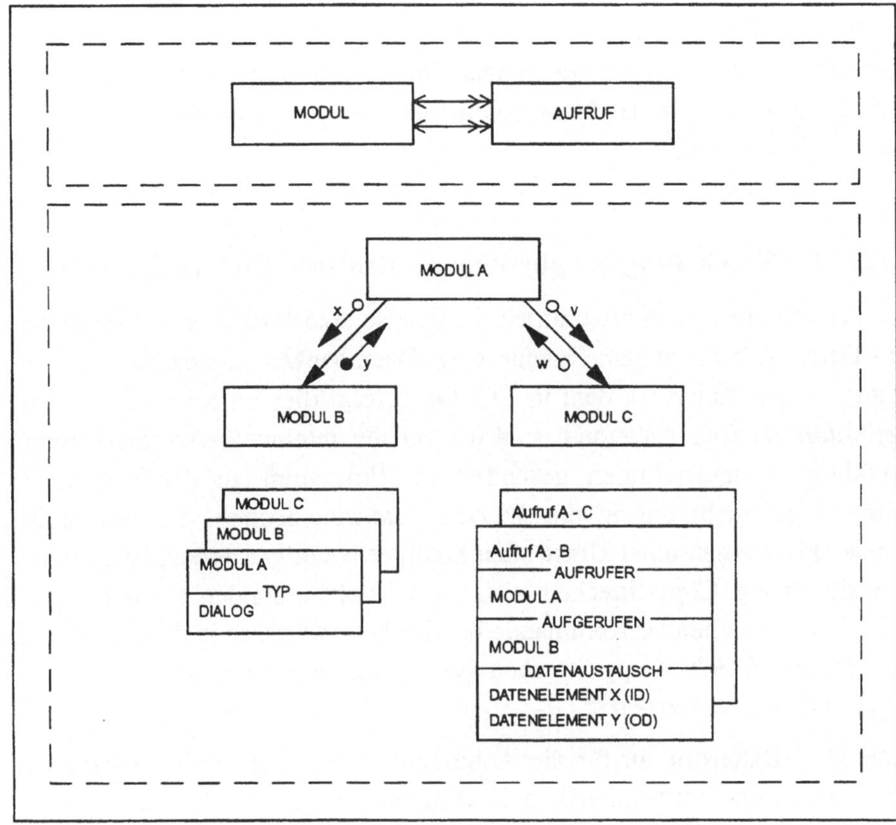

Bild 3-22:   Meta-Datenstruktur für Modulaufrufe mit Datenübergabe

Bei beiden Varianten der Meta-Datenstruktur für die Dokumentation von Modulhierarchien stellt sich die Frage nach der adäquaten Behandlung der in ihnen auftretenden Datenelemente. Sind Datenelemente in diesem Kontext von minderer Bedeutung bzw. nur lokal relevant, dann können sie als einfache Beschreibungsinhalte von Meta-Attributen behandelt werden.

---

kation die Bezeichnung der ausgetauschten Datenelemente als Meta-Attribut direkt zugeordnet werden. Für die Art der Kopplung ist noch ein eigener Meta-Objekttyp *Kommunikationstyp* und für die Rangreihung der auszutauschenden Datenelemente ein Meta-Objekttyp *Position* vorgesehen.

Diese lokale Bedeutung ist insbesondere bei Steuerdaten zu unterstellen. Werden die Datenelemente hingegen als wichtig bzw. global relevant eingestuft, dann sind sie als eigenständige Meta-Objekte abzubilden und zu beschreiben. Beim Austausch von Nutzdaten zwischen Modulen ist außerdem durchaus denkbar, daß es sich dabei nicht nur um elementare Datenelemente handelt, sondern auch um mehr oder minder komplizierte Datengruppen. Dies ist dann auch in der Meta-Datenstruktur angemessen zu berücksichtigen.

3.1.2.2.2. Verbindung von physischer Datenebene und Programmen

Im Rahmen einer datenorientierten Sichtweise sind Programme Verwender von Daten. Die benötigten Dateien bzw. Datenbanken müssen in den Programmen spezifiziert werden; in COBOL erfolgt dies im Rahmen der *File Definition Section*. Außerdem sind die für die interne Weiterverarbeitung benötigten Datenstrukturen gesondert im Programm zu deklarieren; in COBOL geschieht das in der *Working Storage Section*. Da bestimmte Datendeklarationen unter Umständen häufiger benötigt werden, ist es möglich, sie als sog. Copy-Strecken bzw. Copy-Books gesondert abzulegen und über ein entsprechendes Kommando bei der Kompilierung in das Programm einzubinden. Solche Copy-Strecken können in dafür vorgesehenen Bibliotheken organisiert werden.[84]

Eine Meta-Datenstruktur für die Anbindung einer Datei an ein Programm im Rahmen der konventionellen Dateihaltung wird in Bild 3-23 gezeigt. Aus ihm wird ersichtlich, daß ein Programm sowohl direkt als auch indirekt mit einer Datei verbunden ist. Über die direkte Anbindung wird eine physische Datei bestimmt, auf die das Programm zugreift. Die indirekte Anbindung ordnet die für die Interpretation der Struktur dieser Datei notwendigen Datendefinitionen dem Programm zu. Dabei wird im Gegensatz zu der in Bild 3-13 gezeigten Meta-Datenstruktur zwischen einem Datensatz und Datengruppen unterschieden.

---

84) Vgl. z.B. Göpfrich (1991), S. 117 ff und S. 367 ff.

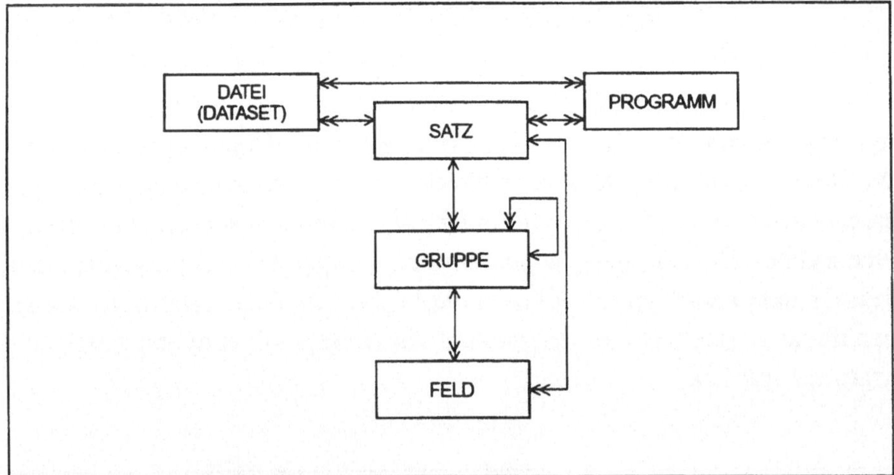

Bild 3-23:   Programmaufruf von Dateien

Wenn ein Programm auf einer Datenbank aufsetzen soll, so sind die Daten-
strukturvereinbarungen und die Datenzugriffe mit den Mitteln der jeweiligen Datendefinitions- bzw. -manipulationssprache in das Programm einzu-
betten. Diese Datenbankkommandos müssen von einem Pre-Compiler umgesetzt werden, ehe das Programm ordnungsgemäß kompiliert werden kann.
In DB2 können die benötigten Datendefinitionen mittels dem Programm
DCLGEN aus dem Datenkatalog gezogen und in die Syntax der verwendeten Zielsprache (z.B. COBOL) umgewandelt werden.[85] Damit besteht zwischen den Relationen bzw. Views und den COBOL-Datenstrukturen eine
Transformationsbeziehung.

Um auf Datenbanken zugreifen zu können, benötigt ein Programm jedoch
mehr als die Definition der zu verwendenden Datenstrukturen. Für konkrete
Datenbankzugriffe müssen insbesondere auch die Meta-Objekttypen *Table
Space* und *Index* bekannt sein. In DB2 werden diese anhand eines vom Pre-
Compiler aus den SQL-Befehlen im Quellcode abgeleiteten Datenbankan-
fragemoduls (*Database Request Module DBRM*) ermittelt. Aus diesem wird
über die Funktion BIND ein sogenannter Anwendungsplan (*Application
Plan*) erzeugt, der die Maschinencode-Aufrufe zur Implementierung der
Zugriffspfade zu den Daten beinhaltet, die von einem SQL-Befehl benötigt

---

85) Vgl. z.B. Date/White (1988), S. 203 f und S. 269 f; Wiorkowski/Kull (1988),
     S. 171 ff.

werden.[86] Ein Anwendungsplan umfaßt Table Spaces, Tables bzw. Views und Indizes.

In Bild 3-24 wird eine Meta-Datenstruktur für die beschriebenen Zusammenhänge abgebildet. Diese enthält mit den Meta-Objekttypen *Satz* und *Feld* die den einzelnen Relationen (*Tables*) und Attributen (*Columns*) entsprechenden Datendefinitionen in einer für Anwendungsprogramme geeigneten Syntax. Da sich diese jedoch unmittelbar ableiten lassen, können den Meta-Objekten des Typs *Programm* die benötigten Relationen bzw. Views auch direkt zugeordnet werden, weshalb diese Meta-Objekttypen gestrichelt dargestellt werden.

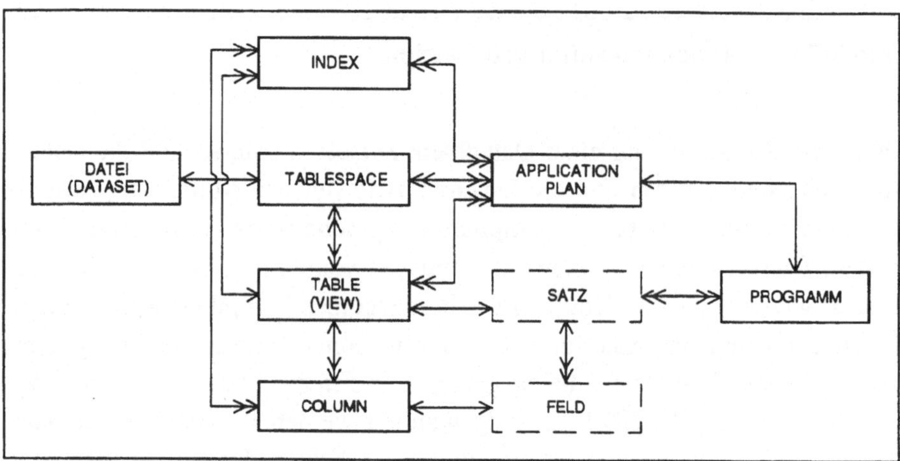

Bild 3-24:   Programmaufrufe auf eine relationale Datenbank

Damit die logische Datenunabhängigkeit gewahrt bleibt, sollte ein Anwendungsprogramm ausschließlich über eine definierte Sicht (*View*) auf Datenbestände zugreifen. Durch diese Sicht sollen Programmen nur die Daten sichtbar gemacht werden, die sie tatsächlich benötigen.[87] Allerdings kann bei heutiger Datenbanktechnologie der Zugriff auf eine Sicht in der Regel ohne weiteres umgangen und direkt auf die im logischen Datenschema definierten Relationen zugegriffen werden. Extern wird die Sicht - abgesehen von einigen oben angesprochenen Restriktionen - gleich behandelt wie eine

---

86) Vgl. z.B. Wiorkowski/Kull (1988), S. 158.
87) Durell (1985), S. 93 ff, nennt dies *Program Data Starvation*.

Relation, weshalb es für das Programm ohne Bedeutung ist, ob es auf eine Relation oder eine Sicht zugreift.

3.1.2.2.3. Programmablaufsteuerung

Die Steuerung des Ablaufs und der Ausführung von Programmen bzw. Programmsystemen erfolgt entsprechend der gewählten Betriebsart jeweils unterschiedlich. Die beiden relevanten Betriebsarten sind die Stapel- und die Dialogverarbeitung.

Bei der Stapelverarbeitung erfolgt die Steuerung der Ausführung von Programmen durch Anweisungen in einer speziellen Sprache, der Job Control Language (JCL). Eine Folge von Anweisungen, die einen oder mehrere in sich geschlossene Arbeitsschritte veranlaßt, wird als Job bezeichnet. Einem Rechner wird eine Folge von Jobs zugeordnet, die von diesem sukzessive abgearbeitet werden. Diese Folge von Jobs wird Job Stream genannt.[88]

Ein Job besteht wiederum aus einer oder mehreren als Jobsteps bezeichneten Untereinheiten. Jeder Jobstep beinhaltet einen Programmaufruf (EXEC-Anweisung). Sollen im Zuge dieser Programmausführung Daten physisch gespeichert bzw. physisch gespeicherte Daten benützt werden, so sind dafür konkrete Dateien bzw. Datenbanken zuzuordnen; dieser Vorgang heißt Allokation. Ein Jobstep umfaßt neben dem eigentlichen Programmaufruf auch die Allozierung von Datasets zu dem aufgerufenen Programm (DD-Anweisungen). In Bild 3-25 erfolgt die schematischen Darstellung der Struktur eines Job Streams und der entsprechenden Meta-Datenstruktur.[89]

---

88) Vgl. dazu z.B. auch Trombetta/Finkelstein (1984), S. 9 ff; Stahlknecht (1991), S. 106 ff.

89) Deutlich anders ist die entsprechende Meta-Datenstruktur im ARIS-Modell; vgl. dazu Scheer (1991), S. 186 und S. 197. Dabei wird ein umdefinierter Meta-Beziehungstyp *Objektcodemodul* einem Meta-Objekttyp *Programmlauf (job stream)* zugeordnet. Dieser Programmlauf wird nicht mehr weiter unterteilt. Entsprechend werden die benötigten Dateien und physischen Komponenten über einen umdefinierten Meta-Beziehungstyp *Reservierung* dem Meta-Objekttyp *Programmlauf* zugeordnet.

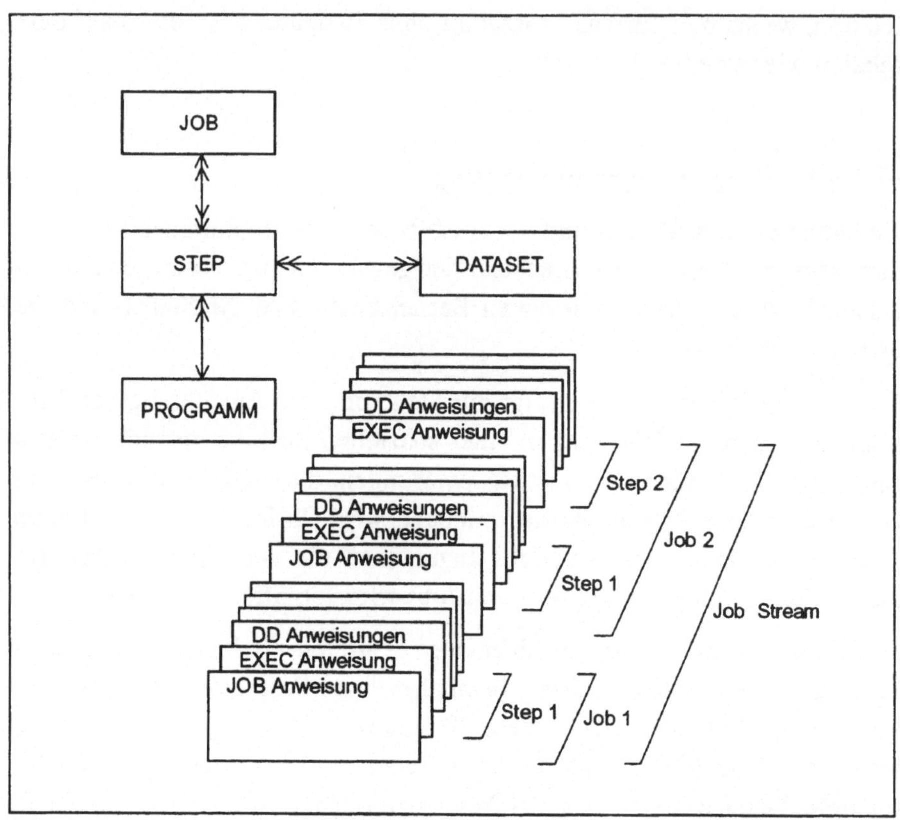

Bild 3-25:   Meta-Datenstruktur für die Abbildung von Jobs

Im Gegensatz zur Stapelverarbeitung muß bei der Dialogverarbeitung auf Mehrbenutzersystemen die gleichzeitige Abarbeitung von Aufgaben (*Tasks*) möglich sein. Auf dem Betriebssystem MVS der IBM-Großrechner vom Typ 3090 wird dies beispielsweise von der *Time Sharing Option* (TSO) unterstützt.[90] In TSO sind eine Reihe interaktiver Betriebssystemkommandos möglich, mit denen ebenfalls Programmaufrufe und die Allozierung von Datasets erfolgen können. Diese Einzelbefehle kann man direkt eingeben oder als Befehlsfolgen in speziellen Dateien ablegen, die als Steuerliste (Command List bzw. CLIST) bezeichnet werden.

Für datenorientierte Anwendungen bzw. Systeme, mit denen gleichzeitig mehrere Benutzer arbeiten sollen, ergeben sich spezielle Anforderungen an die Verwaltung von Transaktionen. Diese werden von Standard-Betriebs-

---

90) Vgl. auch Stahlknecht (1991), S. 110.

systemen nicht ohne weiteres erfüllt, weshalb dann zusätzlich Transaktions-
verwaltungsmonitore (TP-Monitore) eingesetzt werden müssen.[91] Diese TP-
Monitore steuern beispielsweise die Reihenfolge der Abarbeitung von
Transaktionen und verhindern Deadlocks beim gleichzeitigen Zugriff auf
die gleichen Daten. Die Dokumentation solcher Systeme müßte zusätzlich
die einzelnen Verarbeitungsschritte umfassen, die eine Transaktion ausmachen. Dies wäre dann über einen entsprechenden Meta-Objekttyp *Transaktion* abzudecken.[92]

3.1.3. Gesamtmodell

Die Konsolidierung der in diesem Kapitel entwickelten Meta-Datenstrukturen ergibt ein Dictionary-Schema, wie es in Bild 3-26 dargestellt ist. Dieses
kann als ein Grundmodell angesehen werden, welches eine umfassende Dokumentation des fachlichen und des DV-technischen Aufbaus von Informationssystemen erlaubt. Dabei wurde von bestimmten Entwicklungsmethoden
und Implementationstechnologien ausgegangen und aus diesen eine für ihre
Abbildung geeignete Meta-Datenstruktur abgeleitet. Das Informationsmodell ist nur in Zusammenhang mit den unterstellten Methoden und Technologien uneingeschränkt gültig. Andere Meta-Modelle basieren unter Umständen auf davon abweichende Methoden und Technologien und weisen
darum auch andere Strukturen auf. Um dies zu illustrieren, soll im folgenden Kapitel ein prinzipiell vergleichbares Modell erläutert und die in ihm
enthaltenen Annahmen herausgestellt werden.

Durch ein Informationsmodell wird eine Menge von Meta-Objekttypen, den
zwischen ihnen zulässigen Meta-Beziehungen sowie den ihnen zuzuordnenden Meta-Attribute festgelegt. Damit gibt es einen Rahmen vor, durch den
zum einen bestimmt wird, welche Sachverhalte grundsätzlich dokumentiert
werden *können*, zum anderen, in welcher Form dies erfolgen muß. Es ist
damit ein wesentlicher Baustein für eine generelle Konzeption des Meta-
Datenmanagements in einer Organisation. In einem weiteren Schritt ist dann
noch festzulegen, welche konkreten Meta-Objekte und Meta-Beziehungen
als Instanzen der vorgegebenen Typen zu berücksichtigen sind. Idealtypisch

---

91) Vgl. z.B. Stahlknecht (1991), S. 110.

92) Vgl. dazu auch das ARIS-Modell in Scheer (1991), S. 174 f. Dort wird der Meta-
    Objekttyp *Transaktion* als Spezialisierung des Meta-Objekttyps *Modul* behandelt.

sollten alle relevanten Informationssysteme einer Organisation Gegenstand eines Dictionaries sein. Dies läßt sich jedoch vielfältig einschränken, z.B. nach

- bestimmten Rechnerumgebungen

- bestimmten Dateiverwaltungssystemen bzw. Programmierumgebungen

- der Bedeutung von Informationssystemen

- der Herkunft von Systemen

- der Automatisiertheit von Systemen

- dem Einsatzbereich von Systemen

Wenn dies alles festgelegt ist, dann liegt damit ein normativer Rahmen vor, der die in einem Dictionary abzulegenden Meta-Daten für eine Organisation bestimmt. Um diese Vorgabe praktisch umzusetzen bedarf es eines oder mehrerer Dictionary-Systeme, in denen sich das Informationsmodell implementieren lassen muß.

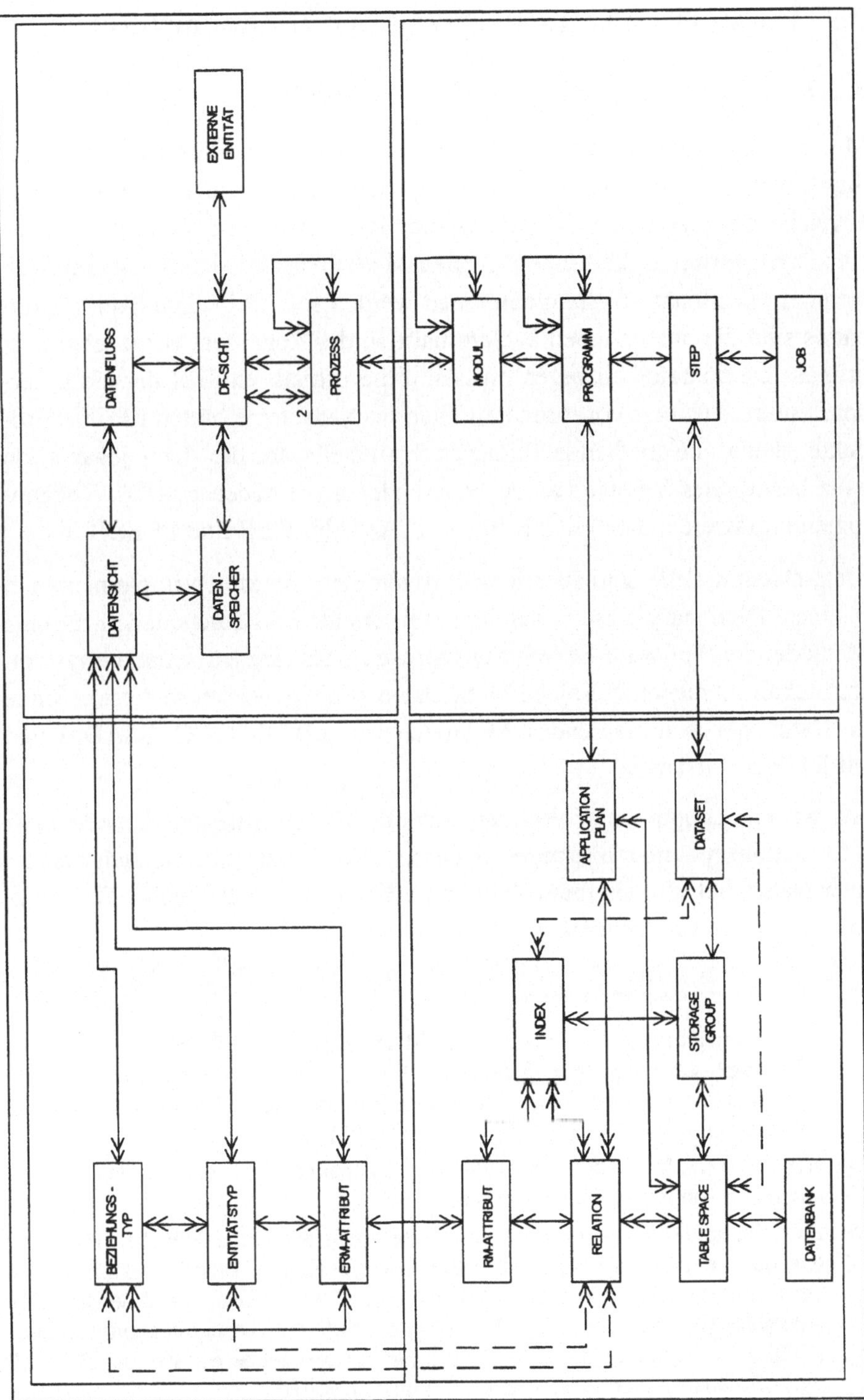

Bild 3-26:   Gesamtdarstellung des entwickelten Meta-Datenmodells

3.2. Darstellung eines ausgewählten Dictionary-Schemas

3.2.1. Überblick über Meta-Datenmodelle

Mittlerweile existieren eine ganze Anzahl publizierter Meta-Datenmodelle, die in mehr oder minder detaillierter Ausarbeitung vorliegen, verschiedene Bereiche abdecken und für unterschiedliche Zwecke formuliert worden sind. Die Notwendigkeit eines solchen Modells ergibt sich auf jeden Fall, wenn ein Dictionary-System eingesetzt werden soll. Bei sekundären Dictionaries sind die unterstützten Sachverhalte in der Regel fest vorgegeben, für primäre Dictionaries hingegen müssen diese oftmals explizit definiert werden. Einige Anbieter von primären Dictionary-Systeme bieten für ihre Produkte gleich entsprechende Informationsmodelle an, die dann jeweils ein ganz bestimmtes Verständnis der verwendeten Methoden und DV-Technologien implizieren; dies gilt z.B. für DATAMANAGER und PREDICT.[93]

Meta-Datenmodelle sind auch losgelöst von einer konkreten Implementation in einem Dictionary-System nützlich, z.B. um als Erklärungsmodell für eine Methode, den Software-Entwicklungsprozeß oder eine Informationssystemarchitektur zu dienen.[94] Solche Meta-Datenmodelle werden in diesem Sinne im Rahmen von umfassenden Methoden wie z.B. ISOTEC, SSADM und MERISE formuliert.[95]

Als weitere Gruppe seien Referenzmodelle für Informationsmodelle bzw. Informationssystemarchitekturen genannt. Diese sind grundsätzlich normativer Natur und oftmals methodenübergreifend. Als Ziele solcher Referenzmodelle lassen sich nennen:[96]

---

93) Das Informationsmodell für den DATAMANAGER bzw. METHODMANAGER wird graphisch dargestellt in Scheer (1991), S. 39; ausschnittsweise auch bei Habermann/Leymann (1993), S. 118. Das Informationsmodell für PREDICT ist enthalten in Scheer (1991), S. 40; Wenner (1991), S. 35.

94) Nauer (1991), S. 27, bezeichnet die Tool-Unabhängigkeit sogar als ein Charakteristikum von Informationsmodellen.

95) ISOTEC ist die Software-Entwicklungsmethodik der Firma Plönzke; das unterliegende Informationsmodell ist in der entsprechenden Methodendokumentation der Firma enthalten. Ein Meta-Modell für SSADM ist Gegenstand des SSADM Appraisal Scheme der Central Computer and Telecommunications Agency (CCTA) in England; vgl CCTA (1989). Für entsprechende Ansätze bei MERISE vgl. z.B. Quang/Chartier-Kastler (1991), insbes. S. 185.

96) Österle/Gutzwiller (1992a), S. 26 ff.

- Es soll im Sinne einer *Entwurfslehre* helfen, den Entwurfsprozeß besser zu verstehen

- Es soll die Terminologie vereinheitlichen und damit zu einer *Standardisierung und Vergleichbarkeit* von Methoden beitragen

- Es soll über der Vorgabe der abzudeckenden Bereiche als *Meßlatte zur Bewertung von Methoden und Werkzeugen* dienen

- Es soll als *Grundlage der unternehmensindividuellen CASE-Strategie* helfen, ein geeignetes Dictionary-Schema abzuleiten sowie die Typen von benötigten Werkzeugen zu bestimmen

- Es soll der *Positionierung theoretischer Ansätze* dienen.

Vorschläge für Referenzmodelle sind vereinzelt in der Literatur enthalten.[97] Verschiedene Referenzmodelle wurden bzw. werden im Rahmen von Arbeitsgruppen und Standardisierungskomitees entwickelt. Viel beachtet wird beispielsweise die Architektur der IFIP Arbeitsgruppe WG 8.1.[98] Diese Arbeitsgruppe setzt sich aus im Bereich von Informationssystemen ausgewiesenen Wissenschaftlern und Praktikern zusammen. Eine Kooperation von Theoretikern und Praktikern kennzeichnet auch das Kompetenzzentrum RIM (Rechnergestütztes Informationsmanagement) an der Hochschule St. Gallen, in dessen Rahmen ein Referenzmodell für die Analyse und das Design von Informationssystemen entstanden ist.[99] In der Arbeitsgruppe Datenmanagement des Arbeitskreises Anwendungsmanagement der deutschen GUIDE[100] wurde das Referenzmodell ORION für die Dokumentation von Daten und Funktionen auf der fachlichen und der physischen Ebene erarbeitet, auf das im folgenden vertieft eingegangen werden soll. Referenz-

---

97) So kann das ARIS-Modell durchaus als Referenzmodell verstanden werden; vgl. Scheer (1991), S. 3: "Die entwickelte Architektur integrierter Informationssysteme (ARIS) sollte ... durchaus als allgemeingültiger Vorschlag verstanden werden." Einen weniger ausführlichen Vorschlag entwickelt auch Ortner (1991c).

98) Vgl. Olle et al. (1991).

99) Vgl. Österle/Gutzwiller (1992a). Auf dieses Modell wird auch im Rahmen der Darstellung der Software-Entwicklung in Böhm/Fuchs/Pacher (1993), S. 168 ff, eingegangen. Für das CC RIM Referenzmodell existiert auch ein in Österle/Gutzwiller (1992b) dokumentiertes Referenzbeispiel.

100) Bei der GUIDE handelt es sich um Benutzergruppen von IBM-Anwendern, die jeweils national organisiert sind.

modelle sind überdies Gegenstand von Standardisierungsbemühungen der ISO und anderer Normenorganisationen.[101]

3.2.2. Das ORION-Modell

3.2.2.1. Das Gesamtmodell

Das ORION-Dokumentationssystem wurde von der Arbeitsgruppe Datenmanagement im Arbeitskreis Anwendungsmanagement der deutschen GUIDE in den Jahren von 1984 bis 1986 als ein umfassendes Dokumentationsmodell für Daten und Funktionen entwickelt.[102] Auch in diesem Modell wird eine Unterteilung in vier Quadranten vorgenommen. Die insgesamt elf grundlegenden Meta-Objekttypen werden mit ihren Beziehungstypen in Bild 3-27 dargestellt; dabei drückt der rekursive Beziehungstyp über dem (Meta-) Objekttyp *Informationsobjekt* die Beziehungstypen des ERM aus, der rekursive Beziehungstyp über dem (Meta-) Objekttyp *Funktion* Hierarchien.

Das Ausgangsmodell wird in eine normalisierte Form überführt. Als Normalisierung wird dabei verstanden, daß alle M:N-Beziehungen durch die Einführung zusätzlicher Objekttypen aufgelöst werden. Dadurch läßt sich das Modell unmittelbar in ein relationales Datenbanksystem abbilden. Bei der Normalisierung wird in einigen Punkten vom standardmäßigen Vorgehen abgewichen, so daß sich das normalisierte Modell auch semantisch geringfügig vom unnormalisierten unterscheidet. Eine graphische Darstellung dieses Modells gibt Bild 3-28, wobei die aus aufgelösten Beziehungstypen entstandenen Objekttypen durch das Rautensymbol kenntlich gemacht werden.

---

101) Die Bemühungen der ISO werden getragen von der ISO/IEC JTC1/SC07/WI und liegen derzeit als vorläufiger DRAFT vor; vgl. dazu ISO (1991). Daneben sind Referenzmodelle auch im Kontext von Standards relevant, die CASE-Tools zum Gegenstand haben: Im Rahmen des ISO/IEC N1020-2-1990 (vgl. ISO (1990)) wird der Werkzeug-Integrationsstandard ATIS entwickelt; das CDIF (CASE Data Interchange Format) Technical Comitee ist eine Vereinigung verschiedener CASE-Hersteller und großer Benutzerorganisationen, die versucht, einen Standard für den Austausch von CASE Meta-Daten zu entwickeln (vgl. CDIF (1992)).

102) GUIDE (1987).

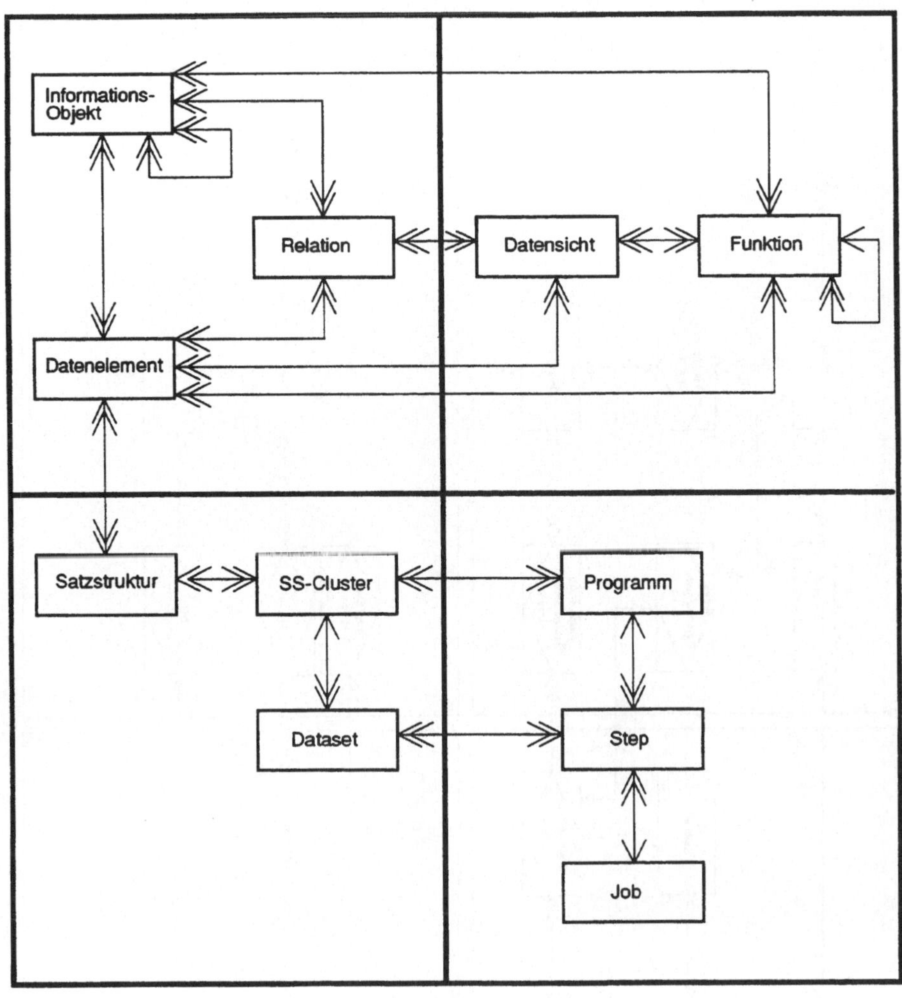

Bild 3-27:   Das unnormalisierte ORION-Modell
               (Quelle: GUIDE (1987), S. 4)

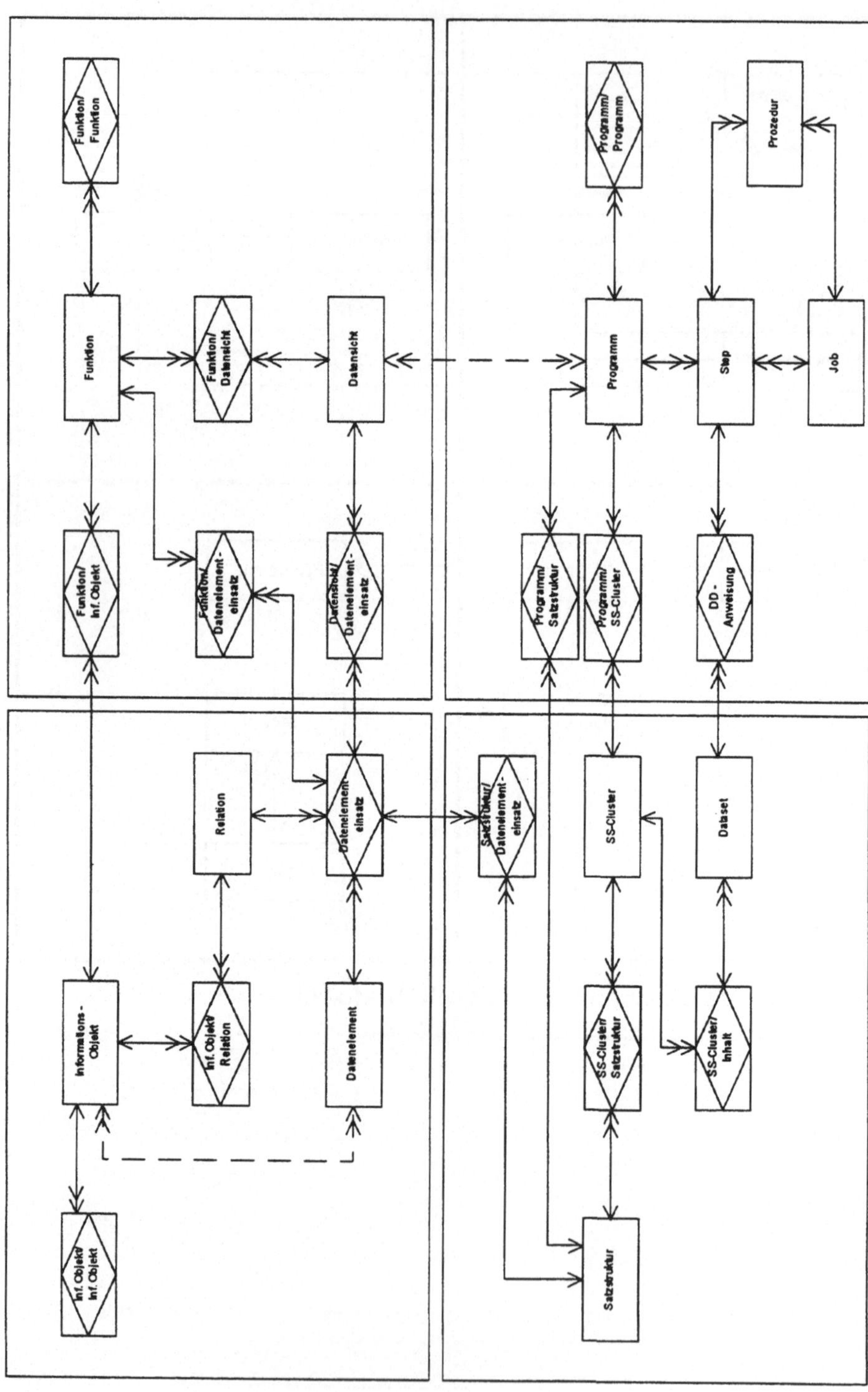

Bild 3-28:   Das normalisierte ORION-Modell

Eine besonders bedeutsame Abweichung zwischen beiden Datenschemata besteht bezüglich des Beziehungstyps *Datenelement/Relation*, der im normalisierten Datenschema zum Objekttyp *Datenelementeinsatz* aufgelöst wird. Die Beziehungen von Datensicht, Funktion und Satzstruktur erfolgen dann nicht mehr auf den Objekttyp *Datenelement*, sondern auf diesen Datenelementeinsatz. Außerdem wird auf den Beziehungstyp *Informationsobjekt/Datenelement* verzichtet, da er indirekt abgeleitet werden kann, so daß der Objekttyp *Datenelement* im normalisierten Datenschema nur noch mit dem Datenelementeinsatz verbunden ist. Die gleiche Überlegung betrifft den Beziehungstyp *Relation/Datensicht*, der ebenfalls entfällt.

Außer den Abweichungen, die sich aus einer nicht standardmäßigen Ableitung des normalisierten aus dem unnormalisierten Datenschemas ergeben, unterscheiden sich beide Schemata auch dadurch, daß bei der normalisierten Version folgende Beziehungs- und Objekttypen *zusätzlich* berücksichtigt werden:

- Der direkte Beziehungstyp *Programm/Satzstruktur*, der festhält "welche Satzstrukturen dem Programm zur Interpretation von Datenbereichen, die ihm zur Verfügung stehen, bekannt sein müssen"[103];

- Der rekursive Beziehungstyp *Programm/Programm*, der statische oder dynamische Programmaufrufe dokumentiert;

- Der Objekttyp *Prozedur* mit Beziehungen zu Job und Step.

3.2.2.2. Das konzeptionelle Datenmodell

Ein zentrales Element der fachlichen Datenebene des ORION-Modells ist der Meta-Objekttyp *Informationsobjekt*. Dieser Begriff wird hier als Synonym für Entitätstypen im Sinne des ERM verwendet und nicht als generalisierter Objekttyp, der sowohl Entitätstypen als auch Beziehungstypen umfaßt. Die Beziehungstypen werden über den aufgelösten Meta-Objekttyp *Informationsobjekt/Informationsobjekt* abgedeckt. Aufgrund der Meta-Datenstruktur sind nur binäre Beziehungstypen ohne eigene Attribute zulässig. Die Attribute dieses aufgelösten Objekttyps werden in Tabelle 3-2 aufgeführt.

---

103) GUIDE (1987), S. 36.

INFOBJ-ID-VON	Identifikator des Informationsobjekts, von dem die Beziehung ausgeht
INFOBJ-ID-NACH	Identifikator des Informationsobjekts, auf das die Beziehung zeigt
INFOBJ-ID-BEDEUTUNG	Bezeichnung der Beziehung bzw. der Rolle
INFOBJ-BEZIEHUNG-BESCHR	verbale Beschreibung der Beziehung
INFOBJ-BEZIEHUNG-KLASSE	maximale Kardinalität 1 oder N
INFOBJ-BEZIEHUNG-MUSS	minimale Kardinalität 0 (kann) oder 1 (muß)

Tabelle 3-2: Attribute des Meta-Objekttyps
Informationsobjekt/Informationsobjekt

Für jede zu dokumentierende Beziehung müssen jeweils zwei Tupel angelegt werden. Ein Tupel wird jeweils identifiziert über die Identifikatoren der
betroffenen Informationsobjekte (INFOBJ-ID-VON und INFOBJ-ID-
NACH) sowie der Bezeichnung der Beziehung (INFOBJ-ID-BEDEU-
TUNG). Diese Bezeichnung muß für die beiden zusammengehörigen Tupel
einer Beziehung jeweils gleich sein, sonst wären sie nicht als zusammenge-
hörig erkennbar! Als Beispiel soll die Dokumentation eines Beziehungstyps
KAUFT zwischen den Entitätstypen KUNDE und PRODUKT angeführt
werden, der durch die beiden folgenden Tupel auszudrücken ist:

(KUNDE, PRODUKT, KAUFT, ..., N, 0)

(PRODUKT, KUNDE, KAUFT, ..., N, 0)

Als drittes Element für die Abbildung des ERM werden Attribute über den
Meta-Objekttyp *Datenelement* abgedeckt. Ein Datenelement (DE) wird als
"die kleinste mit einem Namen versehene Einheit von Daten"[104] definiert.
Dabei werden Datenelemente in Abweichung vom üblichen Attributsverständnis als eine eigenständige Einheit begriffen, was auch durch die Vergabe eines eigenen Identifikators unterstrichen wird. In Abhängigkeit vom
Projektfortschritt sind Datenelemente in frühen Phasen direkt mit Informationsobjekten verbunden, später, wenn die Informationsobjekte in normalisierte Relationen umgewandelt worden sind, ist dann nur noch eine indirekte Zuordnung über Relationen vorgesehen. Die Attribute der Datenelemente sind in Tabelle 3-3 enthalten.

---

104) GUIDE (1987), S. 12.

DTE-ID	Identifikation des Datenelements
DTE-BEZEICHNUNG	Name des Datenelements
DTE-BESCHREIBUNG	Verbale Beschreibung
DTE-ZUSTÄNDIG	Zuständige Stelle
DTE-TYP	Typ (alphabetisch, numerisch, alphanumerisch)
DTE-LÄNGE	Externe Länge
DTE-WERTEBEREICH	Wertebereich (evtl. Verweis auf ein Schlüsselverzeichnis)
DTE-KOMPRESSION	Angabe, ob Nullen oder Blanks beim Abspeichern unterdrückt werden dürfen

Tabelle 3-3:   Attribute des Meta-Objekttyps *Datenelement*

Bemerkenswert ist insbesondere die Rolle des Meta-Objekttyps *Relation*, welche im Unterschied zum oben entwickelten Grundmodell auf der konzeptionellen und nicht auf der DV-technischen Ebene eingeordnet wird. Während das Informationsobjekt als "ein konkretes oder abstraktes Ding, das für ein Unternehmen von Bedeutung ist und über das Daten gesammelt werden"[105] beschrieben wird, ist eine Relation "eine Menge von Datenelementeinsätzen, die Unternehmensinformationen beschreiben, in dritter Normalform"[106]. Zwischen den Meta-Objekttypen *Relation* und *Informationsobjekt* besteht eine Zuordnungsbeziehung, nicht jedoch zwischen Relationen und Beziehungstypen. Daraus ist zu folgern, daß ein Beziehungstyp niemals zu einer eigenständigen Relation umgesetzt werden kann und daher M:N-Beziehungen offenbar nicht unterstützt werden, was gelegentlich als "Praktikerregel" für eine Datenmodellierung gefordert wird.[107] Diese Schlußfolgerung steht allerdings in Widerspruch zum angeführten Beispiel, welches eine M:N-Beziehung darstellt.[108]

Die Attribute von Relationen werden als Datenelementeinsätze (DTEE) bezeichnet und sind eindeutige Zuordnungen von Datenelementen mit einer bestimmten Rolle bzw. Verwendung zu Relationen. Als Beispiel dafür soll

---

105) GUIDE (1987), S. 11.
106) GUIDE (1987), S. 12.
107) Vgl. auch Rauh (1990), S. 254.
108) GUIDE (1987), S. 14.

das Datenelement KDNR dienen, welches einen Kunden identifiziert. Dieses Datenelement ist als Datenelementeinsatz KDNR in der Relation KUNDE ein Primärschlüssel und als Datenelementeinsatz KDNR-AUFTR in der Relation AUFTRAG ein Fremdschlüssel; dabei ist AUFTR die Rolle von KDNR, die den Datenelementeinsatz als Kundennummer ausweist, unter der ein Auftrag erteilt wurde. Die Unterscheidung zwischen Datenelement und Datenelementeinsatz ist damit vergleichbar mit der Unterscheidung zwischen ERM-Attribut und RM-Attribut im Grundmodell.

Für die Wahl des Identifikators für Datenelementeinsätze werden zwei Alternativen vorgeschlagen: zum einen den Identifikator des Datenelements, der Relation und die Rollenbezeichnung als zusammengesetzten Schlüssel zu wählen oder zum anderen einen eigenständigen Identifikator DTEE-ID zu verwenden.[109] Ansonsten haben Datenelementeinsätze zum Teil dieselben Attribute wie Datenelemente, allerdings bezogen auf ihre jeweilige Rolle. Neu hinzu kommt das Attribut DTEE-KEY-KZ als Kennzeichen für ein Schlüsselattribut.

3.2.2.3.   Die physische Datenarchitektur

Wie erläutert, ist eine Relation im ORION-Modell eine normalisierte Umsetzung eines ER-Modells, wobei noch kein Bezug zu einem konkreten Datenbanksystem besteht. Die Verbindung des relationalen Modells der fachlichen Ebene zu einem konkreten Datenbank- bzw. Dateiverwaltungssystem wird erst durch eine Zuordnung von Datenelementeinsätzen zu Satzstrukturen hergestellt. Die entsprechende Zuordnung durch den Meta-Objekttyp *Satzstruktur/Datenelementeinsatz* enthält wesentliche Attribute zur physischen Implementation eines Datenelementeinsatzes, weshalb dabei auch von einem technischen Datenelementeinsatz gesprochen werden kann. Die entsprechenden Attribute sind in Tabelle 3-4 aufgeführt. Eine Satzstruktur (SS) ist gekennzeichnet durch die in Tabelle 3-5 enthaltenen Attribute.

---

109) GUIDE (1987), S. 13.

SS-ID-SS-DTEE	Identifikator der Satzstruktur
DTEE-ID-SS-DTEE	Identifikator des Datenelementeinsatzes
SS-DTEE-START	Startposition des Datenelementeinsatzes innerhalb der Satzstruktur
SS-DTEE-FOLGENR	Folgenummer des Datenelementeinsatzes innerhalb der Satzstruktur
SS-DTEE-DATENTYP	physischer Datentyp des Datenelementeinsatzes
SS-DTEE-NAME-ALT	physischer Name des Datenelementeinsatzes
SS-DTEE-LÄNGE-INT	interne Länge des Datenelementeinsatzes

Tabelle 3-4:   Attribute des Meta-Objekttyps
Satzstruktur/Datenelementeinsatz

SS-ID	Identifikator der Satzstruktur
SS-BEZEICHNUNG	Name der Satzstruktur
SS-LÄNGE-MIN	minimale Länge eines Datensatzes
SS-LÄNGE-MAX	maximale Länge eines Datensatzes

Tabelle 3-5:   Attribute des Meta-Objekttyps *Satzstruktur*

Satzstrukturen werden wiederum für die Zwecke der physischen Speicherung in einem Dataset zu Satz-Struktur-Clustern zusammengefaßt. Für den verbindenden Meta-Objekttyp *SS-Cluster/Satzstruktur* sind die Attribute in Tabelle 3-6 vorgesehen. Der Satz-Struktur-Cluster (SSC) selbst wird durch die in Tabelle 3-7 aufgeführten Attribute beschrieben.

SSC-ID-SSC-SS	Identifikator des SS-Cluster
SS-ID-SSC-SS	Identifikator der Satzstruktur
SS-ID-VORGÄNGER	Identifikator der übergeordneten Satzstruktur (Parent)
SS-SSC-HÄUFIGK-VORGÄNGER	Vorkommenshäufigkeit der übergeordneten Satzstruktur

Tabelle 3-6: Attribute des Meta-Objekttyps *SS-Cluster/Satzstruktur*

SSC-ID	Identifikator
SSC-BEZEICHNUNG	Name
SSC-LÄNGE-MAX	maximale Länge
SSC-LÄNGE-MIN	minimale Länge
SSC-ZUGRIFF	Zugriffsmethode (z.B. HIDAM, HISAM)

Tabelle 3-7: Attribute des Meta-Objekttyps *SS-Cluster*

Als Beispiel für einen SS-Cluster wird eine Database Description (DBD) genannt, die eine Physical Database im hierarchischen Datenbanksystem IMS beschreibt.[110] Eine DBD wird durch einen Namen identifiziert und definiert eine Zugriffsmethode für die gesamte Struktur. Folgt man dieser IMS-Terminologie, so entspricht die Satzstruktur einem Segment, das als Bestandteil einer DBD ebenfalls durch einen Namen identifiziert wird und eine bestimmte Satzlänge aufweist. Zwischen den einzelnen Segmenten einer DBD können Mutter-Tochter-Beziehungen bestehen. Ein Segment besteht aus Feldern, im Modell durch die Beziehung *Satzstruktur/Datenelementeinsatz* ausgedrückt. Diese weisen einen Namen, eine Länge und eine Startposition (Offset) auf. Bild 3-29 zeigt das Beispiel einer DBD für Projekte und Angestellte.

```
DBD   NAME = XA, ACCESS = HIDAM
SEGM  NAME = PROJEKT, BYTES = 182
FIELD NAME = (PNR,SEQ,U), BYTES = 6, START = 1
FIELD NAME = PNAME, BYTES = 20, START = 7
FIELD NAME = PLEITER, BYTES = 6, START = 27
FIELD NAME = PBESCHR, BYTES = 150, START = 33
SEGM  NAME = ANGEST, PARENT = PROJEKT, BYTES = 30
FIELD NAME = (NAME,SEQ,M), BYTES = 20, START = 6
FIELD NAME = ANGNR, BYTES = 5, START = 1
FIELD NAME = ABTNR, BYTES = 2, START = 26
FIELD NAME = PROZARBZ, BYTES = 3, START = 28
```

Bild 3-29:   Beispiel für ein hierarchisches Datenschema
               (nach Schlageter/Stucky (1983), S. 124)

---

110) GUIDE (1987), S. 29.

Die in ORION vorgeschlagenen Meta-Attribute für die drei oben angesprochenen Meta-Objekttypen *SS-Cluster*, *SS-Cluster/Satzstruktur*, *Satzstruktur* und *Satzstruktur/Datenelementeinsatz* erlauben prinzipiell die Dokumentation einer derartigen DBD, wie Bild 3-30 verdeutlicht; einzig die Definition der Sortierung von PNR und NAME in XA bleibt dabei unberücksichtigt. Umgekehrt fehlen in der Definition der DBD einige Angaben, weshalb nicht alle Meta-Attribute einen Wert aufweisen; dies gilt insbesondere für das Meta-Attribut *Datentyp* in *Satzstruktur/Datenelementeinsatz*.

SS-CLUSTER

SSC-ID	SSC-BEZEICHNUNG	SSC-LÄNGE	SSC-ZUGRIFF
1	XA		HIDAM

SS-CLUSTER/SATZSTRUKTUR

SSC-ID	SS-ID	SS-ID-VORGÄNGER	HÄUFIGK.VORGÄNGER
1	1	-	
1	2	1	

SATZSTRUKTUR

SS-ID	SS-BEZEICHNUNG	SS-LÄNGE
1	PROJEKT	182
2	ANGEST	30

SATZSTRUKTUR/DATENELEMENTEINSATZ

SS-ID	FOLGENR	NAME-ALT	DATENTYP	LÄNGE INT	START
1	1	PNR		6	1
1	2	PNAME		20	7
1	3	PLEITER		6	27
1	4	PBESCHR		150	33
2	1	NAME		20	6
2	2	ANGNR		5	1
2	3	ABTNR		2	26
2	4	PROZABZ		3	28

Bild 3-30:   Umsetzung des Beispiels in die Meta-Datenbank

Für die Abbildung von Strukturen relationaler Datenbanksysteme wie DB2 sind diese Meta-Objekttypen weniger gut geeignet. In diesem Falle wäre *Satzstruktur/Datenelementeinsatz* mit COLUMN gleichzusetzen und *Satzstruktur* mit TABLE. Die Entsprechung des *SS-Cluster* ist am ehesten TABLE SPACE und nicht DATABASE, da über erstere eine Zuordnung von Relationen zu Datasets erfolgt. Allerdings werden Zugriffe nicht über TABLE SPACE, sondern als Indizes über TABLE definiert. Da ferner die Beziehung zwischen einzelnen Satzstrukturen hier nicht über Hierarchien modelliert wird, sondern über Fremdschlüssel, ist der abgeleitete Meta-Objekttyp *SS-Cluster/Satzstruktur* in dieser Form nicht relevant. Die Zuordnung einer Satzstruktur zu einem SS-Cluster kann einfach über ein Fremdschlüsselattribut ausgedrückt werden. Die Beziehungen zwischen verschiedenen Satzstrukturen sind ein logisches Strukturmerkmal, das unabhängig von der Zuordnung zu bestimmten SS-Clustern ist und durch entsprechende Fremdschlüsselbeziehungen dokumentiert werden muß.

3.2.2.4. Das konzeptionelle Funktionenmodell

Die Behandlung der Funktionsseite auf der fachlichen Ebene ist als eine Implementierung der HIPO-Methode zu sehen. Hauptelement auf dieser Ebene ist der Meta-Objekttyp *Funktion*, über den mit Hilfe des umgedeuteten Meta-Objekttyps *Funktion/Funktion* eine Hierarchie aufgebaut werden kann. Funktionen werden entsprechend ihrer Stellung in der Funktionshierarchie nach Hauptfunktionen, Teilfunktionen und Elementarfunktionen unterschieden, wobei Teilfunktionen rekursiv miteinander verknüpft sein können. Die Attribute einer Funktion werden in Tabelle 3-8 erläutert.

FUNKTION-ID	Identifikator
FUNKTION-NAME	Bezeichnung
FUNKTION-BESCHREIBUNG	Beschreibung
AUSLÖSER	Start der Funktion (Ereignis, Zeitpunkt, Entscheidung)
FUNKTION-TYP	H (Hauptfunktion), T (Teilfunktion), E (Elementarfunktion)
FUNKTION-ZUSTÄNDIG	zuständige Stelle

Tabelle 3-8: Attribute des Meta-Objekttyps *Funktion*

Wie aus dieser Aufführung ersichtlich, werden im Zusammenhang mit Funktionen auch Ereignisse dokumentiert, die hier jedoch nicht als eigener Objekttyp sondern als Attribut modelliert sind. Je nach Klassifikation werden die Funktionen auf unterschiedliche Art mit der Datenebene verbunden: die Hauptfunktionen werden mit Informationsobjekten, die Teilfunktionen mit Datensichten (auf Relationen) und die Elementarfunktionen mit Datenelementeinsätzen verknüpft (vgl. Bild 3-31). Für jede dieser Verknüpfungsbeziehungen wird die Verarbeitungsart als I (Input), O (Output) oder U (Update) beschrieben; für die Verknüpfung mit Datenelementeinsätzen ist zusätzlich C (Control) möglich.[111]

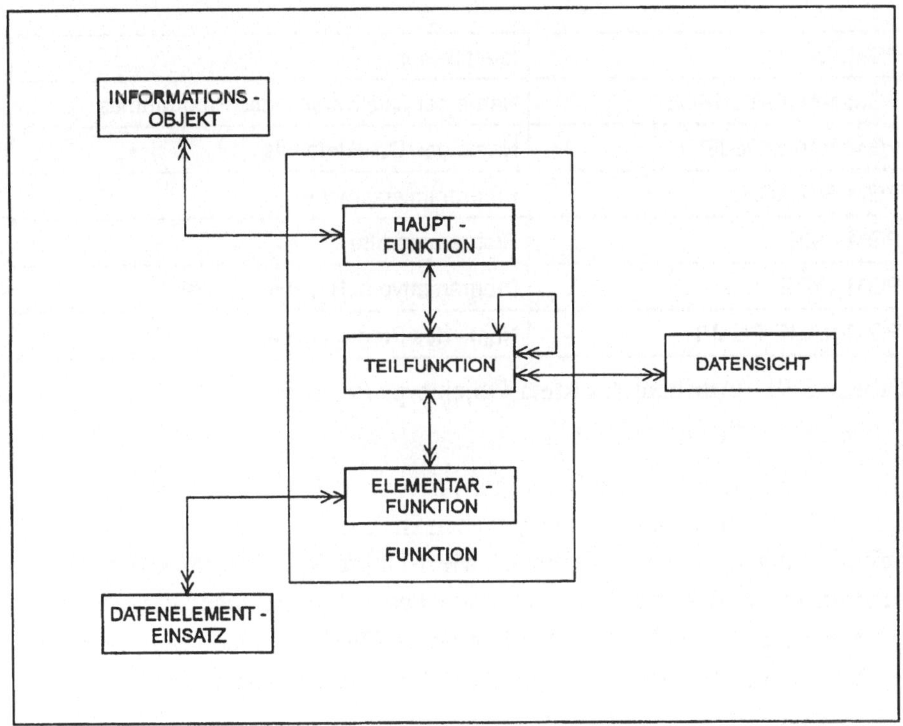

Bild 3-31:   Unterteilung der Funktionen in drei Klassen

---

111) GUIDE (1987), S. 25.

3.2.2.5. Die physische Funktionenarchitektur

Das zentrale Element auf der physischen Ebene ist der Meta-Objekttyp *Programm*. Dieser ist die Entsprechung der Funktion auf der fachlichen Ebene. Ebenso wie dort können mittels dem umgedeuteten Meta-Objekttyp *Programm/Programm* Aufrufhierarchien zwischen Programmen abgebildet werden. Auffällig ist, daß zwischen den Meta-Objekttypen *Funktion* auf der fachlichen Ebene und *Programm* auf der physischen Ebene keine direkten Beziehungen vorgesehen sind, weshalb kein unmittelbarer Zusammenhang zwischen den beiden Objekttypen hergestellt werden kann. Programme (PGM) werden durch die Attribute in Tabelle 3-9 beschrieben.

PGM-ID	Identifikator
PGM-NAME-SOURCE	Name der Quellversion des Programmes
PGM-NAME-OBJEKT	Name des Objektmoduls
PGM-SPRACHE	Programmiersprache
PGM-SIZE	Programmgröße
PGM-TYPE	Programmtyp (z.B. batch, online)
PGM-NAME-PGMR	Name des Programmierers

Tabelle 3-9:   Attribute des Meta-Objekttyps *Programm*

Aus den aufgeführten Attributen geht hervor, daß die Dokumentation von Ein- und Ausgabedaten nicht vorgesehen ist. Diese sind auch nicht den Aufrufbeziehungen im umgedeuteten Meta-Objekttyp *Programm/Programm* zugeordnet, so daß die Dokumentation etwaiger Übergabeparameter nicht ohne weiteres möglich ist. Außerdem ist im ORION-Modell kein gesonderter Meta-Objekttyp *Modul* vorgesehen. Etwaige Module müssen dann wie Programme dokumentiert werden.

Neben den Programmen selbst ist auf der physischen Funktionsebene auch noch die Dokumentation der Programmablaufsteuerung im Rahmen der Stapelverarbeitung vorgesehen. Dies geschieht im wesentlichen über die Meta-Objekttypen *Job* und *Step*. Deren Beziehungen untereinander und zu den Meta-Objekttypen *Programm* und *Dataset* entspricht der Modellierung im oben entwickelten Grundmodell.

4. Leistungsspektrum von Dictionary-Systemen

4.1. Datenmodelle zur Verwaltung von Meta-Daten

Ein Dictionary ist eine Sammlung von Meta-Daten über Objekte der DV-Welt samt der zwischen ihnen existierenden Beziehungen. Es handelt sich dabei im Grunde um eine spezielle Datenbank, welche mit den Mitteln eines beliebigen Datenmodells realisiert werden könnte und dessen Schema die Umsetzung des im vorherigen Kapitel ausgeführten Dokumentationsmodells ist. Demzufolge ist ein Dictionary prinzipiell auch im Rahmen eines konventionellen Datenbanksystems implementierbar. Allerdings tragen diese den spezifischen Anforderungen der Speicherung und Auswertung von Meta-Daten nur unvollkommen Rechnung, weshalb es zu sehr komplexen und damit unpraktikablen Speicherstrukturen kommt.[1]

Als einer der Hauptgründe für die Schwierigkeit der Verarbeitung von Meta-Daten mit konventionellen Datenmodellen, ist das Auftreten von komplexen Objekten bzw. Verknüpfungsstrukturen zu nennen.[2] Meta-Daten beschreiben oftmals Objekte, bei denen ein Meta-Objekt vielfältig mit anderen Meta-Objekten verknüpft ist. Von besonderer Bedeutung sind dabei Beziehungen, die ein untergeordnetes Meta-Objekt als Bestandteil eines übergeordneten Meta-Objekts des gleichen oder eines anderen Objekttyps ausweisen.[3] Diese Art der Verknüpfung von Meta-Objekten wird in Analogie zu Stücklistenstrukturen gesehen.[4] Eine Stückliste drückt nämlich eine hierarchische Beziehung zwischen Teilen aus, wobei das hierarchisch übergeordnete Teil aus den mit ihm verknüpften, hierarchisch untergeordneten Teilen besteht. Die in den Stücklistenstrukturen enthaltenen Teile können Endprodukte, Baugruppen und Rohstoffe sein.

---

1) Vgl. etwa Gotthard (1991), S. 27.

2) Vgl. z.B. Wenner (1991), S. 34 f; Gotthard (1988), S. 27.

3) Gotthard (1988), S. 27, spricht dabei von einem Konzept der *molekularen Aggregation*, "das es erlaubt, eine Menge von Objekten und Beziehungen strukturell zusammen- und als Komponenten eines Objektes aufzufassen ... Da die Komponenten eines Objekts wiederum molekulare Aggregationen darstellen können, entstehen auf diese Weise *Objekt-Komponenten-Hierarchien.*"

4) Vgl. z.B. von Stülpnagel (1984), S. 60; Vetter (1982) bzw. Vetter (1990), S. 67 ff.

Soll der Stücklistengedanke auf die Strukturbeziehungen von Meta-Daten übertragen werden, so wäre von einem System auszugehen, dessen Ablauf z.B. durch eine Batch-Sprache im Rahmen von Jobs gesteuert wird, welche in einzelne Steps untergliedert sind. Jeder Step betrifft ein Programm, welches wiederum auf einer Anzahl von Dateien aufsetzt. Dateien enthalten Datensätze, die sich aus einer Menge von Datenfeldern zusammensetzen. Auf diese Weise ergibt sich eine mehrstufige, hierarchische Netzstruktur, bei der untergeordnete Komponenten in mehreren übergeordneten Komponenten Verwendung finden können. Dies gilt beispielsweise für wiederverwendete Programmodule, insbesondere aber für in Datenbanken anwendungsneutral gespeicherte Datenstrukturen. Dabei ist anzumerken, daß nicht alle Verknüpfungen zwischen Meta-Objekten Beziehungen symbolisieren müssen, die ein Enthaltensein ausdrücken; dies gilt zum Beispiel für die Verknüpfungen von Programmen mit Dateien, die eine Bearbeitung der Dateien durch die jeweiligen Programme anzeigen.[5]

Die Datenstruktur für die Speicherung von Stücklisten wird als Chen-Diagramm typischerweise durch einen Entitätstyp TEIL und einen rekursiv mit ihm verbundenen Beziehungstyp STRUKTUR abgebildet.[6] Eine konsequente Umsetzung dieser Datenstruktur auf den Bereich der Dictionaries führt dazu, daß die verschiedenen Meta-Objekte (System, Job, Programm, usw.) als Spezialfälle eines einzigen Typs behandelt werden. Dieser stellt dann quasi eine Generalisierung der verschiedenen Meta-Objekte dar. Entsprechend sind alle Meta-Beziehungen unabhängig von ihrem Typ zu einem (Meta-) Beziehungstyp zusammenzufassen. Dies wird in Bild 4-1 dargestellt.

---

5)   Vgl. dazu auch Kudlich (1988), S. 141.

6)   Vgl. z.B. Scheer (1988), S. 89; Sinz (1990), S. 20; Ferstl/Sinz (1993), S. 93.

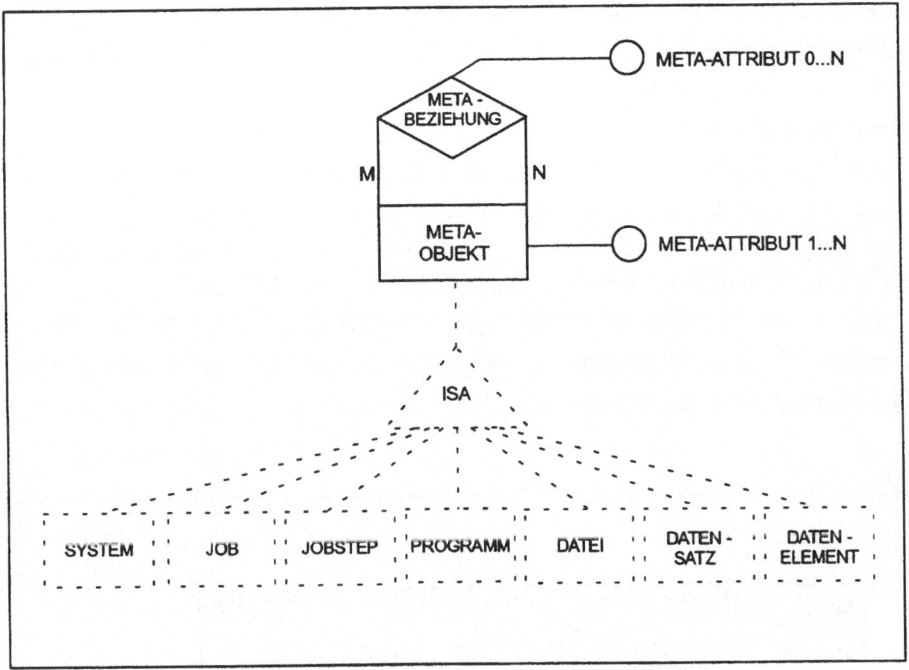

Bild 4-1:   Dictionary-Schema entsprechend der Stücklistenstruktur

Die Konsequenzen einer Speicherung von Meta-Daten entsprechend der Stücklistenstruktur sollen im folgenden verdeutlicht werden. Dabei wird eine Verknüpfung verschiedener Meta-Objekte über symbolische Referenzen von Fremdschlüsselwerten entsprechend den Prinzipien des relationalen Modells unterstellt.[7] Diese Überlegungen ließen sich jedoch ebensogut anhand eines Datenmodells demonstrieren, das Verknüpfungen durch physische Zeiger herstellt.

Die tabellarische Darstellung einer Stücklistenstruktur zeigt Bild 4-2 anhand des Beispiels der Meta-Daten eines ER-Schemas, welches Kundenaufträge abbilden soll. Dabei sind in der Tabelle OT die Meta-Objekte der verschiedenen Typen zusammengefaßt; für den Fall des ERM sind das die Typen *Entitätstyp*, *Beziehungstyp* und *Attribut*. Jedes Meta-Objekt wird über einen Namen identifiziert. Darüber hinaus ist in diesem (vereinfachten) Beispiel für die Beschreibung von Meta-Objekttypen auch noch das Meta-Attribut

---

7)   Vgl. dazu und zu den folgenden Ausführungen auch Dolk/Kirsch (1987). Dieses Modell wird in Dolk (1988) für die Behandlung von Entscheidungsmodellen erweitert.

Format als Zusammenfassung von Datentyp und Länge vorgesehen, welches allerdings nur für Meta-Objekte vom Typ *Attribut* relevant ist. In der Tabelle BT sind die Meta-Beziehungen der verschiedenen Typen enthalten. Dabei wird unterschieden zwischen der Zuordnung von Meta-Objekten des Typs *Attribut* zu Entitäten bzw. Beziehungen und der Verbindung von Entitätstypen mit Beziehungstypen über Rollen. Auch Meta-Beziehungen werden hier über einen Namen identifiziert. Jede Meta-Beziehung verbindet jeweils zwei Meta-Objekte miteinander, deren Namen in den Fremdschlüsselattributen OT1 und OT2 enthalten sind. Auch in der Beziehungstabelle ist mit der Kardinalität ein Meta-Attribut vorgesehen, das nur im Kontext von Beziehungsrollen relevant wird.

OT

Typ	Name	Format
Entitätstyp	Auftrag	-
Attribut	ANR	Ganzzahlig Numerisch 5
Attribut	Datum	Datum
Beziehungstyp	AufPos	-
Attribut	Menge	Ganzzahlig Numerisch 5
Attribut	Preis	Gebrochen Numerisch 8,2
Entitätstyp	Produkt	-
Attribut	PNR	Ganzzahlig Numerisch 5
Attribut	Bezeichnung	Alphanumerisch 30

BT

Typ	Name	OT1	OT2	Kardinalität
Attributzuordnung	hat ANR	Auftrag	ANR	-
Attributzuordnung	hat Datum	Auftrag	Datum	-
Beziehungsrolle	gehört zu Auftrag	Aufpos	Auftrag	1,N
Beziehungsrolle	betrifft Produkt	AufPos	Produkt	0,N
Attributzuordnung	hat Menge	AufPos	Menge	-
Attributzuordnung	hat Preis	AufPos	Preis	-
Attributzuordnung	hat PNR	Produkt	PNR	-
Attributzuordnung	hat Bezeichnung	Produkt	Bezeichnung	-

Bild 4-2: Beispiel für die Speicherung von Meta-Daten eines ER-Schemas entsprechend der Stücklistenstruktur

Diese Tabellenstruktur unterstellt im übrigen, daß allein der Name zur Identifikation von Meta-Objekten herangezogen werden kann; andernfalls kann nicht sichergestellt werden, daß über die Fremdschlüssel OT1 und OT2 eine eindeutige Referenz auf die betroffenen Meta-Objekte erfolgt. Die Logik einer solchen Speicherung verbietet gleiche Namen auch dann, wenn sie Meta-Objekte verschiedener Typen betreffen. So ist es z.B. nicht möglich, daß gleichzeitig eine Datei KUNDE und ein Datensatz KUNDE existieren. Soll dies möglich sein, so sind Meta-Objekte jeweils durch ihren Typ zu qualifizieren. In diesem Fall erfordert die Tabelle OT einen zusammengesetzten Schlüssel mit den (Meta-) Attributen *Typ* und *Name*. Entsprechend müssen dann auch die beiden Fremdschlüssel in der Tabelle BT zusammengesetzt sein.

Bei der gezeigten Art der Speicherung ist nachteilig, daß jedem Meta-Objekt und jeder Meta-Beziehung unabhängig von ihrem Typ dieselben Meta-Attribute zugeordnet werden, was bei sehr heterogenen Meta-Objekten und Meta-Beziehungen eine Speicherplatzverschwendung nach sich zieht. Dieser Nachteil läßt sich umgehen, indem man die Meta-Attribute in einem eigenen Objekttyp speichert, wobei auch hier alle Attributklassen wiederum zu einem einzigen Typ zusammengefaßt werden. Diese Variante zeigt Bild 4-3, in dem alle Attributausprägungen für das Beispielschema in der Tabelle AT enthalten sind. Die Verbindung der Attributwerte zu den betreffenden Meta-Objekten bzw. Meta-Beziehungen erfolgt dabei über den Fremdschlüssel OT/BT; die darin enthaltenen Namen können sowohl Meta-Objekte als auch Meta-Beziehungen betreffen. Außerdem wird vorausgesetzt, daß das Meta-Attribut *Ausprägung* nicht typisiert ist und je nach Attribut die unterschiedlichsten Werte annehmen kann.[8]

---

8) Bei Dolk/Kirsch (1987), S. 55, wird eine vergleichbare Modellierung für die Ebene der IRD-Schemabeschreibung (Ebene 2) in der IRDS-Architektur gewählt. Auf dieser Ebene wären also in OT Objekte mit Namen *Entitätstyp*, *Beziehungstyp* und *Attribut* einzutragen.

- 120 -

OT

Typ	Name
Entitätstyp	Auftrag
Attribut	ANR
Attribut	Datum
Beziehungstyp	AufPos
Attribut	Menge
Attribut	Preis
Entitätstyp	Produkt
Attribut	PNR
Attribut	Bezeichnung

BT

Typ	Name	OT1	OT2
Attributzuordnung	hat ANR	Auftrag	ANR
Attributzuordnung	hat Datum	Auftrag	Datum
Beziehungsrolle	gehört zu Auftrag	AufPos	Auftrag
Beziehungsrolle	betrifft Produkt	AufPos	Produkt
Attributzuordnung	hat Menge	AufPos	Menge
Attributzuordnung	hat Preis	AufPos	Preis
Attributzuordnung	hat PNR	Produkt	PNR
Attributzuordnung	hat Bezeichnung	Produkt	Bezeichnung

AT

OT/BT	Typ	Ausprägung
ANR	Format	Ganzzahlig Numerisch 5
Datum	Format	Datum
Menge	Format	Ganzzahlig Numerisch 5
Preis	Format	Gebrochen Numerisch 8,2
PNR	Format	Ganzzahlig Numerisch 5
Bezeichnung	Format	Alphanumerisch 30
gehört zu Auftrag	Kardinalität	1,N
betrifft Produkt	Kardinalität	0,N

Bild 4-3: Beispiel für die Speicherung von Meta-Daten eines ER-Schemas entsprechend einer modifizierten Stücklistenstruktur

Eine Implementation eines gegebenen Meta-Datenschemas entsprechend des obigen Meta-Meta-Datenschemas wirft bezüglich der Integritätssicherung einige Probleme auf. Zwar läßt sich über die Sicherstellung der Domänenintegrität bezüglich der Objekt-, Beziehungs- und Attributtypen gewährleisten, daß nur zulässige Typen gebraucht werden, die Beschränkung der Zulässigkeit bestimmter Beziehungs- und Attributtypen auf bestimmte Objekttypen ist beispielsweise jedoch nicht ohne weiteres möglich. Die hierfür notwendigen Integritätsregeln können allenfalls über zusätzliche Mechanismen sichergestellt werden.[9]

Als eine Alternative zur obigen Datenstruktur, die das Prinzip der Stückliste implementiert, ist der Verzicht auf eine Generalisierung der Meta-Objekttypen und Meta-Beziehungstypen des Dokumentationsmodells zu erwägen. Dadurch wird es möglich, direkt durch die Datenstruktur festzulegen, welche Attribute Objekte eines bestimmten Meta-Objekttyp beschreiben können bzw. müssen sowie welche Beziehungstypen für sie zulässig sind. In diesem Fall tritt allerdings die Analogie zur Stückliste in den Hintergrund, was durch Bild 4-4 symbolisiert werden soll.

Die Auswirkungen dieses Ansatzes soll wiederum anhand des schon oben verwendeten Beispiels illustriert werden. Bild 4-5 zeigt die tabellarische Darstellung. Dabei sind alle für die Abbildung des ERM relevanten Objekt- und Beziehungstypen jeweils durch eine eigene Tabelle dargestellt, nämlich die Meta-Objekttypen Entitätstyp (ET), Beziehungstyp (BT) und Attribut (AT) sowie die Meta-Beziehungstypen Beziehungsrolle (BR) und Attributzuordnung, wobei für diese jeweils die Zuordnung zu Entitätstypen (AZET) und zu Beziehungstypen (AZBT) getrennt gefaßt werden. Da dann für jedes Meta-Objekt bzw. jede Meta-Beziehung durch die Speicherung in einer bestimmten Tabelle der Typ festgelegt ist, braucht er hier nicht durch ein eigenes Typattribut ausgedrückt zu werden. Daraus folgt auch, daß deren Namen nur für den gegebenen Typ eindeutig zu sein brauchen. Aus Vereinfachungsgründen ist außerdem bei den Attributzuordnungen der Name weggelassen worden, da eine eindeutige Zuordnung von Attributen angenommen wird, womit der Attributname identifizierend ist.[10]

---

9) Vgl. Kapitel 4.2.1.4.

10) Vgl. dazu die Modellierung bei Dolk/Kirsch (1987), S. 54, die allerdings nicht das ERM sondern das IRDS-Grundmodell (Modul 2) implementieren.

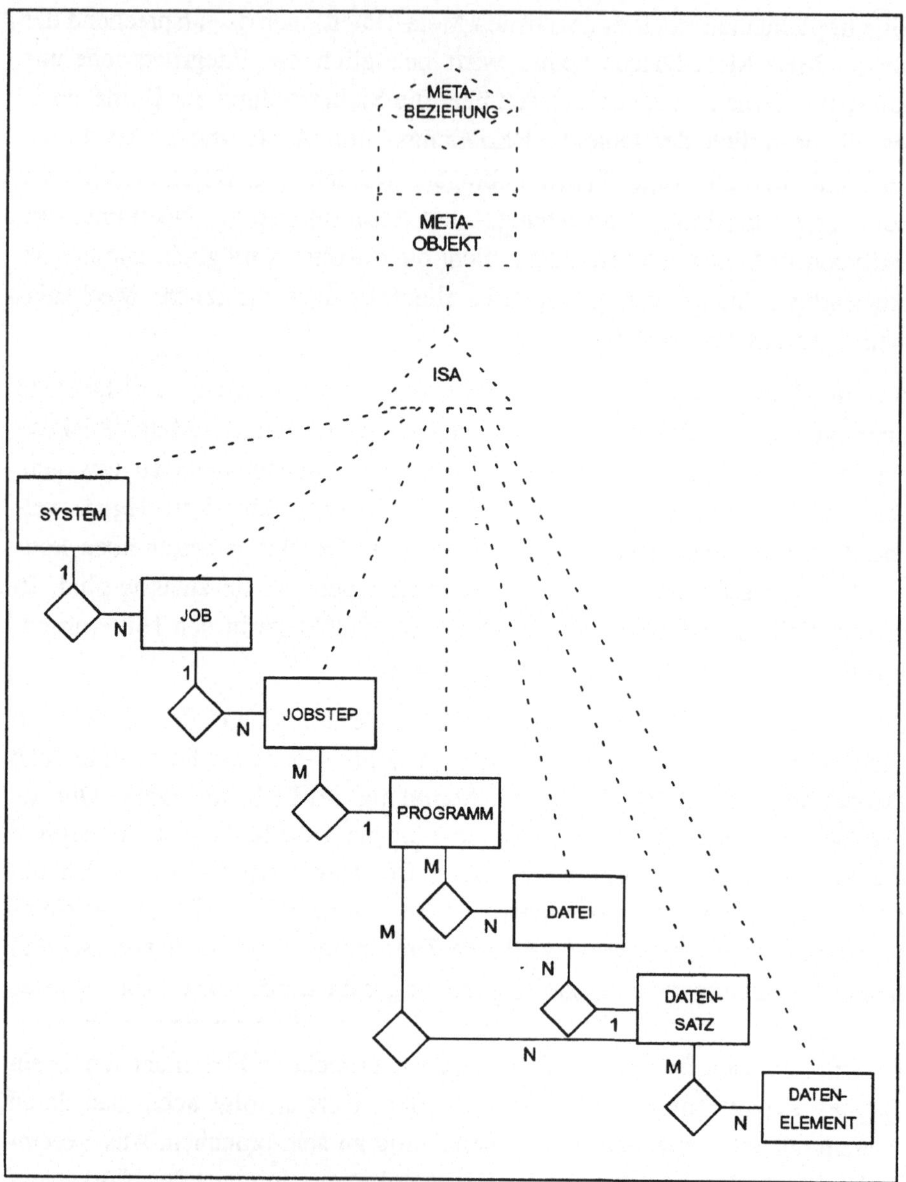

Bild 4-4:   Dictionary-Schema mit verschiedenen Meta-Objekttypen

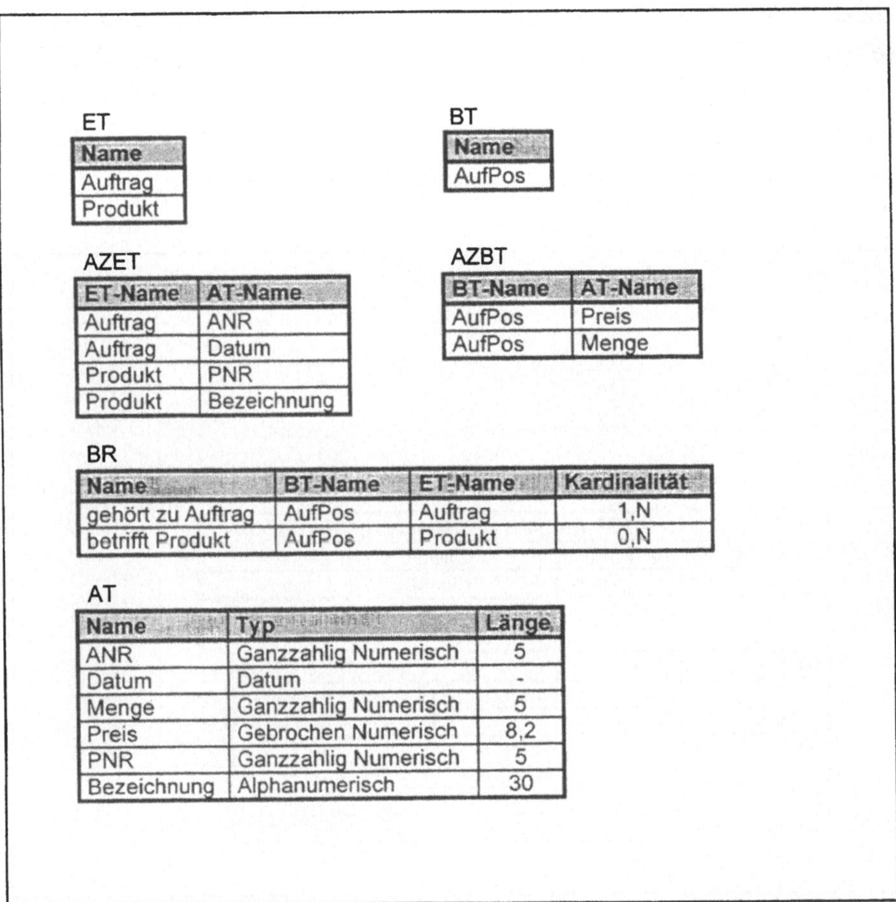

ET

Name
Auftrag
Produkt

BT

Name
AufPos

AZET

ET-Name	AT-Name
Auftrag	ANR
Auftrag	Datum
Produkt	PNR
Produkt	Bezeichnung

AZBT

BT-Name	AT-Name
AufPos	Preis
AufPos	Menge

BR

Name	BT-Name	ET-Name	Kardinalität
gehört zu Auftrag	AufPos	Auftrag	1,N
betrifft Produkt	AufPos	Produkt	0,N

AT

Name	Typ	Länge
ANR	Ganzzahlig Numerisch	5
Datum	Datum	-
Menge	Ganzzahlig Numerisch	5
Preis	Gebrochen Numerisch	8,2
PNR	Ganzzahlig Numerisch	5
Bezeichnung	Alphanumerisch	30

Bild 4-5:   Beispiel für die Speicherung von Meta-Daten eines ER-Schemas

Da angenommen wird, daß Attribute jeweils eindeutig einem Entitäts- bzw. Beziehungstyp zugeordnet sind, läßt sich die gezeigte Datenstruktur für die Speicherung von ER-Schemata noch vereinfachen, indem die Meta-Beziehungen vom Typ *Attributzuordnung* als Fremdschlüssel in die Attributbeschreibungen übernommen werden, was Bild 4-6 zeigt. Dies läßt sich grundsätzlich immer praktizieren, wenn zwischen zwei Meta-Objekttypen nur 1:N-Beziehungen zulässig sind. Im gegebenen Beispiel ist allerdings zu bemerken, daß aus dem Fremdschlüssel ET/BT nicht ohne weiteres abzulesen ist, ob es sich bei dem durch den Namen referenzierten Objekt um eine Entität oder Beziehung handelt. Außerdem ist damit impliziert, daß die Namen zumindest für diese beiden Typen eindeutig sind. Beides wäre zu umgehen, indem der Fremdschlüssel um ein zusätzliches Typenattribut erweitert wird. Der umgekehrte Weg, nämlich die Einbringung der Attributnamen als Fremdschlüssel in Entitäts- und Beziehungstypen ist in normalisierten Datenstrukturen nicht möglich, da es hier zu mehrwertigen Attributen kommen würde.

ET

Name
Auftrag
Produkt

BT

Name
AufPos

BR

Name	BT-Name	ET-Name	Kardinalität
gehört zu Auftrag	AufPos	Auftrag	1,N
betrifft Produkt	AufPos	Produkt	0,N

AT

Name	Typ	Länge	ET/BT
ANR	Ganzzahlig Numerisch	5	Auftrag
Datum	Datum	-	Auftrag
Menge	Ganzzahlig Numerisch	5	AufPos
Preis	Gebrochen Numerisch	8,2	AufPos
PNR	Ganzzahlig Numerisch	5	Produkt
Bezeichnung	Alphanumerisch	30	Produkt

Bild 4-6:   Beispiel für die Speicherung von Meta-Daten eines ER-Schemas in einer modifizierten Struktur

Durch die Einführung von Konstrukten zur Unterstützung von nicht-atomaren Attributwerten, tupelwertigen Attributen und geschachtelten Relationen (Wiederholgruppen) kann man eine noch kompaktere Behandlung komplexer Beziehungsstrukturen erreichen.[11] Nicht-atomare Attributwerte liegen z.B. vor, wenn ein Attribut *Autor* als Teil einer Buchrelation mehrere Namen beinhaltet. Tupelwertige Attribute sind z.B. gegeben, wenn ein Attribut *Adresse* sich aus den Bestandteilen Postleitzahl, Ort und Straße zusammensetzt. Eine geschachtelte Relation könnte beispielsweise vorliegen,

---

11) Vgl. z.B. Khoshafian (1990), S. 275 f; er spricht in diesem Zusammenhang von einem *Complex Object Data Model*.

wenn eine Relation *Auftrag* die Relation *Auftragsposition* beinhaltet. Da derartige Datenstrukturen im Kontext relationaler Datenmodelle gegen die erste Normalform verstoßen, werden sie auch als Non-First-Normal-Form (NFNF, NF^2)-Datenbanken bezeichnet.[12]

Für das obige Beispiel zeigt Bild 4-7 eine derartige NFNF-Datenstruktur. Dabei erfolgt die Zuordnung der Attribute zu den jeweiligen Entitätstypen direkt in der Relation ET über das Meta-Attribut *Attribute*, was in der Regel nicht-atomare Attributwerte verlangt. Ebenso beinhaltet die Beziehungstyprelation BT sowohl die einem Beziehungstyp zugeordneten Attribute als auch die jeweiligen Beziehungsrollen. Während ersteres wiederum ein nicht-atomares Meta-Attribut erfordert, handelt es sich bei letzterem um eine die Attribute *Rolle*, *ET-Name* und *Kardinalität* umfassende Wiederholgruppe. Aus diesem Beispiel wird ersichtlich, daß sich durch die Einführung von NFNF-Konstrukten tendenziell kompaktere Datenstrukturen realisieren lassen, als es mit normalisierten Datenstrukturen möglich ist.

Neben der bisher behandelten Problematik komplex verknüpfter, hierarchischer Strukturen ist bei der Speicherung von Meta-Daten auch das Auftreten unstrukturierter, textueller Informationen zu berücksichtigen.[13] Wie schon ausgeführt wurde, kann man maschinen- und benutzerorientierte Meta-Daten unterscheiden. Während maschinenorientierte Meta-Daten immer einen formatierten Aufbau haben, trifft dies bei benutzerorientierten Daten nicht unbedingt zu. Insbesondere Meta-Attribute wie *Definition* und *Beschreibung* sollen die Eingabe freier Texte ermöglichen, die einem Benutzer die Semantik eines bestimmten Meta-Objekts verdeutlichen. Entsprechend ist von einem Dictionary-System zu fordern, daß es die Eingabe unstrukturierter Texte erlaubt. Darüber hinaus muß es in Verbindung mit einer Graphikkomponente möglich sein, Layout-Informationen zu speichern.

---

12) Vgl. z.B. Schek/Pistor (1982); Scholl/Schek (1990), insbes. S. 106 ff.

13) Vgl. Reusch (1980), S. 189 f; Wenner (1991), S. 34. Vgl. auch Gotthard (1988), S. 27 und 18, der bei unstrukturierten Attributen bzw. Datenfeldern von monolithischen Strukturen spricht.

ET

Name	Attribute
Auftrag	ANR
	Datum
Produkt	PNR
	Bezeichnung

BT

Name	Attribute	Rolle	ET-Name	Kardinalität
AufPos	Preis	gehört zu Auftrag	Auftrag	1,N
	Menge	betrifft Produkt	Produkt	0,N

AT

Name	Typ	Länge
ANR	Ganzzahlig Numerisch	5
Datum	Datum	-
Menge	Ganzzahlig Numerisch	5
Preis	Gebrochen Numerisch	8,2
PNR	Ganzzahlig Numerisch	5
Bezeichnung	Alphanumerisch	30

Bild 4-7:   Beispiel für die Speicherung von Meta-Daten eines ER-Schemas in einer NFNF-Struktur

4.2. Funktionen zur Verwaltung von Meta-Daten

Neben einem geeigneten Datenmodell, das den spezifischen Anforderungen genügen muß, die aus der Verwaltung von Meta-Daten resultieren, ist von einem Data-Dictionary-System noch die Erfüllung bestimmter Funktionen zu verlangen. Auflistungen von Data-Dictionary-Funktionen sind verschiedentlich in der Literatur enthalten.[14] Im folgenden sollen Data-Dictionary-Funktionen nach zwei Gruppen unterschieden werden. Zum einen handelt es sich dabei um Funktionen, die die eigentliche Verwaltung von Meta-Daten innerhalb eines Data Dictionaries betreffen; diese müssen generell von Datenbanksystemen erfüllt werden, wobei im Kontext von DDS jedoch einige Besonderheiten auftreten. Darüber hinaus sind noch Funktionen rele-

---

14)   Vgl. z.B. Schütt/Schütt/Wildgrube (1981), S. 283 f; Sokolowski (1981); GPS (1987); Biethan/Mucksch/Ruf (1991), S. 225 ff; Heinrich (1992), S. 400 f.

vant, die die Einbindung eines DDS in die Systemumwelt unterstützen; diese sind für passive und aktive Data-Dictionary-Systeme jeweils unterschiedlich.

4.2.1. Generelle Funktionen von Dictionary-Systemen

4.2.1.1. Datendefinitionsfunktion

Die Datendefinitionsfunktion in einem Data-Dictionary-System erlaubt die Formulierung bzw. Änderung eines Repository-Schemas, das festlegt, welche Meta-Daten gespeichert werden können. Wie im Kapitel 3 ausführlich dargestellt worden ist, leitet sich das Repository-Schema im wesentlichen aus den bei der Anwendungsentwicklung und -implementierung verwendeten Methoden und DV-Technologien ab. Entsprechend einer Kategorisierung von Data-Dictionary-Systemen als primäre bzw. sekundäre Systeme ergeben sich unterschiedliche Anforderungen an die Möglichkeiten zur Datendefinition.

Bei sekundären Data-Dictionary-Systemen sind die zu dokumentierenden Meta-Objekte und Attribute durch das zu unterstützende Primärsystem, z.B. ein Datenbanksystem oder ein CASE-Tool, in der Regel vorgegeben. Das Repository-Schema wird in diesem Fall durch externe Rahmenbedingungen festgelegt, womit die Notwendigkeit für eine eigene Datendefinitionsfunktion entfällt. Eine gewisse Beeinflussungsmöglichkeit der zu speichernden Meta-Daten besteht, wenn zwar die Meta-Objekttypen und Meta-Attribute vorgegeben sind, sich jedoch zu den einzelnen Meta-Objekten noch zusätzliche Beschreibungsattribute definieren lassen. Dies werden dann in erster Linie rein benutzerorientierte Meta-Attribute sein.

Primäre Data Dictionaries sind prinzipiell so konzipiert, daß sie an unterschiedliche Bedürfnisse angepaßt werden können. Deshalb muß über eine Datendefinitionsfunktion die Formulierung eines eigenen Repository-Schemas möglich sein, welches die zu verwendenden Meta-Objekttypen, Meta-Beziehungstypen und die ihnen zugeordneten Meta-Attribute festlegt. Dabei kann es durchaus sein, daß ein Kern-Schema mit bestimmten Meta-Objekttypen, Meta-Beziehungstypen und Meta-Attributen fest vorgegeben ist, das entsprechend den jeweiligen Anforderungen erweitert werden kann.

Die Definition eines Repository-Schemas ist kein trivialer Vorgang. Dies ist der Grund, warum einige Hersteller offener Data-Dictionary-Systeme eigene Repository-Schemata für ihre Produkte anbieten.[15] Diese proprietären Schemata legen entweder eine bestimmte Methoden- und Technikwelt fest, oder sie versuchen, durch eine möglichst umfassende Struktur unterschiedlichen Anforderungen gerecht zu werden.

Stellen Repositories im Rahmen eines umfassenden Anwendungsentwicklungssystems den zentralen Speicher von Meta-Daten dar, an den alle Bausteine die mit ihnen generierten Dokumente abgeben und aus denen sie bereits erstellte Dokumente entnehmen, so wird eine Standardisierung des Repository-Schemas vorausgesetzt. Damit das Repository seine Funktion wahrnehmen kann, muß die Meta-Datenstruktur als Schnittstelle gegenüber den jeweiligen Werkzeugen festgelegt werden. Eine individuelle Anpassung bzw. Erweiterung hat dann zur Folge, daß man zum vorgegebenen Standard inkompatibel wird und damit Fortentwicklungen der Software-Entwicklungsumgebung und damit des Repository-Schemas nur mit einem erhöhten Aufwand oder gar nicht nachvollziehen kann. Damit ist der Nutzen derartiger Änderungen sehr sorgfältig abzuwägen.

4.2.1.2. Datenmanipulationsfunktion

Die Datenverwaltungsfunktion ermöglicht die Eingabe, Änderung und Löschung von Meta-Daten in einem Dictionary. Bei aktiven Dictionaries ist sichergestellt, daß alle im Rahmen des aktiv mit dem Dictionary verbundenen System definierten Meta-Objekte auch darin enthalten sind; entsprechendes gilt für eine Änderung und Löschung der jeweiligen Meta-Daten. Eine eigentliche Datenverwaltungsfunktion, die ausschließlich das Dictionary betrifft, ist damit nicht nur unnötig, sondern verbietet sich sogar. Anders verhält es sich mit passiven Dictionaries. Hier müssen Meta-Daten unabhängig von ihrer eigentlichen Definition in einer bestimmten Zielumgebung ins Dictionary eingebracht, verändert und gelöscht werden; dies kann grundsätzlich direkt oder indirekt geschehen.

Die direkte Manipulation von Dictionary-Inhalten mit den Mitteln des jeweiligen (passiven) Data-Dictionary-Systems erfolgt über Benutzer-

---

15) Dazu gehört die Meta-Datenstruktur MSP-Easy, die z.B. in Scheer (1991), S. 39 oder in Habermann/Leymann (1993), S. 118 abgebildet wird. Ebenso ließe sich das Informationsmodell der Software AG anführen, das in Scheer (1991), S. 40 oder in Wenner (1991), S. 35 enthalten ist.

schnittstellen; das kann eine eigene Datenmanipulationssprache oder eine menügesteuerte Benutzeroberfläche sein, bei der Eingaben und Änderungen von Meta-Daten über entsprechende Masken erfolgen.[16] Eine weitere, insbesondere für die Software-Entwicklung relevante Variante ist die Manipulation von Meta-Daten mit Hilfe von Graphik-Editoren, im Rahmen derer Meta-Objekte und Meta-Beziehungen als graphische Symbole ausgedrückt werden.

Für bedingt passive Systeme ist auch noch eine indirekte Manipulation von Meta-Daten von Bedeutung, bei der extern vorhandene Meta-Daten automatisiert übernommen werden. Dies kann über eine Nachdokumentationsfunktionen erfolgen, die aus vorhandenen Datendeklarationen und Programmen Meta-Daten für das Data Dictionary extrahiert. Entsprechendes gilt für eine Import-Funktion, bei der Meta-Daten aus anderen Data Dictionaries übernommen werden.

Bei der Eingabe von Meta-Objekten sind diese über die ihnen zugeordneten Attribute durch Meta-Daten zu beschreiben. Dabei kann zwischen Attributen unterschieden werden, die auf jeden Fall für ein Meta-Objekt spezifiziert sein müssen (Muß-Attribute) und solchen, die für ein Meta-Objekt nicht spezifiziert zu sein brauchen (Kann-Attribute). Die Eingabe eines Meta-Objekts sollte nur dann akzeptiert werden, wenn wenigstens alle Muß-Attribute spezifiziert sind.

Von besonderer Bedeutung für die Spezifikation von Meta-Objekten ist deren Name. Je nach verwendetem Data-Dictionary-System muß dieser bezüglich des ganzen Data Dictionaries oder nur eines Objekttyps eindeutig sein. Unter Umständen sind Meta-Objekte in verschiedenen Systemen bzw. Umgebungen unterschiedlich benannt. Um dem gerecht zu werden, sollten Meta-Objekte über verschiedene Namen alternativ referenzierbar sein. Dies wird durch die Vergabe von Aliasnamen möglich. Diese beziehen sich immer auf das gleiche Meta-Objekt, wie Bild 4-8 anhand eines Beispiels verdeutlicht.

---

16) Vgl. auch Sokolowsky (1981b), S. 287. Ähnlich auch von Stülpnagel (1984), S. 65, der für die Online-Schnittstelle drei Optionen anführt: formatiertes Full-Screen-Handling, Prompting, formatfreie Kommandosprache.

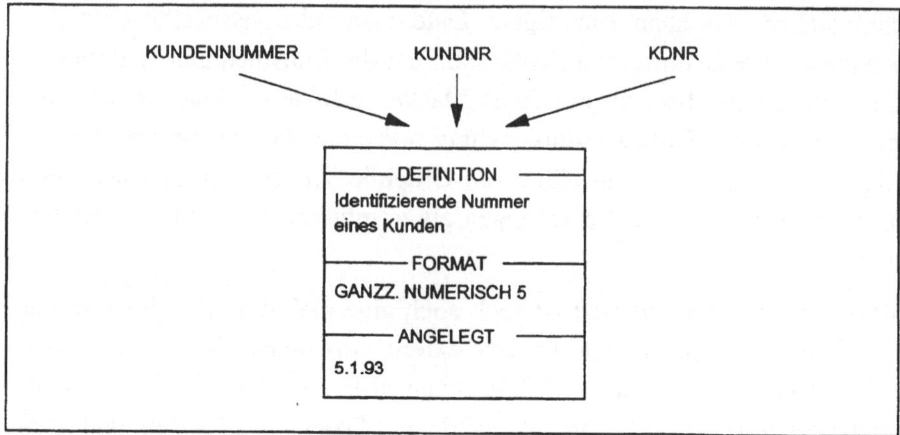

Bild 4-8:   Beispiel für das Alias-Konzept

Liegen bedeutungsgleiche Meta-Objekte vor, die jedoch voneinander abweichende Spezifikationen besitzen, wie z.B. unterschiedliche Datenformate bei Datenelementen, so kann dieser Sachverhalt nicht ohne weiteres über Aliasnamen abgebildet werden. Aliasnamen werden vielmehr unter dem Gesichtspunkt der Verwendung von Datenelementen in verschiedenen Programmiersprachen bzw. -umgebungen gesehen, da diese, was die zulässige Länge und die verwendbaren Zeichen im Namen eines Datenelements angeht, unterschiedlichen Anforderungen genügen müssen.[17]

Die Eingabe von Meta-Beziehungen ist normalerweise nur dann möglich, wenn alle durch sie in Beziehung gesetzten Meta-Objekte bereits im Data Dictionary existieren. Eine größere Flexibilität bei der Eingabe wird dann erreicht, wenn sog. Dummy-Elemente eingeführt werden können. Diese erlauben Beziehungen, bei denen von einem existierenden Meta-Objekt Verweise auf (noch) nicht spezifizierte Meta-Objekte möglich sind; das bedeutet im Kontext des relationalen Datenmodells, daß die referentielle Integrität nicht erfüllt zu sein braucht.[18] Ein Anwendungsbeispiel dafür ist die Eingabe eines Meta-Objekts vom Typ *Entitätstyp*, bei der im Zuge einer vollständigen Beschreibung auch gleich die zugehörigen Meta-Objekte vom Typ *Attribut* referenziert werden sollen; die so referenzierten Attribute sollen jedoch erst später spezifiziert werden. Obwohl Dummy-Elemente nicht physisch im Data Dictionary existieren, sollen sie bei diversen Abfragen in

---

17) Vgl. z.B. Durell (1985), S. 74.
18) Vgl. auch Sokolowsky (1981b), S. 287.

den Auswertungen erscheinen, dabei allerdings speziell als Dummies gekennzeichnet sein.

4.2.1.3. Auswertungsfunktion

Unter den Datenmanipulationsbefehlen werden gemeinhin nicht nur die oben besprochenen Befehle zum Einfügen, Ändern und Löschen verstanden, sondern auch Befehle zum Abfragen und Auswerten der in einer Datenbank enthaltenen Daten. Bezüglich des Adressatenkreises bieten Data Dictionaries im allgemeinen zwei Auswertungsmöglichkeiten: einerseits die für Benutzer erstellten Listen und Übersichten, andererseits die für die maschinentechnische Weiterverwendung bestimmten Datendeklarationen und Programmcodes. Letztere werden als Generierungsfunktionen bezeichnet und in dem Kapitel 4.2.2.2. gesondert abgehandelt.

In Abhängigkeit von der zur Verfügung stehenden Benutzeroberfläche erfolgen Abfragen bzw. Auswertungen über eine eigene Sprache oder über vordefinierte Reports. Dabei können sich Abfragen auf die Spezifikationen einzelner Objekte bzw. Objektgruppen richten oder auf Verknüpfungsstrukturen zwischen den Objekten.

Eine der elementarsten Auswertungen ist das Erstellen einer Inhaltsangabe der in einem Dictionary enthaltenen Meta-Objekte. Diese enthält im einfachsten Fall lediglich die - in der Regel alphabetisch sortierten - Namen der betreffenden Meta-Objekte. Wenn die Auswertung typunabhängig alle Meta-Objekte umfaßt, dann muß zusätzlich zum Namen auch der zugehörige Meta-Objekttyp aufgeführt werden. Durchaus üblich ist jedoch, daß sich die Auswertung auf Meta-Objekte eines bestimmten Typs beschränkt; dann braucht der jeweilige Meta-Objekttyp natürlich nicht eigens ausgewiesen zu werden. Neben dem Objektnamen und gegebenenfalls -typ lassen sich bei einer derartigen Übersichtsauswertung noch einige weitere Daten berücksichtigen. Typischerweise handelt es sich dabei um Verwaltungsinformationen, z.B. wann die jeweiligen Meta-Objekte erstellt worden sind und von wem. Ein Beispiel für eine derartige Liste von Meta-Objekten des Typs *Datenelement* zeigt Bild 4-9.

```
AUFDAT          CREATED 930309 15:21:13 MYRACH
AUFNR           CREATED 930309 15:20:48 MYRACH
KUNDNAME        CREATED 930309 15:22:57 MYRACH
KUNDNR          CREATED 930309 15:22:32 MYRACH
MENGE           CREATED 930309 15:26:23 MYRACH
ORT             CREATED 930309 15:28:30 MYRACH
PLZ             CREATED 930309 15:23:31 MYRACH
POSNR           CREATED 930309 15:25:09 MYRACH
PREIS           CREATED 930309 15:26:48 MYRACH
PRODBEZ         CREATED 930309 15:26:02 MYRACH
PRODNR          CREATED 930309 15:25:34 MYRACH
STRASSE         CREATED 930309 15:24:46 MYRACH
```

Bild 4-9:   Alphabetische Auflistung der Meta-Objekte eines Objekttyps

Derartige Inhaltsübersichten sind insbesondere beim Auffinden einzelner Meta-Objekte von Bedeutung. Ist nämlich das Vorhandensein eines Meta-Objekts oder dessen genauer Name nicht bekannt, so vermag eine derartige Liste den Suchprozeß zu unterstützen. Bei sehr vielen Meta-Objekten ist es dabei hilfreich, wenn sich diese Menge noch weiter einschränken läßt. Eine solche Einschränkung könnte etwa auf einzelne Bestandteile eines Namens erfolgen. Dies läßt sich z.B. durch *Wildcards* bzw. *Match-Codes* erreichen, die anstatt eines vollständig spezifizierten Namens angegeben werden.[19] Diese Art der Suche erfordert jedoch einen relativ langwierigen Stringvergleich, es sei denn der Namensanfang wäre spezifiziert.

Die Suche nach Namensbestandteilen ist besonders dann erfolgversprechend, wenn sich der Name gemäß eines verwendeten Namensstandards aus einer Menge von definierten Schlüsselworten zusammensetzt. Allerdings müssen Schlüsselworte auch einzeln über spezielle Zugriffsstrukturen ansprechbar sein. Über die Angabe von Schlüsselworten kann dann vergleichsweise schnell auf Objekte zugegriffen werden. Mit Hilfe von Schlüsselworten lassen sich auch Listen erstellen, die im Unterschied zu der oben

---

19) Vgl. auch von Stülpnagel (1984), S. 65: "Falls weder Namen- noch Strukturzusammenhänge bekannt sind, helfen Index-Auflistungen teilweise über Match-Code-Verfahren (z.B. alle Programme, die mit 'XY' aufhören) als weitere Einstiege."

angesprochenen Inhaltsliste einen Namen entsprechend seinen Schlüsselworten mehrfach einordnen.

Über die Erstellung von Inhaltsübersichten hinaus, die vor allem die Namen von Meta-Objekten bestimmter Typen aufführen, muß selbstverständlich auch möglich sein, von diesen Meta-Objekten alle oder ausgewählte Meta-Attribute aufzulisten.

Neben der Abfrage nach Objekten bzw. Objektgruppen ist die Auswertung von Verknüpfungsstrukturen zwischen Meta-Objekten eine für Data Dictionaries sehr wichtige Auswertungsmöglichkeit. In Anlehnung an die Terminologie von Stücklisten spricht man dabei von Strukturübersichten und Verwendungsnachweisen.[20] Mittels einer Strukturübersicht können alle einem bestimmten Element über direkte und indirekte Verknüpfung untergeordneten Elemente ausgegeben werden, z.B. auf welche Datenelemente ein bestimmtes Programm zugreift. Der Verwendungsnachweis ist die Umkehrung dazu: Er listet die durch direkte und indirekte Verknüpfung übergeordneten Elemente zu einem gegebenen Element, z.B. von welchen Programmen ein bestimmtes Datenelement verwendet wird.

Bei der Auswertung von Verknüpfungen zwischen Meta-Objekten ist danach zu unterscheiden, ob es sich um ein- oder mehrstufige Verknüpfungsstrukturen handelt. Erstere erfassen für ein gegebenes Meta-Objekt nur alle direkt mit ihm verknüpften Meta-Objekte, während letztere auch indirekt mit ihm in Beziehung stehende Meta-Objekte abbildet. Für die obigen Fragen nach den Zusammenhängen zwischen Programmen und Datenelementen wird die Auswertung mehrstufiger Verknüpfungsstrukturen notwendig, da Programme und Datenelemente nicht direkt, sondern über Datensätze (bzw. Relationen) miteinander verbunden sind. Die Darstellung von mehrstufigen Verknüpfungsstrukturen erfolgt in der Regel durch semi-graphische Strukturbäume, bei der die hierarchische Unterstellung durch eine entsprechende Einrückung sichtbar gemacht wird. Bild 4-10 zeigt dies für ein Beispiel.

---

20) Vgl. z.B. von Stülpnagel (1984), S. 65.

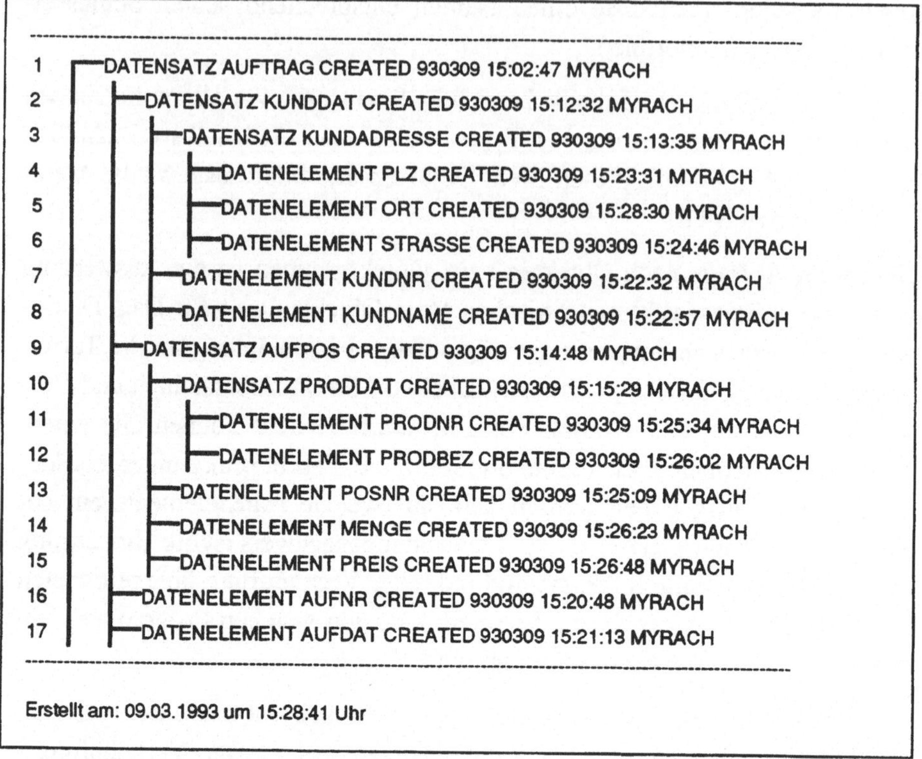

Bild 4-10:   Strukturstückliste für das Beispiel eines Auftragsdatensatzes

Verknüpfungsstrukturen lassen sich auch durch Matrizen abbilden, was allerdings nur für direkte, einstufige Verknüpfungen ohne weiteres möglich ist. Aus einer Matrixdarstellung können je nach Lesart sowohl Strukturübersichten als auch Verwendungsnachweise entnommen werden. Eine typische Anwendung der Matrixdarstellung ist die in Bild 4-11 anhand eines Beispiels gezeigte Verknüpfung zwischen Funktionen und Datengruppen, wie sie etwa im Rahmen der BSP-Analyse[21] üblich ist. Dabei ist zu beachten, daß eine Matrixdarstellung im einfachsten Fall nur die Tatsache der Verknüpfung selbst anzeigt, beispielsweise durch ein X. Darüber hinaus kann jedoch die Art der Verknüpfung noch durch spezielle Symbole verdeutlicht werden, in diesem Fall etwa C (Create), R (Read), U (Update) und D (Delete).

---

21) Im Zusammenhang mit Dictionary-Systemen vgl. insbesondere Sakamoto/Ball (1982).

	Kunde	Offerte	Auftrag	Kundenrechnung	Lieferant	Bestellung	Material	Lieferantenrechnung
Offertausarbeitung	CR	C					R	
Vorkalkulation		RU					R	
Offertversand	R	R						
Offertverfolgung	R	RU						
Auftragsannahme	CR	R	C					
Nachkalkulation			R	R			R	R
Rechnungsstellung	R		R	C				
Bestellung			R		CR	C		
Bestellverfolgung					R	RU		
Materialannahme					R	RU	CU	C

Bild 4-11:   Matrixdarstellung von Beziehungen zwischen Funktionen und Datengruppen

Neben den Auswertungen in Listenform bzw. als semi-graphische Struktur-listen bzw. Matrizen ist die Abbildung von Verknüpfungsstrukturen zwischen Meta-Objekten mit Hilfe von graphischen Symbolen darstellungs-technisch attraktiv. Gute, klar formulierte Diagramme spielen eine wesentli-che Rolle bei der Erstellung, dem Entwurf und der Wartung komplexer Systeme.[22] Viele der gängigen Entwurfstechniken, zumal die populärsten unter ihnen, zeichnen sich durch ein ausgebautes graphisches Darstellungs-instrumentarium aus. Die im vorhergehenden Kapitel angesprochenen ER-Diagramme, Hierarchiediagramme, Datenflußdiagramme, Strukturdiagram-me usw. gehören zu diesen. Die graphische Darstellung von Verknüpfungs-strukturen ist sowohl für Baum- als auch für Netzstrukturen möglich, wobei sie insbesondere bei Netzen gegenüber Strukturlisten als vorteilhaft er-scheint. Derartige Diagramme verlangen allerdings in der Regel spezielle Graphikeditoren. Mit der Hilfe von Graphikeditoren lassen sich üblicher-weise nicht nur Diagramme darstellen, sondern sie erlauben auch deren Manipulation.

---

22) Vgl. insbes. Martin/McClure (1985), S. 1 ff.

4.2.1.4. Integritätssicherungs- und Prüffunktion

Integrität ist die Eigenschaft einer Datenbank (hier: eines Dictionaries), daß alle in ihr gespeicherten (Meta-) Daten bestimmten Bedingungen bezüglich der Vollständigkeit und Korrektheit genügen.[23] Formal manifestieren sich diese Bedingungen in einer booleschen Formel, d.h. einem Prädikat, die den Wert *WAHR* annehmen muß, damit ein integrer Datenbankzustand vorliegt. Das können sehr grundlegende Sachverhalte sein, wie zum Beispiel:[24]

- Welche Meta-Attribute kann und welche muß ein Meta-Objekt haben?

  Beispiel: Jedes Meta-Objekt vom Typ *Attribut* muß durch die Meta-Attribute *Definition, Datentyp* und *Datenlänge* beschrieben sein; es kann außerdem eine *Beschreibung* haben.

- Welche Werte kann ein Meta-Attribut annehmen?

  Beispiel: Das Meta-Attribut *Datentyp* darf die Werte *Alpha, Numerisch* und *Alphanumerisch* annehmen.

- Welche Meta-Objekttypen dürfen in Meta-Beziehungen eines bestimmten Typs enthalten sein?

  Beispiel: Meta-Beziehungen vom Typ *Attributzuordnung* können Meta-Objekte vom Typ *Attribut* mit Meta-Objekten vom Typ *Entitätstyp* und *Beziehungstyp* miteinander verbinden.

- Welche Meta-Objekte eines bestimmten Typs sind von anderen Meta-Objekten existenzabhängig?

  Beispiel: Jedes Meta-Objekt vom Typ *Attribut* muß in einer Beziehung vom Typ *Attributzuordnung* enthalten sein.

Die oben genannten Integritätsbedingungen erscheinen vielleicht trivial, da ihre Einhaltung oftmals implizit über die jeweilige Datenstruktur sichergestellt ist. Dies hängt jedoch entscheidend von der Mächtigkeit des unterliegenden Datenmodells sowie der im Rahmen dieses Modells erfolgten Datenmodellierung ab.[25]

---

23) Vgl. z.B. Schlageter/Stucky (1983), S. 25 und 287 ff. Vgl. auch Date (1986), S. 437: "... integrity refers to the accuracy or validity of data."

24) Vgl. dazu auch Elmasri/Navathe (1989), S. 15.

25) Vgl. besonders Elmasri/Navathe (1989), S. 596 f. Sie unterscheiden zwischen den impliziten, expliziten und inhärenten Integritätsbedingungen eines Datenmodells.

Neben diesen Integritätsbedingungen sind natürlich noch eine Vielzahl weiterer denkbar und sinnvoll. Dies ist beispielsweise im Zusammenhang mit der Meta-Modellierung von Datenflüssen der Fall. Für einen Datenfluß muß ja gelten, daß wenigstens eines der von ihm betroffenen Objekte ein Prozeß ist, wobei es sich entweder um die Quelle oder die Senke des Datenflusses handeln kann. Dieser Sachverhalt erfordert eine komplexe Integritätsbedingung, die selbst mit den Mitteln eines semantischen Datenmodells wie dem ERM nicht ohne weiteres zu gewährleisten ist. Ein weiteres im Kontext von Dictionaries relevantes Beispiel für Integritätsbedingungen ist die Phasenverbundenheit von Meta-Objekten. Diese bezieht sich auf Objektstati wie *Entwicklung*, *Produktion* und *Archiv*. Sehr häufig bedingt ein bestimmter Objektstatus einen entsprechenden Status in anderen Objekten. So erscheint es beispielsweise plausibel, daß dann, wenn ein Objekt vom Typ *Datensatz* den Status *Produktion* annimmt, auch alle im Datensatz enthaltenen Objekte vom Typ *Datenelement* den gleichen Status bekommen müssen.

Integritätsregeln umfassen üblicherweise neben dem eigentlichen Bedingungsteil noch weitere Bestandteile, nämlich die Spezifikation, wann eine Überprüfung der Bedingung zu erfolgen hat (Auslöseteil) und welche Aktionen bei einer Erfüllung bzw. Verletzung der Bedingung auszulösen sind (Reaktionsteil).[26]

Die Überprüfung von Integritätsbedingungen ist sinnvollerweise unmittelbar an Ereignisse zu knüpfen, die ihre Verletzung herbeiführen können; im Datenbankkontext sind das die Datenmanipulationsoperationen Einfügen, Ändern und Löschen. Damit läßt sich sicherstellen, daß eine Integritätsverletzung gar nicht erst auftritt. Eine Überprüfung ist aber auch zu einem späteren Zeitpunkt denkbar, wobei dies dann entweder automatisch oder durch einen expliziten Aufruf entsprechender Prüfroutinen erfolgen kann.[27] Bei einer nachträglichen Überprüfung werden allerdings vorübergehende Integritätsverletzungen in Kauf genommen.

Im Reaktionsteil einer Integritätsbedingung wird festgelegt, welche Aktionen in Abhängigkeit von dem evaluierten Prädikat auszuführen sind. Solche Aktionen können Datenbankoperationen beinhalten oder Meldungen an den

---

26) Vgl. z.B. Schlageter/Stucky (1983), S. 292; Habermann/Leymann (1993), S. 229.

27) Vgl. auch Schlageter/Stucky (1983), S. 15.

Benutzer. Im Normalfall dürften dabei die Aktionen von Bedeutung sein, die bei einer Integritätsverletzung auszuführen sind. Diese sind wiederum abhängig vom eingetretenen Ereignis (Eingabe, Änderung, Löschung), das zu einer Integritätsverletzung führte.

Bei der Eingabe eines Objekts dürfte die typische Reaktion auf eine Integritätsverletzung sein, daß die Speicherung des betreffenden Objekts abgewiesen wird. Dies ist z.B. bei nicht-definierten Muß-Feldern der Fall. Eine alternative Reaktion dazu wäre, daß die entsprechenden Muß-Felder mit bestimmten Vorgabewerten angelegt werden. Bei der Spezifizierung von Beziehungen zu anderen Meta-Objekten steht dafür unter Umständen das Konstrukt des *Dummy*-Elements zur Verfügung, welches zwar logisch existiert, jedoch noch nicht physisch in dem Dictionary enthalten ist.

Bei der Löschung eines Objekts wäre die typische Reaktion, daß auf jeden Fall alle Beziehungen, an denen es beteiligt ist, ebenfalls gelöscht werden. Wenn wiederum andere Objekte von diesen Beziehungen existenzabhängig sein sollten, so würde das auch zur Löschung dieser Objekte führen müssen. Ein Beispiel wäre die Löschung eines Meta-Objekts vom Typ *Entitätstyp*, die auch zur Löschung der ihm zugeordneten Meta-Objekte vom Typ *Attribut* führen sollte. Als Alternative dazu könnte das gelöschte Objekt aber auch zu einem Dummy-Element werden, wodurch alle mit ihm verbundenen Beziehungen bestehen blieben.

Es ist denkbar, daß die Einhaltung von Integritätsbedingungen weder durch die Datenstruktur noch durch andere formale Mechanismen sichzustellen ist. Dafür können zum einen formal-technische Unzulänglichkeiten des Datenmodells bzw. der Datenmodellierung der Grund sein, wie sie oben beschrieben worden sind. Außerdem ist es unter Umständen nicht immer möglich oder sinnvoll, eine Integritätsbedingung so streng zu formulieren, daß sie absolute Gültigkeit besitzt und damit keine vorübergehenden oder dauerhaften Ausnahmen von der Regel zuläßt. In diesen Fällen kann nur vom Benutzer entschieden werden, ob eine Integritätsverletzung vorliegt oder nicht.

Das Aufspüren möglicher Integritätsverletzungen erfolgt im Rahmen einer Plausibilitätsprüfung, die sich üblicherweise auf speziell dafür vorgesehene Analysefunktionen bzw. Reports abstützt.[28] Ein Beispiel dafür ist die Über-

---

28) Vgl. auch Sokolowsky (1981b), S. 289, der in diesem Zusammenhang von Datenprüffunktionen spricht. Ein anderes Verständnis von Prüffunktionen wäre beispielsweise die Überprüfung von Anwendungsdaten auf die Einhaltung

prüfung, ob ausgewählte Meta-Objekte für bestimmte Meta-Attribute definierte Werte aufweisen. Entsprechend läßt sich analysieren, ob die Häufigkeit, mit der ausgewählte Meta-Objekte in Beziehungen eines bestimmten Typs auftreten, sich innerhalb definierter Mindest- und Höchstgrenzen bewegt. Besonders bedeutsam ist dabei die Suche nach isolierten Objekten, die in keiner Beziehung erscheinen. Dies ist z.B. für Objekte des Typs *Datenelement* interessant, von denen normalerweise anzunehmen ist, daß sie in wenigstens einer Datenstruktur (Entitätstyp, Relation, Datensatz, etc.) verwendet werden. Ebenso ließe sich überprüfen, ob alle Relationen in einer Datenbank von wenigstens einem Programm benutzt werden.

Bei einer Plausibilitätsprüfung, wie zum Beispiel der nach isolierten Objekten, ist jeweils zu entscheiden, ob die fehlende Verbindung zu anderen Objekten seine Richtigkeit hat oder eine Integritätsverletzung darstellt. Sollte ersteres der Fall sein, so ist es wichtig, daß dies dokumentiert werden kann, damit das fragliche Objekt bei weiteren Überprüfungen nicht jedesmal aufs neue aufgeführt wird; dies würde bei größeren Datenbeständen unter Umständen zu Reports mit vielen überflüssigen Nennungen führen, die dann von neu aufgetretenen Zweifelsfällen ablenken.

4.2.1.5. Zugriffsberechtigungsfunktion

In einem Dictionary sind üblicherweise keine Daten als Aussagen über eine (betriebliche) Diskurswelt gespeichert, sondern "nur" die gesamten DV-Strukturen eines Unternehmens als Meta-Daten enthalten, weshalb Sicherheitsbelange vordergründig als weniger wichtig erscheinen mögen. Durch die idealtypische Funktion eines Data Dictionaries als alleinige Quelle von Meta-Daten ergibt sich jedoch, daß eine unautorisierte oder versehentliche Änderung des Dictionary-Inhalts katastrophale Folgen für die Durchschaubarkeit und Wartbarkeit von Informationssystemen haben kann. Aus diesem Grund muß gerade auch ein Data Dictionary strengen Sicherheitsanforderungen bezüglich des Zugriffs auf die in ihm abgelegten Informationen genügen.[29]

---

bestimmter Wertebereiche im Sinne eines aktiven Dictionaries; vgl. dazu von Stülpnagel (1984), S. 67.

29) Vgl. dazu auch von Stülpnagel (1984), S. 68.

Für Data Dictionaries sind grundsätzlich dieselben Sicherheitskonzepte wie für Datenbanksysteme denkbar. Damit lassen sich Zugriffsrechte auf bestimmte Objekte regeln und welche Operationen über diese ausgeführt werden können. Im einfachsten Fall erfolgt eine vollständige Absicherung des gesamten Data Dictionaries gegen unbefugte Benutzer, die üblicherweise über ein Passwort sichergestellt wird. Die nächstfeinere Form des Zugriffsschutzes betrifft die Beschränkung einzelner Benutzer bzw. Benutzergruppen auf bestimmte (Meta-) Objekt- und Beziehungstypen. Auf diese Weise entsteht eine benutzerabhängige Sicht auf das unterliegende Repository-Schema, was nicht nur unter dem Gesichtspunkt der Sicherheit relevant ist, sondern unter Umständen auch die Übersicht über ein ansonsten zu komplexes Meta-Datenmodell erhöht. Als weitestgehende Form kann man festlegen, daß Benutzer nur auf bestimmte Meta-Objekte in bestimmten Meta-Objekttypen zugreifen können. Diese Möglichkeit geht über die üblichen Sicherheitskonzepte von Datenbanksystemen hinaus, erscheint aber sinnvoll, damit die Verantwortung für bestimmte Meta-Objekte einzelnen Benutzern bzw. Benutzergruppen zugeordnet werden kann.

Neben den Fragen, auf welche Typen von Meta-Objekten ein Benutzer zugreifen darf, ist noch festzulegen, welche Datenmanipulationen auf den entsprechenden Meta-Daten erlaubt sein sollen. Hier ist zwischen der Möglichkeit des Anlegens und Veränderns von Meta-Daten (Schreibrecht) und dem reinen Auswerten bzw. Weiterverwenden (Leserecht) zu unterscheiden. Dabei kann das Schreibrecht generell oder personenabhängig gewährt werden.

Eine generelle Schreibsperre auf ein existierendes Meta-Objekt ergibt sich insbesondere aus dessen Status. Eine Veränderung verbietet sich auf jeden Fall dann, wenn ein Meta-Objekt den Status *Produktion* aufweist und damit ein in Anwendung befindliches System dokumentiert. Meta-Objekte mit dem Status *Archiv* stellen eine Objekthistorie dar und dürfen im Normalfall auch nicht geändert werden. Generell sind nur Meta-Objekte mit dem Status *Entwicklung* ohne weiteres veränderbar. Die Berechtigung dafür sollte sich jedoch auf bestimmte Benutzer bzw. Benutzergruppen (Datenadministratoren oder für das Meta-Objekt verantwortliche Benutzer) beschränken lassen.

4.2.1.6. Versionsverwaltungsfunktion

Eine Versionsverwaltung erlaubt es, in einem Dictionary gleichzeitig verschiedene Versionen eines durch einen Namen eindeutig identifizierten

Meta-Objekts zu führen. Dabei ist grundsätzlich festzustellen, daß Versionen eines Objekts nicht dieselbe Bedeutung haben müssen.[30] Im Zusammenhang mit der Verwaltung von Meta-Daten sind insbesondere zwei Versionsarten relevant: Zum einen kann eine Versionen durch Änderungen aus einer anderen Version hervorgehen und damit eine Abfolge verkörpern, in der die neue Version die alte ersetzt; dies wird auch als Revision bezeichnet. Zum anderen ist es denkbar, daß für ein Programm mehrere Varianten erzeugt werden, die eine geringfügig andere Funktionalität aufweisen, prinzipiell aber gleichzeitig im Einsatz sind.[31] Sollen verschiedene Versionenkonzepte abgedeckt werden, dann verlangt dies nach einer mehrdimensionalen Versionierung.

Die Notwendigkeit des Führens von Varianten ergibt sich vor allem dann, wenn bestimmte Meta-Objekte in verschiedenen Systemen mit leicht voneinander abweichenden Spezifikationen verwendet werden und dies nicht ohne weiteres zu bereinigen ist. Varianten können auch für die Entwicklung von alternativen Lösungen im Rahmen eines Entwicklungsprozesses nützlich sein.

Revisionen ergeben sich aus der Behandlung von Änderungen, denen ein dynamisches System unterworfen ist. Als Beispiel dafür sei der am 1. Juli 1993 durchgeführte Wechsel von vierstelligen auf fünfstellige Postleitzahlen in der Bundesrepublik Deutschland erwähnt; eine Versionsverwaltung erlaubt es, die Länge der betroffenen Datenelemente anzupassen, ohne daß dadurch die alten Versionen überschrieben werden müssen. Dieser Anpassungsprozeß erfordert zumindest übergangsweise, daß beide Versionen dokumentiert bleiben. Auch wenn die veraltete Version nicht mehr für den Produktionsbetrieb relevant ist, kann das Führen von Historien für Meta-Objekte, die die zu bestimmten Zeitpunkten gültigen Ausprägungen dokumentieren, von Bedeutung sein. In Bild 4-12 wird eine Folge von Revisionen anhand eines Beispiels verdeutlicht.

---

30) Vgl. z.B. Habermann/Leymann (1993), S. 207.

31) Gotthard (1988), S. 29, kennzeichnet die Entwicklung eines (Meta-) Objekts im Zeitablauf durch den Begriff des Versionsgraphen. "Dabei sind Verzweigungen im Versionsgraph (Varianten) zu unterscheiden von linearen Nachfolgern (Revisionen)."

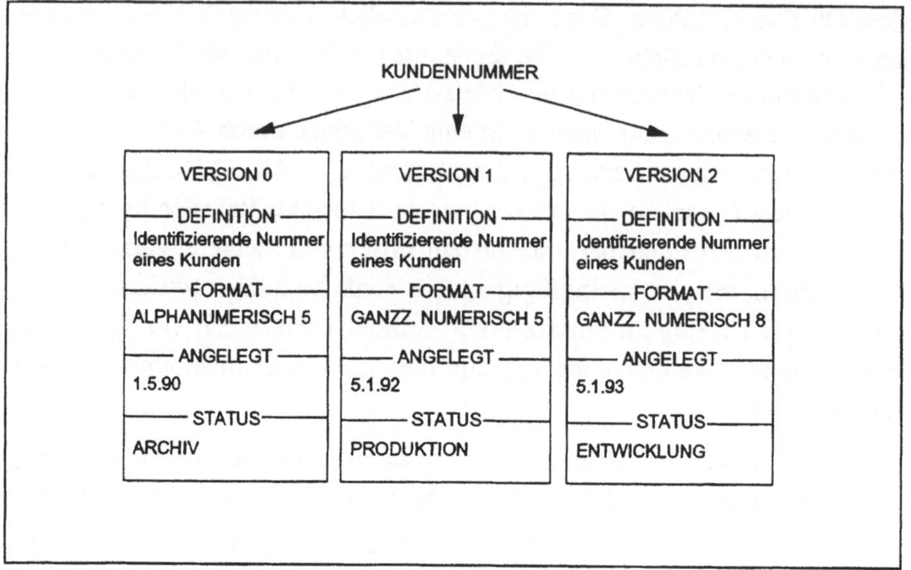

Bild 4-12:   Beispiel für eine Versionsführung

Eine Versionsverwaltung ist nicht mit der Erfassung von Entwicklungsstati bzw. Reifegraden als Attribute von Meta-Objekten zu verwechseln.[32] Der Entwicklungsstatus bzw. Reifegrad eines Meta-Objekts kennzeichnet den Zustand eines Objekts im Entwicklungszyklus. Dabei sind zumindest die Stati *Entwicklung* und *Produktion* zu unterscheiden. Bei der Neuentwicklung eines Systems werden zuerst alle neu eingeführten Objekte auf den Status *Entwicklung* gesetzt. Nach der Implementierung des Systems und dessen Freigabe wird der Status der davon betroffenen Objekte auf *Produktion* geändert. Der jeweilige Zustand zeigt keine Veränderung des betroffenen Meta-Objekts an, sondern nur eine Veränderung der administrativen Behandlung. Während Meta-Objekte mit dem Zustand *Entwicklung* jederzeit verändert werden können, werden Meta-Objekte im Produktionsstatus gegenüber jeder Änderung gesperrt. In diesem Fall sind Entwicklungsstati Attribute von Meta-Objekten. Zu einem gegebenen Zeitpunkt existiert immer nur eine Version eines Meta-Objekts, deren Attribute bei einer Zustandsänderung jeweils überschrieben werden.

---

32) Dies geschieht z.B. bei Biethahn/Mucksch/Ruf (1991), S. 226 f. Etwas mißverständlich auch bei Sokolowsky (1981b), S. 288, der zwischen Status und Variante nicht eindeutig unterscheidet.

Für historische, gegenwärtig nicht mehr gültige Versionen eines Meta-Objekts kann als drittes noch der Status *Archiv* eingeführt werden.

Wenn der Name als Identifikator eines Meta-Objekts entweder global oder typgebunden eindeutig sein muß, erfordert eine Versionsverwaltung, daß unterschiedliche Versionen eines Meta-Objekts unter verschiedenen Namen abgespeichert werden. Dies kann relativ einfach durch das Ergänzen des jeweiligen Namens um einen entsprechenden Zusatz geschehen, wobei dies idealerweise ein numerischer Postfix sein dürfte. Sollen beide Formen der Versionsführung abgedeckt werden, dann würde ein solcher Versionen-Postfix auch aus zwei Bestandteilen zusammengesetzt sein, nämlich einer Nummer für die Revision und einer für die Variante.

Eine andere, globalere Möglichkeit zur Behandlung von Versionen ist das Anlegen mehrerer Dictionaries. Dann werden nicht einzelne Meta-Objekte, sondern ganze Dictionaries als Versionen behandelt. Dieses Vorgehen bietet sich am ehesten im Entwicklungsstadium eines Projekts an, wenn verschiedene, deutlich voneinander abweichende Lösungsvarianten dokumentiert werden sollen. Allerdings kommt es dabei zu Redundanzen, weil außer den unterschiedlichen Varianten auch die gleich gebliebenen Systembestandteile in den einzelnen Dictionaries geführt werden müssen. Außerdem treten Probleme auf, wenn eine Variante weiterverfolgt werden soll, in einer anderen Variante jedoch inzwischen eine Anzahl damit nicht in direktem Zusammenhang stehender Erweiterungen und Änderungen durchgeführt worden ist.

4.2.2. Funktionen passiver Dictionary-Systeme

Über die Kernfunktionen des Data-Dictionary-Systems hinaus, die sich auf die Verwaltung der Meta-Daten innerhalb eines Data Dictionaries richten, sind noch solche Funktionen zu beschreiben, die die Beziehung zwischen einem Dictionary und seiner Umwelt unterstützen. Im Gegensatz zu einem aktiven Dictionary-System besteht bei einem passiven Dictionary-System keine unauflösliche Kopplung mit den relevanten Systemen der Umwelt. Dort liegen unter Umständen schon Meta-Daten in einer automatisierten Form vor, die in das Dictionary über geeignete Nachdokumentationsfunktionen eingebracht werden können. Entsprechend sind im Dictionary definierte Meta-Daten über Generierungsfunktionen verschiedenen Umgebungen zur Verfügung zu stellen. Generierungsfunktionen sind vor allem Kennzeichen eines bedingt aktiven Data Dictionaries.[33] Sie müssen in der Regel explizit angestoßen werden, um Meta-Daten für ein gegebenes Zielsystem zu erzeugen. Darin unterscheiden sie sich von den Funktionen eines unbedingt aktiven Dictionaries, bei der jedes Anlegen, Ändern oder Löschen der Datenstrukturen und Programme des Zielsystems eine automatische Anpassung des Inhalts des Data Dictionaries bewirkt.

4.2.2.1. Nachdokumentationsfunktion

Meta-Daten sind in einem Informationssystem an verschiedenen Orten definiert und damit ablesbar. So können z.B. aus den Datendeklarationen der Quellcodes von Programmen wesentliche Informationen zu Datenstrukturen und ihrer Verwendung abgeleitet werden.[34] Sind diese Meta-Daten nicht schon bei der Entwicklung im Data Dictionary dokumentiert worden, so sollte dies zumindest nachträglich geschehen. Um Meta-Daten mit möglichst geringem Aufwand ins Data Dictionary zu bringen, bietet es sich an, diese nachträgliche Dokumentation nicht manuell, sondern mittels einer automatisierten Nachdokumentationsfunktion durchzuführen. Mit Scannern lassen sich die Programmquellen und Datenbankschemata einlesen, die Meta-Daten in ein benötigtes Format überführen und in einem Dictionary ablegen. Allerdings können solche Scanner nur die aus den Datendeklarationen ersichtlichen maschinenorientierten Meta-Daten auslesen; wesentliche benutzerorientierte Informationen zur Semantik werden dadurch nicht erfaßt und müssen gegebenenfalls im Zuge eines nicht vollständig automatisierbaren Reengineerings rekonstruiert werden.

Die Idee der Nachdokumentation widerspricht grundsätzlich der Philosophie von Data Dictionaries, die stets alleinige und ausschließliche *Quelle* von Meta-Daten sein sollen. Danach wären Meta-Daten stets zuerst im Dictionary abzulegen und diese Daten verbindlich für alle Anwendungen zu machen. Damit sollten solche Nachdokumentationsfunktionen eigentlich nur

---

33) Vgl. dazu von Stülpnagel (1984), S. 66: "Auch wenn Data Dictionaries aktiv mit anderen Basissystemen zusammenarbeiten können, werden die beschriebenen Metadaten im wesentlichen aus zwei Gründen in weiteren speziellen Datenbasen vorkommen müssen: zum einen, weil sie in einen anderen Syntax benötigt werden (z.B. Copy-Strecken), zum anderen, weil sie laufzeitkritisch bearbeitet werden müssen (Directories)."

34) Vgl. z.B. Sokolowsky (1981b), S. 288.

im Zuge der nachträglichen Einführung eines Data Dictionaries oder in Ausnahmesituationen relevant sein.

4.2.2.2. Generierungsfunktion

Generierungsfunktionen sorgen dafür, daß im Dictionary abgelegte Meta-Daten automatisiert in den für ein gegebenes Zielsystem notwendigen Code umgewandelt und diesem damit zur Verfügung gestellt werden können. In herkömmlichen Data Dictionaries handelt es sich dabei vor allem um Datendeklarationen für Programme und Datenbanksysteme. Dabei werden Datendeklarationen üblicherweise als Textdatei generiert, die in die entsprechenden Programme oder Datenbanksysteme einzubinden bzw. zu übernehmen sind. Datenspezifikationen, die in Programme eingebunden werden können, werden als Copy-Strecken bzw. Copy-Books bezeichnet.[35] Diese brauchen nicht direkt in den Quellcode eines Programms übernommen werden, sondern können beim Bindevorgang automatisch an das Programm gebunden werden.

Neben den statischen Datendeklarationen sind in Programmen auch noch die jeweiligen Zugriffe auf Dateien bzw. Datenbanken mittels Lese- oder Schreiboperationen von Bedeutung. Auch diese können theoretisch direkt aus einem Dictionary generiert werden. Weiterhin könnten für einige der im Dictionary abgelegten Integritätsbedingungen (wie z.B. Wertebereiche) automatisch Programmodule erzeugt werden, die deren Einhaltung gewährleisten. Eine derartige Funktionalität führt allerdings in den Bereich der Programmcodegenerierung, der von herkömmlichen Data-Dictionary-Systemen üblicherweise nicht abgedeckt wird. Im Zusammenhang mit der Definition von Wertebereichen in Data Dictionaries wäre auch an eine automatische Generierung von Testdaten zu denken.[36]

4.2.2.3. Import- und Export-Funktion

Die oben angeführten Nachdokumentations- und Generierungsfunktionen sind im Prinzip nichts anderes als spezielle Import- und Exportfunktionen, die aus gegebenen Datenstrukturen und Programmcodes Meta-Daten ablei-

---

35) Vgl. z.B. von Stülpnagel (1984), S. 66; Durell (1985), S. 180.
36) Vgl. z.B. Sokolowsky (1981b), S. 290.

ten bzw. Meta-Daten in Datenstrukturen und Programmcodes überführen. Darüber hinaus kann es unter Umständen notwendig werden, Meta-Daten zwischen verschiedenen Data Dictionaries auszutauschen, z.B. zwischen einem globalen und verschiedenen lokalen Dictionaries. Für einen derartigen Austausch zwischen zwei Data Dictionaries des gleichen Systems steht im allgemeinen eine Schnittstelle zur Verfügung. Damit ein Austausch über eine Import-Export-Schnittstelle möglich ist, müssen dem Quellen- und dem Ziel-Data-Dictionary die gleichen bzw. kompatible Meta-Datenschemata unterliegen. Diese Bedingung kann im Regelfall natürlich nur dann verletzt sein, wenn ein System die freie Definition von Dokumentationsmodellen zuläßt.

Der Austausch von Meta-Daten zwischen Data Dictionaries wird noch komplizierter, wenn diese von verschiedenen Systemen verwaltet werden. In diesem Fall ist davon auszugehen, daß die Import- bzw. Export-Meta-Daten unterschiedliche Formate aufweisen. Außerdem können den fraglichen Systemen unterschiedliche Meta-Datenmodelle zugrunde liegen. Dies macht eine geeignete Transformation der auszutauschenden Meta-Daten erforderlich. Während die Umformung der Formate relativ trivial ist, kann sich die Überführung aus bzw. in unterschiedliche Meta-Datenmodelle als schwierig, wenn nicht sogar als unmöglich erweisen.

Selbst dann, wenn keine Transformation nötig oder diese problemlos möglich ist, treten Konsolidierungsprobleme auf, die aus einer unterschiedlichen Modellierung und Benennung von Sachverhalten resultieren. Diese Konsolidierung von Meta-Daten ist nicht trivial und sollte daher durch eine spezielle Funktion unterstützt werden.[37]

4.2.3. Funktionen aktiver Dictionary-Systeme

Ein unbedingt aktives Data Dictionary zeichnet sich dadurch aus, daß es zur Laufzeit von Programmen oder Datenbanksystemen eingeschaltet wird und diese mit Meta-Daten versorgt.[38] Entsprechend muß ein aktives Dictionary-System im Vergleich zu einem passiven über einige andere Funktionen verfügen, die unmittelbar die Steuerung von Systemkomponenten betreffen.

---

37) Vgl. dazu Kapitel 6.2.

38) Vgl. dazu die einführenden Definitionen in Kapitel 1.2.

4.2.3.1. Validierungsfunktion

Bei Programmiersprachen, die ursprünglich nicht für die Zusammenarbeit mit einem bestimmten Datenbanksystem entwickelt worden sind, müssen die benötigten Datenstrukturen und auch Datenzugriffe in Form spezieller Routinen jeweils ans Programm gebunden werden. Da Datenstrukturen normalerweise relativ stabil bleiben, braucht dieser Vorgang nicht jedesmal aufs neue durchgeführt zu werden, sondern nur dann, wenn eine Änderung der für den Datenzugriff relevanten Strukturen stattgefunden hat bzw. Zugriffsberechtigungen verändert worden sind.

Die modifizierten Routinen können dann beim Programmstart automatisch an das Programm gebunden werden. Diesem Vorgang sind natürlich Grenzen gesetzt. Sie sind nur dann ohne weiteres möglich, wenn die Modifikationen Objekte des internen Schemas betreffen, z.B. Indizes. Betrifft eine Modifikation jedoch ein Objekt der externen bzw. logischen Schicht, so würde das automatische Binden ein inkonsistentes Programm bewirken. Dann kommt eine automatische Neubindung nicht in Frage, sondern der Aufruf des betroffenen Programms muß gleich beim Start verhindert werden; dies gilt auch für fehlende Zugriffsberechtigungen. Außerdem ist ein Binden zur Laufzeit unter Performance-Gesichtspunkten nachteilig, weshalb es zumindest für operative Systeme üblicherweise nicht erfolgt.[39]

Die Validierung von Anwendungsprogrammen kann nicht nur für benötigte Datenbankobjekte und Zugriffsberechtigungen stattfinden, sondern auch für die im Rahmen dieser Anwendungen verwendeten Daten selbst.[40] Ein Beispiel dafür ist die Dokumentation des Wertebereichs von Datenelementen. Im Rahmen eines aktiven DDS ist es denkbar, daß diese Integritätsbedingungen nicht nur dokumentiert sind, sondern das System bei der Manipulation von Daten über die Einhaltung dieser Integrität wacht, wobei es sich dabei auf die im Dictionary abgelegten Angaben stützt. Der Vorteil dabei ist, daß einmal für ein Datenelement abgelegte Integritätsbedingungen automatisch eingehalten werden, ohne daß sie in jedes Anwendungspro-

---

39) Vgl. etwa die Aufführungen über DB2 bei Wiorkowski/Kull (1988), S. 250 f. Ähnlich auch Date/White (1988), S. 271.

40) Vgl. dazu GPS (1987), S. 27: "Jeder Zugriff auf Daten erfolgt "über" das Data Dictionary; dabei erfolgt neben der Prüfung der Zugriffsberechtigung auch die Formal- und Plausibilitätsprüfung der Daten."

gramm explizit übernommen werden müssen. Dies verringert nicht nur eine redundante Codierung, sondern erleichtert auch eventuelle Änderungen.[41]

4.2.3.2. Statistikfunktion

In aktiven Dictionaries kann der Zugriff auf einzelne Daten oder Programme festgehalten und dokumentiert werden. So ließen sich z.B. Statistiken erstellen, die aufzeigen, wie häufig ein gegebenes Datenelement aufgerufen worden ist oder eine bestimmte Datenabfrage ausgeführt wurde. Derartige Daten können insbesondere für Datenbankadministratoren wichtig sein, um das physische Schema einer Datenbank entsprechend den tatsächlichen Anforderungen ausrichten zu können und damit die Performance des Systems zu verbessern. Diese Funktion wird teilweise auch automatisch von bestimmten Programmen wahrgenommen. Im Kontext von Datenbanksystem ist das insbesondere der Query-Optimierer, der komplexe Abfragen intern so abzuwickeln versucht, daß eine minimale Antwortzeit erreicht wird.[42] Auch für ein derartiges Programm stellen Statistikdaten über die Verteilung und die Verwendung von Daten wichtige (Steuerungs-) Informationen dar.

4.3. Der IRDS-Standard der ANSI

Die Etablierung eines Standards für ein *Information Resource Dictionary System* (IRDS) wird gegenwärtig sowohl von der amerikanischen Normungsbehörde ANSI als auch von der internationalen ISO betrieben. Obwohl ursprünglich ein gemeinsamer Entwurf erarbeitet werden sollte, liegen mittlerweile verschiedene Ansätze vor. Die gemeinsamen Anfänge manifestieren sich vor allem darin, daß beiden IRDS-Standards die 4-Schichten-Architektur unterliegt. Zum gegenwärtigen Zeitpunkt hat allerdings nur die

---

41) Vor allem an 4GLs wird die Forderung gestellt, möglichst viele Definitionen und Verarbeitungsregeln (z.B. Datendefinitionen, Masken, Editierregeln, Überschriften, Fehler- und Hilfstexte, Prüfregeln, Integritätsregeln) programmextern in einem integrierten Data Dictionary abzulegen; vgl. etwa Bauer (1991), S. 41.

42) Vgl. z.B. Date/White (1988), S. 29 ff. Wiorkowski/Kull (1988), S. 209 ff.

ANSI einen vollständig spezifizierten Standard vorgelegt, der im folgenden überblicksartig dargestellt wird.[43]

Der IRDS-Standard der ANSI umfaßt sieben als Module bezeichnete Teilbereiche. Dabei ist das erste Modul, das den Kern beschreibt, von besonderer Bedeutung, da nur dieses von einem System abgedeckt werden muß, um dem Standard zu genügen. Alle anderen Module stellen Erweiterungen dieses Kerns dar und sind optional.

4.3.1. Das Kernmodul

Der Kernbereich des IRDS ist entsprechend der 4-Schichten-Architektur aufgebaut, d.h. auf der Ebene 1 ist das Datenmodell des Dictionary-Systems festgelegt, auf Ebene 2 das Dictionary-Schema und Ebene 3 beinhaltet das Dictionary, während auf Ebene 4 die eigentlichen Anwendungsdaten angesiedelt sind. Im Standard wird die Ebene 1 vollständig festgelegt.

Das vom IRDS unterstützte Datenmodell ist eine Variante des ERM, basiert also im wesentlichen auf den Bausteinen Entitätstyp, Beziehungstyp und Attribut (-styp). Dabei sind allerdings nur binäre Beziehungstypen zulässig, die jeweils zwei Entitätstypen miteinander verbinden. Außerdem sind Beziehungstypen gerichtet, indem einer der verbundenen Entitätstypen ausdrücklich als erster Entitätstyp bestimmt wird und der andere als zweiter; die umgekehrte Lesart ist als Inverse definiert. Verschiedene Beziehungstypen lassen sich zu einer Klasse zusammenfassen. Attribute können sowohl Entitätstypen als auch Beziehungstypen zugeordnet werden. Als weitere Besonderheit werden nicht nur skalare Attribute unterstützt, sondern auch Attributgruppen, die sich aus einzelnen Attributen zusammensetzen. Eine Attributgruppe kann jedoch nicht wiederum andere Attributgruppen enthalten. Attribute wie Attributgruppen lassen sich so definieren, daß Wiederholgruppen zulässig sind. In diesem Fall ist es möglich, einer Entität (bzw. Beziehung) für das entsprechende Attribut bzw. die Attributgruppe mehrere Werte zuzuordnen. Attributen können außerdem spezielle Validierungsprozeduren und -daten zugeordnet werden. Darüber hinaus stehen noch weitere

---

43) Eine vollständige Darstellung dieses Standards gibt ANSI (1989). Dieses Dokument ist jedoch sehr umfangreich; einen gründlichen technischen Überblick geben Goldfine/Konig (1988). Eine zusammenfassende Beschreibung des Standards findet man z.B. bei Goldfine (1985); Habermann/Leymann (1993), S. 84 ff.

Meta-Meta-Entitäten zur Verfügung, auf die hier nicht weiter eingegangen werden soll. Eine graphische Darstellung des Meta-Meta-Modells zeigt Bild 4-13.

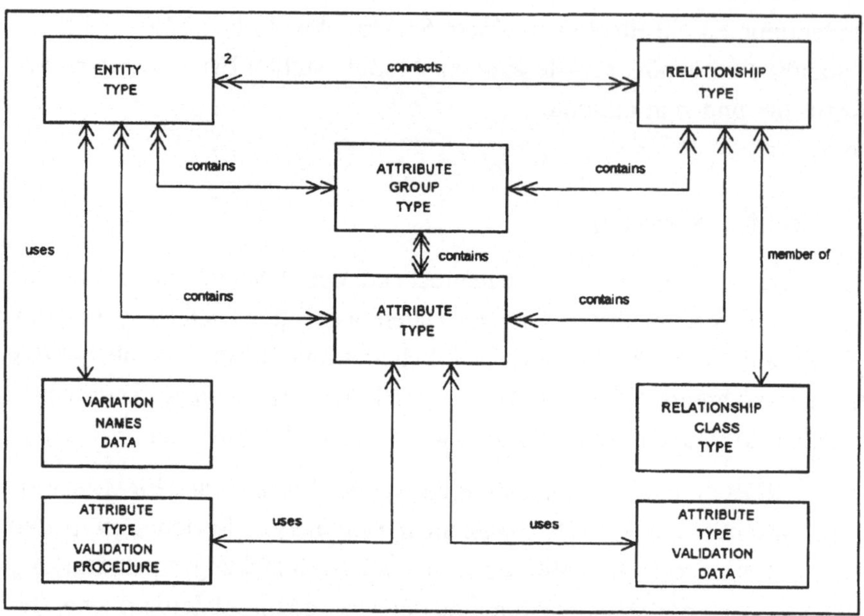

Bild 4-13:   Graphische Darstellung des Meta-Meta-Modells des IRDS

Das IRDS ist so angelegt, daß es selbstbeschreibend ist. Die Bausteine auf der Ebene 1, welche quasi das Meta-Meta-Datenmodell darstellen, sind also ebenfalls in dem Dictionary dokumentiert. Dies geschieht technisch über ein System von Tabellen.[44] Am Ausgangspunkt dieses Systems steht die Meta-Meta-Attributstabelle (MMAT), in der alle verwendeten Meta-Meta-Attribute als Tupel enthalten sind und mit ihren Eigenschaften spezifiziert werden. Desweiteren stehen Assoziationstabellen zur Verfügung, die die Zuordnung dieser Attribute zu den Meta-Meta-Entitätstypen (ET/AT) bzw. Meta-Meta-Beziehungstypen (RT/AT) beschreiben. Da die Philosophie des ERM im Rahmen des IRDS auch Attributgruppen vorsieht, ist auch eine Assoziationstabelle für die Zuordnung von Attributen zu Attributgruppen (AGT/AT) und von Attributgruppen zu Entitätstypen (ET/AGT) vorgesehen. Bild 4-14 zeigt diesen Zusammenhang. In den diversen Assoziationsta-

---

44) Vgl. Habermann/Leymann (1993), S. 91 ff.

bellen werden jeweils verschiedene Zuordnungsregeln festgelegt, z.B. daß
das gegebene Attribut für jede Entität bzw. Beziehung eine Instanz aufweisen muß oder daß die Instanz eines Attributs vom System generiert wird.

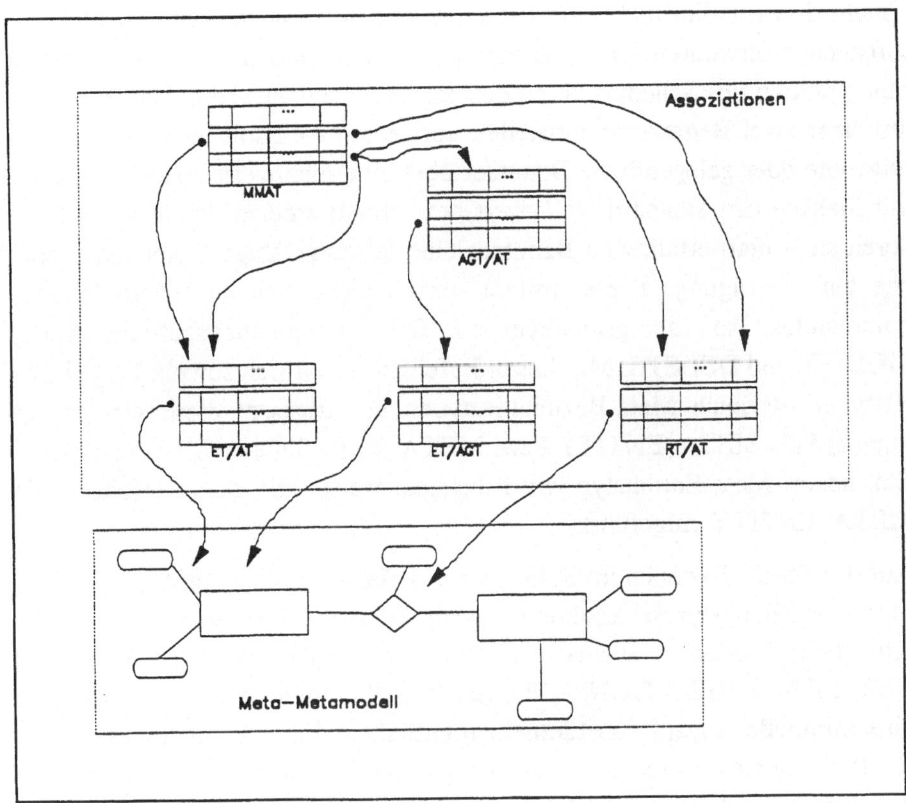

Bild 4-14:   Tabellensystem zur Dokumentation des Meta-Meta-Modells
              des IRDS
              (Quelle: Habermann/Leymann (1993), S. 96)

Mit den Mitteln dieses Modells wird auf der Ebene 2 ein IRD-Schema im-
plementiert. Der Standard selbst legt nur ein minimales IRD-Schema fest,
welches in jeder Implementation vorhanden sein muß. Es enthält die drei
Meta-Entitätstypen IRDS-User (DUSER), IRD-View (DVIEW) und IRD-
Schema-View (SVIEW). Zwischen diesen drei Entitätstypen sind zwei Be-
ziehungstypen definiert, die beide dem Beziehungsklassentyp HAS (Inverse:
OF) angehören, nämlich IRDS-USER-HAS-IRD-VIEW und IRDS-USER-
HAS-IRD-SCHEMA-VIEW; die Inversen sind dementsprechend als

IRD-VIEW-OF-IRDS-USER bzw. IRD-SCHEMA-VIEW-OF-IRDS-USER zu lesen.

Das minimale IRD-Schema wird benötigt, um die Nutzung des IRD-Schemas und des IRD zu steuern und dessen Integrität sicherzustellen. Darüber hinaus sind für die im Dictionary zu dokumentierenden Sachverhalte entsprechende Erweiterungen vorzunehmen. Dazu muß die Möglichkeit zur Manipulation des Schemas durch den Benutzer gegeben sein. Das Kernmodul sieht zwei Benutzerschnittstellen vor: zum einen soll insbesondere der ungeübte oder gelegentliche Benutzer über eine menügesteuerte Oberfläche mit Masken (im Standard als *Panels* bezeichnet) arbeiten können, zum anderen steht dem erfahrenen Benutzer eine leistungsfähige Kommandosprache zur Verfügung. Diese umfaßt verschiedene Schema-Manipulationskommandos, so die grundlegenden Datenmanipulationsbefehle ADD, MODIFY und DELETE. Mit diesen Befehlen lassen sich sowohl Meta-Entitätstypen als auch Meta-Beziehungstypen beeinflussen; diese werden im Standard als META_ENTITY bzw. META_RELATIONSHIP bezeichnet.[45] Ein neuer Meta-Entitätstyp wird beispielsweise mit dem Befehl ADD META_ENTITY eingeführt.

Auf der Ebene 3 können im Rahmen der definierten Meta-Entitätstypen und Meta-Beziehungstypen konkrete Instanzen eingeführt werden, die das eigentliche Dictionary ausmachen; diese Instanzen werden im Standard als ENTITY bzw. RELATIONSHIP bezeichnet. In einem Dictionary ist immer eine minimale Anzahl von Elementen enthalten, die sich aus dem minimalen IRD-Schema ergibt. So macht beispielsweise ein gegebenes Dictionary nur dann einen Sinn, wenn dafür mindestens ein Benutzer definiert ist. Die grundlegenden Datenmanipulationsbefehle entsprechen jenen der darüberliegenden Ebene (ADD, MODIFY, DELETE), nur daß in den Befehlen anstatt META_ENTITY bzw. META_RELATIONSHIP die Schlüsselworte ENTITY bzw. RELATIONSHIP verwendet werden.

Der IRDS-Standard sieht für jede Entität der Ebenen 2 und 3 jeweils zwei Namen vor: den Zugriffsnamen (ACCESS_NAME) und den Beschreibungsnamen (DESCRIPTIVE_ NAME). Der Zugriffsname ist im Rahmen des Dictionaries der wichtigere; die meisten Kommandos und Masken basieren auf ihm. Damit er möglichst einfach zu gebrauchen ist, wird er

---

45) Zu diesen begrifflichen Abweichungen vgl. auch Kapitel 2.2.

eher kurz gehalten sein.[46] Ein solcher kurzer Name ist jedoch unter Umständen nicht sehr aussagekräftig, weshalb mit dem Beschreibungsnamen ein längerer, sprechender Name vergeben werden kann.[47] Die Namen werden jeweils beim Anlegen von Instanzen auf der jeweiligen Ebene (Kommando ADD) vom Benutzer vergeben; der Zugriffsname soll sich über einen Standardalgorithmus auf Wunsch auch automatisch generieren lassen. Namen können im nachhinein ohne weiteres geändert werden. Dazu steht das spezielle Kommando

MODIFY (META_) ENTITY ACCESS_NAME bzw.

MODIFY (META_) ENTITY DESCRIPTIVE_NAME

zur Verfügung.

Beide Namen müssen typübergreifend innerhalb des gesamten IRD eindeutig sein; wenn also beispielsweise der Name *Kunde* für eine Entität des Typs *Datei* vergeben ist, dann kann er nicht auch noch eine Entität des Typs *Datensatz* bezeichnen. Allerdings ist ein Versionenkonzept vorgesehen, welches das Führen gleichnamiger Entitäten als Versionen voneinander erlaubt. Dieses Versionenkonzept wird dadurch realisiert, daß an den vergebenen Namen jeweils ein Versionsidentifikator angehängt wird. Dieser Versionsidentifikator setzt sich wiederum aus zwei Komponenten zusammen, nämlich einem Variationsnamen und einer Revisionsnummer. Während der Variationsname die zu einem Zeitpunkt gleichzeitig gültigen Versionen einer Entität kennzeichnen soll, ist die Revisionsnummer für die Kennzeichnung verschiedener sich ablösender Zustände im Sinne einer historischen Entwicklung gedacht. Varianten sind übrigens nur auf der dritten Ebene vorgesehen.

Abgesehen vom Zugriffs- und Beschreibungsnamen werden im IRDS-Standard keine weiteren Aliasnamen für die (Meta-) Entitäten des Dictionaries unterstützt. Diese lassen sich damit lediglich als normale Attribute definieren. Hierfür wird im Rahmen des Moduls 2 (*Basic Functional Schema*) der

---

46) Vgl. dazu Goldfine/Konig (1988), S. 22: "In most organizations, the access-name will probably be terse, to minimize the number of keystrokes required to manipulate the IRD, thereby saving time and reducing the potential for error." Newton (1991), S. 64, gibt dafür das Beispiel EMPL NM (Name of Employee).

47) Vgl. dazu Goldfine/Konig (1988), S. 23: "The descriptive-name will normally be longer and more meaningful than the access-name." Newton (1991), S. 64, gibt dafür das Beispiel NAME_OF_EMPLOYEE.

Attributtyp ALTERNATE-NAME vorgeschlagen.[48] Da Aliasnamen sehr häufig kontextbezogen sind, ist es u.U. nützlich, sie im Rahmen einer Attributgruppe IDENTIFICATION-NAMES zu qualifizieren, die außerdem noch das Attribut ALTERNATE-NAME-CONTEXT enthält. Dabei ist offenbar vor allen an bestimmte Programmiersprachen bzw. -umgebungen gedacht.

Der IRDS-Standard sieht außerdem ein Lebenszyklus-Konzept vor. Dieses ist ebenfalls sowohl für Entitäten der zweiten als auch der dritten Ebene gültig. Im Kernmodul werden lediglich die Zustände *Archiviert*, *Kontrolliert* und *Unkontrolliert* unterschieden. Dabei sind archivierte Entitäten solche, die nicht länger in operativen Systemen gebraucht werden, jedoch weiter dokumentiert bleiben sollen. Kontrollierte Entitäten beschreiben dagegen operative Systeme. Unkontrollierte Entitäten schließlich befinden sich noch in der Entwicklung. Mit diesen Stati sind bestimmte Integritätsbedingungen verknüpft. So können Entitäten grundsätzlich nur als *Unkontrolliert* eingeführt und geändert werden. Die Zustände von Entitäten lassen sich über das Kommando

MODIFY (META_) ENTITY LIFE_CYCLE_PHASE

verändern.

Ein Dictionary wird mit dem Befehl CREATE IRD angelegt. Unter einem IRDS lassen sich verschiedene Dictionaries verwalten. Deshalb ist jeweils zu bestimmen, mit welchem Dictionary gearbeitet werden soll. Ein existierendes Dictionary wird mit dem Befehl ACTIVATE IRD geöffnet, ein offenes Dictionary mit DEACTIVATE IRD wieder geschlossen. Werden Meta-Daten in verschiedenen Dictionaries geführt, so folgt daraus beinahe zwangsläufig die Notwendigkeit eines Datenaustausches. Zu diesem Zweck sieht der IRDS-Standard eine IRD-IRD Schnittstelle vor. Die Befehle zum Austausch von Meta-Daten zwischen Dictionaries sind EXPORT bzw. IMPORT IRD. Da Dictionaries nicht nur unterschiedliche Meta-Daten, sondern auch voneinander abweichende Schemata aufweisen können, ist ein Austausch von Meta-Daten u.U. problematisch. Er ist nur dann ohne weite-

---

48) Vgl. dazu Goldfine/Konig (1988), S. 24: "Alternate-names are ordinary attributes of entities -- they do not have version-identifiers, they do not have to be unique, different entities can have the same alternate-name, and the IRDS does not include any rules for the use of these names."

res möglich, wenn die fraglichen Dictionaries ein kompatibles Schema besitzen, was mit dem Befehl

CHECK IRD SCHEMA COMPATIBILITY

überprüft werden kann.

Daneben werden noch weitere Funktionen angeboten und im Rahmen der Kommandosprache durch entsprechende Befehle unterstützt. Dies betrifft insbesondere die diversen Auswertungsmöglichkeiten, die mittels verschiedener OUTPUT-Befehle ausgelöst werden können.

4.3.2. Ergänzende Module

Das Kernmodul (Modul 1) des IRDS-Standards kann um bis zu sechs weitere Module ergänzt werden, mit denen jeweils eine zusätzliche Funktionalität realisiert wird.

Das Modul 2 umfaßt ein funktionales IRD-Schema, welches auf der Ebene 2 eine Menge von Meta-Entitäten und Meta-Beziehungen implementiert, mit denen grundlegende DV-Sachverhalte dokumentiert werden können. Dieses Schema wird als Ausgangspunkt für Dokumentationsaktivitäten angesehen und ist sukzessive um weitere Aspekte zu erweitern. Insgesamt werden 8 verschiedene Meta-Entitäten angeboten, nämlich USER (USR), SYSTEM (SYS), PROGRAM (PGM), MODULE (MDL), FILE (FIL), DOCUMENT (DOC), RECORD (REC) und ELEMENT (ELE). Zwischen diesen sind eine Menge von Meta-Beziehungen vorgesehen, die den folgenden Beziehungsklassentypen angehören: CONTAINS, PROCESSES, RESPONSIBLE-FOR, RUNS, GOES-TO, DERIVED-FROM und CALLS. Damit sollen sich die Mehrzahl der gegenwärtig existierenden und geplanten Systeme abbilden lassen. Ein Beispiel dafür gibt Bild 4-15. Vergleicht man diesen Vorschlag mit den im Kapitel 2 behandelten 4-Quadranten-Ansätzen, so fällt auf, daß vor allem implementationsnahe Sachverhalte berücksichtigt werden. Außerdem entspricht die Beschreibung der Datenwelt im wesentlichen einer dateiorientierten Datenverwaltung und ist weniger für die Dokumentation von Datenbanken geeignet.

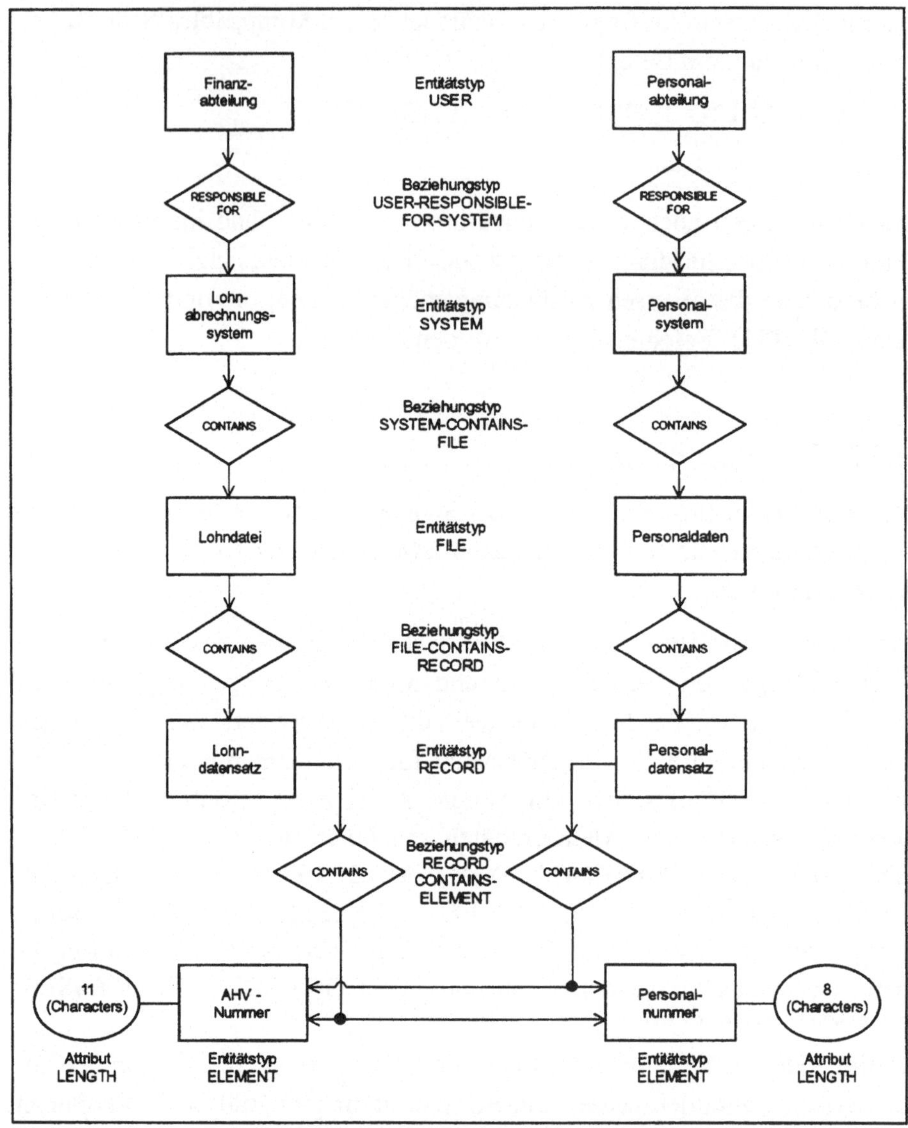

Bild 4-15:   Beispiel für die Abbildung eines Informationssystems im
            Dictionary-Schema des IRDS-Moduls 2
            (in Anlehnung an Goldfine/Konig (1988), S. 13)

Das Modul 3 stellt Möglichkeiten zur Verfügung, mit denen ein umfassendes Sicherheitskonzept für das IRDS implementiert werden kann. Diese erlauben die Beschränkung des Zugriffs auf bestimmte Instanzen des IRD-Schemas und des IRD sowie auf eine bestimmte Funktionalität. Dabei wird unterschieden zwischen einer globalen Sicherheit sowie einer Sicherheit auf der Ebene von Entitäten. Über die globale Sicherheit kann der Zugriff von Benutzern auf alle Instanzen eines bestimmten Typs geregelt werden. So ist es möglich, daß ein bestimmter Benutzer die Instanzen des Entitätstyps ELEMENT nur lesen darf. Die Sicherheit auf der Ebene der Entitäten erlaubt darüber hinaus, auch einzelne Typinstanzen gegenüber einem Zugriff zu sperren. Dazu wird im IRD-Schema der zusätzliche Typ ACCESS-CONTROLLER eingeführt. Eine Instanz dieses Typs kann über Beziehungstypen der Klasse SECURED-BY mit Entitäten aller anderen Typen mit Ausnahme der Typen des Minimalschemas und des eigenen Typs verbunden werden. Jeder Instanz des Typs ACCESS-CONTROLLER wird ein READ- und ein WRITE-LOCK zugewiesen. Dabei handelt es sich jeweils um eine vom System generierte und kontrollierte Codenummer, die den Benutzern nicht sichtbar ist. Den LOCKs entsprechen der READ- bzw. WRITE-KEY, die der Instanz einer IRD-VIEW zugeordnet sind. Die interne Nummer eines KEYs muß mit der des korrespondierenden LOCKs übereinstimmen, damit das Lesen und/oder Schreiben der so geschützten Entitäten erlaubt wird.

Das Modul 4 unterstützt die Einführung zusätzlicher Lebenszyklus-Phasen. Gegeben sind die drei im Kernmodul definierten Phasen *Archiviert*, *Kontrolliert* und *Unkontrolliert*. Während die ersten beiden Phasen nicht weiter unterteilt werden können, läßt sich eine Menge von unkontrollierten Phasen definieren, mit der man die verschiedenen Entwicklungsphasen eines Systems beschreiben kann, z.B. die Phasen *Analyse* und *Design*. Für die verschiedenen Phasen ist eine lexikalische Ordnung zu definieren, in der eine Phase "größer als" eine andere Phase ist. Im Standard wird dies als Hierarchie bezeichnet. Grundsätzlich ist die Phase *Archiviert* "größer als" die Phase *Kontrolliert* und diese wiederum "größer als" alle unkontrollierten Phasen. Sind mehrere unkontrollierte Phasen definiert, so ist zwischen diesen ebenfalls eine lexikalische Ordnung zu definieren. Als weiteres Konzept im Rahmen dieses Moduls wird die Phasenverbundenheit von Entitäten als eine spezielle Integritätsregel unterstützt. Eine Phasenverbundenheit zwischen zwei Entitäten wird über eine Beziehung hergestellt, wenn deren Typ als phasenverbindend eingestuft wurde. Dann ist nämlich die erste Entität der gerichteten Beziehung bezüglich der Phase abhängig von der zweiten Entität. Das bedeutet, daß sie stets derselben Phase zugeordnet sein muß wie die Entität, von der sie abhängig ist. Begründet also beispielsweise der Beziehungstyp FILE-CONTAINS-RECORD eine Phasenverbundenheit, so kann keine Instanz des Entitätstyps FILE den Status *Kontrolliert* annehmen, ohne daß alle mit ihr über Beziehungen dieses Typs verbundenen Instanzen des Entitätstyps RECORD auch diesen Status aufweisen.

Das Modul 5 stellt eine Prozedursprache zur Verfügung. Damit lassen sich Prozeduren definieren und ausführen. Natürlich sind im Rahmen dieser Sprache alle im Kernmodul definierten IRD-Kommandos möglich. Darüber hinaus werden die üblichen prozeduralen Strukturelemente wie Wiederholungen (DO-Statements) und Fallunterscheidungen (IF-Statements) sowie Befehle zur Zuweisung von Werten zu Variablen angeboten. Prozeduren werden ebenfalls im IRD gespeichert. Dazu wird der Meta-Entitätstyp IRDS-PROCEDURE eingeführt, deren Instanzen jeweils eine definierte Prozedur enthalten. Der Aufruf von Prozeduren erfolgt über den Befehl RUN IRDS-PROCEDURE; diesem Aufruf können gegebenenfalls Argumente mitgegeben werden.

Im Modul 6 wird eine Schnittstelle definiert, über die in einer Standardprogrammiersprache entwickelte Anwendungsprogramme auf das IRDS zugreifen können. Dies geschieht über die von diesen Programmiersprachen unterstützten CALL-Befehle. Damit wird das IRDS zu einer Subroutine des betreffenden Anwendungsprogramms. Die auszuführenden IRDS-Kommandos müssen in Anführungszeichen gesetzt als Parameter einem CALL mitgegeben werden. Desgleichen sind Ergebnisse bzw. Fehlermeldungen von Aufrufen als Parameter zu übernehmen. Da die Möglichkeiten dieser Schnittstelle vergleichsweise beschränkt sind, ist eine erweiterte IRDS-Service-Schnittstelle in Aussicht genommen. Diese soll die Mittel bereitstellen, mit denen eine Umgebung konstruiert werden kann, in der das IRDS wirklich aktiv ist.

4.4. Beispiele für Dictionary-Systeme

Dictionary-Funktionen finden sich neben primären Dictionaries vor allem als sekundäre Funktion von Datenbanksystemen und von CASE-Tools. Data Dictionaries werden auch häufig im Zusammenhang mit den sog. Sprachen der vierten Generation erwähnt. Weiterhin können sie auch im Zusammenhang mit Standardsoftware eine Rolle spielen, wofür die Software-Pakete R/2 und R/3 der Firma SAP, die jeweils über eine eigene Dictionary-Komponente verfügen, ein Beispiel darstellen.[49]

In den folgenden Kapiteln werden am Beispiel dreier kommerziell vertriebener Werkzeuge verschiedene Kategorien von (Data) Dictionaries gegenübergestellt. Als primäres Dictionary wird ROCHADE beschrieben, als sekundäre Dictionaries der Datenkatalog des relationalen Datenbanksystems DB2 und das Repository des CASE-Tools ADW. Dabei wird keine umfassende Darstellung der jeweiligen Werkzeuge angestrebt, sondern lediglich das Herausstellen der charakteristischen Eigenschaften, insbesondere der internen Organisation der Meta-Daten. Die Auswahl gerade dieser Werkzeuge erfolgte vor allem aufgrund des Vorliegens konkreter Anwendungserfahrungen und bedeutet nicht zwangsläufig, daß sie in ihrer Klasse beispielhaft oder herausragend wären.

4.4.1. Der DB2-Datenkatalog als sekundäres Dictionary-System

Ein Data Dictionary ist für den Betrieb eines Datenbanksystems von zentraler Bedeutung. Eine gelegentlich in Zusammenhang mit Datenbanksystemen geäußerte Forderung ist die nach selbstbeschreibenden Datenbanken. Danach soll eine Datenbank nicht nur die eigentlichen Daten enthalten, sondern auch eine Dokumentation der eigenen Datenstrukturen und damit der Meta-Daten, die mit genau denselben Mitteln des Datenmodells des verwendeten Datenbanksystems erstellt und manipuliert wird.[50] Diese Forderung wird auch in den von Codd formulierten zwölf Regeln, die nach seiner

---

49) Eine Übersicht über die Funktionalität des R/3-Systems unter besonderer Berücksichtigung des Data Dictionaries läßt sich in Habermann/Leymann (1993), S. 165 ff finden.

50) Vgl. dazu Mark/Roussopoulos (1983), S. 586.

Sicht ein Datenbanksystem erfüllen muß, um als relational zu gelten, als Regel 4 aufgegriffen:

> "Die Datenbankbeschreibung wird auf der logischen Ebene genauso dargestellt wie gewöhnliche Daten, so daß autorisierte Benutzer dieselbe relationale Sprache für die Abfrage der Metadaten benutzen können wie für reguläre Daten."[51]

Demgemäß muß ein relationales Datenbanksystem einen auf dem relationalen Datenmodell fußenden dynamischen Online-Katalog unterstützen, der sich aus einer Anzahl von Relationen zusammensetzt, die mit Standard-Befehlen (z.B. SQL) abgefragt werden können. Aufgrund der Speicherung der Meta-Daten in verschiedenen Relationen ist erforderlich, daß die zu berücksichtigenden Meta-Objekte in eine normalisierte Form gebracht und die Verbindungen zwischen einzelnen Meta-Objekten über Primär-Fremdschlüssel-Beziehungen hergestellt werden.

Die im Datenkatalog enthaltenen Relationen entsprechen den für relationale Datenbanksysteme relevanten Meta-Objekten, also z.B. Tabellen, Attributen, Views, Indizes, Table Spaces, Zugriffsberechtigungen und Anwendungsplänen. Die im Katalog zu den jeweiligen Meta-Objekten abgelegten Meta-Daten sind vor allem maschinenorientiert; diese müssen zur physischen Definition von Datenstrukturen spezifiziert werden oder machen statistische Aussagen über die physische Speicherung von Daten. Darüber hinaus steht üblicherweise für die Beschreibung von Tabellen und Attributen ein Kommentarfeld zur Verfügung, in dem benutzerorientierte Textinformationen gespeichert werden können.

---

51) Eigene Übersetzung nach Codd (1985) bzw. Codd (1986b). Eine Übersetzung der Originalregeln findet sich auch in Codd (1986a). Sehr viel weitergehende Anforderungen an einen relationalen Datenkatalog werden in Codd (1990), S. 277 ff, formuliert.

Der Datenkatalog von DB2 umfaßt dreißig Tabellen, die alle im Zusammenhang mit einer Datenbank relevanten Informationen enthalten.[52] In Bild 4-16 wird eine Darstellung der Meta-Struktur dieses Katalogs gegeben, wobei alle die Autorisierung betreffenden und einige andere in diesem Zusammenhang als weniger wichtig angesehenen Katalogtabellen übergangen werden. In dieser Graphik stellen die Kästchen jeweils Relationen bzw. Tabellen dar, die gerichteten Kanten zwischen ihnen stehen für Primär-Fremdschlüsselbeziehungen. Der Pfeil von der Tabelle SYSCOLUMNS auf SYSTABLES besagt beispielsweise, daß die erstere einen Fremdschlüssel beinhaltet, der die letztere referenziert. Auch die abgebildeten Kanten decken nicht vollständig alle zwischen den Relationen bestehenden Beziehungen ab. So ist es etwa möglich, von SYSCOLUMNS über einen entsprechenden Fremdschlüssel direkt auf die zugehörige Datenbank zu schließen.

Von zentraler Bedeutung für die Darstellung der logischen Struktur sind die in einer Datenbank enthaltenen Tabellen, die in SYSTABLES geführt werden. In Tabelle 4-1 sind einige der Attribute dieser Systemtabelle aufgeführt.

---

52) Diese Aussagen beziehen sich auf DB2 Release 3; vgl. die entsprechende IBM-Dokumentation, hier IBM (1987). Ohne Erläuterungen ist die Katalogstruktur z.B. auch im Anhang von Larson (1988), S. 367 ff, wiedergegeben. Einen kurzen, informativen Überblick über die Prinzipien und Funktionsweise gibt z.B. Date/White (1988), S. 143 ff. Auf die Rolle des Katalogs bei der Anwendungsprogrammierung und Datenbankadministration wird ausführlich bei Wiorkowski/Kull (1988) eingegangen.

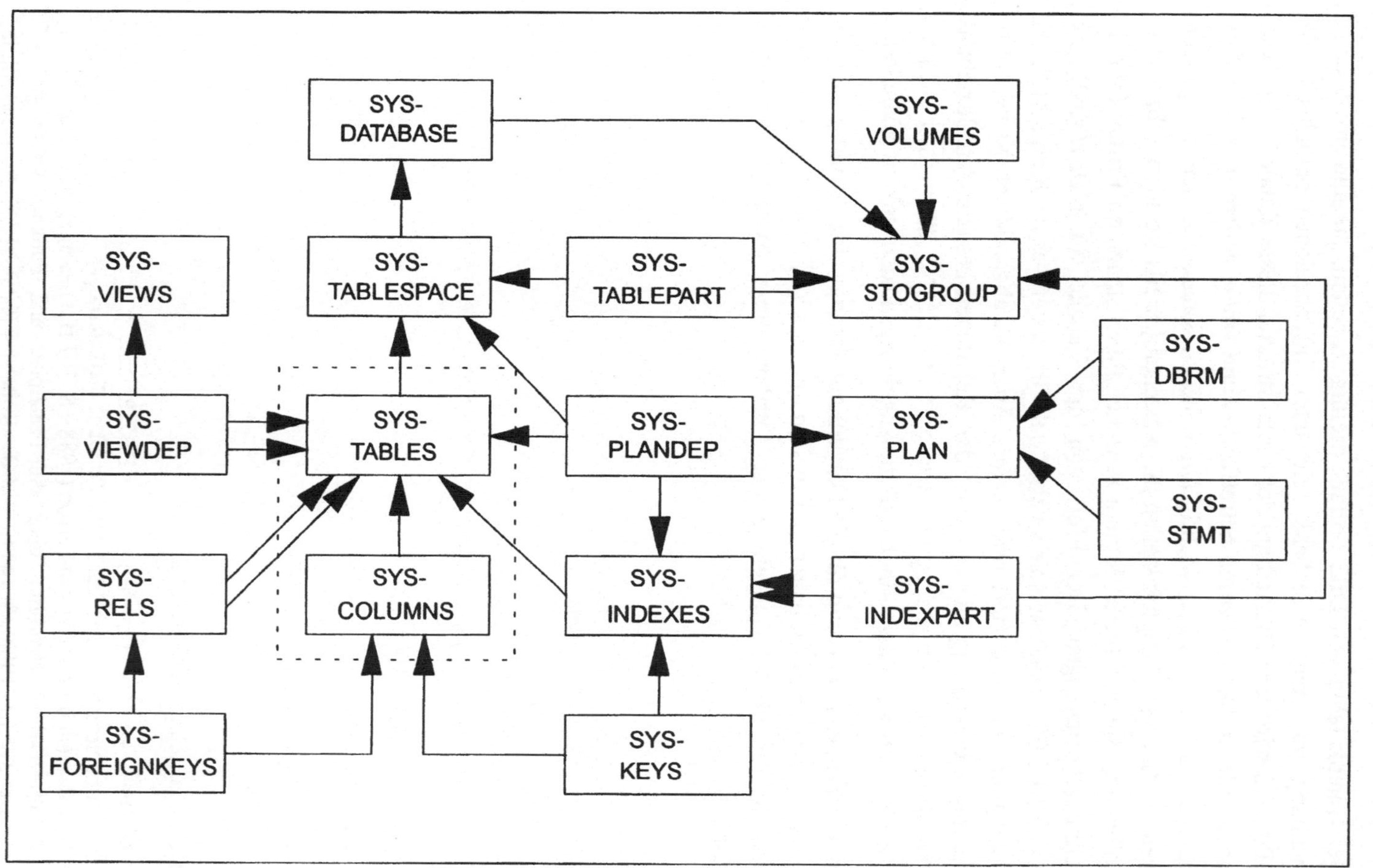

Bild 4-16:   Meta-Datenstruktur des DB2-Datenkatalogs

CREATOR	Benutzernummer desjenigen, der die Tabelle angelegt hat
NAME	Name der Tabelle bzw. der View
TYPE	T für eine Tabelle und V für eine View
REMARKS	Kommentar (Definition, Beschreibung, etc.)
COLCOUNT	Anzahl der in der Tabelle (oder View) enthaltenen Attribute
KEYCOLUMNS	Anzahl der Attribute im Primärschlüssel
PARENTS	Anzahl der Tabellen, von denen die Tabelle referentiell abhängig ist
CHILDREN	Anzahl der Tabellen, die von der Tabelle referentiell abhängig sind
DBNAME	Name der Datenbank
TSNAME	Name des Table Space

Tabelle 4-1: Auswahl von Attributen der Katalogtabelle SYSTABLES

In derselben Tabelle werden auch Views dokumentiert. Da Views als virtuelle Tabellen immer auf anderen Tabellen bzw. Views basieren, muß diese Abhängigkeit zusätzlich dokumentiert werden, was in SYSVIEWDEP geschieht. Zu jeder View wird außerdem die Bildungsanweisung in der Tabelle SYSVIEWS vermerkt.

Jede Tabelle ist in einem *Table Space* (SYSTABLESPACE) enthalten, wobei dieser wiederum in verschiedene Partitionen (SYSTABLEPART) zerlegt sein kann. Über *Table Spaces* erfolgt die direkte bzw. indirekte Zuordnung zu VSAM-Sets auf der Betriebssystemebene. Die indirekte Zuordnung geschieht über Speichergruppen (SYSSTOGROUP), die wiederum verschiedene Speichereinheiten (Volumes) umfassen können (SYSVOLUMES). Jeder *Table Space* ist einer bestimmten Datenbank (SYSDATABASE) zugeordnet.

Tabellen bzw. Views bestehen aus Attributen, die in SYSCOLUMNS dokumentiert werden. Einige von deren Attributen sind in Tabelle 4-2 aufgeführt.

NAME	Name des Attributs
TBNAME	Name der Tabelle (bzw. der View), zu der das Attribut gehört
TBCREATOR	Benutzeridentifikation des Benutzers, der die Tabelle (bzw. View) angelegt hat
COLNO	Positionsnummer des Attributs in der Tabelle (bzw. View)
KEYSEQ	Positionsnummer des Attributs im Primärschlüssel
COLTYPE	Datentyp des Attributs
LENGTH	Länge des Attributs
SCALE	Skala von Dezimaldaten
NULLS	Zulässigkeit von Nullwerten (Y oder N)
REMARKS	Kommentar (Definition, Beschreibung, etc.)

Tabelle 4-2:   Auswahl von Attributen der Katalogtabelle SYSCOLUMNS

Über Indizes (SYSINDEXES) ist ein beschleunigter Zugriff auf Tabellen möglich, wobei jeder Index aus einer Anzahl von Attributen der betroffenen Tabelle besteht (SYSKEYS). Auch Indizes können partitioniert werden (SYSINDEXPART). Die Dokumentation von Primär-Fremdschlüsselbeziehungen erfolgt über die Tabelle SYSRELS. Die von dieser Beziehung angesprochenen Fremdschlüsselattribute einer Tabelle werden in SYS-FOREIGNKEYS gespeichert.

Die Verbindung einer Datenbank mit einem Anwendungsprogramm erfolgt in DB2, wie bereits ausgeführt wurde, über einen Anwendungsplan. Jeder Anwendungsplan wird in einer eigenen Katalogtabelle (SYSPLAN) dokumentiert. Die von einem Anwendungsplan benötigten DB2-Objekte können aus der Tabelle SYSPLANDEP entnommen werden. Dies umfaßt u.a. die in Tabelle 4-3 aufgeführten Attribute.

BNAME	Name eines Objekts, auf welchem der Plan beruht
BCREATOR	Benutzeridentifikation desjenigen, der das Objekt angelegt hat; ist dies ein Table Space, so wird stattdessen der zugehörige Datenbankname vermerkt
BTYPE	Objekttyp. Es wird unterschieden nach T (Tabelle), V (View), R (Table Space), I (Index), S (Synonym)
DNAME	Name des Anwendungsplans

Tabelle 4-3:   Auswahl von Attributen der Katalogtabelle SYSPLANDEP

Die einem Anwendungsplan zugeordneten Datenbankanfragemodule (*Database Request Module*) werden in der Tabelle SYSDBRM gespeichert. Die einzelnen SQL-Kommandos, aus dem die DBRM bestehen, werden in der Tabelle SYSSTMT vermerkt.

Der Datenkatalog nimmt aktiv alle in einem Datenbanksystem definierten Datenstrukturen auf; das heißt, daß der Inhalt der Tabellen des Datenkatalogs indirekt durch Datendefinitionsbefehle wie CREATE und DROP und durch Zugriffsberechtigungsbefehle wie GRANT und REVOKE manipuliert wird.[53] Direkte Datenmanipulationen auf den Katalog-Tabellen z.B. mit INSERT oder DELETE sind nicht möglich. Einzige Ausnahme ist die Eingabe von Textdefinitionen für Tabellen und Attribute (Spalten), die über das spezielle SQL-Kommando COMMENT erfolgt.[54] Eine besondere Möglichkeit ist außerdem das Vergeben von synonymen Namen für Tabellen, die jeder Benutzer lokal für sich einführen kann.[55]

Bei dem Datenkatalog handelt es sich bezüglich des Datenbanksystems um ein rudimentäres aktives Dictionary.[56] Deshalb brauchen auch theoretisch weder Generator- noch Nachdokumentationsfunktionen unterstützt zu werden. Eine Besonderheit ergibt sich allerdings bezüglich der Anbindung von Programmen an Datenbanken. Für diese Zwecke steht mit DCLGEN ein Programm zur Verfügung, welches gewünschte Datenstrukturen (*Tables* bzw. *Views*) in die Syntax einer Programmiersprache übersetzt. Dies ist eine Generatorfunktion, wie sie typischerweise auch von alleinstehenden Dictionary-Systemen abgedeckt wird.[57]

Der Anwendungsplan für ein Programm mit Zugriff auf DB2-Datenbanken wird bei der Erstellung durch die Funktion BIND generiert, indem die entsprechenden SQL-EXEC's aus dem Programm ausgelesen werden. Dieser Vorgang ist mit der Nachdokumentationsfunktion eines Dictionaries vergleichbar. Wird eines der von diesem Anwendungsplan betroffenen Objekte

---

53) Außerdem führt das Binden und Freisetzen von Anwendungsplänen und das Ausführen diverser Hilfsprogramme wie RUNSTAT, STOSPACE, COPY und REORGANIZATION zur Manipulation des Katalogs; vgl. Wiorkowski/Kull (1988), S. 240.

54) Vgl. z.B. Date/White (1988), S. 148; Wiorkowski/Kull (1988), S. 68 f.

55) Vgl. z.B. Date/White (1988), S. 149.

56) Vgl. Date/White (1988), S. 146.

57) Vgl. Date/White (1988), S. 204.

geändert oder gelöscht, so wird er beim Programmstart im Katalog als ungültig markiert und automatisch ein neuer Plan erstellt, was eine vollständige Neukompilation des fraglichen Programms vermeidet.[58] Hierbei handelt es sich eindeutig um eine aktive Dictionary-Funktion. Außerdem existieren noch diverse Hilfsprogramme, die z.B. Informationen statistischer Natur im Katalog ablegen.[59]

Der Katalog kann mit dem SQL-Kommando SELECT abgefragt werden. Entsprechend den speziellen Informationsbedürfnissen von Datenbankadministratoren, Programmierern und Analytikern sind die unterschiedlichsten Auswertungen denkbar.[60] Eine der grundlegenden Abfragen ist die nach der Struktur einer bestimmten Tabelle, d.h. welche Attribute mit welchen Datentypen und Formaten in ihr enthalten sind. Dies läßt sich formulieren als:

```
SELECT COLNO, NAME, COLTYPE, LENGTH
FROM SYSIBM.SYSCOLUMNS
WHERE TBCREATOR = Benutzer
      AND TBNAME = Tabelle
ORDER BY COLNO
```

Bei dieser Abfrage fällt auf, daß nur die Tabelle SYSCOLUMNS abgefragt wird, obgleich die Informationen über Tabellen eigentlich in SYSTABLES abgelegt sind. Dies ist möglich, da der Primärschlüssel dieser Katalogtabelle in SYSCOLUMNS als Fremdschlüssel erscheint. Da in DB2-Datenbanken bestimmte Tabellen nur benutzerspezifisch eindeutig sind, d.h. andere Benutzer Tabellen des gleichen Namens unter ihrem jeweiligen Benutzernamen anlegen können, umfaßt dieser Fremdschlüssel sowohl den Tabellen- als auch den Benutzernamen. Der direkte Zugriff auf die Attributtabelle ist immer dann möglich, wenn keine weiteren Informationen zur Tabelle selbst abgefragt werden sollen. Ist dies jedoch der Fall, dann zeigt sich eine Schwäche der Tabellendarstellung von Auswertungen, da die abgefragten Werte einer bestimmte Tabelle aus SYSTABLES für jedes dazugehörige Attribut in SYSCOLUMNS wiederholt werden.

---

58) Vgl. Wiorkowski/Kull (1988), S. 158 f.
59) Vgl. die Aufstellung bei Wiorkowsky/Kull (1988), S. 240.
60) Vgl. Wiorkowski/Kull (1988), S. 241 f.

Nicht nur die Struktur von Daten ist von Bedeutung, sondern auch ihre Verwendung. In DB2 können die von einem bestimmten Programm verwendeten Tabellen bzw. Views über den entsprechenden Anwendungsplan ermittelt werden. Die Abfrage würde lauten:

```
SELECT DNAME, BNAME, BTYPE
FROM SYSIBM.SYSPLANDEP
WHERE DNAME = Anwendungsplan
    AND BTYPE IN ('T','V')
```

Das Ergebnis einer SELECT-Operation ist wiederum eine Relation und hat damit Tabellenform. Dies kann bei komplexeren, mehrstufigen Auswertungen zu einer unübersichtlichen Darstellung führen. Eine mehrstufige Auswertung ist zum Beispiel gegeben, wenn für jeden Anwendungsplan nicht nur die von ihm verwendeten Tabellen (und Views), sondern auch deren Attribute gelistet werden sollen. In diesem Fall müßte die Abfrage lauten:

```
SELECT P.DNAME, T.NAME, C.NAME
FROM  SYSIBM.SYSPLANDEP P,
          SYSIBM.SYSTABLES T,
          SYSIBM.SYSCOLUMNS C
WHERE P.DNAME=Programm AND P.BTYPE IN ('T','V')
    AND P.BNAME=T.NAME
    AND T.NAME=C.TBNAME
```

Die Abfrage läßt sich vereinfachen, indem BNAME direkt mit TBNAME verbunden wird, der in der Tabelle SYSCOLUMNS der Fremdschlüssel für den Tabellennamen ist. Dies ist allerdings nur möglich, wenn keine weiteren Informationen zur Tabelle selbst abgefragt werden, z.B. das Kommentarfeld.

Das Ergebnis obiger Abfrage macht den Unterschied zu den beispielsweise in ROCHADE möglichen Strukturlisten deutlich. Während dort die mehrstufigen Abhängigkeiten zwischen Programmen und Tabellen sowie zwischen Tabellen und Attributen durch entsprechende Einrückungen ausgedrückt werden, erzwingt die Tabellendarstellung von SQL die Wiederholung des Programm- und des Tabellennamens für jedes Tupel. Dabei wird die Darstellung umso unübersichtlicher, je mehr beschreibende Meta-Daten für Programme und Tabellen angezeigt werden sollen.

Anhand dieser Abfrage läßt sich zudem eine weitere Schwäche bei SQL-Abfragen des Katalogs demonstrieren. Soll nämlich für die Views ermittelt werden, auf welchen Tabellen sie beruhen, so kann man dies mit den Mitteln von SQL nicht immer direkt formulieren: da Views nicht nur unmittelbar auf einer Tabelle, sondern auch auf einer anderen View formuliert sein können, wäre eine rekursive Abfrage notwendig, die SQL nicht erlaubt.

Natürlich ist es mit SQL-Auswertungen nicht nur möglich, Strukturinformationen aus dem Katalog im Sinne von Stücklisten auszuwerten, sondern es lassen sich auch Verwendungsnachweise führen. Diese Abfragen besitzen insbesondere dann eine Bedeutung, wenn überprüft werden soll, ob ein bestimmtes Objekt überhaupt verwendet wird (z.B. ein Index in einem Anwendungsplan), oder welche Auswirkungen die Änderung bzw. Löschung eines bestimmten Objekts haben würde. Soll zum Beispiel ein bestimmtes Attribut geändert werden, so sind die davon betroffenen Programme bzw. Anwendungspläne festzustellen. Die entsprechende Abfrage lautet:

```
SELECT C.TBNAME, C.TBCREATOR, P.DNAME
FROM  SYSIBM.SYPLANDEP P,
        SYSIBM.SYSCOLUMNS C
WHERE C.NAME = Attribut
        AND C.TBNAME = P.BNAME
```

Diese Abfrage ermittelt alle Tabellen und Views, in denen ein bestimmtes Attribut vorkommt und von welchen Anwendungsplänen diese Tabellen verwendet werden. Dabei wird unterstellt, daß die Attributnamen global eindeutig sind, d.h. ein Attributname in allen Relationen (und Views) die gleiche Semantik symbolisiert. Trifft dies nicht zu, so muß das zu ändernde Attribut mit dem Tabellennamen qualifiziert werden.

Im Datenkatalog werden nicht nur Meta-Daten (3. Ebene im IRDS), sondern auch die Struktur des Katalogs selbst (2. Ebene im IRDS) in den entsprechenden Relationen dokumentiert; der Katalog ist also selbstdokumentierend. Über die Abfrage dieser Tabellen kann jederzeit Aufschluß über die Struktur des Datenkatalogs gewonnen werden, was angesichts der Komplexität des Katalogs sehr nützlich ist. Allerdings ergibt sich in diesem Zusammenhang quasi ein 'Münchhausen-Problem', da die Struktur des Katalogs nur abgefragt werden kann, wenn zumindest einige der Katalogtabellen vorher bekannt sind; dies gilt insbesondere für SYSTABLES, aus der alle Tabellen des Katalogs hervorgehen.

Ebensowenig wie eine unmittelbare Datenmanipulation des Datenkatalogs möglich ist, kann die Struktur des Datenkatalogs selbst abgeändert bzw. erweitert werden. Dies betrifft beispielsweise das Einführen zusätzlicher Beschreibungsattribute für bestimmte Meta-Objekte. Allerdings ist es durchaus denkbar, zusätzliche Relationen anzulegen, die Meta-Daten über die Datenbank und ihre Verwendung enthalten.[61] Diese sind dann allerdings nicht aktiv, sondern sind genauso wie "normale" Benutzertabellen explizit mit INSERT-, UPDATE- und DELETE-Kommandos zu manipulieren.

Die Möglichkeit, Meta-Daten in DB2-Tabellen abzulegen, wird von verschiedenen anderen Produkten genutzt. Von IBM selbst trifft dies etwa für das *Data Base Relational Application Directory* (DBRAD) zu, welches die Funktionalität eines DB2-Katalogs erweitert, indem es Administratoren und Anwendungsprogrammierern erlaubt, Meta-Daten über Anwendungsprogramme und deren Nutzung von DB2-Objekten abzulegen und zu verwalten.[62] DB2 findet ebenfalls als Basissystem des umfassenden IBM-Repositories Verwendung, welches als Rückgrat eines den gesamten Softwarezyklus umfassendes Software-Entwicklungsumgebung konzipiert ist;[63] die (Weiter-) Entwicklung dieses Repositories ist für die Großrechnerumgebung allerdings eingestellt worden. Schließlich verwalten auch Nicht-IBM-Produkte wie die Host-Komponente des im folgenden vorgestellten integrierten CASE-Werkzeugs ADW ihre Meta-Daten in DB2.

---

61) Vgl. dazu Codd (1986b), S. 722: "... authorized users can easily extend the catalog to become a full-fledged active, relational data dictionary whenever the vendor fails to do so."

62) Vgl. z.B. Date/White (1988), S. 401 ff.

63) Vgl. z.B. Habermann/Leymann (1993), S. 97 ff.

4.4.2. ADW als sekundäres Dictionary-System

Bei ADW (*Application Development Workbench*) respektive IEW (*Information Engineering Workbench*) handelt es sich um eine Umgebung von miteinander integrierten (Upper-) CASE-Tools, welche eine vollständige Unterstützung des Software-Entwicklungszyklus bietet.[64] Dabei lehnt sie sich an die Methode *Information Engineering* von Martin an.[65] Während ADW unter dem PC-Betriebssytem OS/2 läuft, ist sein Vorgänger IEW unter dem weniger leistungsfähigen Betriebssystem DOS einsetzbar. Gegenwärtig wird nur noch ADW weiterentwickelt. Jede der Workstations von ADW (bzw. IEW) deckt einen bestimmten Teilbereich des Software-Entwicklungszyklus ab. Dies sind im einzelnen:

- ADW Planning für die systemübergreifende, strategische Informationssystemplanung

- ADW Analysis für den fachlichen Entwurf eines Informationssystems

- ADW Design für den DV-technischen Entwurf eines Informationssystems

- ADW Construction zur Generierung von COBOL-Quellcodeprogrammen, Datenschemata und Masken.

Während die ersten drei Workstations unabhängig von der Zielumgebung immer die gleiche Funktionalität aufweisen, werden unterschiedliche Construction-Workstations für bestimmte Zielumgebungen angeboten; dies ist unter anderem die IBM-Großrechnerwelt mit den Datenbanksystemen IMS bzw. DB2 und den dort verwendeten Transaktionsmonitoren wie z.B. CICS.[66] Im Zusammenhang mit den zuvor besprochenen Methoden der Software-Entwicklung sind insbesondere die Analyse- und die Design-Workstation interessant.

In der Analyse-Workstation wird die fachliche Spezifikation von Anwendungssystemen über die Modellierung von Datenflußdiagrammen und

---

64) Die folgenden Erläuterungen beziehen sich auf ADW Release 2.7.02; vgl. zu grundlegenden Informationen KnowledgeWare (1993a). ADW/IEW bzw. dessen Anwendung wird auch z.B. bei Aschmann/Rau/Schröder (1991) dargestellt.

65) Vgl. zur Methode *Information Engineering* insbesondere Martin (1989), (1990a) und (1990b).

66) Vgl. zur Construction-Workstation KnowledgeWare (1993f).

Entity-Relationship-Diagrammen vorgenommen.[67] Die dabei wichtigsten Objekttypen sind:

- Entity Type
- Attribute Type
- Relationship Type (wird intern jedoch nicht als Objekttyp geführt)
- Information Type
- Process
- Sequentiell Process
- Data Flow
- Data Store
- External Agent

Mit der Design-Workstation erfolgt eine Spezifikation des Anwendungssystems bezüglich der konkreten Erfordernisse des Zielsystems.[68] Für die Datenseite wird dabei eine Ableitung geeigneter Datenstrukturen für eine konventionelle Dateihaltung sowie des hierarchischen Datenbanksystems IMS und des relationalen Datenbanksystems DB2 unterstützt. Auf der Prozedurseite kann ein Moduldesign mit der Spezifikation der jeweiligen Modullogik vorgenommen werden. Wichtige Design-Objekttypen sind:

- Relational Schema
- Relational Table
- Data Type
- File
- Record
- Program
- Module
- BMS Map, MFS/AS400 Screen (Bildschirmmasken)

Die Integration dieser Workstations erfolgt über ein gemeinsames Dictionary, welches bei ADW als Enzyklopädie bezeichnet wird.[69] Bei der internen Speicherung von Meta-Daten unterscheidet ADW zwischen Objekttypen (Object Types), Beziehungstypen (Association Types) und Attributen (Property Types). Jede dieser Typen wird intern durch einen numerischen

---

67) Vgl. zur Analysis-Workstation KnowledgeWare (1993d).

68) Vgl. zur Design-Workstation KnowledgeWare (1993e).

69) Vgl. zur Enzyklopädie KnowledgeWare (1993b).

Code bezeichnet, wobei die Zugehörigkeit zu verschiedenen Nummernkreisen (z.B. 10007 für Entity Type, 20044 für Relationship Type, 30076 für Definition)[70] einen unmittelbaren Rückschluß darauf erlaubt, ob es sich um einen Objekttyp, Beziehungstyp oder ein Attribut handelt. Außerdem wird jedes Objekt und jede Beziehung in der Enzyklopädie durch eine als Token bezeichnete interne Nummer identifiziert, wobei für Objekte und Beziehungen gesonderte Nummernkreise verwendet werden.

Der logische Aufbau der Meta-Daten entspricht grundsätzlich der Stücklistenstruktur. Beziehungstypen dienen der Verbindung zweier Objekte eines bestimmten Typs; darüber hinaus können bestimmte Beziehungstypen auch ein Objekt mit einer Beziehung oder zwei Beziehungen miteinander verbinden. Für jeden Beziehungstyp ist festgelegt, welche Objekt- bzw. Beziehungstypen er verbinden darf.

Die interne Struktur der Enzyklopädie ist vorgegeben und unabänderlich. Obwohl sie nicht offengelegt wird, kann man anhand der von ADW aus einer Enzyklopädie generierten Export-Dateien (*Formatted Text Files*) indirekt auf die interne Datenspeicherung schließen.[71] Insgesamt werden bei dieser Exportoption vier verschiedene Dateien in einer Textform erzeugt, deren Struktur der ersten Normalform genügt und die sich deshalb ohne weiteres in ein relationales Datenbanksystem überführen lassen.

Beim Export von Meta-Daten werden alle zu exportierenden Objekte in eine als Object-File bezeichnete Datei geschrieben. Da vorgesehen ist, daß grundsätzlich jedes Objekt neben seinem Token auch mit einem Namen bezeichnet wird, ist die Datenstruktur für das Object-File wie folgt:

Token	Objekt-Typencode	Objektname

Jedes in einer ADW-Enzyklopädie abgelegte Objekt kann prinzipiell entweder über das interne Token oder über den benutzerorientierten Objektnamen identifiziert werden, wobei beim Arbeiten mit ADW normalerweise nur letzterer sichtbar wird. Bei einigen Objekttypen werden Namen auch als Attribute abgelegt. Diese brauchen dann nicht identifizierend zu sein. Sol-

---

70) Eine Liste dieser Typencodes findet sich in KnowledgeWare (1993b), S. A-215 ff.

71) Vgl. KnowledgeWare (1993b), S. 4-6 ff.

che Namen werden auch alternativ zum Objektnamen eingesetzt, wenn das betreffende Objekt nur eine lokale Gültigkeit aufweisen soll. Der eigentliche Objektname bleibt dann leer. Eine Versionierung von Objekten ist nicht vorgesehen.

Beim Export von Meta-Daten werden alle zu exportierenden Beziehungen in eine als Association-File bezeichnete Datei geschrieben. Im Gegensatz zu Objekten werden Beziehungen nicht mit einem eigenen Namen belegt. Sie können sowohl Objekte als auch andere Beziehungen miteinander verbinden; dies geschieht durch die Übernahme des Tokens der betreffenden Objekte bzw. Beziehungen. Da ausschließlich binäre Beziehungstypen unterstellt werden, sind pro Beziehung jeweils zwei Token betroffen, die als Von-Token und Zu-Token bezeichnet werden. Daraus folgt für das Association-File die Struktur:

Token	Beziehungs-Typencode	Von-Token	Zu-Token

Die Eigenschaften von Objekten und Beziehungen werden gesondert danach in verschiedene Dateien exportiert, ob sie formatierte Eigenschaften betreffen (Property-File) oder Texteigenschaften mit variabler Länge (Text-File); letzteres betrifft Eigenschaftstypen wie *Definition* und *Kommentar*. Ein Objekt- bzw. Beziehungstoken stellt als Fremdschlüssel den Zusammenhang zu einem Objekt bzw. einer Beziehung her. Die Bezeichnung des Eigenschaftstyps erfolgt über einen numerischen Typencode; die Ausprägung einer bestimmten Eigenschaft wird als Zeichenkette (*String*) geführt. Längere Eigenschaftsausprägungen, die zum Beispiel mehrzeilige Texte sein können, werden jeweils zeilenweise abgespeichert, wobei jede Zeile durch eine Positionsnummer identifiziert wird. Daraus ergibt sich folgende Struktur für die beiden Eigenschafts-Exportdateien Property-File und Text-File:

Token	Eigenschafts-Typencode	Positionsnummer	Eigenschaftsausprägung

Die sich in den angegebenen Export-Dateien niederschlagende Struktur läßt keine näheren Rückschlüsse auf die in ADW zulässigen Objekt- und Beziehungstypen und ihre Eigenschaften zu. Diese Informationen werden in der zugehörigen Dokumentation offengelegt. Dort wird aufgeführt, welche Beziehungen im Rahmen eines bestimmten Beziehungstyps zulässig sind und welche Attribute bzw. Eigenschaftstypen die einzelnen Objekt- und Beziehungstypen näher spezifizieren.

Objekte haben im Regelfall neben dem internen Identifikator noch einen Namen; die Eindeutigkeit dieses Namens wird von ADW überwacht, so daß sie niemals unabsichtlich verletzt werden kann. Zusätzlich zum Namen werden die meisten Objekttypen und teilweise auch Beziehungstypen durch mindestens folgende Eigenschaftstypen spezifiziert:

- Definition (Definition 30076)

- Kommentar (Comment 30077)

- Datum der Erstellung (Created 30110)

- Datum der letzten Änderung (Last Updated 30075)

Bei dem Datum der Erstellung und der letzten Änderung handelt es sich um zusammengesetzte, nicht-atomare Eigenschaften, die sich aus dem eigentlichen Datum, der Uhrzeit und dem Benutzer ergeben; sie werden automatisch vom System gepflegt. Ein Beispiel für einen solchen Eigenschaftswert sei:

    "1992/11/12 02:52 NEWUSER"

In Abhängigkeit vom Objekttyp sind noch weitere Eigenschaften möglich. Insbesondere sind für solche Objekte, die in Diagrammen visualisiert werden, auch entsprechende Graphikeigenschaften festgehalten, auf die hier nicht eingegangen werden soll.

Ein Ausschnitt der Struktur der Enzyklopädie von ADW, welcher den Bereich der Datenmodellierung in der Analyse mit Ausnahme von Informationstypen abdeckt, umfaßt die Objekttypen *Entity Type* (10007) und *Attribute Type* (10003) sowie den Beziehungstyp *Relationship Type* (20044). Alle genannten Typen weisen die oben genannten grundlegenden Eigenschaftstypen auf. Zudem sind ihnen noch jeweils spezielle Eigenschaftstypen zugeordnet.

In ADW wird zwischen verschiedenen Arten von Entitätstypen unterschieden, die als *Fundamental*, *Associative* und *Attributive* bezeichnet werden. Diese Typenausprägungen werden durch den Eigenschaftstyp *Purpose* (30025) abgedeckt. In Abhängigkeit von dieser Ausprägung erfolgt jeweils eine spezifische graphische Repräsentation des betreffenden Entitätstyps.

Attributtypen haben vier spezielle Eigenschaftstypen. Obwohl Attribute als Objekte geführt werden, wird ihr Name bemerkenswerterweise nicht in das dafür vorgesehene Feld *Objektname* in der Objektdatei eingetragen, das leer bleibt, sondern als Attribut *Name* (30011) in der Eigenschaftendatei. Dies kann damit begründet werden, daß Attributnamen innerhalb von ADW nur lokale Gültigkeit zu haben brauchen und daher auch nicht eindeutig sein müssen, was aber das Kennzeichen eines Objektnamens ist. In ADW werden nicht nur die Beziehungstypen, sondern auch die Attribute mit Kardinalitäten beschrieben. Dafür sind drei verschiedene Eigenschaftstypen vorgesehen:

- Minimum per Subject(30007)

- Maximum per Subject (30008)

- Maximum per Value (30009)

Dabei entspricht die Bedeutung der beiden erstgenannten Eigenschaftstypen der Minimal- und Maximalkardinalität in der (min,max)-Notation. Darüber hinaus wird mit dem Eigenschaftstyp *Maximum per Value* angegeben, wie häufig ein Wert der unterliegenden Domäne maximal im Rahmen eines Attributs angesprochen werden kann. Ist dieser Wert 1, so gilt das Attribut als Identifikator.

Bei der Spezifikation von Attributen fehlen Eigenschaftstypen für Datentyp und zulässige Werte, die in ADW im Rahmen des Meta-Objekttypen *Information Type* definiert werden. Durch die Verbindung eines Attributtyps mit einem Informationstyp erfolgt dann eine indirekte Zuordnung dieser Eigenschaftstypen. Die Informationstypen entsprechen damit den Domänen.

Beziehungstypen in ADW sind grundsätzlich binär und werden durch Rollen bezeichnet. Diese sind ihnen über die beiden Eigenschaftstypen *From-To Name* (30034) und *To-From Name* (30037) zugeordnet. Die Kardinalitäten einer Beziehung werden in der (min,max) Notation ausgedrückt. Da eine binäre Beziehung mit jeweils zwei Objekten verbunden ist, sind daher pro Beziehung vier Werte vorgesehen:

- From-to Minimum (30035)

- From-to Maximum (30036)

- To-from Minimum (30038)

- To-from Maximum (30039)

Bestimmte Sichten auf das ER-Modell werden über den Beziehungstyp *Involve* definiert, wobei intern danach unterschieden wird, ob eine Involve-Beziehung einen Entitätstyp, einen Beziehungstyp oder ein Attribut betrifft. Eine Besonderheit bei der Verwendung von Datenflußdiagrammen in ADW ist, daß nicht nur Datenflüsse und Datenspeicher derartige Sichten beinhalten können, sondern auch Prozesse und Externe Entitäten, was dem herkömmlichen Verständnis widerspricht.

Sollen beispielsweise die Entitätstypen, Beziehungstypen und Attribute des Auftragsbeispiels exportiert werden, so würde sich eine Objektdatei wie in Bild 4-17 ergeben. Die dazugehörigen Beziehungstypen, die im *Association-File* abgelegt werden, zeigt Bild 4-18.

```
10000000003,10007,"AUFTRAG            "
10000000006,10003,"            "
10000000007,10003,"            "
10000000005,10007,"AUFPOS            "
10000000009,10003,"            "
10000000010,10003,"            "
10000000004,10007,"PRODUKT            "
10000000011,10003,"            "
10000000012,10003,"            "
```

Bild 4-17: Beispiel für eine Objektdatei (*Object File*)

```
20000000008,20007,10000000006,10000000003
20000000010,20007,10000000007,10000000003
20000000014,20007,10000000009,10000000005
20000000016,20007,10000000010,10000000005
20000000018,20007,10000000011,10000000004
20000000020,20007,10000000012,10000000004
20000000004,20044,10000000003,10000000005
20000000006,20044,10000000004,10000000005
```

Bild 4-18: Beispiel für eine Assoziationsdatei (*Association File*)

Zu diesen wenigen Meta-Objekten und Meta-Beziehungen können eine ganze Anzahl von Meta-Attributen definiert sein, wie dies Bild 4-19 zeigt. Dabei sind aus Gründen der Übersicht jeweils die Zeitstempel für die erste Erstellung und die letzte Änderung der betroffenen Objekte weggelassen worden. Die mit einem vorangestellten Stern markierten Eigenschaftstypen beinhalten Layoutinformationen, die die Anordnung der jeweiligen Objekte in den entsprechenden Graphiken bestimmen.

Obwohl es sich in beiden Fällen um Eigenschaftstypen handelt, werden die in *Definition* und *Comments* geführten Textinformation gesondert geführt. Bild 4-20 zeigt diese Meta-Daten für das Beispiel.

Die Manipulation von Meta-Daten erfolgt in ADW hauptsächlich durch Graphik-Editoren, in denen sich die entsprechenden Meta-Objekttypen über die ihnen zugeordneten Symbole darstellen lassen. Für jede Technik stehen spezielle Graphik-Editoren zur Verfügung, beispielsweise der *ER-Diagrammer* für die Entity-Relationship-Modellierung und der *Dataflow-Diagrammer* für die Datenflußmodellierung. Die meisten der graphisch darstellbaren Objekttypen können über Detailmasken näher spezifiziert werden, in denen sich unter anderem Definitionen und Kommentare einfügen lassen. Die Graphik-Editoren und Detailmasken dienen nicht nur der Eingabe und Änderung von Meta-Daten, sondern sind auch zur Abfrage von Enzyklopädie-Inhalten einzusetzen. Daneben existieren Auswertungsmöglichkeiten in Form von fest vorgegebenen Reports und verschiedene Enzyklopädie-Funktionen zur allgemeinen Verwaltung.

```
*    10000000003,30028,  0,"[1,0,2,0]                    "
     10000000003,30025,  0,"FUNDAMENTAL                "
     10000000006,30011,  0,"ANR                      "
     10000000006,30007,  0,"1                      "
     10000000006,30008,  0,"1                      "
     10000000006,30009,  0,"1                      "
     10000000007,30011,  0,"DATUM                   "
     10000000007,30007,  0,"1                      "
     10000000007,30008,  0,"1                      "
     10000000007,30009,  0,"M                      "
*    10000000005,30028,  0,"[1,0,0,0]                  "
     10000000005,30025,  0,"ASSOCIATIVE                 "
     10000000009,30011,  0,"MENGE                   "
     10000000009,30007,  0,"1                      "
     10000000009,30008,  0,"1                      "
     10000000009,30009,  0,"M                      "
     10000000010,30011,  0,"PREIS                    "
     10000000010,30007,  0,"1                      "
     10000000010,30008,  0,"1                      "
     10000000010,30009,  0,"M                      "
*    10000000004,30028,  0,"[0,0,1,0]                  "
     10000000004,30025,  0,"FUNDAMENTAL                "
     10000000011,30011,  0,"PNR                     "
     10000000011,30007,  0,"1                      "
     10000000011,30008,  0,"1                      "
     10000000011,30009,  0,"1                      "
     10000000012,30011,  0,"BEZEICHNUNG                 "
     10000000012,30007,  0,"1                      "
     10000000012,30008,  0,"1                      "
     10000000012,30009,  0,"M                      "
*    20000000004,30073,  0,"[0,0]                    "
     20000000004,30034,  0,"hat                     "
     20000000004,30037,  0,"gehört_zu                  "
     20000000004,30035,  0,"1                      "
     20000000004,30036,  0,"M                      "
     20000000004,30038,  0,"1                      "
     20000000004,30039,  0,"1                      "
*    20000000006,30073,  0,"[0,0]                    "
     20000000006,30034,  0,"gehört_zu                  "
     20000000006,30037,  0,"hat                     "
     20000000006,30035,  0,"0                      "
     20000000006,30036,  0,"M                      "
     20000000006,30038,  0,"1                      "
     20000000006,30039,  0,"1                      "
```

Bild 4-19:   Beispiel für eine Eigenschaftsdatei (*Property File*)

```
10000000003,30076,   1,"Von einem Kunden rechtlich verbindlich getätigte Bestellung von    "
10000000003,30076,   2,"Produkten                                                           "
10000000003,30077,   1,"Der Gesamtwert eines Auftrags ergibt sich aus der Addition des      "
10000000003,30077,   2,"Gesamtwerts der einzelnen Auftragspositionen                        "
10000000006,30076,   1,"Identifizierende Nummer für einen Auftrag                           "
10000000006,30077,   1,"Wird als fortlaufende Zählnummer betriebsintern vergeben            "
10000000007,30076,   1,"Datum der Auftragsstellung                                          "
10000000005,30076,   1,"Einzelne Positionen eines Auftrags                                  "
10000000005,30077,   1,"Jede Position betrifft genau ein Produkt                            "
10000000009,30076,   1,"Menge des von der Auftragsposition betroffenen Produkts             "
10000000009,30077,   1,"Dimension ist immer Stück                                           "
10000000010,30076,   1,"Einzelpreis des von der Auftragsposition betroffenen Produkts       "
10000000010,30077,   1,"Der Gesamtpreis einer Auftragsposition ergibt sich aus Menge x Preis"
10000000004,30076,   1,"Zum Verkauf bestimmte Güter                                         "
10000000011,30076,   1,"Identifizierende Nummer für ein Produkt                             "
10000000011,30077,   1,"Wird als fortlaufende Zählnummer betriebsintern vergeben            "
10000000012,30076,   1,"Genaue Bezeichnung eines Produktes                                  "
```

Bild 4-20: Beispiel für eine Textdatei (*Text File*)

Auswertungen von Enzyklopädie-Inhalten können in ADW ausschließlich über vordefinierte Reports erfolgen. Einige dieser Reports stehen in allen Workstations gleichermaßen zur Verfügung.[72] Zu diesen gehören Inhaltslisten (*Object List*), die die in der Enzyklopädie enthaltenen Objekte nach Namen und Typ aufführen. Aus einer solchen Liste heraus können Objekte erstellt und gelöscht werden. Weiterhin kann für selektierte Objekte ein Ausdruck aller zugehörigen Spezifikationen erfolgen (*Object Summary*). Über einen Statistikreport (*Encyclopedia Summary*) läßt sich die Menge der in einer Enzyklopädie enthaltenen Objekte der einzelnen Typen feststellen. Speziell für die Zwecke der Integritätssicherung sind Reports für die Suche nach unverknüpften Objekten (*Isolated Objects*) und zur Untersuchung fehlender Objektbeschreibungen bzw. fehlender oder unerwünschter Verknüpfungen (*Exception Analysis*) vorgesehen.

Neben den angeführten Standardauswertungsmöglichkeiten existieren für jede Workstation spezielle Reports, die sich auf die jeweils unterstützten Techniken beziehen. Unter anderem sind dies solche Reports, die die Verknüpfungen verschiedener Objekte untereinander abbilden; diese werden in den verschiedenen Workstations als Hierarchy-, Parent- und Content-Analy-

---

sen bezeichnet. Ein Beispiel dafür ist die Sichten-Analyse (View Content Analysis) in der Analysis-Workstation, die zeigt, welche Entitäts-, Beziehungstypen und Attribute in den Sichten vorkommen, die Prozesse, Datenflüsse, Datenspeicher und Externe Partner auf das Datenschema haben können.[73]

4.4.3. ROCHADE als primäres Dictionary-System

Bei ROCHADE handelt es sich um ein eigenständiges Dokumentationssystem, mit welchem ein Data Dictionary bzw. Repository geführt werden kann.[74] Das Basissystem umfaßt eine Datenverwaltungskomponente und eine prozedurale Kommandosprache zu dessen Manipulation. Diese Kommandosprache beinhaltet eine Anzahl elementarer Befehle, mit denen sich komplexe Prozeduren programmieren lassen. Mit den Mitteln dieser Sprache ist es beispielsweise möglich, eine menügesteuerte Benutzeroberfläche zu entwickeln. Dabei bleiben den Benutzern dieser Benutzeroberfläche die dahinterstehenden Prozeduren vollkommen verborgen. Die Funktionalität des ROCHADE-Nukleus kann durch eine Anzahl von Prozedurpaketen erweitert werden.[75]

Das Datenmodell des Dokumentationssystems ist unorthodox. Die Grundbausteine entsprechen der Stücklistenstruktur im oben eingeführten Sinne, d.h. es liegt eine Unterteilung in die drei Typen Meta-Objekte, Meta-Attribute und Meta-Beziehungen vor. Diese Datenkonstrukte werden in ROCHADE als Dokument, Kapitel und Verknüpfung bezeichnet. Über eine Datendefinitionsfunktion lassen sich eigene Dictionary-Schemata implementieren. Dies geschieht im wesentlichen dadurch, daß die gewünschten Meta-Typen (Dokumenttypen, Kapiteltypen und Verknüpfungsschlüsselworte) im Rahmen eines sog. Benutzerprofils eingeführt werden.

---

73) Vgl. KnowledgeWare (1993d), S. 10-28.

74) Die folgenden Erläuterungen beziehen sich auf pcROCHADE Version 3.30k, 3.33 und 4.0x; vgl. die entsprechende Benutzerdokumentation, insbes. R&O (1993a) und (1993b). Beschreibungen von ROCHADE bzw. seiner Anwendung sind z.B. in Dreesbach (1988), S. 113 ff und Habermann/Leymann (1993), S. 124 ff enthalten.

75) Vgl. z.B. Habermann/Leymann (1993), S. 124 ff.

Ein Dokument kennzeichnet eine zusammengehörige Beschreibungseinheit, die zur Beschreibung eines Meta-Objekts verwendet wird. Jedes Dokument gehört einem bestimmten Dokumenttyp an, der ein bestimmtes Meta-Objekt qualifiziert. Standardmäßig sind zwei Dokumenttypen vorgegeben, nämlich der Prozedur- (DO) und Benutzerdokumenttyp (USER); ersterer wird für die Ablage der benutzten Prozeduren und letzterer für die definierten Benutzerprofile benötigt. Ansonsten sind beliebige weitere Dokumenttypen definierbar. Intern werden Dokumenttypen durch eine Nummer ausgedrückt. Durch mehrfaches Vergeben einer internen Nummer lassen sich Aliasnamen für einen Objekttyp anlegen. Die Definition der beispielsweise für das ERM notwendigen Dokumenttypen zeigt Bild 4-21. Dabei sind die Nummern in der zweiten Spalte bedeutungslos.

```
>>>DOCTYPS
DATENSCHEMA          100    0
DS                   100    0
ENTITÄTSTYP          101    0
ET                   101    0
BEZIEHUNGSTYP        102    0
BT                   102    0
ATTRIBUT             103    0
AT                   103    0
```

Bild 4-21: Definition der Dokumenttypen für das ERM

Dokumente werden identifiziert durch einen Dokumentnamen, der innerhalb des entsprechenden Dokumenttyps eindeutig sein muß. Jedes Dokument besteht aus wenigstens einem Kapitel. In diesen werden die einem Dokument zugeordneten Beschreibungsinhalte in freier Textform abgelegt, wobei für diese Texte praktisch keine Längenbeschränkungen existieren. Kapitel gehören zu bestimmten Kapiteltypen, die ebenfalls frei definiert werden können. Auch Kapiteltypen werden intern über eine Nummer identifiziert. Für das Beispiel des ERM werden die entsprechenden Kapitel in Bild 4-22 aufgeführt.

```
>>>CHAPTYPS
DEFINITION              100     0
BESCHREIBUNG            101     0
ENTHÄLT                102     1
BETRIFFT               103     1
FORMAT                 104     0
```

Bild 4-22: Definition der Kapiteltypen für das ERM

Im Gegensatz zur Definition der zulässigen Dokumenttypen ist hier die zweite Nummernspalte nicht bedeutungslos, sondern kennzeichnet, ob ein Kapitel ein Verknüpfungskapitel ist (1) oder nicht (0). Nur aus einem Verknüpfungskapitel können Beziehungen zu anderen Dokumenten aufgebaut werden. Dabei ist eine dokumentspezifische Einschränkung auf bestimmte zulässige Verknüpfungen nicht vorgesehen.

Jeder definierte Kapiteltyp kann grundsätzlich jedem Dokumenttyp zugeordnet werden; eine dokumentspezifische Zuordnung bestimmter Kapiteltypen ist direkt nicht möglich. Kapitel haben keinen eigenen Identifikator, sondern werden über das Dokument angesprochen, dem sie zugeordnet sind.

Mit Verknüpfungen lassen sich gerichtete binäre Beziehungen zwischen einzelnen Dokumenten herstellen. Sie werden über frei definierbare Schlüsselworte aus dem laufenden Text von Verknüpfungskapiteln aufgebaut. Dies ist aus jedem entsprechenden Kapitel praktisch beliebig oft möglich. Im Gegensatz zu Dokumenten und Kapiteln sind Verknüpfungen nicht nach ihrer Bedeutung typisiert. In der Datendefinition wird vielmehr festgelegt, welche Dokumenttypen durch welche Verknüpfungsschlüsselworte referenziert werden können. Dabei erfolgt eine Zuordnung der Schlüsselworte zu den internen Nummern der entsprechenden Dokumenttypen. Ein Beispiel für die oben angegebenen Dokumenttypen zeigt Bild 4-23.

Verknüpfungen erfolgen direkt aus dem fließenden Text eines Verknüpfungskapitels heraus. Das dem Schlüsselwort im Text folgende Wort wird als der Name des referenzierten Dokuments interpretiert, eine etwaige Zusatzinformation ist nachfolgend als Klammerausdruck zu schreiben. Diese Zusatzinformation kann die Bedeutung der jeweiligen Verknüpfung präzisieren, z.B. INPUT für eine Leseoperation, OUTPUT für eine Schreiboperation. Um nicht versehentlich Verknüpfungen aufzubauen, ist eine besondere Form der verwendeten Schlüsselwörter ratsam, wie z.B. das Voranstellen eines Pfeils.

```
>>>LINKTYPS
->DATENSCHEMA        100    0
->DS                 100    0
->ENTITÄTSTYP        101    0
->ET                 101    0
->BEZIEHUNGSTYP      102    0
->BT                 102    0
->ATTRIBUT           103    0
->AT                 103    0
```

Bild 4-23: Definition von Verknüpfungs-Schlüsselworten für das ERM

Durch die Einbettung von Schlüsselwörtern in Kapiteln besteht eine Doppelnatur von Verknüpfungen, die zum einen innerhalb eines Textes als symbolische Referenz existieren, zum anderen ROCHADE-intern geführt werden. Letztere sind nicht direkt ablesbar, sondern nur über spezielle Auswertungskommandos zu erfassen. In diesem Sinne vereinigt ROCHADE in sich sowohl Merkmale des relationalen Datenmodells als auch des Netzwerkmodells.

Verknüpfungen sind in ROCHADE immer gerichtet, d.h. aus einem Verknüpfungskapitel eines Dokuments auf ein anderes Dokument. Da außerdem mehrere Verknüpfungen aus einem Kapitel zulässig sind, kommen bei der Implementierung von Meta-Beziehungstypen grundsätzlich beide Verknüpfungsrichtungen in Frage. Dies läßt sich am Beispiel des Beziehungstyps zwischen den Meta-Objekttypen *Entitätstyp* und *Attribut* zeigen. Diese Beziehungen sollen einmal als Verknüpfungen aus Dokumenten des Typs *Entitätstyp* aufgebaut werden und ein anderes mal aus Dokumenten des Typs *Attribut* (Bild 4-24).

Welcher der gezeigten Varianten der Vorzug gegeben wird, muß pragmatisch entschieden werden. Die erste Variante hat den Vorteil, daß sie bei der Datenmodellierung ein sukzessives Vorgehen erlaubt, bei der in einem ersten Schritt die Entitäts- und Beziehungstypen definiert werden und erst später eine genauere Spezifikation der zugehörigen Attribute erfolgt. In ROCHADE führen Verweise auf (noch) nicht spezifizierte Dokumente zu Dummy-Dokumenten. Damit ist diese Form bei der Eingabe flexibler. Ein Nachteil ergibt sich hingegen beim Löschen eines Attributs, wo sowohl das Dokument vom Typ *Attribut* gelöscht werden muß als auch der im Dokument vom Typ *Entitätstyp* enthaltene Verweis auf das Attribut.

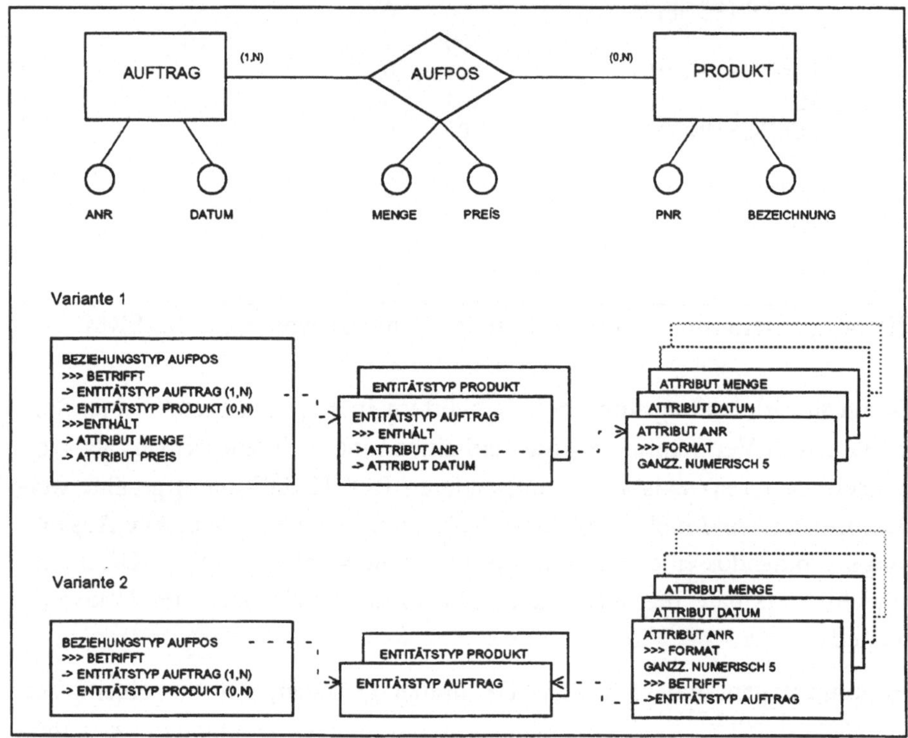

Bild 4-24:   Gestaltungsmöglichkeiten beim Aufbau von Verknüpfungen

Wie aus den vorhergehenden Ausführungen ersichtlich wird, beschränkt sich die Definition von Dokumentationsmodellen in ROCHADE im wesentlichen auf die Festlegung, welche Dokumenttypen, Kapiteltypen und Verknüpfungsschlüsselwörter zulässig sein sollen. Die so definierten Dokumentationsmodelle sind benutzergebunden, d.h. jedem Benutzer wird beim Systemstart ein Dokumentationsmodell zugewiesen. Dies geschieht im Rahmen von im Dokumenttyp *User* festgelegten Benutzerprofilen. Auf diese Weise wird es möglich, Benutzern bzw. Benutzergruppen eine spezifische Sicht auf das unterliegende Dokumentationsmodell zu eröffnen, die zum einen eine Teilmenge des Gesamtmodells sein kann und zum anderen sichtspezifische Aliasnamen für bestimmte Typen erlaubt. So könnte beispielsweise ein Dokumenttyp *Datenspeicher* in dem Dokumentationsmodell *Strukturierte Analyse* mit einem Dokumenttyp *Entitätstyp* im Dokumentationsmodell *Datenmodellierung* identisch sein.

Dokumente werden in ROCHADE über einen Namen identifiziert, wobei sich zusätzlich Aliasnamen vergeben lassen. Dokumentnamen sind keine direkten Bestandteile der Dokumentbeschreibung, die z.B. in einem speziellen Namens-Kapitel geführt würden. Dokumente können drei verschiedene Zustände aufweisen, nämlich *Aktiv*, *Dummy* oder *Gelöscht/Inaktiv*. Darüber hinaus lassen sich ihnen entsprechend des Bearbeitungsstandes verschiedene Entwicklungsstati zuweisen. Eine Versionierung im oben angeführten Sinne ist jedoch nicht möglich.

Die Manipulation von Dokumenten erfolgt in ROCHADE über elementare Schreib- und Lese-Befehle, mit denen jeweils einzelne Dokumentkapitel zwischen einem internen Arbeitsspeicher und der Datenbasis ausgetauscht werden können. Da diese Befehle jeweils einzelne Kapitel und nicht ein ganzes Dokument manipulieren, müssen sie für alle Kapitel eines Dokuments explizit angegeben werden. Wenn beispielsweise ein einzelnes Dokument zur Anzeige gebracht bzw. geändert werden soll, dann ist erst einmal festzustellen, welche Kapitel zu diesem Dokument überhaupt existieren. Dies ist über einen entsprechenden Befehl möglich. Alsdann muß für jedes dieser Kapitel ein eigener Lesebefehl erfolgen.

Als Alternative zu dem umständlichen Weg, jedes definierte Kapitel eines Dokuments gezielt zu laden, kann eine Menge von Kapiteln vorgegeben werden, die im Kontext eines bestimmten Objekttyps als Muß- bzw. Kann-Felder gelten sollen und die unabhängig davon geladen werden, ob sie definiert sind oder nicht. Der Nachteil bei diesem Verfahren ist, daß etwaig definierte Kapitel, die nicht zur Menge der vorgegebenen Kapitel gehören, unberücksichtigt bleiben.

Da eine objekttypenspezifische Kapitelzuordnung bei der Datendefinition nicht vorgesehen ist, müssen diese Informationen anderweitig abgelegt werden. Dies geschieht in der ROCHADE-Systematik über ein sog. Musterdokument, welches für jeden Objekttyp angelegt wird. Über dieses Musterdokument werden die zu ladenden Kapitel bestimmt, wie Bild 4-25 veranschaulicht.

```
Dokument: MUSTER ENTITÄTSTYP
>>> KAPITEL
DEFINITION
BESCHREIBUNG
ENTHÄLT

Dokument: MUSTER BEZIEHUNGSTYP
>>> KAPITEL
DEFINITION
BESCHREIBUNG
BETRIFFT
ENTHÄLT

Dokument: MUSTER ATTRIBUT
>>> KAPITEL
DEFINITION
BESCHREIBUNG
FORMAT
```

Bild 4-25:   Kapitelfestlegung in Musterdokumenten

Ein besonders mächtiger Befehl betrifft die Namensänderung von Dokumenten. Er ist notwendig, da der Name nicht als Kapitelinhalt erscheint und deshalb auch nicht mit den dafür vorgesehenen Manipulationsbefehlen beeinflußt werden kann. Über diesen Befehl wird nicht nur der Name selbst, sondern alle im Data Dictionary enthaltenen Referenzen auf ihn entsprechend abgeändert. Desweiteren steht natürlich auch ein Löschbefehl zur Verfügung. Im Gegensatz zu den Lese- und Schreib-Befehlen, die nur ein kapitelweises Anlegen und Ändern von Daten ermöglichen, kann der Löschbefehl jeweils ein ganzes Dokument betreffen.

Neben der oben angesprochenen Anzeige von Dokumenten bzw. einzelner Dokumentkapitel sind in ROCHADE noch eine Reihe weiterer Auswertungsmöglichkeiten gegeben. Dazu gehört die sortierte Auflistung aller Elemente eines bestimmten Dokumenttyps, die entweder nur die Namen oder die Namen und Definitionen der entsprechenden Dokumente umfaßt. Eine Selektion der Elemente nach bestimmten Kapitelwerten ist dabei nicht möglich. Auch unterstützt ROCHADE keine Schlüsselworte für Dokumente. Diese lassen sich allenfalls als eigene Dokumente z.B. eines Dokumenttyps *Glossar* implementieren, auf die dann verknüpft werden kann.

Bei der Auswertung der Verknüpfungsinformationen ist es möglich, die direkt mit einem Element verknüpften Dokumente zu erfassen. Dabei werden grundsätzlich alle von einem Dokument ausgehenden und auf es zeigende Verknüpfungen aufgeführt, es sei denn, diese Abfrage würde explizit eingeschränkt. Bild 4-26 zeigt dafür ein Beispiel.

```
Verknuepfungsumgebung fuer ENTITÄTSTYP AUFTRAG

-->ATTRIBUT ANR
-->ATTRIBUT DATUM
<--BEZIEHUNGSTYP AUFPOS (1,N)
```

Bild 4-26:   Beispiel für die Auswertung direkter Verknüpfungen

Außerdem ist es auch möglich, indirekt mit einem Dokument verknüpfte Elemente anzuzeigen. Im Gegensatz zum obigen Befehl müssen dafür die in die Auswertung einzubeziehenden Dokumenttypen explizit angegeben werden. Dies geschieht über die Definition eines Abfragepfads, der festlegt, welche Verknüpfungen zwischen welchen Dokumenttypen auszuwerten sind; andere Verknüpfungen als diese werden nicht berücksichtigt! Dabei ist es für den Abfragepfad von Bedeutung, ob sog. Vorwärts- oder Rückwärtsverknüpfungen ausgewertet werden sollen. Eine Vorwärtsverknüpfung kennzeichnet einen Verweis aus dem Verknüpfungskapitel eines Dokuments auf ein anderes Dokument. Umgekehrt kennzeichnet eine Rückwärtsverknüpfung einen Verweis auf das gegebene Dokument, der aus anderen Dokumenttypen erfolgt. Es liegt in der Logik von ROCHADE, daß Vorwärtsverknüpfungen direkt aus den Inhalten der entsprechenden Verknüpfungskapitel abgelesen werden können, während sich Rückwärtsverknüpfungen nur über die entsprechenden Abfragen bestimmen lassen.

Abfragepfade lassen sich Ad-hoc jeweils vor einer Abfrage definieren, sie können jedoch auch als Standardabfragepfad beispielsweise in einem der oben angesprochenen Musterdokumente für einen Dokumenttyp hinterlegt werden. Ein Beispiel eines Abfragepfades für die in einem Datenschema enthaltenen Entitäts- und Beziehungstypen wäre:

WEG: VON DATENMODELL NACH BEZIEHUNGSTYP
WEG: VON BEZIEHUNGSTYP NACH ENTITÄTSTYP
WEG: VON BEZIEHUNGSTYP NACH ATTRIBUT
WEG: VON ENTITÄTSTYP NACH ATTRIBUT

Das Ergebnis einer Abfrage mit einem derartigen Abfragepfad läßt sich dann alternativ in Listenform, als Strukturliste oder als Matrixdiagramm darstellen. Bild 4-27 zeigt anhand des Beispiels eine Auswertung als Strukturliste.

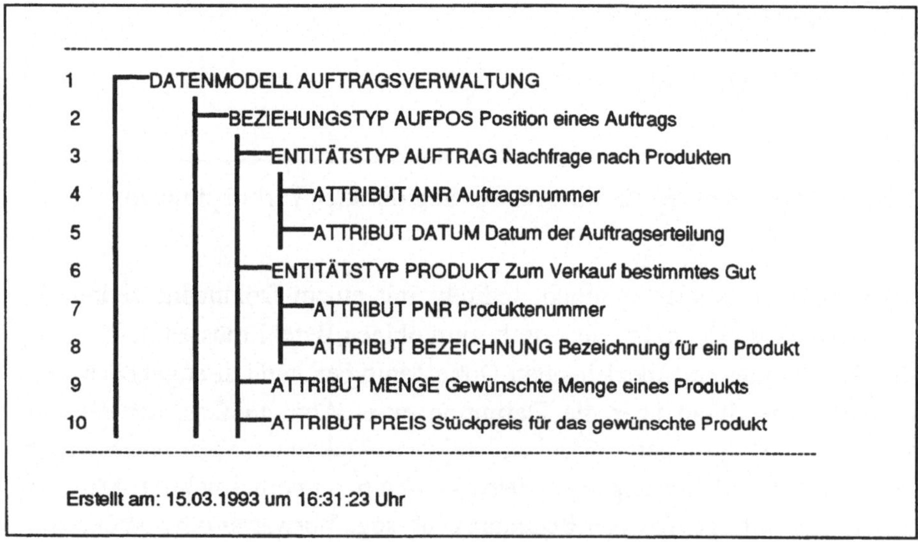

Bild 4-27:   Beispiel für die Auswertung eines Abfragepfads

Da es sich bei ROCHADE um ein primäres Dictionary-System handelt, das sich bezüglich seiner Umwelt in der Regel passiv bzw. bedingt aktiv verhält, sind für dieses Werkzeug auch Generator- und Nachdokumentationsfunktionen (Scanner) relevant. Diese sind für eine Vielzahl von Produkten optional verfügbar.[76] Mit Hilfe der prozeduralen Kommandosprache lassen sich derartige Funktionen auch selbst programmieren.[77]

---

76) Vgl. z.B. Habermann/Leymann (1993), insbes. S. 134 und 148 f.

77) So wurde beispielsweise im Rahmen eines Projektseminars am Institut für Wirtschaftsinformatik der Universität Bern ein DB-Generator für das Datenbanksystem ORACLE programmiert.

4.5. Vergleich und Auswahl von Dictionary-Systemen

Die obigen Ausführungen zeigen, daß bei aller Unterschiedlichkeit zwischen den Dictionary-Systemen einige grundlegende Gemeinsamkeiten bestehen. Ihre Funktionalität ist naheliegenderweise an der IRDS-Norm zu messen.[78] Bei einem derartigen Vergleich kommt sicherlich ROCHADE der Norm am nächsten, da nur bei diesem ohne weiteres ein eigenes Informationsmodell aufgebaut werden kann; der DB2-Datenkatalog und die ADW-Enzyklopädie hingegen weisen als sekundäre Dictionary-Systeme das Informationsmodell des Primärsystems auf. Tabelle 4-4 zeigt eine Zusammenfassung wesentlicher Strukturmerkmale dieser vier Systeme.[79]

Der Auswahlentscheid für ein geeignetes Dictionary-System erfordert eine Betrachtung verschiedener Aspekte, die in einem Anforderungskatalog gesammelt werden können.[80] Er sollte unbedingt im Rahmen einer generellen Konzeption für das Meta-Datenmanagement eines Unternehmens erfolgen. Diese muß festlegen,

- welche Arten bzw. Typen von Meta-Objekten und Meta-Beziehungen und

- welche konkreten Meta-Objekte und Meta-Beziehungen als Instanzen dieser Typen

- zu welchem Zweck

Gegenstand von Dictionaries sein sollen.

---

78) Vgl. Habermann/Leymann (1993), S. 194.

79) Ein ähnliche Gegenüberstellung der Funktionalität zwischen den Dictionary-Systemen Datamanager, Rochade, Predict und IBM-DB/DC nimmt Zimmerl (1987) vor. Vgl. auch Narayan (1988), S. 142 ff.

80) Vgl. auch Habermann/Leymann (1993), S. 195.

	IRDS-Norm	ROCHADE	ADW	DB2-Daten-katalog
Rechner/Betriebs-system	offen	verschiedene möglich	PC-Workstations OS/2	IBM-Großrechner
Grundkonstrukte	ERM: Entitäten, Beziehungen, Attribute	unorthodox: Dokumente, Kapitel, Verknüpfungen	intern RM: Objekte, Assoziationen, Eigenschaften	RM: Relationen, Attribute
Informations-modell	frei definierbar	frei definierbar	fest vorgegeben	fest vorgegeben
Namens-verwaltung	global für das Dictionary: Access-Name, Description-Name	global für einen Typ: Dokumentname (Aliasnamen möglich)	global für einen Typ: Internes Token, globaler Objekt-name, teilweise lokale Namen	Objektnamen, oftmals nur in Verbindung mit anderen Namen identifizierend (Synonyme teilw. möglich)
Versionen-verwaltung	ja (zweidimen-sional)	nein	nein	nein
Statusverwaltung	ja (erweitert in Modul 4)	ja	nein	nein
Maskenführung	ja	ja	ja (zum Teil Graphikeditoren)	nein
Manipulations-sprache	ja	ja	nein	für Abfragen (SQL)
Prozedursprache	ja (Modul 5)	ja	nein	nein
Scanner	offen	verschiedene angeboten	nein	nein
Generatoren	offen	verschiedene angeboten	Datenstrukturen: IMS, DB2, ORACLE, SYBASE Programme: COBOL	DCLGEN (Datenstrukturen aus Relationen)
Import-Export	ja	ja	ja	nein

Tabelle 4-4:   Wichtige Merkmale der vorgestellten Dictionary-Systeme

Ein wesentlicher Baustein einer solchen Konzeption ist das Informationsmodell. In dem dadurch gegebenen Rahmen sind noch die Bereiche bzw. Systeme festzulegen, die dokumentiert werden sollen.[81] Aus dem so festgelegten Konzept leiten sich bestimmte Anforderungen an die Funktionalität des auszuwählenden Dictionary-Systems ab. Diese betreffen zum einen die gewünschte Leistungsfähigkeit des eigentlichen Dictionary-Systems und zum anderen die Möglichkeiten der Integration mit anderen Werkzeugen.

Die Leistungsmerkmale, die primär die Eignung eines Dictionary-Systems in einem gegebenen Konzept ausmachen, sind das unterstützte Informationsmodell bzw. die entsprechenden Konstrukte, es zu implementieren. Außerdem muß es bestimmten technischen Rahmenbedingungen genügen, z.B. in welchen Rechnerumgebungen es lauffähig sein muß und bezüglich welcher Entwicklungsumgebungen bzw. Systeme es eine aktive bzw. bedingt aktive Anbindung erlauben soll.

Weitere allgemeine Anforderungen an die Leistungsfähigkeit eines Dictionary-Systems sind unter anderem die Verfügbarkeit einer flexiblen Namensverwaltung, die die Vergabe mehrfacher Namen für verschiedene Zwecke (Aliasnamen) bzw. zur Berücksichtigung von Synonymen unterstützt, eine Versionsverwaltung, die das Verwalten von Revisionen und Varianten erlaubt, benutzerfreundliche Datenmanipulationsfunktionen und insbesondere mächtige Auswertungsfunktionen, sowie Mechanismen zur Integritätssicherung und zur Überprüfung der Plausibilität der abgelegten Ergebnisse.

Obwohl es nicht zum eigentlichen Leistungsumfang eines Dictionary-Systems gehört, ist natürlich auch die Beurteilung des Herstellers bei Auswahlentscheidungen von Bedeutung. Dabei sind Daten wie das Alter, die Größe und die Markstellung eines Unternehmens relevant. Ähnlich sind auch für das Produkt selbst Daten wie das Alter, Verkaufszahlen und Referenzkunden zu erheben. Der Erfolg eines bestimmten Herstellers im allgemeinen und des zur Auswahl stehenden Produkts im besonderen sind Indizien für die Produktqualität und die Zukunftssicherheit einer Investition.

Entsprechend seiner Rolle als Dokumentationswerkzeug für Informationssysteme kann die Entscheidung über ein Dictionary-System nicht isoliert betrachtet werden, sondern ist in den Rahmen der Planung einer umfassen-

---

81) Vgl. Kapitel 3.

den Software-Produktions-Umgebung (SPU) zu stellen. Damit stehen neben dem Dictionary-System selbst auch das oder die eingesetzten Datenbanksysteme, die Entwicklungssprachen (3GL und/oder 4GL) sowie verschiedene Software-Entwicklungswerkzeuge (CASE-Tools) zur Disposition.[82] Dabei können die einzelnen Komponenten einer SPU durchaus auf verschiedenen Rechnerumgebungen laufen. Typischerweise werden beispielsweise (Upper-) CASE-Tools auf lokalen Arbeitsrechnern eingesetzt, vor allem weil diese die notwendige Graphikunterstützung bieten. Datenbanksysteme hingegen sind in größeren Organisationen üblicherweise auf mittleren und großen Rechnern zu finden.

Wird eine umfassende SPU betrachtet, dann ergibt sich die Notwendigkeit einer Integration der verschiedenen Werkzeuge.[83] Diese Integration schlägt sich je nach Ausprägung in aufeinander abgestimmten Schnittstellen, gemeinsamen oder ähnlichen Benutzeroberflächen sowie einer zentralen Datenhaltung nieder.[84] Einige Hersteller bieten eine ganze Palette aufeinander abgestimmter Produkte an, die untereinander mehr oder minder gut integriert sind. Die Auswahl eines solchen Produkteprogramms aus einer Hand kann dann die Integration der Einzelwerkzeuge erleichtern. Dieser Integrationsvorteil ist allerdings gegenüber dem Nachteil einer erhöhten Herstellerbindung abzuwägen.[85]

Die verschiedenen Werkzeuge einer SPU unterstützen, wie an den Beispielen gezeigt worden ist, oftmals eigene, sekundäre Dictionaries. Allerdings umfaßt dann üblicherweise jedes sekundäre Dictionary nur den für das jeweilige Werkzeug relevanten Teilbereich. Eine bereichsübergreifende Gesamtschau der dokumentierten Sachverhalte ist dann nicht ohne weiteres zu realisieren. Außerdem ist die Dokumentation von Beziehungen zwischen den durch die sekundären Dictionaries abgedeckten Teilbereiche nicht möglich.

Aus den aufgeführten Gründen kann eine vollständig befriedigende Integration von verschiedenen Entwicklungswerkzeugen eigentlich nur dann vor-

---

82) Vgl. Skubch (1988), S. 218.

83) Vgl. dazu z.B. Österle (1988), S. 17: "Versucht man, für ein konkretes Unternehmen eine Software-Entwicklungsumgebung aufzubauen, so stößt man rasch auf das Kernproblem: die Integration der Werkzeuge."

84) Vgl. Löffler/Warner (1988), S. 32. Vgl. auch Österle (1988), S. 17 ff.

85) Vgl. Skubch (1988), S. 220.

liegen, wenn eine integrierende Datenbasis gegeben ist.[86] Dies erfordert streng genommen, daß alle fraglichen Entwicklungswerkzeuge direkt auf eine einzige Datenbasis zugreifen. Eigene, lokale Dictionary-Komponenten werden in diesem Fall nicht benötigt. Ein solches Konzept wird für eine beschränkte Anzahl von Werkzeugen beispielsweise in ADW verwirklicht, wo die verschiedenen Workstations auf derselben Enzyklopädie aufsetzen. Aufgrund der Vielzahl von Werkzeugen in einer umfassenden Entwicklungsumgebung und deren Heterogenität scheint eine solche Lösung derzeit utopisch. Stattdessen ließe sich ein Konzept realisieren, das lediglich einen indirekten Zugriff auf die zentrale Entwicklungsdatenbank vorsieht: Werkzeuge haben ihre eigenen, lokalen Dictionaries, die jeweils Meta-Daten mit dem zentralen Dictionary austauschen. Dies kann auch aus anderen Gründen vorteilhaft sein, insbesondere wegen der *Performance*. Für die Verwaltung einer derartigen zentralen Entwicklungsbasis eignet sich insbesondere ein eigenständiges, primäres Dictionary-System.[87]

Als Vorteile des Einsatzes eines (zusätzlichen) primären Dictionary-Systems im Rahmen einer umfassenden SPU mit sekundären Dictionaries lassen sich mehrere Gründe anführen:

- Im Rahmen eines solchen zentralen Dictionary-System können alle Meta-Daten in einer einheitlichen Meta-Datenbasis zusammengeführt werden, weshalb es eine integrierende Komponente darstellt. Alle Werkzeuge einer SPU müssen dann darin ihre Ergebnisse übertragen bzw. aus ihr die benötigten Ergebnisse entnehmen.

- Bei einem primären Dictionary-System stehen (möglicherweise) sehr viel mächtigere und benutzerfreundlichere Funktionen zur Verwaltung und Auswertung zur Verfügung als bei sekundären Dictionary-Systemen.

Diesen Vorteilen stehen jedoch auch einige Nachteile gegenüber:

- Die Anschaffung eines zusätzlichen primären Dictionary-Systems stellt eine unter Umständen nicht unerhebliche zusätzliche Investition dar.[88]

---

86) Vgl. Löffler/Warner (1988), S. 32.

87) Aus Sicht der Praxis vgl. z.B. Seeler (1990), insbes. S. 59; Heuer (1990), S. 129 ff.

88) Vgl. z.B. Carlyle (1990), S. 46 f.

- Da primäre Dictionary-Systeme aufgrund ihrer generellen Ausrichtung in der Regel lediglich *passiv* oder bestenfalls *bedingt aktiv* sind, ergeben sich aufgrund der notwendigen Transformationen und Konsolidierungen nahezu zwangsläufig Abstimmungsprobleme zu den mit ihnen verbundenen Systemen.[89]

- Da es sich beim primären Dictionary um ein separates System handelt, sind Benutzer von CASE-Tools oder Datenbanksystemen gezwungen, für die Arbeit mit dem Dictionary das System zu wechseln. Dies dürfte umso lästiger sein, je umständlicher dieser Systemwechsel ist.

Ein Beispiel für einen derartigen Ansatz ist das IBM-Konzept der Anwendungsentwicklung AD/Cycle, welches eine den gesamten Lebenszyklus abdeckende Unterstützung des Entwicklungsprozesses durch geeignete Entwicklungswerkzeuge anstrebt.[90] In diesem Sinne stellt es also eine integrierte CASE-Architektur dar. Dabei handelt es sich prinzipiell um eine offene Architektur, die den Einsatz verschiedener Werkzeuge in den einzelnen Phasen erlauben soll. Damit dies möglich ist, wird der Einsatz eines Repositories als Integrationsbasis unterstellt.[91] Dieses Repository beinhaltet neben der entsprechenden Funktionalität auch ein passendes Informationsmodell, durch das die zur Verfügung zu stellenden Meta-Daten festgelegt werden. An jedes Werkzeug im Rahmen des AD/Cycle wird dann unter anderem die Anforderung gestellt, daß es eine Schnittstelle zu diesem Repository aufweist, welche sowohl bezüglich des Austauschformats als auch des Informationsmodells kompatibel sein muß. Allerdings ist die (Weiter-) Entwicklung des IBM-Repositories für die Großrechnerumgebung eingestellt worden, so daß dieses Konzept bis zu einem gewissen Grad obsolet erscheint.

Natürlich läßt sich die Grundidee von AD/Cycle nicht nur im Rahmen der von IBM vorgegebenen Definitionen realisieren. So könnte anstatt des IBM-Repositories beispielsweise das primäre Dictionary-System ROCHADE zur Verwaltung einer integrierenden Datenbasis über ADW, DB2 und weiteren Werkzeugen eingesetzt werden.

---

89) Vgl. Kapitel 6.2.

90) Vgl. z.B. Andexer (1991); Beetz/Lambers (1991), insbes. S. 64 ff; Montgomery (1991), insbes. S. 31 ff.

91) Der IBM-Repository-Manager/MVS wird ausführlich beschrieben bei Lefkovits (1991); vgl. auch Habermann/Leymann (1993), S. 97 ff.

5. Gestaltung von Meta-Daten

Der Gebrauchswert eines Dictionaries wird dadurch bestimmt, daß die darin enthaltenen Meta-Daten vollständige und korrekte Aussagen über die zu dokumentierenden DV-Sachverhalte repräsentieren.[1] Das heißt konkret, daß sich alle dokumentationsrelevanten Sachverhalte in entsprechenden Meta-Objekten und Meta-Beziehungen des Dictionaries niederschlagen müssen. Es ist in diesem Zusammenhang jedoch nicht nur bedeutsam, *daß* ein Objekt bzw. eine Beziehung dokumentiert ist, sondern auch *wie* es bzw. sie dokumentiert wurde. Das heißt also, daß jedes Meta-Objekt und jede Meta-Beziehung auch sachlich richtig, vollständig und zweckmäßig zu erfassen ist. Dies soll als Dokumentationsqualität bezeichnet werden.

Durch die im Rahmen eines Dictionary-Schemas definierten Meta-Objekttypen und Meta-Beziehungstypen samt den ihnen zugeordneten Meta-Attributen wird ein Rahmen für die möglichen Meta-Daten vorgegeben. Die in einem Dictionary zu dokumentierenden Sachverhalte müssen dann jeweils als Instanzen der vorgegebenen Meta-Objekttypen bzw. Meta-Beziehungstypen abgebildet werden. Über Meta-Attribute erfolgt dann eine Zuordnung von Werten bzw. Meta-Daten zu den Meta-Objekten bzw. Meta-Beziehungen. Dabei ist grundsätzlich festzulegen, ob für jede Instanz eine Zuordnung erfolgen muß und welche Werte gegebenenfalls zugeordnet werden können.

Meta-Attribute sind zum einen danach zu unterscheiden, ob sie für ein gegebenes Meta-Objekt bzw. eine gegebene Meta-Beziehung einen definierten Wert aufweisen müssen (Muß-Feld) oder nicht (Kann-Feld). Die Menge der Muß-Felder kennzeichnet die Angaben, die jede Objektinstanz enthalten muß; solange nicht alle Muß-Felder spezifiziert worden sind, wird die Speicherung eines Meta-Objekts abgelehnt. Die Eigenschaft, ein Muß- bzw. Kann-Feld zu sein, ist oftmals im Rahmen des (Meta-) Datenmodells definierbar und wird dann ebenfalls durch das Dictionary-Schema festgelegt. Kann diese Eigenschaft nicht definiert werden, so ist sie gegebenenfalls als eine Richtlinie zu formulieren, deren Einhaltung dann im Zuge einer nachträglichen Qualitätssicherung zu überprüfen ist.

Neben der Frage, ob einem Meta-Objekt oder einer Meta-Beziehung über ein Meta-Attribut ein konkreter Wert zugeordnet sein muß oder nicht, ist

---

1)   Vgl. auch Habermann/Leymann (1993), S. 218.

natürlich vor allem relevant, welche Werte das gegebenenfalls sein können. Dies wird durch Wertebereiche bzw. Domänen festgelegt, die den Meta-Attributen jeweils explizit oder implizit unterliegen. Diese beschreiben einen Bereich oder eine Menge zulässiger Meta-Daten. Letzteres ist etwa für die Datentypen von Datenelementen der Fall, die beispielsweise Werte wie *Numerisch, Alpha, Alphanumerisch, Datum* annehmen können. Auch für die Kardinalitäten einer Beziehung sind im Regelfall nur wenige Werte zulässig, und zwar im Falle der Minimalkardinalität die Werte 0 und 1, bei der Maximalkardinalität die Werte 1 und N. Derartige Meta-Attribute lassen nur Werte zu, die einen streng formalen Aufbau aufweisen. Deshalb kann auch jede Eingabe eines Wertes sofort auf Übereinstimmung mit dem vorgegebenen Wertebereich überprüft und im negativen Fall abgewiesen werden.

Während bei einigen Meta-Attributen die Menge der zulässigen Werte eng begrenzt ist, erlauben andere Meta-Attribute die Dokumentation von Sachverhalten in einer weitgehend unstrukturierten, textuellen Form.[2] Dies gilt insbesondere für benutzerorientierte "logische" Meta-Attribute wie *Definition* und *Beschreibung*. Für Meta-Attribute, die nicht durch vorgegebene Werte eingeschränkt sind, kann natürlich keine Wertebereichsprüfung im obigen Sinne stattfinden. Trotzdem ist für die Qualität der Dokumentation nicht unerheblich, wie diese Werte konkret gestaltet werden.

Von besonderer Bedeutung für die Instanziierung eines Dictionary-Schemas ist die Vergabe von Namen für Meta-Objekte und gegebenenfalls auch Meta-Beziehungen. Diese weisen typischerweise eine Doppelfunktion auf: zum einen sind sie im Regelfall Identifikator des jeweiligen Meta-Objekts im Rahmen des Dictionaries, zum anderen können sie als sprechende Namen auch die Bedeutung des entsprechenden Meta-Objekts ausdrücken und damit definitorischen Charakter haben. Namen sind zwar verschiedenen Beschränkungen bezüglich der Länge und der wählbaren Zeichen unterworfen, können aber ansonsten frei gestaltet werden.

Namen und Definitionen sind die grundlegendsten Bestandteile eines Data Dictionaries.[3] Durch die Etablierung von Standards bzw. Richtlinien kann

---

2) Gotthard (1988), S. 18, nennt dies monolithische Strukturen.

3) Vgl. dazu Gane/Sarson (1979), S. 51: "The minimum information needed to establish a data element is its *name* and a *description*"; Tasker (1989), S. 185: "Returning to the early days of data dictionaries, we see provision for two pieces of information for data items: a name and a definition."

versucht werden, die Inhalte von mehr oder minder frei definierbaren Meta-Attributen wie Namen und benutzerorientierten Definitionen bzw. Beschreibungen bezüglich Inhalt und Form stärker zu normieren und damit eine möglichst hohe Dokumentationsqualität zu begünstigen. Im folgenden werden diese Problematik ausführlicher dargestellt und Überlegungen angestellt, welche Arten von Namens- und Beschreibungsstandards sich als sinnvoll erweisen könnten.

5.1. Bedeutung der Namensgebung von Meta-Objekten

Namen dienen in erster Linie als logische Identifikatoren von Objekten in einer gegebenen Umgebung; ihre Aufgabe ist es, aus einer Menge gleichartiger Objekte eines gezielt anzusprechen. Objektnamen müssen also in einer gegebenen Umgebung eindeutig sein; in Datenbanken entspricht dies der Funktion eines Schlüssels. Darüber hinaus können sie auch noch als sprechende Namen Aufschluß über bestimmte Eigenschaften des durch sie identifizierten Objekts geben.

Eine unkontrollierte Vergabe von Namen ist unter dem Gesichtspunkt der Eindeutigkeitserfordernis problematisch, weil man unterstellen kann, daß in komplexen oder unabhängig voneinander entwickelten Anwendungssystemen bestimmte Sachverhalte und damit Objekte mehr oder minder unterschiedlich benannt werden, was zu Namenskonflikten in Form von Homonymen und Synonymen führt. Zwei Objekte sind als Homonyme zu bezeichnen, wenn sie gleiche Namen, jedoch eine verschiedene Bedeutung haben; ein Beispiel wäre das Wort Bank als Bezeichnung für eine Sitzgelegenheit oder ein Kreditinstitut. Synonyme liegen vor, wenn zwei Objekte gleicher Bedeutung einen unterschiedlichen Namen aufweisen; ein Beispiel wäre das Wort Spatz und Sperling für ein und dieselbe Vogelart.[4] Das Vorhandensein von (versteckten) Homonymen in Unternehmungen ist durchaus nicht unrealistisch, insbesondere wenn in den einzelnen Fachabteilungen bestimmte Begriffe mit verschiedenen Sinninhalten verwenden werden. Weiterhin zeigen Auswertungen der in Unternehmen verwendeten Datenelemente, daß oftmals Synonyme auftreten und damit redundante Daten-

---

4) Zu den Begriffen Homonym und Synonym vgl. insbesondere Brenner (1988), S. 59 ff und 143 f. Vgl. ferner Reusch (1980), S. 61 ff; Durell (1985), S. 38; Heinrich (1992), S. 394.

elemente vorliegen. Bei Ausmerzung aller Synonyme ließe sich die Anzahl der verwendeten Datenelemente erheblich verringern.[5]

Das Erkennen und Behandeln von Namenskonflikten ist im Kontext von Dictionaries aus zwei Gesichtspunkten wichtig: Zum einen können Namenskonflikte dazu führen, daß die Eingabe zu dokumentierender Sachverhalte in das Dictionary unmöglich ist bzw. zu ungewollten Überschreibungen führt und zum anderen ist die Auflösung von Namenskonflikten eine notwendige Voraussetzung für die Schaffung integrierter Anwendungsarchitekturen.

5.1.1. Bedeutung der Namensgebung für die Speicherung von Meta-Daten in einem Dictionary

Da Dictionaries letztlich spezielle Datenbanken sind, gelten für sie auch die gemeinhin an Datenbanken zu stellenden Integritätsregeln. Eine dieser Regeln betrifft die Eindeutigkeitserfordernis von Objektidentifikatoren, die im Fall von Dictionaries üblicherweise für einzelne Meta-Objekttypen oder das gesamte Dictionary gilt. Wird in einem Dictionary dem Namen die Funktion eines Identifikators zugewiesen, dann sind damit für keines der in dem Dictionary enthaltenen Meta-Objekte Homonyme zugelassen; typische Namen wie *Nummer*, *Bezeichnung*, *Menge* und *Preis* dürfen dann innerhalb eines gegebenen Dictionaries bzw. Objekttyps nur für ein Meta-Objekt verwendet werden.

Die Anforderung nach Namenseindeutigkeit ist dann problematisch, wenn diese Eindeutigkeit nicht global für ein Dictionary bzw. alle Objekte eines gegebenen Typs zu gelten braucht, sondern nur lokal innerhalb eines gegebenen Kontextes. Dies ist oftmals der Fall, wenn die Objekte der betreffenden Objekttypen normalerweise nicht für sich allein stehen, sondern stets als Bestandteil eines anderen Objekttyps auftreten. Ein Beispiel dafür sind Datenelemente bzw. -felder in herkömmlichen Datenstrukturen (z.B. COBOL-Records) oder Attribute in Relationen; die Namen der Datenelemente werden jeweils durch die Datenstruktur qualifiziert, in der sie enthalten sind, und brauchen daher nicht global eindeutig zu sein. Sollen diese Meta-Objekte in ein Dictionary eingebracht werden, so können sich

---

5) Vgl. Durell (1985), S. 46 ff.

Namenskonflikte ergeben, da Datenelemente im Dictionary-Schema in der Regel als Instanzen eines eigenen Meta-Objekttyps behandelt werden. Dies soll an einem Beispiel verdeutlicht werden:

Gegeben seien die beiden Applikationen A und B. In der Applikation A wird für alle Mitarbeiter die Abteilung geführt, in der sie beschäftigt sind. Die dieser Applikation unterliegende Datenstruktur lautet:

Datei A :   AHV-NUM Char(13), NAME Char(20), TEL-NR Integer, ABT-NR Integer, BUDGET Decimal(9,2).

Die Applikation B verwaltet für die Mitarbeiter, welchen Projekten sie mit welchem Anteil ihrer Arbeitszeit zugeordnet sind. Die entsprechende Datenstruktur lautet:

Datei B :   AHV-NR Char(13), MNAME Char(20), TEL-NR Char(4), PROJ-NR Integer, NAME Char(30), PROZ-ZEIT Integer.

In diesem Beispiel ist das Element NAME ein Homonym, da es einmal für den Namen eines Mitarbeiters und zum anderen für den Namen eines Projekts steht; diese Homonymität führt zu speichertechnischen Problemen. Auch wenn zwei gleichnamige Datenelemente zwar die gleiche Bedeutung, aber eine voneinander abweichende Spezifikation haben, treten derartige Probleme auf. Dies ist im Beispiel für das Datenelement TEL-NR der Fall, das in beiden Dateien die gleiche Bedeutung hat, jedoch in der einen den Datentyp *Integer* und in der anderen den Datentyp *Character* aufweist.

Obwohl die obigen Datensätze im Rahmen eines Programms bzw. einer Datenbank keine Probleme aufwerfen, da jedes Datenelement über die Qualifikation mit dem entsprechenden Datensatz identifiziert werden kann, käme es also bei deren Dokumentation im Data Dictionary zu Namenskonflikten. Um diese zu vermeiden, sind mehrere Vorgehensweisen denkbar:

- Bei der Definition von Meta-Objekten wird darauf geachtet, nur Namen zu wählen, die für sich allein stehend im Rahmen der in einem Dictionary zu speichernden Meta-Objekte auf jeden Fall eindeutig sind und damit nicht zu Homonymen führen können. Eine solche Strategie wird wesentlich durch Namensstandards unterstützt. Die Eindeutigkeit eines neuen Namens läßt sich dabei explizit durch Abfrage des Dictionaries überprüfen.

- Bei der Dokumentation eines gegebenen Meta-Objekts wird ein interner Name für Identifikationszwecke vergeben und somit das Namenseindeutigkeitserfordernis umgangen. Eine solches Vorgehen erfolgt beispielsweise in ADW, in dem grundsätzlich eine Dualität von internem Identifikator und externem Namen besteht. Die Einführung von internen Identifikatoren als "künstlichen" Namen ist übrigens auch dann nötig, wenn bestimmte Sachverhalte innerhalb des Dictionaries als eigenständige Objekttypen modelliert sind, obwohl sie in der DV-Welt als integraler Bestandteil einer Gesamtheit eigentlich keinen eigenen Namen aufweisen. Ein Beispiel dafür ist die Dokumentation von Fremdschlüsseln des relationalen Modells.

- Bei der Verwendung von zusammengesetzten Identifikatoren können lokal gültige Namen durch die Namen der Meta-Objekte qualifiziert werden, deren Bestandteil sie sind. Voraussetzung ist allerdings, daß das dem Data Dictionary unterliegende Datenmodell solches für Meta-Objekte zuläßt. Dies ist zum Beispiel im relationalen Datenmodell möglich, wie beispielsweise der im vorhergehenden Kapitel erläuterte Datenkatalog von DB2 zeigt. Dort ist eine Relation bzw. Tabelle nur durch den zusammengesetzten Schlüssel *Benutzernummer* und *Tabellenname* identifizierbar, ein Attribut durch den zusammengesetzten Schlüssel *Benutzernummer*, *Tabellenname* und *Spaltenname*. Allerdings können durch die Verwendung solcher zusammengesetzten Schlüssel sehr umfangreiche und damit unpraktische Identifikatoren entstehen. Dies gilt auch dann, wenn eine Datenstruktur eine mehrfache Verschachtelung von Datengruppen zuläßt, wie es beispielsweise für COBOL-Records zutrifft. In diesem Fall müßte ein Datenelement bzw. -feld durch alle Datengruppen qualifiziert werden, in denen es direkt oder indirekt enthalten ist.

5.1.2. Bedeutung der Namensgebung für die Integration von Meta-Daten

Über den rein technischen Aspekt einer eindeutigen Ansprechbarkeit von Meta-Objekten innerhalb eines Dictionaries, die vor allem Homonyme betrifft, hat die Beseitigung von Namenskonflikten eine weitergehende Bedeutung, wenn verschiedene Teildokumentationen zu integrieren sind. Derartige Methoden werden für den Datenbereich unter dem Stichwort der Sichten-

oder Datenbankintegration behandelt.[6] Überhaupt impliziert der Datenbankansatz ja die Integration von Unternehmensdaten, die letztendlich erst zu einem anwendungsneutralen Datenschema führt.

Damit die betrachteten Schemata integriert werden können, müssen vorgängig Schemakonflikte erkannt und aufgelöst werden. Eine derartige Konfliktanalyse umfaßt grundsätzlich eine Namenskonfliktanalyse und eine Strukturkonfliktanalyse.[7] Strukturkonflikte treten beispielsweise auf, wenn zur Modellierung von Sachverhalten unterschiedliche Konstrukte, d.h. hier unterschiedliche Meta-Objekttypen und Meta-Beziehungstypen, verwendet worden sind. Ein einfaches Beispiel dafür ist, daß ein Ort im Rahmen des ERM einmal als Attribut und ein anderes Mal als Entitätstyp modelliert wird. Ein Strukturkonflikt liegt auch vor, wenn Meta-Objekte gleicher Bedeutung *und* gleichen Typs unterschiedlich spezifiziert worden sind. In Bezug auf Datenelemente kann dies beispielsweise für unterschiedlich definierte Datentypen und/oder -längen zutreffen. Da aber hier der Strukturkonflikt "innerhalb" eines Meta-Objekts auftritt, wird dabei auch von einem Domänenkonflikt gesprochen.[8]

Nach der Auflösung etwaiger Namens- und Strukturkonflikte können die behandelten Sichten bzw. Schemata integriert werden, wobei u.U. zusätzliche Sachverhalte (insbesondere Beziehungen) zu berücksichtigen sind, die in keiner der beiden Teilsichten vorhanden waren (interschema properties).[9]

Unter dem Gesichtspunkt der Integration sind bei der Analyse von Namenskonflikten nicht nur Homonyme zu beachten, sondern auch Synonyme; die Analyse von Namenskonflikten hat daher das Erkennen von Homonymen und Synonymen zum Ziel. Im obigen Beispiel ist das Element NAME ein Homonym, da es einmal für den Namen eines Mitarbeiters und zum anderen für den Namen eines Projekts steht. Diese Homonymität führt bei der Dokumentation im Rahmen des Data Dictionaries zu den angesprochenen Speicherproblemen und muß auf jeden Fall aufgelöst werden. Diese Konfliktauflösung soll dadurch geschehen, daß A.NAME zu A.MNAME umbenannt

---

6)   Vgl. z.B. Batini/Lenzerini/Navathe (1986).

7)   Vgl. z.B. Batini/Lenzerini/Navathe (1986), S. 344 ff; Batini/Ceri/Navathe (1992), S. 124 ff.

8)   Vgl. z.B. Habermann/Leymann (1993), S. 204 f.

9)   Vgl. z.B. Batini/Ceri/Navathe (1992), S. 126.

wird. Obwohl dann nicht zwingend notwendig, soll auch der Name eines Projekts von B.NAME nach B.PNAME umbenannt werden.

Darüber hinaus sind im Beispiel mit den Attributen AHV-NUM und AHV-NR Synonyme gegeben, da sie beide den Sachverhalt AHV-Nummer repräsentieren. Im Gegensatz zu den Homonymen ist bei der Dokumentation im Rahmen eines Dictionaries eine Auflösung synonymer Datenelemente nicht unbedingt erforderlich. Durch eine standardisierte Methodik bei der Vergabe von Namen für Datenelemente kann das Erkennen von Synonymen jedoch wesentlich unterstützt werden. Im Beispiel wird die Synonymität durch die Umbenennung von A.AHV-NUM nach A.AHV-NR aufgelöst.

Ein Struktur- bzw. Domänenkonflikt tritt im obigen Beispiel beim Attribut TEL-NR auf, das zwar in beiden Dateien gleich benannt ist, jedoch in den verschiedenen Dateien den Datentyp *Integer* bzw. *Character* aufweist; dieser Konflikt soll dahingehend aufgelöst werden, daß B.TEL-NR ebenfalls den Datentyp *Integer* erhält.

Die um Namens- und Strukturkonflikte bereinigte Version obigen Beispiels sieht also wie folgt aus:

Datei A: AHV-NR Char(13), MNAME Char(20), TEL-NR Integer, ABT-NR Integer, BUDGET Decimal(9,2).

Datei B: AHV-NR Char(13), MNAME Char(20), TEL-NR Integer, PROJ-NR Integer, PNAME Char(30), PROZ-ZEIT Integer.

Diese beiden Dateien können jetzt ohne weiteres integriert werden. Eine Integration ist deshalb sinnvoll, weil eine applikationsbezogene Speicherung von Daten verschiedene Nachteile aufweist. So führt sie zu einer redundanten Datenhaltung, da die Mitarbeiterdaten AHV-NR, NAME und TEL-NR in beiden Dateien enthalten sind und deshalb doppelt geführt werden müssen. Wird unterstellt, daß jeder Abteilung und jedem Projekt mehrere Mitarbeiter zugeordnet sein können, dann treten außerdem noch Redundanzen innerhalb der beiden Dateien auf, da die abteilungsspezifischen Daten ABT-NR und BUDGET bzw. die projektspezifischen Daten PROJ-NR und PNAME für alle ihnen zugeordneten Mitarbeiter zu wiederholen sind.

Als direkte Folge der redundanten Datenhaltung ergibt sich, daß aufgrund von Mehrfachspeicherungen gleicher Sachverhalte mehr Speicherplatz benötigt wird und sich der Aufwand zur Erfassung und Pflege von Daten erhöht. Desweiteren besteht die Gefahr des Auftretens von Inkonsistenzen, wenn bei Datenänderungen die mehrfach gespeicherten Sachverhalte nicht überall gleichermaßen abgeändert werden (Update-Anomalie).

Weiterhin ergeben sich daraus Probleme, daß logisch voneinander unabhängige Sachverhalte in einer Datei zusammengeführt werden. In dem Beispiel führt das dazu, daß sich Informationen über eine Abteilung bzw. ein Projekt nur dann einführen lassen, wenn ihnen zumindest ein Mitarbeiter zugeordnet ist (Insert-Anomalie). Umgekehrt verschwinden die Informationen zu Abteilungen bzw. Projekten mit der Löschung des letzten ihnen zugeordneten Mitarbeiters (Delete-Anomalie).

Im Zuge der *Normalformentheorie* sind die Nachteile einer anwendungsbezogenen Datenhaltung aufgezeigt und Wege zur Erlangung einer besseren Datenstruktur durch algorithmisierte Verfahren entwickelt worden; durch geeignete Umformungen entsprechend den Anforderungen verschiedener Normalformen läßt sich durch sie eine Datenstruktur ableiten, die die aufgeführten Anomalien nicht aufweist.[10] Bei auf einem Zerlegungsalgorithmus aufsetzenden Verfahren wird dabei von einer Zusammenfassung aller relevanten Attribute in einer Universalrelation ausgegangen, was das Fehlen von Namens- und Strukturkonflikten voraussetzt. Eine derart abgeleitete Datenstruktur in der fünften Normalform[11] würde folgendermaßen aussehen:

Relation MITARBEITER (AHV-NR, MNAME, TEL-NR, ABT-NR)

Relation ABTEILUNG (ABT-NR, BUDGET)

Relation PROJEKT (PROJ-NR, PNAME)

Relation PROJEKT-MITARBEITER (PROJ-NR, AHV-NR, PROZ-ZEIT)

Dieses Beispiel macht deutlich, daß die einheitliche Definition von Datenelementen (hier: Attributen) eine notwendige Voraussetzung zur Schaffung integrierter, anwendungsneutraler Datenstrukturen ist. Die Integration von Datenstrukturen gestaltet sich im übrigen schwieriger, wenn ein Datenmo-

---

10) Vgl. z.B. Schlageter/Stucky (1983), S. 162 ff; Ullmann (1982), S. 211 ff; Date (1986), S. 361 ff; Elmasri/Navathe (1989), S. 355 ff; Vetter (1990), S. 149 ff.

11) Meist werden Normalisierungsbetrachtungen nur bis zur dritten Normalform durchgeführt. Die angeführte Datenstruktur ergibt sich bei einer Normalisierung bis zur dritten Normalform, erfüllt aber gleichzeitig die Anforderungen der weitergehenden vierten und fünften Normalform.

dell noch mehr Strukturelemente aufweist, wie dies zum Beispiel für das ERM der Fall ist.[12]

5.2. Namensstandards

5.2.1. Formen von Namensstandards

Namensstandards sind Konventionen zur Benennung von Meta-Objekten. Dabei handelt es sich um mehr oder minder formalisierte Regeln bzw. Richtlinien, wie der Name eines bestimmten Meta-Objekts auszusehen hat bzw. wie er gebildet werden soll. Dies gewährleistet eine gewisse Uniformität von Namen, was natürlich nicht das eigentliche Ziel ist.[13] Ein Namensstandard soll vielmehr der Herausbildung eines gemeinsamen Begriffsverständnis für Meta-Objekte dienen. Dadurch wird die Gefahr des Entstehens von Namenskonflikten beseitigt oder zumindest gemindert. Damit im Zusammenhang steht die verbesserte Auffindbarkeit und Vergleichbarkeit von Meta-Objekten anhand ihres Namens, was ansonsten in umfangreichen Dictionaries auch für geübte Benutzer schwierig und aufwendig sein dürfte.[14] Trotzdem scheint die Durchsetzung von Namensstandards innerhalb einer Organisation nicht unproblematisch zu sein.[15]

Damit ein Namensstandard Namenskonflikte vermeiden hilft, muß er möglichst stabil sein. Dabei wird von einer *interpersonalen Stabilität* gesprochen, wenn verschiedene Personen für ein gegebenes Meta-Objekt den gleichen oder zumindest einen ähnlichen Namen vergeben. Dementsprechend sagt der Begriff *intertemporale Stabilität* aus, daß eine Person für ein gegebenes Meta-Objekt auch zu verschiedenen Zeitpunkten den gleichen bzw. einen ähnlichen Namen vergibt. Die Namensgleichheit bzw. -ähnlichkeit

---

12) Vgl. z.B. Batini/Ceri/Navathe (1992), S. 119 ff. Für einen Überblick über verschiedene Methoden, die teilweise unterschiedliche Datenmodelle betreffen, vgl. Batini/Lenzerini/Navathe (1986).

13) Vgl. auch Tasker (1989), S. 177.

14) Vgl. dazu Narayan (1988), S 89; Everest (1986), S. 605; Tasker (1989), S. 177.

15) Vgl. Wertz (1986), S. 163: "Perhaps no single issue can cause as much trouble as the need for and the establishment of naming standards." Vgl. auch Narayan (1988), S. 97 f.

von Meta-Objekten weist dann auf eine Homonymität bzw. Synonymität hin.[16]

Eine grundlegende, aber auch wenig formalisierende Standardisierungsregel bezieht sich auf die maximale Länge eines Namens, was insbesondere unter dem Gesichtspunkt von Beschränkungen in bestimmten Programmierumgebungen bedeutsam ist. Zusätzlich zur maximalen Länge ließe sich auch eine minimale Länge definieren. Außerdem kann die Verwendung bestimmter Zeichen ausgeschlossen werden, was sich ebenfalls aus den Syntaxanforderungen von Programmierumgebungen ergibt.

Die einfachste Art eines identifizierenden Namens ist die Vergabe einer Zählnummer. Ist sichergestellt, daß bei jeder Namensvergabe eine neue Nummer verwendet wird, so können keine Homonyme entstehen. Reine Zählnummern sind jedoch beim Wiederauffinden sowie der Erkennung von Synonymen wenig hilfreich. Für diese Zwecke bietet sich ein sprechender Name an, der insbesondere Aussagen über Bedeutung, Zweck, Funktion und Verwendung trifft.

Gelegentlich erschöpfen sich Namensstandards in der einfachen Anweisung, einen sprechenden Namen zu wählen. Dabei wird darauf vertraut, daß innerhalb einer gegebenen Organisation für ein bestimmtes Objekt immer ein klar definierter und einheitlich verwendeter Fachbegriff existiert, was allerdings nicht ohne weiteres vorausgesetzt werden kann. Der Namensstandard sollte dabei sicherstellen, daß die in sprechenden Namen enthaltenen Fachbegriffe überall einheitlich gebraucht werden. Eine einfache Regel dafür ist zum Beispiel, immer nur den Singular (bzw. den Plural) eines Begriffs zu verwenden. Damit Namen einer etwaigen Längenbeschränkung genügen, muß unter Umständen mit Abkürzungen gearbeitet werden. Deshalb sollte ein Standard auch Abkürzungsregeln enthalten, die festlegen, wie aus einem gegebenen Begriff eine geeignete Abkürzung abzuleiten ist. Solche Abkürzungsregeln sind beispielsweise:[17]

- Für jeden Begriff sollte nur eine Abkürzung existieren

- Einmal definierte Abkürzungen sollten *immer* anstatt des Begriffs gebraucht werden

---

16) Vgl. Österle/Brenner (1986), S. 61 f.

17) Vgl. Everest (1986), S. 605 f.

- Abkürzungen sollen bevorzugt durch Weglassen von Begriffsendungen erfolgen

- Eine Abkürzung sollte mindestens drei Buchstaben kürzer als der Begriff sein

- Verschiedene Begriffe sollten nicht dieselbe Abkürzung haben

- Die Abkürzung eines Begriffs sollte nicht eine *mögliche* Abkürzung eines anderen Begriffs sein

- Eine Abkürzung sollte nicht einen anderen Begriff ergeben.

Sollen die abgekürzten Begriffe sehr kurz sein, so kann unter Umständen keine aussagekräftige Abkürzung gebildet werden. Dann ist es zweckmäßig, anstatt einer Abkürzung im eigentlichen Sinne eine Verschlüsselung zu wählen. Diese erfordert jedoch, daß nur eine beschränkte Zahl von derart verschlüsselten Werten existiert, die im voraus zu definieren sind.

Neben der Unterscheidung nach zählenden und sprechenden Namen ist auch noch bedeutsam, ob es sich um einfache oder zusammengesetzte Namen handelt. Als zusammengesetzte Namen sollen solche bezeichnet werden, die aus verschiedenen Elementen bzw. Begriffen bestehen. Begriffe, die eine Bedeutung verkörpern, werden im folgenden auch als Schlüsselwörter bezeichnet. Ein zusammengesetzter Name kann nur aus Schlüsselworten bestehen, aber auch eine Kombination von Schlüsselworten mit einer Zählnummer sein.[18] Wird ein Name aus mehreren Elementen zusammengesetzt, so ist außerdem festzulegen, wie die einzelnen Elemente verbunden werden. Die einzelnen Begriffe eines Namens lassen sich übergangslos aneinanderfügen oder aber durch ein Trennungssymbol deutlich voneinander absetzen; ein übliches Trennungssymbol ist dabei beispielsweise der Bindestrich.

Ein zusammengesetzter Name kann sich aus verschiedenen Gründen als sinnvoll erweisen. Die Zusammensetzung mehrerer Begriffe zu einem Namen erlaubt es, daß ein bestimmter Begriff in mehreren Namen vorkommt, was ansonsten aufgrund der Eindeutigkeitserfordernis von Namen unmöglich wäre. Besonders augenfällig wird dies, wenn in einem Dictionary nur globale, über alle Typen eindeutige Namen zulässig sind, wie das z.B. in

---

18) Für einen Praxisfall vgl. z.B. Seeler (1990), S. 57, bei dem die (nichtsprechenden) Bezeichner zur Identifikation in einem Dictionary aus einem Präfix und einer nachfolgenden Nummer bestehen.

der ANSI-IRDS-Norm gefordert wird. Damit würde sich beispielsweise verbieten, eine Relation KUNDE aufzunehmen, wenn bereits ein Entitätstyp KUNDE existiert. Wird jedoch beiden ein Präfix vorangestellt, der die jeweiligen Typen symbolisiert, also etwa EN-KUNDE und RE-KUNDE, dann wäre dies möglich. Gleichzeitig wird damit jedoch eine redundante Information gegeben, da die entsprechenden Meta-Objekttypen im allgemeinen ja bekannt sind.

Unter Umständen reicht eine Qualifizierung allein durch den Typ noch nicht aus. Dies gilt insbesondere für Meta-Objekte, die vor allem system- bzw. projektintern verwendet werden. In diesem Fall kennzeichnet man ein Meta-Objekt oftmals noch durch das jeweilige Arbeitsgebiet bzw. Projekt. Auch dafür wird in der Regel ein kurzer, höchstens zweistelliger Code verwendet. Dabei tritt wiederum der oben beschriebene Nachteil auf: steht das jeweilige Meta-Objekt mit einem entsprechenden Meta-Objekt vom Typ *Projekt* in Beziehung, dann ist diese Angabe im Namen redundant. Außerdem erweist sich diese Art der Benennung bei einer mehrfachen Verwendung des betreffenden Meta-Objekts als unzweckmäßig, da der Name eine eindeutige Zuordnung zu nur einem Arbeitsgebiet impliziert.

Ein weiteres Argument für die Zusammensetzung von Namen ist, daß damit das Auffinden von Meta-Objekten erleichtert werden kann, da nicht der Name als Ganzes angegeben werden muß, sondern auch nach Teilelementen bzw. Schlüsselworten gefragt werden kann. Bei der Suche nach Meta-Objekten brauchen Schlüsselworte nicht notwendigerweise eindeutig auf ein bestimmtes Meta-Objekt führen, sondern sie sollen die Gesamtheit aller Meta-Objekte in einem Data Dictionary auf eine überschaubare Menge reduzieren. Die verwendeten Begriffe bzw. Schlüsselworte können in einer gesonderten Liste gesammelt werden, die damit ein Glossar oder Schlagwortkatalog darstellt.

Die Verwendung einheitlicher Schlüsselworte wird noch mehr gefördert, wenn diese fest vorgegeben sind. Dabei muß sich der Name eindeutig aus einer Menge vordefinierter Schlüsselworte bilden lassen. Allerdings erfordert dies eine recht große Zahl vorgegebener Schlüsselworte, damit auch wirklich alle denkbaren Fälle abgedeckt werden können. Außerdem muß sichergestellt sein, daß ein derart gebildeter Name auch identifizierend ist. Diese Anforderung erscheint wenig realistisch, so daß eine Mischform als praktikabler anzusehen ist, die sowohl auf vordefinierten Schlüsselworten aufbaut als auch eigendefinierte Schlüsselworte zuläßt.

Die Menge der in einem Namen zu verwendenden Schlüsselworte kann sehr undifferenziert betrachtet werden. Allerdings ist es auch möglich, sie zu einzelnen Gruppen bzw. Klassen zusammenzufassen. Dies ist insbesondere dann sinnvoll, wenn zur Bildung eines Namens aus jeder Klasse genau ein Schlüsselwort ausgewählt wird, wodurch die Klassen bezüglich des Objekts den Charakter von Beschreibungsdimensionen aufweisen und die einzelnen Schlüsselworte den von Ausprägungen dieser Dimensionen. Bei diesem Vorgehen stellt sich auch die Frage der Anordnung der Schlüsselworte in einem Namen. Die den einzelnen Klassen entnommenen Schlüsselworte können nämlich in einer beliebigen Reihenfolge oder aber in einer fixen Anordnung zu einem Namen zusammengesetzt werden.

5.2.2. Namensstandards für Datenelemente

Obwohl Namensstandards grundsätzlich auf alle zu speichernden Meta-Objekte anwendbar sind, werden in der Literatur vor allem Namensstandards für Datenelemente betrachtet.[19] Dies ist nicht weiter verwunderlich, da es sich dabei um die elementarsten Teile einer Datenumgebung handelt, auf die im Rahmen von (daten-) integrierten Informationssystemen aus den verschiedensten Anwendungen heraus Zugriffe erfolgen; das obige Beispiel sollte dies im Rahmen des relationalen Datenmodells veranschaulichen. Allerdings wird gerade eine einheitliche Namensgebung von Datenelementen zu den schwierigsten Problemen bei der Namensstandardisierung gezählt.[20]

Im Falle von Datenelementen dürfte der sprechende Name unter dem Integrationsgesichtspunkt sinnvollerweise die Bedeutung des Meta-Objekts zum Gegenstand haben. Damit weisen Datenelementnamen einen engen Bezug zur Definition von Datenelementen auf. Dieser Bezug wird besonders deutlich, wenn Namen aus Definitionen unter Weglassung von sog. Stoppwörtern automatisch abgeleitet werden, was in der Praxis gelegentlich geschieht.[21]

---

19) Einen sehr detaillierten Standard, der auch andere DV-technische Objekte wie *System, Program* und *Record* umfaßt, stellt Narayan (1988), S. 104 ff dar.

20) Vgl. Wertz (1986), S. 173.

21) Vgl. Brenner (1988), S. 67 f.

Einen besonders formalisierten Ansatz dieser Art stellt etwa die von IBM im Rahmen des IBM DB/DC Dictionaries vorgeschlagene OF-Language dar.[22] Mit ihr wird eine Definition so codiert, daß daraus ein sprechender Name wird. In dieser "Sprache" ist eine einzige kontrollierte Klasse von Schlüsselworten vorgesehen, die als Klassenwörter bezeichnet werden. Diese müssen im Namen immer am Anfang stehen, wobei anstatt des jeweiligen Klassenworts stets ein Akronym verwendet wird. Die vorgesehenen Klassenwörter zeigt Tabelle 5-1. Dabei wird ersichtlich, daß die Klassenwörter einen engen Bezug zu Datentypen aufweisen und damit eine Klassifikation von Domänen darstellen.[23]

Klassenwort	Symbol	Definition
Name	N	Ein alphabetischer Identifikator für eine Entität
Nummer	#	Ein numerischer Identifikator für eine Entität
Code	C	Daten, welche Klassen von Entitäten identifizieren
Menge	Q	Die Nummer oder Quantität (auch mit Bruchteilen) von allem mit Ausnahme von monetären Größen
Wert	$	Mengenangaben, die monetäre Größen betreffen
Text	T	Daten mit relativ undefiniertem Kontext
Flag	F	Ein Code, der nur zwei Werte annehmen kann (insbes. TRUE und FALSE)
Control	C	Daten, die zur Steuerung der Bearbeitung anderer Daten benötigt werden
Konstante	K	Daten, die ihre Werte grundsätzlich nicht ändern
Prozent	%	Verhältnis zwischen anderen Datenwerten, ausgedrückt als ein Prozentsatz

Tabelle 5-1:   Symbole für die Klassenwörter der OF-Language

Der Rest des Namens bildet sich aus frei wählbaren Schlüsselwörtern, die durch Bindewörter verschiedener Bedeutung verbunden sind, so daß sich der

---

22) Vgl. z.B. Everest (1986), S. 607 f; Holloway (1988), S. 85 ff; Narayan (1988), S. 98 ff. Eine Darstellung der Klassenwörter der OF-Language findet sich auch bei Durell (1985), S. 71; Tasker (1989), S. 28 ff.

23) Vgl. dazu Takoushian (1993).

gesamte Ausdruck wie ein Satz lesen läßt.[24] Auch für die Bindewörter existieren entsprechende Kürzelsymbole, die allerdings der englischen Sprache entnommen sind und sich nicht ohne weiteres für die deutsche Sprache adaptieren lassen. Tabelle 5-2 führt diese Symbole auf.

Bindewort	Symbol	Definition
Of	(Leerschlag)	Bezeichnet eine Zugehörigkeit zum vorhergehenden Beschreibungsausdruck (entspricht dem deutschen "von")
Which is/are	*	Bezeichnet eine weitergehende Qualifikation des vorhergehenden Beschreibungsausdrucks
Bindestrich	-	Verbindet zwei oder mehr Worte zu einem
Or	|	Bezeichnet gleichwertige Beschreibungsausdrücke
And	&	Beschreibt verbundene Beschreibungsausdrücke
By/Per/Within	/	Bezeichnet eine Domäne oder Basis für einen Deskriptor

Tabelle 5-2: Symbole für die Bindewörter der OF-Language

Die Verwendung dieser Bindewörter im Deutschen führt mitunter zu etwas spröden und künstlichen Ausdrücken, die den Besonderheiten der deutschen Grammatik wenig Rechnung tragen. Beispiele für derart konstruierte Ausdrücke gibt Tabelle 5-3.

Eine andere mögliche Systematik für einen KWIC-Ansatz stellt Durell dar.[25] Er unterscheidet drei Klassen von Wortelementen, aus denen sich der Name eines jeden Datenelements zusammensetzen muß. Es handelt sich dabei um:

1. ein Klassenwort (class word)

2. ein Hauptwort (prime word)

3. ein oder mehrere Modifikationswörter (modifying words)

---

24) Eine einfachere Version dieses Ansatzes, die nur das _ Zeichen als Trennungssymbol vorsieht, findet sich bei Zitny (1987), S. 49 ff.

25) Vgl. Durell (1985), S. 41 ff.

Definition	Formalisiert	Kürzel
Kundennummer	Nummer von Kunde (*number of client*)	#_KUNDE
Auftragsdatum	Datum von Auftrag (*date of order*)	D_AUFTRAG
Auftragspositions menge	Menge von Produkt in Position von Auftrag (*quantity of product within position of order*)	Q_PRODUKT/POSITION_ AUFTRAG
Lagermenge	Menge von Produkt in Lager (*quantity of product which is stock*)	Q_PRODUKT * LAGER
Listenpreis	Preis pro Stück von Produkt in (Verkaufs-) Liste (*price per item of product within selling list*)	$ * PREIS/STÜCK_ PRODUKT/LISTE

Tabelle 5-3:   Beispiele für die Anwendung der OF-Language

Entsprechend den drei Bestandteilen *Prime:Modifier:Class* wird in diesem Zusammenhang auch von einer (P:M:C)-Grammatik gesprochen; der Ansatz wird gegenwärtig im Rahmen des IRDS-Standards verfolgt.[26] Die Klassenwörter entsprechen prinzipiell denen der OF-Language; als Beispiele dafür werden Nummer, Code, Datum, Zeit, Menge, Wert, usw. genannt. Sie werden als wichtigster Bestandteil eines Datenelementnamens angesehen, da sie den allgemeinen Zweck oder den Gebrauch eines Datenelements bezeichnen.[27] Hauptwörter sind die wichtigsten Modifikatoren von Klassenworten und kennzeichnen Entitätstypen oder Gruppen von Entitätstypen, denen die Datenelemente zugehörig sind; dies können z.B. Kunde, Lieferant, Mitarbeiter, Produkt, Auftrag, Bestellung sein. Modifikationswörter schließlich sollen den Gegenstand eines Datenelements näher erläutern. Der Name des Datenelements wird schlußendlich aus den so bestimmten Schlüsselwörtern gebildet, die jeweils durch Bindestriche miteinander verbunden werden, wobei die Reihenfolge der Schlüsselworte keine Rolle spielt.

---

26) Vgl. Newton (1987); Newton (1991). Vgl. auch Takoushian (1993).

27) Takoushian (1993) schlägt vor, ein Klassenwort aus den Haupt- und Modifikationswörtern über eine Klassifikationshierarchie abzuleiten: "The task of selecting the generic modifier and prime word (called the domain word) to name a data

Bei der obigen Klassifikation kann die Unterscheidung zwischen Hauptwörtern als wichtigste Modifikatoren und den restlichen Modifikationswörtern unter Umständen Probleme aufwerfen, da sich gelegentlich mehrere Hauptwörter anbieten. Sollen die Schlüsselworte der obigen Beispiele entsprechend gegliedert werden, so könnte dies zu einem Ergebnis wie in Tabelle 5- 4 führen.

Klassenwort	Hauptwort	Modifikationswort(e)
Nummer	Kunde	---
Datum	Auftrag	---
Menge	Produkt	Auftrag, Position
Menge	Produkt	Lager
Preis	Produkt	Liste, Stück

Tabelle 5-4:   Klassifikation von Schlüsselworten nach P:M:C

In den letzten drei Fällen wurde jeweils Produkt als Hauptwort angesehen, da es sich jeweils um Produktmengen bzw. -preise handelt, die in einer Auftragsposition, einem Lager oder einer Verkaufsliste geführt werden. Namen wie *Lagermenge* und *Listenpreis* unterstellen stattdessen die Hauptwörter *Lager* bzw. *Liste*.

Der Vorteil dieser Ansätze ist, daß der Name selbst den Charakter einer Definition hat. Nachteilig ist, daß wie bei allen sprechenden Schlüsseln eine vollständige Beschreibung aller relevanten Merkmale eines Datenelements - wenn überhaupt - oftmals nur um den Preis eines sehr langen Namens erreicht werden kann.

5.2.3. Alternative zur Namensstandardisierung von Datenelementen

Wie oben bereits ausgeführt, wird mit einem Namensstandard die Herausbildung eines gemeinsamen Begriffsverständnis für Meta-Objekte ange-

element is one of identification. Selecting the proper class word is a task of classification" (S. 20).

strebt, welches ihre Auffindbarkeit und Vergleichbarkeit anhand des Namens verbessern soll. Meta-Objekte, hier insbesondere Datenelemente, lassen sich allerdings nicht nur anhand des Namens suchen bzw. klassifizieren, sondern auch über deren Eigenschaften sowie der Verknüpfung mit anderen Meta-Objekten.

Bei den oben angeführten Ansätzen zur Namensstandardisierung von Datenelementen setzen sich die Namen unmittelbar aus den ihnen zugeordneten Schlüsselworten zusammen; dies wird auch als *Keyword in Context* (KWIC) bezeichnet. Für die Zwecke der leichteren Auffindbarkeit und der Vergleichbarkeit ist es unter Umständen auch wünschenswert, Datenelementen Schlüsselworte zuzuordnen, die nicht Bestandteil des Namens sind. Dies wäre dann entsprechend als *Keyword out of Context* (KWOC) zu bezeichnen.

Durch die Zuordnung von KWOC wird eine größere Flexibilität bei der Auswahl der Schlüsselworte bzw. der Namensbildung ermöglicht, da ergänzende oder grundlegend andere Schlüsselworte als die im Namen enthaltenen vergeben werden können. Eine Möglichkeit wäre etwa, zu den im Namen enthaltenen Schlüsselworten eine Menge von Synonymen anzugeben.[28] Aus Gründen der Längenbeschränkung und Übersichtlichkeit ist es zudem unter Umständen nicht immer zweckmäßig, alle wünschenswerten Schlüsselworte für die Namensbildung heranzuziehen. Dies führt dann dazu, daß einige Schlüsselworte als KWIC und andere als KWOC behandelt werden, wie es Tabelle 5-5 zeigt.

Name	KWIC	KWOC
Kunde/n/nummer	Kunde, Nummer	---
Auftrag/s/datum	Auftrag, Datum	---
Auftrag/s/position/s/menge	Auftrag, Position, Menge	Produkt
Lager/menge	Lager, Menge	Produkt
Liste/n/preis	Liste, Preis	Produkt, Verkauf

Tabelle 5-5:   Zuordnung von Schlüsselwörtern als KWIC und KWOC

---

28) Vgl. z.B. Durell (1985), S. 145 f.

Ein geschlossener, klassierender Ansatz, der ausschließlich auf KWOC basiert, wurde von Brenner[29] vorgelegt. Er sieht insgesamt zehn Deskriptorenklassen vor:

- *Inhaltlicher Bezug* als die von Datenelementen zu beschreibenden möglichen Objekte der Realität (vergleichbar den Hauptwörtern bei Durell)

- *Betriebswirtschaftlicher Typ* als Datentyp von Datenelementen aus einer anwendungsorientierten Sicht (vergleichbar den Klassenwörtern bei Durell oder der OF-Language)

- *Betriebswirtschaftlicher Charakter* als die Unterscheidung von Datenelementen bezüglich ihrer Verwendung für Führungszwecke. Hier ist insbesondere an die Unterscheidung zwischen Plan- und Istdaten gedacht.

- *Art der Daten* als Datentyp von Datenelementen aus einer physisch-mathematischen Sicht.

- *Entstehungsort* als Stelle, wo die Daten anfallen. Dabei ist insbesondere zwischen einer betriebsinternen und -externen Datenentstehung zu unterscheiden.

- *Art der Entstehung* als Art und Weise, wie Daten ermittelt werden.

- *Organisatorische Aggregation* als Zusammenfassung von Grunddaten bezüglich bestimmter Organisationseinheiten.

- *Geographische Aggregation* als Zusammenfassung von Grunddaten bezüglich regionaler Gesichtspunkte.

- *Zeitliche Aggregation* als Zusammenfassung von Grunddaten bezüglich bestimmter Zeiträume.

- *Warenmäßige Aggregation* als Zusammenfassung von Grunddaten bezüglich Rohstoffen, Halbfabrikaten und Endprodukten.

Für diese Klassen ist eine Anzahl von Deskriptoren vorgegeben, die in Tabelle 5-6 aufgeführt werden. Einem zu beschreibenden Datenelement ist aus jedem dieser Deskriptorenklassen genau ein Deskriptor zuzuordnen. Damit dies sinnvoll geschehen kann, beinhalten alle Deskriptorenklassen die

---

29) Vgl. Brenner (1988). Vgl. zudem Österle/Brenner (1986); Brenner/Lieser/Österle (1988).

beiden Optionen "Nicht einordenbar" und "Trifft nicht zu": Der Deskriptor "Trifft nicht zu" wird gewählt, wenn die entsprechende Deskriptorenklasse in keinerlei Bezug zu einem betrachteten Datenelement steht; der Deskriptor "Nicht einordenbar" dagegen zeigt auf, daß unter den zur Verfügung stehenden Deskriptoren keiner passend ist.[30]

Eine Deskribierung der oben als Beispiele eingeführten Datenelemente entsprechend diesem Klassifikationssystem erfolgt in Tabelle 5-7. Dabei treten Zweifelsfälle auf, die für die gewählten Beispiele insbesondere die Art der Entstehung betreffen. So kann der Lagerbestand bezüglich dieser Klasse mit dem Deskriptor *Messen* gekennzeichnet werden, sofern er sich aus einer Inventur ergibt; auf der anderen Seite kann er sich auch aus der Berücksichtigung von Lagerzu- und -abgängen errechnen, womit der Deskriptor *Berechnen: Formel* zu wählen wäre.

Der Vorteil dieser Ansätze liegt darin, daß man bei der eigentlichen Namensgebung relativ frei ist. Die Deskribierung der Datenelemente ist auch im nachhinein möglich, wobei ein in der Begriffsystematik erfahrener Datenadministrator hinzugezogen werden kann. Theoretisch ließe sich der Name eines Datenelements sogar loslösen von jedem semantischen Inhalt und im Sinne eines reinen Identifikationsschlüssels als laufende Zählnummer vergeben; im Sinne einer leichteren Lesbarkeit von Anwendungsprogrammen und Datenbankschemata scheint eine solche Strategie allerdings nicht empfehlenswert zu sein.

---

30) Vgl. Brenner (1988), S. 93 f.

Inhaltlicher Bezug	Betriebswirt. Typ	Betriebswirt. Charakter	Art der Daten	Entstehungsort
Mitarbeiter	Wert (finanziell)	Planwerte	Alphanumerisch-Wort	Intern-Leistungswirt.
Kunde	Ausmaß: Menge	Istwerte	Alphanumerisch-Text	Intern-Finanzwirt.
Lieferant	Ausmaß: Zeitraum	Nicht einordenbar	Ganze Zahl Positiv	Intern-Sozial
Andere	Ausmaß: Andere	Trifft nicht zu	Ganze Zahl Pos/Neg	Extern-Ökonomisch
Produkt	Zeitpunkt, Termin		Gebrochene Zahl Positiv	Extern-Techno-logisch
Rohstoff	Name, Bezeichner		Gebrochene Zahl Pos/Neg	Extern-Ökologisch
Zwischenstoff	Text		Boolean	Extern-Sozial
Sache-Andere	Nummer		Bild/Symbol	Nicht einordenbar
Organisation	Code		Nicht einordenbar	Trifft nicht zu
Hilfsmittel	Prozentzahl		Trifft nicht zu	
Prozeß	Nicht einordenbar			
Abstrakta	Trifft nicht zu			
Nicht einordenbar				
Trifft nicht zu				

Art der Entstehung	Organisatorische Aggregation	Geographische Aggregation	Zeitliche Aggregation	Warenmäßige Aggregation
Messen	Stelle	Ort, Stadt	Weniger als ein Tag	Ein Rohstoff
Schätzen	Kostenstelle	Region, Bezirk	Tag	Rohstoffgruppe
Berechnen: Summe	Funktionsbereich	Land	Woche	Alle Rohstoffe
Berechnen: Minimax	Unternehmung	Ländergruppe	Monat	Halbfabrikate
Berechnen: Formel	Unternehmensgruppe	Weltweit	Quartal	Ein Produkt
Festlegen	Konzern	Nicht einordenbar	Halbes Jahr	Produktgruppe
Auswählen	Nicht einordenbar	Trifft nicht zu	Jahr	Alle Produkte
Mitteilung	Trifft nicht zu		Mehr als ein Jahr	Nicht einordenbar
Nicht einordenbar			Nicht einordenbar	Trifft nicht zu
Trifft nicht zu			Trifft nicht zu	

Tabelle 5-6: Mögliche Schlüsselworte im Klassifikationssystem nach Brenner

Klasse	Kunden-nummer	Auftrags-datum	Auftrags-menge	Lager-bestand	Listenpreis
1	Kunde	Abstrakta	Abstrakta	Produkt	Produkt
2	Nummer	Ausmaß: Zeitpunkt	Ausmaß: Menge	Ausmaß: Menge	Wert (finanziell)
3	-	-	Istwert	Istwert	Istwert
4	Ganze Zahl Pos.	Nicht einordenbar	Ganze Zahl Pos.	Ganze Zahl Pos.	Gebrochene Zahl Pos.
5	Intern leistw.	Extern ökonom.	Extern ökonom.	Intern leistw.	Intern leistw.
6	Festlegen	Mitteilung	Mitteilung	Messen	Festlegen
7	-	-	-	Formel	Formel
8	-	-	-	Ort, Stadt	-
9	-	-	-	-	-
10	-	-	Ein Produkt	Ein Produkt	-

Tabelle 5-7: Beispiele für die Anwendung des Klassifikationssystems nach Brenner

5.3. Alternative Namen

Im Rahmen von Dictionaries kann es aus verschiedenen Gründen sinnvoll sein, auf Meta-Objekte über alternative Namen zugreifen zu können. Schon angesprochen wurde die mögliche Dualität zwischen einem internen Zugriffsnamen und einem benutzerorientierten, sprechenden Namen. Darüber hinaus besteht unter Umständen das Bedürfnis bzw. die Notwendigkeit noch weitere Namen zu vergeben, die einen alternativen Zugriff auf ein gegebenes Meta-Objekt erlauben. Diese werden gewöhnlich als Aliasnamen bezeichnet.[31] Dabei soll es nicht nur möglich sein, dem Meta-Objekt eine Menge von Aliasen als Attributwerte zuzuordnen, sondern über einen Aliasnamen muß ein Meta-Objekt ebenso referenziert werden können wie über den eigentlichen Namen. Aus diesem Grunde muß ein Aliasname

---

31) Vgl. z.B. Durell (1985), S. 38, der einen Alias wie folgt definiert: "A different way of referring to the same entity." Vgl. auch DeMarco (1979), S. 142: "An alias is a synonym for a previously defined data item."

bezüglich eines gegebenen Meta-Objekttyps bzw. des ganzen Dictionaries eindeutig und damit ein alternativer Identifikator sein.

Aliasnamen sind unter anderem dann sinnvoll, wenn für ein bestimmtes Meta-Objekt, hier insbesondere ein Datenelement, verschiedene Namen für unterschiedliche Verwendungsumgebungen definiert werden müssen. Ein Beispiel für solche zweckgebundene Namensgebung ist die Definition von Namen unterschiedlicher Länge. Werden nämlich für Datenelemente sprechende Namen gemäß den oben dargestellten Standardisierungsverfahren gebildet, so führt dies unter Umständen zu längeren Ausdrücken. Dies kann jedoch problematisch sein, da gängige Programmiersprachen und -umgebungen die Länge als auch die verwendbaren Buchstaben mehr oder minder beschränken. In COBOL ist zum Beispiel eine maximale Länge von 30 Zeichen zugelassen, im Datenbanksystem IMS sind es hingegen nur 8 Zeichen.[32] In diesem Fall muß entweder eine Name definiert werden, der den Beschränkungen aller relevanten Programmierumgebungen genügt, oder aber für einzelne Umgebungen sind jeweils entsprechend angepaßte Namen zu vergeben. Dies ist auch der Kontext, in dem Namensaliase am häufigsten eingeführt werden.[33]

Unabhängig von den Erfordernissen einer spezifischen Programmierumgebung ist aus Gründen der Bequemlichkeit für den Anwendungsprogrammierer bzw. Endbenutzer eine möglichst kurze und griffige Form zu bevorzugen.[34] Diese kann zum Beispiel über die Verwendung standardisierter Abkürzungen aus den im Namen enthaltenen Schlüsselworte abgeleitet werden. Da zu stark verkürzte Namen wiederum ihre selbstbeschreibende Eigenschaft verlieren, kann es sinnvoll sein, sowohl einen kurzen Zugriffsnamen als auch einen längeren, selbstbeschreibenden Namen zu definieren.[35]

---

32) Vgl. auch Zitny (1987), S. 50.

33) Vgl. z.B. Durell (1985), S. 38 und 74. Zur Kontextbezogenheit von Datenelementnamen vgl. auch Tasker (1989), S. 175 ff.

34) Vgl. dazu Tasker (1989), S. 34 f, der folgendes Dilemma beschreibt: "Again because of human nature, we tend to want long, meaningful names that fully describe an item. At the same time we want a short name that is convenient to deal with."

35) Vgl. Goldfine/Konig (1988), S. 22 f; Newton (1991), S. 64. Vgl. auch Ortner/Rössner/Söllner (1990), S. 21.

Darüber hinaus können Aliasnamen auch für die Behandlung von Synonymen nützlich sein, die beispielsweise aus spezifischen Sprachregelungen in verschiedenen betriebswirtschaftlichen Funktionsbereichen bzw. Organisationseinheiten resultieren; so wird aus der Sicht der Buchhaltung ein Kunde in der Regel als ein Debitor gesehen und ein Lieferant als Kreditor. Der Einsatz von Aliasnamen ist im übrigen auch denkbar, um den Bedürfnissen unterschiedlicher Sprachregionen Rechnung zu tragen, wie es in Ländern mit mehreren Landessprachen, wie der Schweiz, oder in internationalen Unternehmen unter Umständen erforderlich ist. Ein Beispiel dafür sei die Benennung eines Datenelements mit PLZ, was in deutschsprachigen Regionen sofort die Assoziation zur Postleitzahl weckt, wohingegen in französischsprachigen (und auch italienischsprachigen) Gebieten die entsprechende Abkürzung NPA (*numéro postal d'acheminement* bzw. *numero postale d'avviamento*) lautet. Allerdings betrifft die Mehrsprachigkeit nicht nur den Namen, sondern auch benutzerorientierte Meta-Daten wie Definitionen und Beschreibungen, die folgerichtig auch in der entsprechenden Landessprache niedergelegt sein müßten.

Wenn ein Name die Funktion eines Identifikators hat, so sollte dies auch für den bzw. die Aliasnamen gelten. Aus diesem Grunde kann das Alias-Konzept nicht ohne weiteres dafür eingesetzt werden, daß ein Meta-Objekt zu Identifikationszwecken einen internen Namen führt und der benutzerorientierte Name nicht notwendigerweise eindeutig zu sein braucht. Außerdem setzt die Verwendung von Aliasnamen voraus, daß diese nicht nur Meta-Objekte gleicher Bedeutung referenzieren, sondern auch gleicher Spezifikation. Unterscheiden sich beispielsweise zwei Datenelemente gleicher Bedeutung im Datentyp und/oder der Datenlänge, so sind sie Varianten bzw. Versionen voneinander. Das Versionenkonzept behandelt üblicherweise verschiedene Datenspezifikationen, die unter dem gleichen Namen abgelegt worden sind. Hier sollen aber auch Datenelemente verschiedenen Namens *und* verschiedener Spezifikation als Varianten bezeichnet werden, wenn sie nur die gleiche Bedeutung haben.[36]

---

36) Vgl. auch die Beispiele bei Durell (1985), S. 74 ff.

5.4. Beschreibungsstandards

Im weiteren Sinne werden Meta-Objekte natürlich durch alle ihnen zugeordneten Meta-Attribute beschrieben. Wie jedoch bereits ausgeführt worden
ist, lassen viele Meta-Attribute nur Werte zu, die einem streng formalen
Aufbau genügen. Ein Beispiel im Zusammenhang mit Datenelementen sind
Formatangaben, die sich etwa bei COBOL in einer *Picture*-Klausel niederschlagen; diese gibt Aufschluß über Datentyp, Datenlänge, Präzision und in
bestimmten Fällen auch Darstellungscharakteristika.[37] Für diese erübrigen
sich Standards weitgehend, da keine großen Freiheitsgrade bei der Formulierung bestehen. Hier soll deshalb nur auf logische, benutzerorientierte
Meta-Attribute eingegangen werden, die eine Dokumentation von Sachverhalten in einer freien, textuellen Form erlauben. Dictionaries sehen in der
Regel zumindest ein derartiges Feld pro Meta-Objekt vor; selbst der Datenkatalog von DB2 umfaßt beispielsweise für die Meta-Objekte des Typs
Relation (SYSTABLES) und *Attribut* (SYSCOLUMNS) ein Attribut
COMMENT. Häufig sind für Meta-Objekte auch zwei verschiedene benutzerorientierte Meta-Attribute vorgesehen, nämlich das Meta-Attribut *Definition* und das Meta-Attribut *Beschreibung* bzw. *Kommentar*; dies ist etwa
für die Enzyklopädie von ADW der Fall. Wie eine sinnvolle Beschreibung
aussieht und welche Richtlinien bzw. Standards sich in diesem Zusammenhang anbieten, soll im folgenden wiederum vor allem für Datenelemente
erörtert werden.

5.4.1. Allgemeine Beschreibungsstandards

Eine adäquate Beschreibung von benutzerorientierten textuellen Meta-Daten
in einem Dokumentationssystem ist kein trivialer Vorgang. Grundsätzlich
sollten Beschreibungen allgemein verständlich und präzise sein. Trivialitä-
ten und Floskeln sind nach Möglichkeit zu vermeiden.

Probleme rühren vor allem daher, daß gegenüber einer "herkömmlichen"
Dokumentation eine teilweise andere Form erforderlich ist, die daraus resul-
tiert, daß Systembeschreibungen möglichst atomar abzulegen sind; d.h. die
Beschreibung eines bestimmten Elements darf nur Informationen enthalten,

---

37) Vgl. dazu Tasker (1989), S. 185 f: "The picture clause could be thought of as the
Swiss Army knife of data."

die es ausschließlich betreffen, wohingegen Informationen über Beziehungen mit anderen Elementen über Verknüpfungen abgebildet werden. Systembeschreibungen sind dann nicht mehr als durchgängige Dokumente gespeichert, sondern müssen aus einer Vielzahl von Einzelinformationen zusammengestellt werden.[38] Daraus ergeben sich spezifische Anforderungen bei der Beschreibung von Meta-Daten.

Eine dieser Anforderungen ist, daß die Beschreibung eines Meta-Objekts auf keinen Fall den eigenen Namen enthalten darf. Da jedes zu beschreibende Meta-Objekt durch einen identifizierenden Namen und einen Typ gekennzeichnet ist, sind nämlich Formulierungen wie die folgenden überflüssig:

- Datenelement Kundennummer: "Das Datenelement Kundennummer ist ...."

- Relation Kunde: "Die Relation Kunde enthält ...."

- Programm COB1021: "Das Programm COB1021 bewirkt ...."

Diese überflüssige Referenz auf sich selbst kann zudem zu Integritätsproblemen führen. Würde z.B. der Name des Datenelements Kundennummer auf KDNR geändert, so wäre der Bezug auf Kundennummer in der Beschreibung nicht mehr zutreffend; die Definition müßte ebenfalls geändert werden.

Auch die alleinige Erwähnung des (Meta-) Objekttyps ohne den entsprechenden Namen in der Beschreibung bringt keine zusätzlichen Informationen und sollte daher vermieden werden, also z.B.:

- Datenelement Kundennummer: "Dieses Datenelement ist ...."

- Relation Kunde: "Diese Relation enthält ...."

- Programm COB1021: "Dieses Programm bewirkt ...."

Eine weitere Anforderung ist, daß die Beschreibung eines Meta-Objekts keine Referenzen auf andere Meta-Objekte enthalten sollte. Dies ist mit der angesprochenen Atomarität von Beschreibungen in Data Dictionaries zu begründen, derzufolge Referenzen auf andere Meta-Objekte prinzipiell durch (Meta-) Beziehungen ausgedrückt werden. Damit verbieten sich Ausdrücke wie:

---

38) Vgl. dazu Zimmermann (1989), S. 482.

- Attribut Positionsnummer: "Bildet zusammen mit Attribut AUFTRAGSNUMMER den Schlüssel der Relation AUFPOS"

- Relation Kunde: "Wird vom Programm COB1021 gelesen"

- Programm COB1021: "Wird aufgerufen von Programm COB1020"

Solche Referenzen auf andere Meta-Objekte im Rahmen einer Beschreibung sind unter Integritätsgesichtspunkten ebenso zu bewerten wie die Verwendung des Namens des entsprechenden Meta-Objekts. Wenn sie nämlich in der Beschreibung eines Meta-Objekts auftreten, so würde jede Veränderung der Verknüpfungsbeziehungen oder der Namen der miteinander verknüpften Objekte auch eine Änderung der Beschreibungsinhalte nach sich ziehen.[39] Durch diese Update-Problematik wäre die prinzipielle Flexibilität des Dokumentationsmediums Dictionary erheblich eingeengt.

Die geschilderte Problematik kann übrigens in ROCHADE umgangen werden, da dort Verknüpfungen auf andere Meta-Objekte (Dokumente) aus dem laufenden Text heraus möglich sind, sofern es sich um sog. Verknüpfungskapitel handelt. Eine Verknüpfung wird immer dann aufgebaut, wenn eines der definierten Verknüpfungsschlüsselworte vorliegt. Um eine versehentliche Verknüpfung zu vermeiden, empfiehlt sich das Voranstellen eines speziellen Symbols vor derartigen Schlüsselworten. Die obigen Beispiele würden dann beispielsweise lauten:

- Attribut Positionsnummer: "Bildet zusammen mit ->ATTRIBUT AUFTRAGSNUMMER den Schlüssel der ->RELATION AUFPOS"

- Relation Kunde: "Wird vom ->PROGRAMM COB1021 manipuliert"

- Programm COB1021: "Wird aufgerufen von ->PROGRAMM COB1020"

In diesen Fällen werden bei etwaigen Namensänderungen der referenzierten Meta-Objekte (Dokumente) auch die Referenzen entsprechend abgeändert, wodurch die oben angesprochene Integritätsproblematik entfällt. Trotzdem bleiben einige grundsätzliche Bedenken bestehen. Einmal stellt sich die Frage nach der Zweckmäßigkeit der Referenzen. Insbesondere das erste Beispiel ist in dieser Hinsicht sehr kritisch zu beurteilen. Hier wird ein zusammengesetzter Schlüssel dokumentiert, indem auf das andere Schlüsselattribut und die Relation des Schlüssels verwiesen wird. Besser wäre zwei-

---

39) Vgl. auch Zimmermann (1989), S. 482.

fellos, eine entsprechende Referenz von der Relation AUFPOS aufzubauen. Diese würde dann etwa lauten:

- Relation AUFPOS: "Der Schlüssel besteht aus dem ->ATTRIBUT AUFTRAGSNUMMER und dem ->ATTRIBUT POSITIONS-NUMMER"

Sind allerdings in längeren Beschreibungen Referenzen mit verschiedener Bedeutung enthalten, dann wird dadurch die Übersichtlichkeit beeinträchtigt. Aus diesem Grunde empfiehlt sich eine sachliche Strukturierung in verschiedene Meta-Attribute, die in ROCHADE ja auch sinnreich "Kapitel" heißen. Wird für die Dokumentation des Schlüssels ein eigenes Kapitel Namens SCHLÜSSEL eingeführt, dann braucht der Inhalt nur noch aus einer Aufzählung der betreffenden Attribute bestehen; der Textbestandteil ist dann überflüssig, weil er sich aus dem Kontext ergibt. Dasselbe gilt auch für die Aufrufbeziehung zwischen den beiden Programmen COB1020 und COB1021, die im Rahmen eines eigenen Meta-Attributs AUFRUF dokumentiert werden kann; wenn aber das Meta-Attribut schon entsprechend heißt, dann erübrigt sich ein Texteinschub wie *"Wird aufgerufen von ..."*.

5.4.2. Standards für Definitionen

Jedes Meta-Objekt sollte eine Definition aufweisen, die Bedeutung und Zweck eines Meta-Objekts erläutert.[40] Diese muß gesondert von anderen Beschreibungsinhalten abzufragen sein, weshalb sie im Rahmen eines eigenen Meta-Attributs geführt werden sollte. Außerdem ist die Definition möglichst kurz zu halten, damit die Ergebnisse von Abfragen nach Definitionen kompakt und übersichtlich dargestellt werden können.

Keine gute Definition ist aus dieser Sicht die folgende Beschreibung: *"Die AHV-Nummer ist elfstellig und wird ausschliesslich von der Zentralen Ausgleichsstelle der AHV zugeteilt"*[41], da sie nichts über Bedeutung und Zweck einer AHV-Nummer aussagt, sondern nur über ihre physische Eigenschaft (elfstellig) und ihre Herkunft. Eine Umformulierung, die die Bedeutung zum Ausdruck bringt, wäre etwa: *"Die AHV-Nummer ist die Versichertennummer einer Person bei der Alters-, Hinterlassenen- und Invalidenversicherung"*.

---

40) Vgl. dazu z.B. Gane/Sarson (1979), S. 51; Durell (1985), S. 77.

41) Erster Satz in der Broschüre des Bundesamts für Sozialversicherung (o.J.), S. 4.

Dabei kennzeichnet allerdings der Teil *"Die AHV-Nummer ist die ..."* einen (möglichen) Namen des Datenelements; er ist an dieser Stelle als überflüssig anzusehen und sollte dementsprechend ebenfalls wegfallen.

Als weiteres Beispiel für die Formulierung einer Definition wird die Beschreibung des Datenelements *Auftragspositionsnummer* betrachtet, dessen Definition *"Beschreibt als Teil des Schlüssels die Rangreihung der einzelnen Auftragspositionen innerhalb eines Auftrags"* lauten soll. Zwar enthält diese Definition keine direkte Referenz auf andere Meta-Objekte, doch ist selbst die Referenz auf die Schlüsseleigenschaft überflüssig und sollte stattdessen in einer formal auswertbaren Form dokumentiert werden. Wichtig ist dagegen die Erwähnung des Klassenworts des Datenelements, also: *"Nummer zur Kennzeichnung der Rangreihung der einzelnen Auftragspositionen innerhalb eines Auftrags"*.

Eine grundlegende Regel für die Definition eines Meta-Objekts ist, daß sie nicht eine einfache Umschreibung des eigenen Namens darstellen sollte.[42] Dies bedeutet, daß eine Definition nicht ausschließlich dieselben Schlüsselworte enthalten darf, aus denen sich der (sprechende) Name des entsprechenden Meta-Objekts zusammensetzt. Die folgenden Beispiele zeigen Definitionen, bei denen dieser Grundsatz verletzt ist:

- Datenelement Kundennummer: "Nummer eines Kunden"

- Datenelement Auftragsdatum: "Datum des Auftrags"

- Datenelement Produktbezeichnung: "Bezeichnung des Produkts"

Diese Definitionen sind unbefriedigend, da darin nur die Bestandteile des Namens der Datenelemente in einer leicht gewandelten Form enthalten sind, die keine weitergehenden Aufschlüsse über Bedeutung und Zweck der Datenelemente ermöglichen. Allerdings ergibt sich diese Ähnlichkeit zwangsläufig, wenn sprechende Namen aus Bedeutung und Zweck beschreibenden Schlüsselworten gebildet werden, wie dies in den oben vorgestellten Namensstandards unterstellt wird. Die obige Definition für Kundennummer würde keineswegs als trivial empfunden werden, wenn das Datenelement beispielsweise KDNR oder gar DE-825 hieße.

---

42) Vgl. Tasker (1989), S. 185: "The most frequently found 'rules' are 'May not be blank' and 'Should not be defined in terms of itself'. In other words, a definition of Employee-Telephone-Number could be 'xxx', but should *not* be, 'the telephone number of an employee'." Vgl. auch Durell (1985), S. 76.

Grundsätzlich ist zu erwägen, andere Ausdrücke bzw. Schlüsselworte in der Definition als im (sprechenden) Namen zu verwenden. Dadurch erhöht sich tendenziell die Wahrscheinlichkeit, daß ein Benutzer die Bedeutung eines Datenelements korrekt erfaßt, selbst wenn ihm oder ihr einzelne Schlüsselworte des Namens unbekannt bzw. unklar sind.[43] Wenn jedoch sowohl im Namen als auch in der Definition dieselben Schlüsselworte erscheinen, so sollten durch die Definition zumindest darüber hinausgehende Informationen gegeben werden.

Im Falle des Datenelements Kundennummer erscheint insbesondere die unterstellte Semantik des Begriffs Nummer erklärungsbedürftig. Stattdessen ließe sich der Begriff präziser als *"Numerischer Identifikator"* oder *"Nummer zur Identifikation"* umschreiben. Eine Verbesserung der obigen Definition wäre z.B. *"Intern vergebene Nummer zur Identifikation eines Kunden"*. In dieser Definition sind zwei wichtige Informationen enthalten, nämlich woher diese Nummer kommt (intern vergeben) und wofür sie benötigt wird (zur Identifikation). Zwar impliziert die Verwendung des Klassenwortes *Nummer*, daß es sich um einen Identifikator handelt, jedoch empfiehlt sich aus Gründen der allgemeinen Verständlichkeit unter Umständen eine explizite Erwähnung.

Auch das Wort Kunde ließe sich beispielsweise als *"eine natürliche oder juristische Person, die von der Unternehmung Leistungen bezieht bzw. bezogen hat"* umschreiben. In diesem Zusammenhang stellt sich allerdings die Frage nach der erforderlichen Ausführlichkeit von Beschreibungsinformationen. Diese wird maßgeblich durch den Kenntnisstand der jeweiligen Benutzer bestimmt, der durchaus unterschiedlich sein kann. Dies ergibt sich aus verschiedenen beruflichen Hintergründen (z.B. der eines Betriebswirts, Ingenieurs, Informatikers) oder auch aus der Zugehörigkeit zu unterschiedlichen Organisationseinheiten. Ein Data Dictionary kann und darf nicht zu einem Lexikon einer Fachdisziplin ausarten.[44] Allerdings offenbart der Vergleich von als trivial empfundenen Definitionen unter Umständen, daß bestimmte Begriffe im Unternehmen de facto unterschiedlich definiert und

---

43) Vgl. dazu Durell (1985), S. 77: "By using different terms in the definition of an entity, we provide the user with options in understanding the element being described. By doing so, we may be able to relate an unfamiliar term to a term that a user does understand."

44) Vgl. dazu Zimmermann (1989), S. 482.

verstanden werden. Das Erkennen solcher Unstimmigkeiten und deren Behebung ist eine der wichtigen Aufgaben der Datenadministration.

Im übrigen enthalten im Gegensatz zu den oben angeführten Datenelementen *Kundennummer*, *Auftragsdatum* und *Produktbezeichnung* die Definitionen häufig ganz selbstverständlich gegenüber dem (sprechenden) Namen zusätzliche bzw. andere Schlüsselworte, da diese Namen die Bedeutung nicht präzise genug bezeichnen. Beispiele dafür sind:

- Datenelement Lagermenge: "Physisch am Lager vorhandene Menge eines Produkts"

- Datenelement Listenpreis: "Verbindlich festgelegter Verkaufspreis für ein Produkt"

5.4.3. Standards für Beschreibungen von Aufbau und Wertebereichen

Wenn für die Beschreibung der Bedeutung und des Zwecks eines Meta-Objekts ein eigenes Meta-Attribut *Definition* verwendet wird, dann ist oftmals zumindest ein weiteres benutzerorientiertes Meta-Attribut für über die Definition hinausgehende Informationen vorgesehen. Dieses Meta-Attribut heißt typischerweise *Beschreibung* bzw. *Kommentar*. In dem Meta-Attribut *Beschreibung* sind alle sonstigen Anmerkungen zu einem Meta-Objekt enthalten, die weder von der Definition noch den formalisierten Meta-Attributen abgedeckt werden. Darunter können Beschreibungen von Entstehungsort, Entstehungsart, Aufbau und Bildung des betreffenden Meta-Objekts fallen. Da die Definition im obigen Sinne eine möglichst kurze Beschreibung der Bedeutung eines Meta-Objekts darstellt, ließe sich dieses Meta-Attribut auch entsprechend der Unterscheidung in einen Kurz- und Langnamen als eine Langbeschreibung ansehen, die eine ausführlichere Version der durch die Definition ausgedrückten Kurzbeschreibung ist.[45]

Für Datenelemente ist insbesondere die Beschreibung von Wertebereichen bedeutsam.[46] Diese können je nach Dokumentationsmodell entweder gesondert als Domäne dokumentiert oder den jeweiligen Datenelementen direkt

---

45) Vgl. Ortner/Rössner/Söllner (1990), S. 23.

46) Ein Datenelement ist nämlich gekennzeichnet durch einen Namen, ein Format und einen zulässigen Wertebereich; vgl. Zimmermann (1989), S. 480.

zugeordnet sein. Datenelemente (bzw. Domänen) sind immer durch einen Datentyp und eine Länge gekennzeichnet, wobei sich letztere implizit ergeben kann. Diese Meta-Daten werden durch ein oder mehrere formalisierte Meta-Attribute abgebildet. Allerdings sind Wertebereiche durch die Angabe von Datentyp und Länge in der Regel noch keineswegs vollständig beschrieben, weshalb zusätzliche Angaben zu dokumentieren sind. Dabei sind verschiedene Arten bzw. Typen von Wertebereichen zu unterscheiden:[47]

- Wertebereiche, die durch ein Intervall beschrieben werden können

- Wertebereiche, die durch eine vollständige Aufzählung der Wertemenge beschrieben werden können

- Wertebereiche, die (nur) durch eine unvollständige Aufzählung der Wertemenge beschrieben werden können.

Durch die Angabe eines Formats ist ein Wertebereich im Sinne eines Intervalls immer implizit festgelegt, wenn auch unter Umständen nicht präzise genug. Wird das Datenelement *Kundennummer* beispielsweise als *Ganzzahlig Numerisch 5-stellig* gekennzeichnet, so ist damit nur der höchste Wert implizit eindeutig festgelegt, nämlich 99999. Der niedrigste Wert bleibt hingegen unbestimmt; dieser kann beispielsweise 0, 1 oder 10000 sein. Außerdem ist in einem derartigen Fall gegebenenfalls festzulegen, ob führende Nullen anzugeben bzw. anzuzeigen sind oder nicht.

Darüber hinaus kann für ein identifizierendes Datenelement unter Umständen auch die Bildung eines Wertes relevant sein. Das Datenelement Kundennummer ließe sich in diesem Sinne beispielsweise wie folgt präzisieren: "*Ist eine fortlaufende ganzzahlige Zählnummer (beginnend mit 1). Eine neue Nummer wird jeweils durch Inkrementieren der höchsten bisher vergebenen Nummer erzeugt*". Diese Beschreibung erscheint im Falle einer einfachen Identifikationsnummer nicht besonders originell. Allerdings ist die damit beschriebene Bildung für eine Nummer keineswegs selbstverständlich. Neben derartigen Identifikationsnummern sind nämlich auch Klassifikationsnummern sowie Verbundnummern bzw. Parallelnummern denkbar, die ganz andere Bildungsgesetze aufweisen.[48]

---

47) Vgl. auch Ortner/Rössner/Söllner (1990), S. 21 ff.

48) Eine ausführliche Erörterung der verschiedenen Nummernsysteme und ihrer Anwendung geben z.B. Kunerth/Werner (1981); Grupp (1987).

Wenn ein Wertebereich durch eine Aufzählung von Werten ausgedrückt werden kann, so reicht die eigentliche Aufzählung unter Umständen noch nicht aus. Dies gilt insbesondere für Codes: ein Code stellt eine Verschlüsselung von Sachverhalten dar, wobei die verschlüsselten Werte bestimmte Bedeutungen haben, die sinnvollerweise ebenfalls zu dokumentieren sind. Dies gilt insbesondere dann, wenn es sich nicht um eine allgemein bekannte Verschlüsselung handelt, deren Kenntnis vorausgesetzt werden kann.

Bei einer beschränkten Zahl von Datenwerten für CODE-Datenelemente ist grundsätzlich die Bedeutung aller möglichen Werte zu dokumentieren. Eine Codierung für das Datenelement *Rechnungsstatus* könnte beispielsweise durch die Werte 0 und 1 definiert sein, wobei 0 für eine offene Rechnung und 1 für eine bezahlte Rechnung steht. In diesem Fall muß die Beschreibung beide möglichen Werte mitsamt ihrer jeweiligen Bedeutung aufführen.[49]

Wenn bei CODE-Datenelementen die Menge der möglichen Werte sehr groß ist und/oder die verwendeten Codierungen einem allgemein bekannten Standard entsprechen, so ist von einer vollständigen Beschreibung abzusehen.[50] Ein Beispiel dafür wären die international üblichen postalischen Länderkennzeichen. Um jedoch den Zusammenhang zu veranschaulichen, sollten zumindest einige Werte als Beispiele aufgeführt werden, wie z.B. A für Österreich, CH für die Schweiz, D für Deutschland. Außerdem ist in diesen Fällen oftmals ein Verweis auf externe Dokumentationen angebracht, die in Zweifelsfällen konsultiert werden können.

Datenelemente können sowohl eine Nummer als auch einen oder mehrere Codes beinhalten. Dies ist bei Klassifikations- und Verbundnummern der Fall. Ein typisches Beispiel dafür ist die Schweizer AHV-Nummer, die für die Alters-, Hinterlassenen- und Invalidenversicherung maßgeblich ist. Eine detaillierte Beschreibung des Aufbaus dieser Nummer wird in Bild 5-1 gegeben.

---

49) Vgl. auch Durell (1985), S. 77.

50) Vgl. dazu auch Durell (1985), S. 78, der die Menge der Werte und deren Änderungsdynamik als Kriterien für eine Dokumentation von CODE-Werten angibt.

Datenelement AHV-NUMMER

DEFINITION:

Versichertennummer einer Person bei der Alters-, Hinterlassenen- und Invalidenversicherung in der Schweiz

BESCHREIBUNG:

Dabei handelt es sich um eine elfstellige Verbundnummer, die aus einer klassifizierende Stammnummer und einer Ordnungsnummer mit Prüfziffer besteht.

In der siebenstelligen Stammnummer werden folgende Sachverhalte verschlüsselt:

Die Namensverschlüsselung basiert auf einer Verschlüsselungs- tabelle, die bestimmte Buchstabengruppen in eine dreistellige Zahl abbilden. Namen, die mit einer der vorgegebenen Buchstabengruppen beginnen, wird die entsprechende Ziffernfolge zugewiesen. Fallen Namen lexikalisch zwischen zwei Buchstabengruppen, so ist die nächsthöhere maßgeblich. Außerdem sind noch einige Sonderregeln zu beachten.

 Beispiel: Egon Mustermann -> Mus -> 674

Die Geburtsjahrverschlüsselung enthält die letzten beiden Ziffern des Geburtsjahres.

 Beispiel: 1960 -> 60

Die Verschlüsselung des Geburtsmonats und -tages basiert auf einer quartalsmäßig fortlaufenden Zählung der Tage. Die Quartalsangabe ist für Männer 1 bis 4 und für Frauen 5 bis 8. Die zwei folgenden Ziffern sind die fortlaufend numerierten Tage eines Quartals, wobei bei eins zu zählen angefangen wird, also beispielsweise 101 bzw. 501 für den 1. Januar. Im ersten Quartal wird dabei selbstverständlich von einem Schaltjahr ausgegangen.

 Beispiel: 13. Juli -> 313

Für das Beispiel ist die komplette Stammnummer also 674.60.313.

Die zweistellige Ordnungsnummer dient der seriellen Numerierung der Versicherten in der gleichen Stammnummer und kann nur von der Zentralen Ausgleichsstelle der AHV zugeteilt werden. Die an die Ord- nungsnummer angehängte Prüfziffer wird nach dem Modulus 11 ge- bildet. Dabei werden alle Ziffern der Nummer mit einem bestimmten Gewicht multipliziert (der Reihe nach mit 5-4-3-2-7-6-5-4-3-2) und an- schließend zusammengezählt. Diese Summe ist durch 11 zu teilen und der dabei entstehende Restbetrag (Modulus) nochmals von 11 zu subtrahieren. Ergibt sich kein Restbetrag, so ist die Prüfziffer 0.

Bild 5-1:   Ausführliche Beschreibung des Aufbaus von AHV-Nummern

Bei Betrachtung dieser recht umfänglichen Beschreibung des Aufbaus der AHV-Nummer, die noch nicht einmal vollständig ist, stellt sich sofort die Frage, wie weit die Dokumentation im Rahmen eines Data Dictionaries gehen sollte. Dies insbesondere deshalb, weil eine umfassende Erläuterung in einer entsprechenden Broschüre des Bundesamts für Sozialversicherung vorliegt, auf die referenziert werden kann. Auf keinen Fall erscheint es sinnvoll, die umfangreiche Verschlüsselungstabelle für die Namen zu dokumentieren, da damit immerhin 900 mögliche Werteausprägungen erfaßt werden müßten. Auch für die Codierung des Geburtsdatums in Verbindung mit dem Geschlecht ist in besagter Broschüre eine Verschlüsselungstabelle gegeben. Sie umfaßt natürlich ebenso die Dokumentation des Algorithmus für die Bildung der Prüfziffer. Eine wesentlich kürzere Beschreibung wird in Bild 5-2 wiedergegeben, die anstatt der Dokumentation der Verschlüsselung auf die Broschüre verweist. Allerdings droht bei einem derartigen Vorgehen die Gefahr, "daß alle wesentlichen Beschreibungen außerhalb des DDS geführt werden und im DDS nur noch redundante und triviale Informationen stehen, für die sich bald niemand mehr interessiert und die deshalb auch nicht aktualisiert werden".[51]

Ein besonderes Problem bei der Dokumentation von Codes ergibt sich dann, wenn die zulässigen Werte eines Datenelements vom Wert eines anderen Datenelements abhängen.[52] In diesem Fall wird also die Domäne eines Attributs Y vom Eigenschaftswert eines Attributs X bestimmt; man könnte dann von einer bedingten Domäne sprechen. Die Dokumentation einer solchen bedingten Domäne ist nicht ohne weiteres möglich, da sich deren mögliche Eigenschaftswerte nicht dokumentieren lassen, ohne auf die entsprechenden Eigenschaftswerte des bestimmenden Attributs X Bezug zu nehmen. Ein praxisrelevantes Beispiel für ein derartiges Problem tritt etwa im Rahmen einer internationalen Adreßverwaltung auf. Dort wird ein Länderkennzeichen geführt, welches quasi die Domäne der nachfolgenden Postleitzahl bestimmt. Wenn also das Länderkennzeichen 'CH' erscheint, dann gilt eine vierstellige Postleitzahl, beim Länderkennzeichen 'D' hingegen ab dem 1.7.93 eine fünfstellige Postleitzahl.

---

51) Zimmermann (1989), S. 482.
52) Vgl. insbes. Curtice (1981), S. 569 f; ferner Zimmermann (1989), S. 480 f.

Datenelement AHV-NUMMER

DEFINITION:

Versichertennummer einer Person bei der Alters-, Hinterlassenen- und
Invalidenversicherung in der Schweiz

BESCHREIBUNG:

Dabei handelt es sich um eine elfstellige Verbundnummer, die aus
einer klassifizierende Stammnummer und einer Ordnungsnummer mit
Prüfziffer besteht.

In der siebenstelligen Stammnummer werden der Name (drei Stellen),
das Geburtsjahr (zwei Stellen) sowie der Geburtsmonat und -jahr in
Verbindung mit dem Geschlecht (drei Stellen) verschlüsselt.

Die zweistellige Ordnungsnummer wird von der Zentralen Ausgleichsstelle der AHV festgelegt. An sie wird die Prüfziffer angehängt.

Beispiel: 123.45.678.113

Genaue Informationen zur Bildung der einzelnen Zahlen sind der Broschüre "Die Versichertennummer" des Bundesamts für Sozialversicherung zu entnehmen, die in der Personalabteilung verfügbar ist.

Bild 5-2:   Kurze Beschreibung des Aufbaus von AHV-Nummern

Was für Datenelemente die Beschreibung von Aufbau und Wertebereichen,
sind für Meta-Objekte vom Typ Programm, Modul, usw. die Ablaufbe-
schreibungen. Dabei wird die Funktionsweise eines gegebenen Prozesses in
verschiedenen prozeduralen Schritten genauer erläutert. Dies kann in unterschiedlicher Detailliertheit erfolgen. Im einfachsten Fall handelt es sich dabei um eine einfache, relativ unstrukturierte textliche Beschreibung, was in
der Form den hier unterstellten benutzerorientierten Meta-Attributen entspricht. Für eine detailliertere bzw. präzisere Ablaufbeschreibung ließe sich
auch an stärker strukturierte Beschreibungsformen denken, wie z.B. Pseudo-
Codes. Dabei ist allerdings fraglich, ob ein Pseudo-Code vernünftigerweise
in einem unstrukturierten, textlichen Meta-Attribut hinterlegt werden sollte,
da sich dann nicht formal sicherstellen läßt, daß nur zulässige Konstrukte
gebraucht werden. Dies erfordert eine hohe Disziplin bei den dokumentierenden Benutzern. Zudem besteht mehr noch als bei anderen Dokumenten

die Gefahr, daß bei einer Fortentwicklung des Programmes der Pseudo-Code nicht entsprechend weitergepflegt wird.[53]

Bei Programmen bzw. Programmmodulen kann auch daran gedacht werden, die jeweiligen Quellcodes im Dictionary zu hinterlegen. Obwohl dies technisch bei einigen Systemen durchaus möglich wäre, geschieht es in der Regel nicht, weil oftmals für diese Zwecke bereits eigene Bibliothekssysteme wie z.B. der LIBRARIAN zur Verfügung stehen.[54]

---

53) Dies sind zumindest die Erfahrungen, die im Rahmen eines studentischen Projektseminars am Institut für Wirtschaftsinformatik der Universität Bern gemacht wurden. Dort beurteilten die Studenten die Aussagekraft der hinterlegten Pseudo-Codes recht negativ, während die Dokumentation der Verknüpfung des Programmes mit der Umwelt als sehr wertvoll empfunden wurde.

54) Vgl. dazu z.B. Biethahn/Mucksch/Ruf (1991), S. 17 f; Hesse/Merbeth/Frölich (1992), S. 212 ff.

6. Integration und Konsolidierung von Meta-Daten

6.1. Überprüfung von Objekten innerhalb eines Dictionaries

Ein Data Dictionary ist der zentrale Speicher aller in einem bestimmten Kontext erfaßten Meta-Daten. Diese sollten nicht nur bestimmten Beschreibungsstandards genügen, sondern auch untereinander widerspruchsfrei sein. Dies bedeutet, daß für die definierten Meta-Objekte (z.B. Datenelemente) innerhalb eines Dictionaries keine Homonyme, Synonyme oder Strukturkonflikte auftreten dürfen. Eine Überprüfung auf derartige Konflikte kann auf verschiedene Art und Weise erfolgen.

Hinsichtlich des *Zeitpunkts der Überprüfung* ist es denkbar, daß diese direkt bei der Eingabe eines Meta-Objekts oder später erfolgt. Dabei ist zwischen einer direkten Eingabe über die vom Dictionary-System vorgesehenen Benutzerschnittstellen und einer indirekten Eingabe im Zuge einer Nachdokumentation bzw. einer Konsolidierung mehrerer Dictionaries zu unterscheiden. Im ersteren Fall kann die Kontrolle unmittelbar beim Entwurf eines Meta-Objekts vorgenommen werden, was der sicherste Weg sein dürfte, widersprüchliche Daten gar nicht erst entstehen zu lassen. Im letzteren Fall wird in der Regel eine mehr oder minder vollständige Spezifikation bereits vorliegen. Der Nachteil dabei ist, daß die zu übernehmenden Meta-Daten u.U. zu den bereits vorhandenen im Widerspruch stehen, was nur durch Abänderungen aufgelöst werden kann.

Hinsichtlich der *Durchführung der Überprüfung* auf Namenskonflikte ist zu bestimmen, ob diese automatisch oder im Zuge eines Mensch-Maschine-Dialogs erfolgen soll. Eine vollständige Automatisierung des Überprüfungsprozesses würde zum einen ein Standardisierungsverfahren erfordern, das eine eineindeutige Beziehung zwischen einem Meta-Objekt und seinen Schlüsselworten aufweist, also identifizierend wäre. Außerdem müßte eine hohe Stabilität des Namensstandards gegeben sein. Da diese Anforderungen kaum erfüllbar scheinen, bleibt als realistische Option die möglichst weitgehende Eingrenzung der von einem Benutzer zu prüfenden Meta-Objekte übrig. Dieser Vorgang erfordert eine Homonymüberprüfung und eine Synonymüberprüfung.[1]

Die *Homonymüberprüfung* soll sicherstellen, daß zu einem in das Dictionary aufzunehmenden Element eines bestimmten Typs nicht schon ein Element gleichen Namens existiert. Ausgangspunkt ist jeweils die Angabe eines Namensvorschlags für ein Meta-Objekt. Wenn unter diesen Namen bereits ein Element vorhanden ist, so muß überprüft werden, ob die Semantik des schon vorhandenen Elements mit dem neu einzugebenden übereinstimmt. Wenn dies nicht der Fall ist, dann liegt eine Homonymität zwischen den beiden Elementen vor, die durch eine Namensänderung eines der beiden zu beheben ist; andernfalls ist das neu aufzunehmende Element schon vorhanden und dessen Spezifikationen sollten nach Möglichkeit auch verwendet werden. Ist jedoch das neue Meta-Objekt schon vollständig spezifiziert, so könnte unter Umständen eine unterschiedliche Spezifikation der beiden bedeutungsgleichen Elemente und damit ein Strukturkonflikt auftreten, der aufgelöst werden muß.[2]

Die *Synonymüberprüfung* soll sicherstellen, daß zu einem in das Dictionary aufzunehmenden Element eines bestimmten Typs kein Synonym existiert. Dies geschieht über einen Vergleich der einem Element zugeordneten Schlüsselwörter, wobei entweder eine Übereinstimmung mit einer Menge von vorgegebenen Schlüsselworten verlangt wird oder aber bei klassierenden Ansätzen alle zugeordneten Schlüsselworte miteinander verglichen werden. Insbesondere im letzteren Fall kann es durchaus vernünftig sein, keine vollständige Übereinstimmung aller Schlüsselworte zu verlangen, sondern Ähnlichkeit auf der Basis eines Übereinstimmungsniveaus zu messen, das die geforderte Anzahl der übereinstimmenden Schlüsselworte für einen Synonymkandidaten vorgibt. Auf jeden Fall ist es wichtig, daß bei einem Suchvorgang die gleichzeitige Übereinstimmung mit mehreren angegebenen Schlüsselwörtern im Sinne einer logischen Und-Verknüpfung geprüft werden kann; ansonsten müßten die entsprechenden Schlüsselworte nacheinander abgefragt werden, was eine Auswertung erschwert.[3] Jeder der derartig gefundenen Synonymkandidaten ist daraufhin zu überprüfen, ob er tatsäch-

---

1) Vgl. dazu Brenner (1988), S. 44.

2) Vgl. auch Brenner (1988), S. 143.

3) Vgl. das Beispiel bei Durell (1985), S. 149.

lich ein Synonym ist oder nicht. Wurde ein Synonym erkannt, so ist entsprechend wie bei einem erkannten Homonym vorzugehen.[4]

6.1.1. Dialoggeführte interaktive Überprüfung beim Entwurf von Meta-Objekten

Im Zuge der interaktiven Namensüberprüfung werden ausgehend von einem zu überprüfenden Element dessen relevante Schlüsselworte eingegeben und mit denen der im Data Dictionary enthaltenen Elemente verglichen. Das Ergebnis dieser Untersuchung entscheidet, ob ein neues Element angelegt werden muß, oder ob auf ein schon vorhandenes Element zurückgegriffen werden kann. Dabei wird unterstellt, daß eine Überprüfung auf Namenskonflikte direkt bei der Definition von Meta-Objekten vorgenommen wird. Dies entspricht der idealtypischen Annahme, daß ein Data Dictionary Quelle aller Meta-Daten ist und diese daher vor ihrer eigentlichen Nutzung im Dictionary enthalten sein müssen. Ergibt diese Überprüfung, daß schon ein Meta-Objekt (hier: ein Datenelement) der gewünschten Bedeutung existiert, so wird dieses im weiteren verwendet. Nur wenn noch kein entsprechendes Datenelement vorhanden ist, muß eine Neudefinition erfolgen. Namenskonflikte und widersprüchliche Spezifikationen können bei diesem Vorgehen theoretisch gar nicht erst auftreten. Diese Überprüfung erfordert eine Benutzerführung, deren Ablauf in Abhängigkeit von der Verwendung eines selbstbeschreibenden, auf Schlüsselworten aufbauenden Namens (KWIC-Ansatz) oder der Zuordnung von Deskriptoren bzw. Schlagwörtern zu Meta-Objekten (KWOC-Ansatz) leicht unterschiedlich ist.[5]

Bei der KWIC-Methode werden die Schlüsselworte Bestandteil eines zu bildenden Namens. Der Ablauf beim Anlegen bzw. Überprüfen von entworfenen Meta-Objekten, hier Datenelementen, beginnt bei der KWIC-Methode mit der Eingabe des Namens, wie es in Bild 6-1 gezeigt wird. Dabei kann eine rechnerunterstützte Kontrolle der Konformität des eingegebenen Namens mit einem definierten Namensstandard stattfinden. In einem ersten Schritt erfolgt die Überprüfung, ob bereits ein Datenelement dieses Namens existiert. Wenn dies der Fall ist, wird das gefundene Element angezeigt. Dabei muß entweder eine Homonymität oder Bedeutungsgleichheit zum

---

4)   Vgl. auch Brenner (1988), S. 58.

5)   Vgl. zu den folgenden Ausführungen Myrach/Jordan (1990), S. 18 ff.

einzugebenden Datenelement vorliegen. Handelt es sich um ein Homonym, so ist der Vorgang mit einem neuen Namen zu wiederholen bzw. der Name des vorhandenen Elements abzuändern.

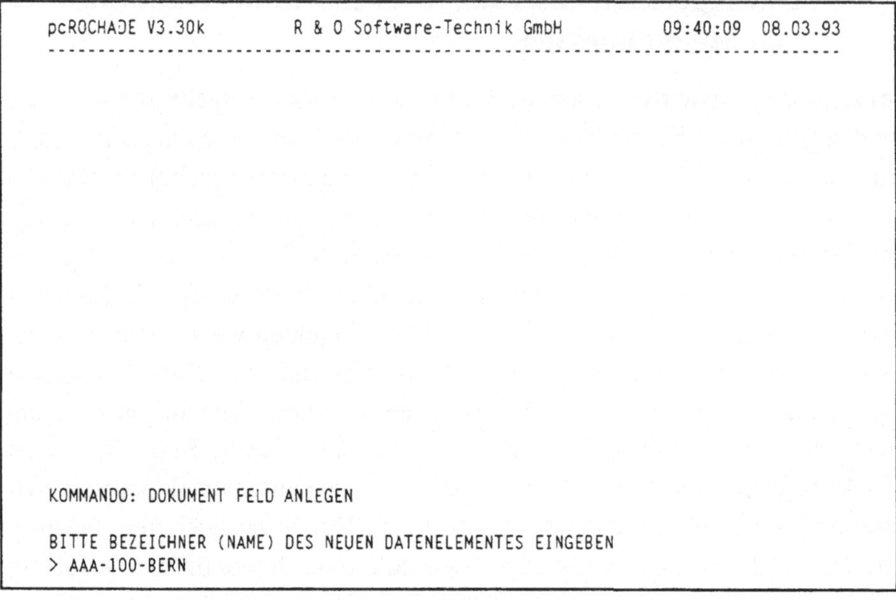

Bild 6-1:   Ausgangsmaske beim KWIC-Ansatz

Existiert weder ein Homonym noch ein bedeutungsgleiches Datenelement, so kann der Vorgang mit einer Ähnlichkeitssuche fortgesetzt werden. Diese soll sicherstellen, daß das neu aufzunehmende Element nicht ein Synonym eines bereits vorhandenen Datenelements darstellt. Dies geschieht, indem auf Übereinstimmung bei ausgewählten Schlüsselworten geprüft wird, wie es Bild 6-2 zeigt. Als Ergebnis einer solchen Ähnlichkeitssuche werden dann die Datenelemente aufgelistet, die auf Synonymität zu überprüfen sind; dies stellt Bild 6-3 dar. Die Ähnlichkeitssuche läßt sich mit wechselnden Argumenten wiederholen. Wird kein Synonym gefunden, so ist das fragliche Datenelement neu aufzunehmen.

```
pcROCHADE V3.30k          R & O Software-Technik GmbH          09:40:57  08.03.93
--------------------------------------------------------------------------------



                              SUCHARGUMENTE
                                BERN-AAA
                              NICHT VORHANDEN



KOMMANDO: DOKUMENT FELD ANLEGEN

BEZEICHNER AAA-100-BERN EXISTIERT NOCH NICHT.

SYNONYMSUCHE ZU DATENELEMENT: AAA-100-BERN
1 AAA
2 100
3 BERN

GEBEN SIE ÄHNLICHKEITSBEDINGUNGEN EIN (GÜLTIGE ZAHLEN VON 1 BIS 3
KOMBINATION MIT LEERSTELLE TRENNEN (Z. B. 1 2)          . ENDE
> 1 2
```

Bild 6-2:   Eingabe von Ähnlichkeitsbedingungen für die Synonymsuche

```
pcROCHADE V3.30k          R & O Software-Technik GmbH          09:41:44  08.02.93
--------------------------------------------------------------------------------






KOMMANDO: FELD ANLEGEN: ANZEIGE DER SYNONYMKANDIDATEN

FELDER MIT SUCHARGUMENTEN AAA-100

1 AAA-100-W
2 AAA-100-X
3 AAA-100-Y
4 AAA-100-Z

AKTUELLES DATENELEMENT 1 AUS 4
METADATEN DER SYNONYMKANDIDATEN ANSCHAUEN?
A AKTUELLER   N NÄCHSTER   B BESTIMMTER   . ENDE
> .
```

Bild 6-3:   Anzeige der Synonymkandidaten

Bei der KWOC-Methode erfolgt zu Beginn keine Namsvergabe, sondern die zugeordneten Schlüsselworte werden als Ausgangspunkt einer Synonymuntersuchung eingegeben, wie es in Bild 6-4 geschieht. Dabei soll unterstellt werden, daß fest vorgegebene Klassen existieren, für die jeweils ein Schlüsselwort bzw. Deskriptor zu vergeben ist. Bei der Ähnlichkeitssuche müssen wiederum bestimmte Klassen ausgewählt werden, die auf Übereinstimmung zu untersuchen sind. Dies wird in Bild 6-5 gezeigt. Als Ergebnis einer solchen Ähnlichkeitssuche erfolgt dann eine Auflistung von Datenelementen, die auf Synonymität zu überprüfen sind. Diese Ähnlichkeitssuche entspricht jener im Rahmen des KWIC-Ansatzes.

Wenn bei der Ähnlichkeitssuche kein semantisch gleiches Element gefunden werden kann, so ist davon auszugehen, daß kein Synonym existiert und damit das Element neu zu spezifizieren ist. Erst wenn dieser Fall eintritt, wird ein Name für das fragliche Datenelement vergeben, wie es in Bild 6-6 geschieht. Dieser Name ist anschließend noch auf Homonymität zu überprüfen. Im Unterschied zum obigen Verfahren muß dabei ein Datenelement mit übereinstimmendem Namen eigentlich ein Homonym sein, da bei der vorhergehenden Synonymsuche kein semantisch gleichwertiges Element entdeckt werden konnte.

```
pcROCHADE V3.30k        R & O Software-Technik GmbH         11:16:39  08.02.93
-------------------------------------------------------------------------------




















KOMMANDO: FELD ANLEGEN

1 DESKRIPTORENKLASSE INHALT._BEZUG: BBB
2 DESKRIPTORENKLASSE BETRW._TYP: 140
3 DESKRIPTORENKLASSE ZEITL._BEZUG: W

WOLLEN SIE EINE ÄHNLICHKEITSSUCHE DURCHFÜHREN?(J/.)
> J
```

Bild 6-4:   Ausgangsmaske beim KWOC-Ansatz

```
 pcROCHADE V3.30k          R & O Software-Technik GmbH          11:16:46  08.02.93
 ---------------------------------------------------------------------------------




 KOMMANDO: DOKUMENT FELD ANLEGEN

 ÄHNLICHKEITSSUCHE ZUM NEUEN DATENELEMENT

 GEBEN SIE ÄHNLICHKEITSBEDINGUNGEN EIN (GÜLTIGE ZAHLEN VON 1 BIS 3)
 KOMBINATIONEN MIT LEERSTELLE TRENNEN (Z.B. 1 2)              ENDE

 1 BBB                        0021 MAL VORHANDEN
 2 140                        0040 MAL VORHANDEN
 3 W                          0050 MAL VORHANDEN
 > 2 1
```

Bild 6-5:   Eingabe von Ähnlichkeitsbedingungen für die Synonymsuche

```
 pcROCHADE V3.30k          R & O Software-Technik GmbH          11:18:53  08.02.93
 ---------------------------------------------------------------------------------




 KOMMANDO: DOKUMENT FELD ANLEGEN: EINGABE DES BEZEICHNERS

 1 DESKRIPTORENKLASSE INHALT._BEZUG: BBB
 2 DESKRIPTORENKLASSE BETRW._TYP: 140
 3 DESKRIPTORENKLASSE ZEITL._BEZUG: W

 GEBEN SIE DEN NAMEN DES NEUEN DATENELEMENTES EIN
 > TEST-1
```

Bild 6-6:   Namensvergabe beim KWOC-Ansatz

Wie bei jedem interaktiven System dürfen auch bei Implementationen dieser Verfahren die Antwortzeiten nicht außer acht gelassen werden. Untersuchungen mit der PC-Version von ROCHADE und einer Menge von 1200 Datenelementen haben beispielsweise gezeigt, daß bei der KWIC-Methode nicht unerhebliche Suchzeiten von um die 20 Sekunden auftreten, solange man sich nicht auf die Suche nach dem Anfang von Namen beschränkt. Verschiedene Realisierungen der KWOC-Methode sind zum Teil dann erheblich schneller, wenn die Suche nur ein oder zwei Schlüsselworte umfaßt. Bei einer größeren Menge von Schlüsselworten steigt die Suchzeit jedoch stark an und liegt teilweise sogar noch über der der KWIC-Methode.[6]

In den gezeigten Realisierungen sind sowohl für die KWIC- als auch für die KWOC-Methode die Schlüsselworte, für die Übereinstimmung verlangt wird, explizit anzugeben. Stattdessen wäre auch die Angabe von zu fordernden Übereinstimmungsniveaus für die in die Synonymüberprüfung einzubeziehenden Datenelemente denkbar. Dabei bezieht sich das Übereinstimmungsniveau im einfachsten Fall auf die Zahl der übereinstimmenden Schlüsselworte. Sind die Schlüsselworte zu einzelnen Klassen zusammengefaßt, so wäre es auch möglich, die Übereinstimmung in verschiedenen Schlüsselwortklassen unterschiedlich zu gewichten. Um eine Suche nicht von vornherein zu stark einzuschränken bzw. zu weit zu fassen, können Hierarchien von Übereinstimmungsniveaus gebildet werden, die unterschiedliche Wahrscheinlichkeiten der Synonymität ausdrücken.[7]

6.1.2. Überprüfung auf Namenskonflikte bei der automatischen Übernahme von Meta-Daten

Neben einer direkten Eingabe ist die automatische Übernahme von bereits definierten Meta-Daten in ein Dictionary relevant. Diese kann beispielsweise im Zuge einer Nachdokumentation erfolgen, bei der Meta-Daten aus existierenden Systemen eingebracht werden sollen, oder im Zuge einer Konsolidierung, bei der die Inhalte eines anderen Dictionaries zu übernehmen sind. Beide Fälle stellen in der idealisierten Sicht der Rolle eines (Data) Dictionaries Abnormalitäten dar. Ist es nämlich die alleinige Quelle von Meta-Daten, so müssen vor der Implementierung eines DV-Systems alle

---

6) Vgl. Myrach/Jordan (1990), S. 12 ff bzw. Myrach/Jordan (1991), S. 8.2-5.
7) Vgl. auch Durell (1985). S. 154 f.

relevanten Meta-Daten darin abgelegt sein; eine Nachdokumentation würde dann niemals notwendig werden. Wenn ein (Data) Dictionary der zentrale Speicher aller Meta-Daten eines Unternehmens ist, dann existiert auch nur dieses eine Dictionary, ein Austausch von Meta-Daten zwischen verschiedenen Dictionaries wäre dann irrelevant. Allerdings erweist sich eine derart idealisierte Vorstellung oftmals als realitätsfern.

Bei der automatisierten Übernahme von Meta-Daten liegen schon mehr oder minder vollständig spezifizierte Meta-Objekte vor, weshalb nicht nur Namenskonflikte, sondern auch Strukturkonflikte auftreten können, die durch abweichende Spezifikationen hervorgerufen werden. Hier kommt es also nicht nur darauf an, zu importierende Meta-Objekte auf Konflikte zu überprüfen, sondern diese gegebenenfalls auch aufzulösen, was dann zu einer zumindest teilweisen Änderung von Objektspezifikationen führt. Dies gilt insbesondere für namensgleiche Meta-Objekte, deren gleichzeitige Speicherung nicht ohne weiteres möglich ist, wenn die Namen von Meta-Objekten innerhalb eines Data Dictionaries als Objektidentifikatoren herangezogen werden.

Tritt eine Namensgleichheit eines zu importierenden Meta-Objekts mit einem schon im Data Dictionary enthaltenen Meta-Objekt auf, so liegt entweder eine Homonymität oder eine Bedeutungsgleichheit vor. Im Falle einer Homonymität muß das zu importierende Meta-Objekt abgewiesen oder eines der beiden Meta-Objekte umbenannt werden. Selbst wenn die betreffenden Meta-Objekte bedeutungsgleich sind, müssen nicht notwendigerweise alle Spezifikationen übereinstimmen. Liegen abweichende Spezifikationen vor, dann sind die fraglichen Meta-Objekte gegebenenfalls als Varianten voneinander zu behandeln oder die Strukturkonflikte über die Anwendung von Konfliktlösungsregeln aufzulösen. Diese Konfliktauflösung besteht im einfachsten Fall darin, eine der beiden voneinander abweichenden Spezifikationen für gültig zu erklären. Nicht immer ist es jedoch ohne weiteres möglich, auftretende Konflikte wie beschrieben zu behandeln. Dies gilt zum Beispiel dann, wenn die fraglichen Meta-Objekte ein schon existierendes System beschreiben und allfällige Konflikte nicht ohne Systemänderungen aufgelöst werden können. Dann erscheint es vorteilhafter, die betreffenden Meta-Objekte zumindest zeitweilig als Varianten voneinander zu führen. Voraussetzung dafür ist allerdings, daß das betroffene

Data-Dictionary-System eine Versionen- bzw. Variantenverwaltung unterstützt.[8]

Entsprechend läßt sich auch bei der Synonymüberprüfung vorgehen. Allerdings ist das Synonymproblem nicht dermaßen drängend, da es unmittelbar zu keinen Speicherproblemen führt. Die Überprüfung läßt sich damit auf einen späteren Zeitpunkt verschieben. Sollen gefundene Synonyme nicht aufgelöst sondern beibehalten werden, so ist dies entsprechend zu dokumentieren. Dies läßt sich durch einen Synonymverweis auf ein als maßgebend betrachtetes Meta-Objekt erreichen.

Die Überprüfung auf Namenskonflikte bei der automatischen Übernahme von Meta-Daten kann prinzipiell wie oben im Rahmen einer dialogorientierten Benutzerführung erfolgen. Dazu werden die zu importierenden Meta-Objekte sukzessive in den Überprüfungsprozeß einbezogen und den Spezifikationen der zu vergleichenden Objekte gegenübergestellt. Im Falle einer Homonymität muß dann einer der Namen geändert, im Falle einer Bedeutungsgleichheit fallweise die jeweils gültige Spezifikation explizit vom Benutzer bestimmt werden. Als Alternative dazu ist eine automatische Konfliktlösung denkbar, bei der die zu wählende Spezifikation aufgrund fest vorgegebener Regeln bestimmt wird. Solche Regeln lassen sich allerdings sinnvollerweise nur dann anwenden, wenn eine Namensgleichheit auch eine Bedeutungsgleichheit impliziert.

6.1.3. Nachträgliche Überprüfung auf Redundanzen innerhalb eines Dictionaries

Während in den vorhergehenden Kapiteln ein Element jeweils bei der Eingabe auf Namens- und Strukturkonflikte untersucht wird, so sind bei der nachträglichen Überprüfung prinzipiell schon im Data Dictionary enthaltene Elemente miteinander zu vergleichen. Wenn das Data-Dictionary-System keine namensgleichen Meta-Objekte zuläßt, dann heißt das in diesem Fall, daß sich eine solche nachträgliche Überprüfung ausschließlich auf das Erkennen von Synonymen richten kann. Durell spricht in diesem Zusammenhang auch von Redundanzen.[9]

---

8)   Vgl. dazu Kapitel 4.2.1.6.
9)   Vgl. Durell (1985), S. 142 ff.

Ein einfaches Hilfsmittel für einen solchen Vergleich stellt eine Schlüsselwortliste dar, die alle Elemente entsprechend der in ihnen enthaltenen Schlüsselworte aufführt. In dieser Liste erscheint jedes Element so häufig, wie es Schlüsselworte beinhaltet. Ihre Schwäche liegt darin, daß bei ihr alle Elemente jeweils nach einem Schlüsselwort geordnet werden, eine Ähnlichkeit zwischen Elementen oftmals jedoch erst bei mehrfachen Übereinstimmungen von Schlüsselworten zu vermuten ist. Wesentlich effektiver dürfte es darum sein, bei einem paarweisen Vergleich die Übereinstimmungsniveaus der einzelnen Elemente festzustellen und alle über einem bestimmten Niveau liegenden Elemente in einem Report aufzuführen. Dies kann prinzipiell durch eine Suchfunktion geleistet werden, die der oben gezeigten Benutzerführung gleicht. Ein grundsätzlich ähnliches Vorgehen beschreibt Durell mit seinem Redundanzüberprüfungsprogramm (Redundancy Checker).[10] Im Unterschied zu obiger Routine werden hier bei einem Vergleich automatisch Elemente mit verschiedenen Übereinstimmungsniveaus ausgewiesen, die dann auf Synonymität zu prüfen sind.

6.2. Konsolidierung

6.2.1. Begriff und Notwendigkeit

Konsolidierung bezeichnet unter anderem das Zusammenführen verschiedener Teile zu einem Ganzen. Angewendet auf Data Dictionaries heißt dies, daß bei der Konsolidierung die Inhalte von zwei oder mehreren Dictionaries zu einem konsolidierten Dictionary zusammengefügt werden. Die Notwendigkeit einer Konsolidierung folgt in der Regel aus der Verwendung mehrerer Data Dictionaries mit unterschiedlichen Beständen an Meta-Daten. Ehe auf die Art und Weise der Konsolidierung von Data Dictionaries und die damit verbundenen Probleme genauer eingegangen wird, erfolgt eine Erörterung der Frage, warum überhaupt mehrere Data Dictionaries sinnvoll bzw. notwendig sein können.

Ein möglicher Grund für das Führen mehrerer Dictionaries ist, daß zwischen lokalen und globalen Meta-Daten getrennt werden soll. Eine denkbare Unterscheidung wäre dabei die in bereichsweite und projektgebundene

---

10) Vgl. Durell (1985), S. 148 ff.

Dictionaries. Projektgebundene Dictionaries werden unter Umständen nochmals entsprechend den einzelnen Arbeitsgruppen zugeteilten Aufgaben zerlegt. Die letzte Unterteilung wird sehr häufig von der Technologie der verwendeten Werkzeuge erzwungen. Gängige (Upper-) CASE-Tools sind beispielsweise vor allem auf PC's und Workstations implementiert und unterstützen keine verteilte Datenhaltung. Daraus folgt, daß die auf bestimmten Arbeitsplätzen angelegten Meta-Daten nur im lokalen Zugriff stehen und konsolidiert werden müssen, wenn die gesammelten Arbeitsergebnisse eines Projekts zur Verfügung stehen sollen. Bei einigen CASE-Tools ist dafür eine zentrale Meta-Datenspeicherungskomponente vorgesehen, die auf einem Host-Rechner installiert wird. Der Preis einer solchen Komponente ist jedoch vergleichsweise hoch, so daß Unternehmen diese zusätzliche Investition unter Umständen vermeiden. "Ohne eine solche zentrale Komponente ..., die die einzelnen CASE-Workstations in einen Werkzeug-Verbund integriert, sind jedoch Erfolg, Praktikabilität und Nutzen von graphischen Entwurfs-Arbeitsplätzen fraglich."[11]

Ein weiterer möglicher Grund für das Führen mehrerer Data Dictionaries ist die Trennung von Meta-Daten verschiedener Phasen des Software-Entwicklungs-Zyklus. Auch dies ist oftmals durch den Einsatz verschiedener Entwicklungswerkzeuge bedingt. Bei vielen dieser Werkzeuge sind (sekundäre) Data Dictionaries ein integraler Bestandteil des Systems. Dies gilt z.B. für Upper- und Lower-CASE-Werkzeuge, 4GL-Umgebungen und Datenbanksysteme. Die sekundären Data Dictionaries verwalten die von den jeweiligen Systemen erstellten und verwendeten Meta-Daten und verfügen über mehr oder minder weitgehende Auswertungsmöglichkeiten. Allerdings sind die gespeicherten Meta-Daten durch den Verwendungszweck des jeweiligen Systems bestimmt; d.h. also, daß in Datenbanksystemen vor allem logische und physische Meta-Daten der Datenebene gespeichert werden, während in (Upper-) CASE-Tools Meta-Daten der konzeptuellen Ebene Berücksichtigung finden. In einer solchen aus mehreren Werkzeugen bestehenden Entwicklungsumgebung müssen die auf einem Werkzeug erstellten Entwicklungsergebnisse anderen Werkzeugen zur Weiterverarbeitung übergeben werden. Als Alternative dazu kommt der Einsatz eines zusätzlichen primären Data Dictionaries als integrierende Komponente in Betracht. In einem

---

11) Heuer (1990), S. 131.

solchen zentralen Data Dictionary würden alle Meta-Daten in einer einheitlichen Meta-Datenbasis zusammengeführt.

6.2.2. Ablauf und Probleme der Konsolidierung

Das im Zuge der Konsolidierung entstehende konsolidierte Dictionary kann unabhängig von bereits existierenden Dictionaries vollkommen neu angelegt werden; die Konsolidierung kann aber auch in einem der bereits existierenden Dictionaries stattfinden. Das exportierende Dictionary soll als Quelle und das importierende Dictionary als Ziel bezeichnet werden. Das Ziel-Dictionary wird dann zum konsolidierten Dictionary, in dem die bereits vorhandenen und die importierten Meta-Daten zusammengeführt werden.

Weiterhin ist zwischen dem Einsatz mehrerer Dictionaries unter ein und demselben Dictionary-System und dem Einsatz mehrerer unterschiedlicher Dictionary-Systeme mit ihren jeweiligen Dictionaries zu unterscheiden. In Abhängigkeit davon unterliegt die Konsolidierung zweier Dictionaries verschiedenen technischen Rahmenbedingungen.

Der einfachste Fall einer Konsolidierung ist gegeben, wenn zwei Dictionaries gleicher (Meta-) Datenstruktur konsolidiert werden sollen, die vom selben Dictionary-System verwaltet werden. Dabei wird unterstellt, daß die Export-Datei direkt als Import-Datei wieder eingelesen werden kann. Probleme ergeben sich insbesondere durch das ungewollte Überschreiben von Datenwerten des Ziel-Dictionaries im Falle namensgleicher Meta-Objekte. Läßt ein Dictionary-System die Definition eines eigenen Meta-Datenmodells zu, so können darüber hinaus Probleme durch unterschiedliche Meta-Datenmodelle in den zu konsolidierenden Dictionaries auftreten.

Der Einsatz verschiedenartiger Dictionary-Systeme stellt an die Konsolidierung noch weitergehende Anforderungen. Als geringstes Problem erscheinen dabei unterschiedliche Export- und Import-Formate, das im Regelfall durch einfache syntaktische Transformationen zu überwinden ist. Ein wesentlich größeres Hindernis ergibt sich, wenn die betreffenden Systeme unterschiedliche Dictionary-Schemata und/oder Dictionary-Datenmodelle unterstützen.

6.2.2.1. Konsolidierung gleichartiger Dictionaries

Vor der Konsolidierung von Dictionaries, die von gleichartigen Dictionary-Systemen verwaltet werden, sind verschiedene Randbedingungen festzulegen. Zum einen müssen die zu konsolidierenden Dictionaries (Quell-Dictionaries) bestimmt werden. Dabei ist denkbar, daß nicht das gesamte Dictionary sondern nur ausgewählte Teile in der Konsolidierung berücksichtigt werden sollen. Diese sind dann explizit zu spezifizieren. Zum anderen ist das Ziel-Dictionary festzulegen, in dem die Konsolidierung stattfinden soll. Dies kann neu zu erstellen sein oder bereits existieren. Außerdem muß bestimmt werden, wie bei allfälligen Konflikten zu verfahren ist.

Sollen etwaige bei der Konsolidierung von Dictionaries auftretende Konflikte automatisch aufgelöst werden, so sind dafür bestimmte Verfahrensregeln vorzugeben. Dies gilt insbesondere für das Auftreten von Namensgleichheiten. Im einfachsten Fall können diese Regeln darin bestehen, daß im konsolidierten Dictionary entweder die Spezifikation des Quell-Dictionaries oder die des Ziel-Dictionaries gültig sind. Im ersten Fall wird der abweichende Wert des Ziel-Dictionaries überschrieben. Theoretisch ließen sich auch andere Konsolidierungsregeln vorstellen, beispielsweise eine, bei der der am wenigsten restriktive Wert maßgeblich ist. Im Falle zweier namensgleicher Beziehungstypen mit einer Maximalkardinalität von 1 bzw. N wäre dann beispielsweise bei der Konsolidierung das weniger restriktive N maßgeblich.

Die Anwendung einer dieser Regeln könnte im Zuge einer automatisierten Konsolidierung unterschiedlich differenziert angewendet werden, z.B. global auf alle zu konsolidierenden Meta-Objekte oder nur auf alle Meta-Objekte eines Typs oder lediglich auf bestimmte Meta-Attribute eines Meta-Objekttyps.

Automatisierte Konsolidierungen sind nicht unproblematisch, da die starre Anwendung einer der obigen Regeln zu ungewollten Ergebnissen führen kann; dies gilt vor allem für die Regeln, die zu einer Überschreibung im Ziel-Dictionary führen. Wenn es sich bei dem neu eingeführten Meta-Objekt um ein Homonym des überschriebenen Meta-Objekts handelt, so kann dies zu schweren Integritätsschäden im Ziel-Dictionary führen. Selbst wenn keine Homonyme auftreten, sind unbeabsichtigte Überschreibungen möglich, wenn die zu konsolidierenden Meta-Daten eines Meta-Objekts voneinander abweichen. Aus diesem Grunde sollte bei jeder Überschreibung im

Zuge einer Konsolidierung entweder eine neue Version angelegt werden, was nur bei einem System mit Versionsverwaltung ohne weiteres möglich ist, oder aber zumindest ein Änderungsprotokoll erstellt werden, aus dem sich die ursprünglichen Zustände rekonstruieren lassen.

Um Probleme mit bei der Konsolidierung auftretenden Namens- und Strukturkonflikten zu vermeiden, kann eine vorgelagerte Überprüfung der zu konsolidierenden Meta-Objekte nützlich sein. Dazu sind die zu konsolidierenden Meta-Objekte aus dem Quell-Dictionary und alle namensgleichen Meta-Objekte aus dem Ziel-Dictionary zu exportieren. Sind diese vollständig gleich, so ist von einer Identität der beiden Meta-Objekte auszugehen; ein Export ins Ziel-Dictionary ist dann eigentlich unnötig. Alle Abweichungen zwischen namensgleichen Meta-Objekten können in einem Report zusammengefaßt werden, der dann zur Beurteilung etwaiger Homonymitäten bzw. Strukturkonflikte herangezogen wird. Nur die abweichenden Meta-Daten bedeutungsgleicher Meta-Objekte werden dann ins Ziel-Dictionary exportiert, was auch speicherungstechnisch als ein Vorteil dieses Verfahrens anzusehen ist. Grundsätzlich läßt sich eine derartige Vorüberprüfung nicht nur für eine Homonym- sondern auch für eine Synonymüberprüfung durchführen. Allerdings müssen dann unter Umständen recht umfangreiche Meta-Datenbestände aus dem Ziel-Dictionary exportiert werden.

Überschreibungsprobleme bei der Konsolidierung lassen sich auf jeden Fall vermeiden, wenn für Meta-Objekte ein interner Identifikator vergeben wird. Auch namensgleiche Meta-Objekte können dann neu angelegt werden. Die eigentliche Konsolidierung muß also nicht gleich beim Import stattfinden, sondern kann nachträglich durchgeführt werden. Nachteil dieses Vorgehens ist, daß es insbesondere bei starken Überdeckungen der zu konsolidierenden Dictionaries zu umfangreichen Redundanzen im Ziel-Dictionary kommt. Außerdem ist dabei eine nachträgliche Überprüfung auf Namenskonflikte notwendig.

Im folgenden sollen die Spezifika der Konsolidierung im Rahmen der Dictionary-Systeme ROCHADE und ADW näher dargestellt werden.

6.2.2.1.1. Konsolidierung in ROCHADE

Die SWERG-Benutzeroberfläche[12] von ROCHADE unterstützt eine Schnittstelle für den Export und Import von Meta-Daten. Beim Export werden die ausgewählten Meta-Daten in eine Datei geschrieben. Die entladenen Meta-Daten sind in dieser Datei Argumente von ROCHADE-Befehlen. Auf diese Weise stellen die beim Export entladenen Meta-Daten eigentlich ein ROCHADE-Programm dar, das beim Import als Batch-Programm gestartet werden kann und das automatische Einlesen der darin enthaltenen Meta-Daten bewirkt. Dabei werden etwaig vorhandene Meta-Daten respektive Kapitelinhalte von namensgleichen Dokumenten einfach überschrieben. Da im Rahmen von Verknüpfungskapiteln auch Verweise auf andere Dokumente enthalten sein können, führt eine solche Überschreibung unter Umständen dazu, daß bestehende Beziehungen zwischen Dokumenten gelöscht werden.

Bild 6-7 zeigt eine Exportdatei anhand des Beispiels eines Entitätstypen *Auftrag*. Diese Export- bzw. Importdatei bewirkt ein kapitelweises Einlesen des Entitätstyps *Auftrag*, der im Beispiel aus den beiden Kapiteln *Definition* und *Enthält* besteht. Dabei werden mittels entsprechender Kommandos jeweils zuerst der Arbeitsbereich gelöscht ($DEL), dann die Kapitelinhalte in den Arbeitsbereich übertragen ($APPEND), darauf das vor jeder eingefügten Zeile stehende Zeichen % entfernt ($SUBST) und anschließend das Kapitel in das Dictionary eingetragen ($WRITE).

Neben dieser Standardschnittstelle steht in ROCHADE noch ein Funktionspaket zur Verfügung, mit dem ein neutrales, als Toolbus bezeichnetes Austauschformat unterstützt wird. Dieses ist als eine allgemeine Schnittstelle zur Übertragung und zum Abgleich von Meta-Daten zwischen verteilten Dictionary-Systemen konzipiert, die nicht nur den Austausch zwischen zwei ROCHADE-Dictionaries unterstützen kann, sondern auch noch den zwischen ROCHADE und anderen Dictionary-Systemen.[13]

---

12) Dies ist eine früheren Versionen von ROCHADE mitgegebene Benutzersteuerung auf der Basis von ROCHADE-Kommandoprozeduren. Mittlerweile existieren elegantere und mächtigere Oberflächen, die von Zusatzprodukten wie z.B. AUTOPILOT und ROCHADEgraphic unterstützt werden; vgl. Habermann/Leymann (1993), S. 124 ff.

13) Dieses entspricht prinzipiell dem IEWBUS, wie er bei Heuer (1990), S. 135, als Schnittstelle zwischen IEW und DATAMANAGER beschrieben wird.

```
#$PROT
#$DEL 1 $
#$APPEND
%Von einem Kunden verbindlich getätigte Nachfrage
%nach einer Menge von Produkten
    .
#$SUBST % @@ 1 $
#$WRITE ENTITAETSTYP AUFTRAG DEFINITION
#$DEL 1 $
#$APPEND
%->ATTRIBUT ANR
%->ATTRIBUT DATUM
    .
#$SUBST % @@ 1 $
#$WRITE ENTITAETSTYP AUFTRAG ENTHÄLT
```

Bild 6-7:   Beispiel für Exportdaten aus ROCHADE

Für den Datenaustausch über diese Schnittstelle müssen zuerst die zu exportierenden Meta-Daten aus dem Quell-Dictionary entladen und in das Toolbus-Format überführt werden (*Ladetoolbus*). Für die in diesem Toolbus enthaltenen Meta-Daten wird geprüft, ob nicht im Ziel-Dictionary gleichnamige Meta-Objekte des entsprechenden Typs existieren. Ist dies der Fall, so werden die diesem Meta-Objekt zugehörigen Meta-Daten entladen und ebenfalls in das Toolbus-Format überführt (*Entladetoolbus*). In einem dritten Schritt werden die in dem Ladetoolbus enthaltenen und von dem Entladetoolbus verschiedenen Meta-Daten in einen *Differenztoolbus* übertragen. Dieser Differenztoolbus wird anschließend in das Ziel-Data-Dictionary importiert. Dieses Verfahren unterscheidet sich prinzipiell von der oben beschriebenen Schnittstelle lediglich dadurch, daß nur neue oder abweichende Meta-Daten zu Schreiboperationen im Ziel-Dictionary führen. Es dürfte sich insbesondere dann als vorteilhaft erweisen, wenn in den zu konsolidierenden Data Dictionaries viele identische Meta-Objekte enthalten sind.

6.2.2.1.2. Konsolidierung in ADW

In ADW werden mehrere Möglichkeiten des Datentransfers zwischen ADW-Enzyklopädien bzw. externen Umgebungen unterstützt.[14] Zum einen ist ein direkter Datentransfer zwischen zwei Enzyklopädien möglich, zum anderen können im Zuge eines indirekten Transfers zwei verschiedene Dateiformate erzeugt werden (Konsolidierungsdatei bzw. formatierte Textdatei). Vor der Auslösung des Konsolidierungsvorgangs sind verschiedene Parameter zu spezifizieren. Zuerst können für die derzeit offene Enzyklopädie, die die Quell-Enzyklopädie ist, bestimmte zu exportierende Meta-Objekte ausgewählt werden; geschieht das nicht, so werden alle Meta-Objekte exportiert. Alsdann muß die Ziel-Enzyklopädie festgelegt werden, in der die Konsolidierung stattfinden soll. Zuletzt ist eine von zwei möglichen "Konsolidierungsmethoden" zu bestimmen, die als *Replace* und *Synthesize* bezeichnet werden.

Eine Zusammenführung zweier Meta-Objekte eines Typs erfolgt grundsätzlich bei Namensgleichheit. Dabei kann die Konsolidierungsfunktion selbstverständlich nicht unterscheiden, ob es sich bei diesen namensgleichen Meta-Objekten tatsächlich um bedeutungsgleiche Elemente handelt oder um Homonyme. Im Falle des ERM gilt dieses Namensgleichheitsprinzip uneingeschränkt nur für Entitätstypen. Die Namen von Attributen haben hingegen lediglich eine lokale Bedeutung, weshalb eine eigentliche Namensgleichheit auch nur zwischen den Attributen zweier namensgleicher Entitätstypen auftreten kann. Eine besondere Behandlung erfahren Beziehungstypen, die ja intern nicht als Objekte behandelt werden und darum auch keinen eigentlichen Namen führen. Sie lassen sich stattdessen über die durch sie verbundenen Entitätstypen und ihren Rollen identifizieren. Eine Gleichheit wird dann erkannt, wenn neben den bezogenen Entitätstypen wenigstens *eine* der beiden Rollenbezeichnungen der zu konsolidierenden Beziehungstypen übereinstimmt.

Je nachdem, ob bei der Konsolidierung die "Methode" *Replace* oder *Synthesize* gewählt worden ist, kommen unterschiedliche Konsolidierungsregeln zum Ansatz. ADW kennt nur zwei Regeln, nämlich einen Wert in der konsolidierenden Enzyklopädie zu überschreiben oder eine Änderung abzuweisen. Diese Regeln beziehen sich jeweils auf einzelne Meta-Attribute

---

14) Vgl. zu den folgenden Ausführungen KnowledgeWare (1993b), S. 4-1 ff.

(Eigenschaftstypen in ADW) eines Meta-Objekttyps (Objekttypen in ADW); d.h., daß bei einer Konsolidierung im Falle der Namensgleichheit von Objekten bestimmter Meta-Objekttypen einzelne Meta-Attribute überschrieben werden und andere nicht. Beim *Replace* erfolgt grundsätzlich ein Überschreiben *aller* Meta-Attribute eines Meta-Objekttyps. Beim *Synthesize* findet hingegen eine Unterscheidung in essentielle und nicht-essentielle Meta-Attribute statt; nur erstere werden durch die Attributausprägungen der Quell-Enzyklopädie überschrieben, bei letzteren hingegen bleiben die Werte der Ziel-Enzyklopädie erhalten. Eine tabellarische Auflistung der essentiellen und nicht-essentiellen Meta-Attribute bzw. Eigenschaftstypen für die schon besprochenen Konstrukte des ERM in ADW zeigt Bild 6-8.[15]

	Essentiell	*Nicht-Essentiell*
Entitätstypen:	Purpose	Definition
	Created	Comments
	Last Updated	
Beziehungstyp:	(From-To Name)	Definition
	(To-From Name)	Comments
	Created	From-To Minimum
	Last Updated	From-To Maximum
		To-From Minimum
		To-From Maximum
Attribut:	(Name)	Definition
	Created	Comments
	Last Updated	Minimum per Subject
		Maximum per Subject
		Maximum per Value

Bild 6-8:   Unterscheidung der Meta-Attribute des ERM in die Eigenschaften essentiell und nicht-essentiell

---

15) Vgl. KnowlegeWare (1993b), S. B-1 ff. Eine Erläuterung der aufgeführten Eigenschaftstypen findet in Kapitel 4.4.2. statt.

Aus dem Bild wird ersichtlich, daß der Eigenschaftstyp *Name* des Objekttyps *Attribut* als essentiell eingestuft wird. Da er darüber hinaus jedoch noch die Rolle eines Identifikators für die einzelnen Instanzen dieses Typs hat, werden verschieden benannte Attribute auch als unterschiedliche Attribute aufgefaßt und sind dementsprechend nach der Konsolidierung *beide* enthalten; eine Namensüberschreibung kann also gar nicht stattfinden. Ähnlich verhält es sich bei den Beziehungstypen, deren Assoziationstypen *From-to Name* bzw. *To-from Name* ebenfalls als essentiell bezeichnet werden, nur daß dort schon aus der Übereinstimmung einer einzigen Rollenbezeichnung auf eine Identität geschlossen wird. Weicht die andere Rollenbezeichnung in den beiden zu konsolidierenden Instanzen ab, dann gilt hier gemäß der Essentialität der Vorrang der Quell-Enzyklopädie und es kommt zu einer Überschreibung dieses Wertes.

Eine besondere Beachtung verdient die Behandlung von Informationstypen. Diese sind im Rahmen einer Enzyklopädie als eigenständige Meta-Objekttypen organisiert. Jedem Attribut kann genau ein Informationstyp zugeordnet werden. Wenn nun bei einer Konsolidierung gleichnamigen Attributen in den beiden Enzyklopädien unterschiedliche Informationstypen zugeordnet sind, dann muß bei der Konsolidierung einer dieser beiden Informationstypen ausgewählt werden. In diesem Fall wird bei beiden "Methoden" der Quell-Enzyklopädie der Vorrang eingeräumt. Dies gilt auch dann, wenn dem Attribut in der Quell-Enzyklopädie überhaupt kein Informationstyp zugeordnet ist; in diesem Fall weist auch die konsolidierte Enzyklopädie keinen Informationstypen für dieses Attribut aus.

Dieser Zusammenhang soll anhand des Beispiels eines Entitätstypen *Kunde* erläutert werden.[16] In Bild 6-9 werden die diesem Entitätstyp in der Quell-Enzyklopädie zugeordneten Attribute mitsamt zugeordneten Informationstypen aufgeführt. Dabei wird unterstellt, daß dem Attribut *Strasse* (noch) kein Informationstyp zugeordnet worden ist.

---

16) Dieses Beispiel lehnt sich an Straub (1992), S. 48 ff an.

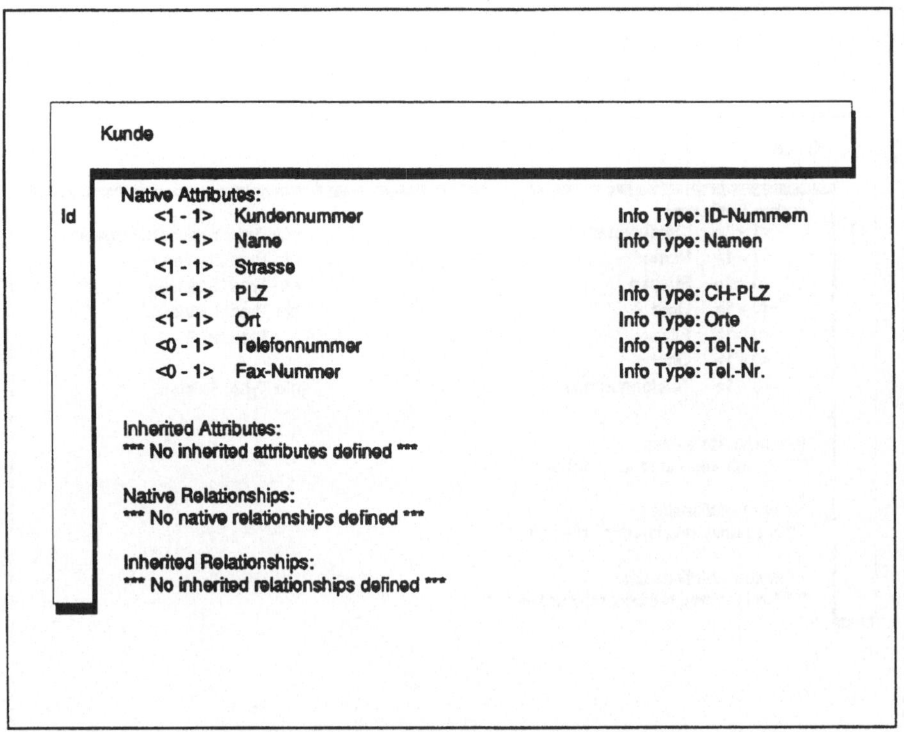

Bild 6-9:   Attribute des Entitätstyps *Kunde* in der Quell-Enzyklopädie

In Bild 6-10 sind die entsprechenden Meta-Daten der Ziel-Enzyklopädie enthalten. Hier weist Kunde ein zusätzliches Attribut *Land* auf, dagegen fehlt das Attribut *Fax-Nummer*. Die Adreßdaten sind im Gegensatz zur Quell-Enzyklopädie optional, was durch die entsprechenden Attributkardinalitäten ausgedrückt wird. Außerdem ist dem Attribut *Strasse* hier ein Informationstyp zugeordnet, dafür jedoch nicht dem Attribut *Ort*.

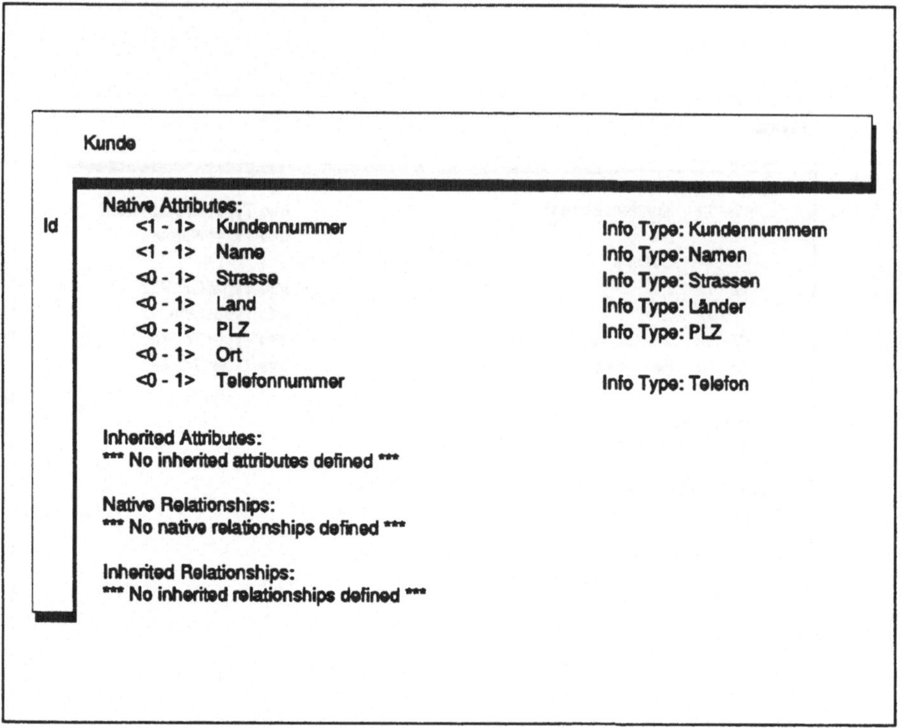

Bild 6-10:   Attribute des Entitätstyps *Kunde* in der Ziel-Enzyklopädie

Das Ergebnis der Konsolidierung der Kundenattribute wird in Bild 6-11 dargestellt. Dabei zeigt sich, daß alle Informationstypzuordnungen denen der Quell-Enzyklopädie entsprechen, mit Ausnahme des Attributs *Land*, das allerdings auch nur in der Ziel-Enzyklopädie vorhanden gewesen ist. Genau anders verhält es sich mit den Attributkardinalitäten, bei denen allesamt die Werte der Ziel-Enzyklopädie den Vorzug erhielten.

Ein weiterer bedeutsamer Unterschied zwischen den beiden Konsolidierungsmethoden besteht insbesondere in der Behandlung von ER-Sichten. ADW unterscheidet zwischen einer Gesamtschau auf alle in der Enzyklopädie enthaltenen Objekte (*The* Entity Model) und einzelnen Sichten auf dieses Gesamtmodell, die solchen Objekten unterliegen wie Subject-Areas, Datenspeichern und -flüssen. Beim *Replace* wird bei der Konsolidierung die Sicht übernommen, wie sie in der Quell-Enzyklopädie definiert worden ist; beim *Synthesize* hingegen findet eine Integration der Sicht der Quell-Enzyklopädie mit derjenigen der Ziel-Enzyklopädie statt.

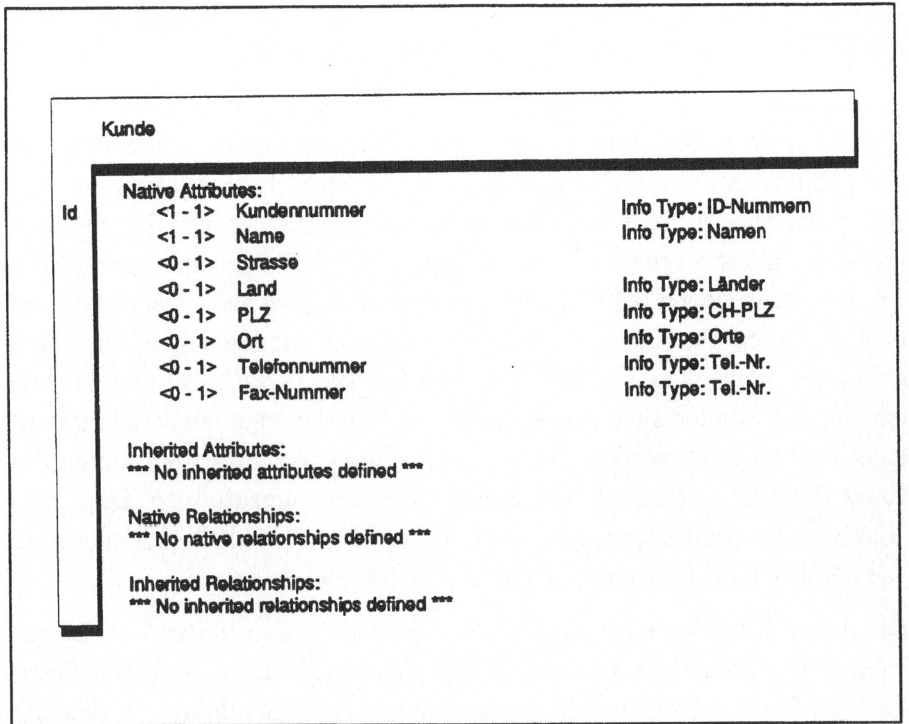

Bild 6-11:   Attribute des Entitätstyps *Kunde* nach der Konsolidierung

6.2.2.2. Konsolidierung verschiedener Dictionaries mit kompatiblen Datenmodellen

Ein technisches Problem der Konsolidierung stellt sich dann, wenn die Konsolidierung von Data Dictionaries über unterschiedliche Austauschformate erfolgen soll, wie es typischerweise bei Verwendung verschiedener Dictionary-Systeme der Fall sein dürfte.

Die Konsolidierung von Dictionaries mit gleichem Meta-Datenschema unter verschiedenen Dictionary-Systemen erfordert zusätzlich zu den oben beschriebenen Schritten noch eine Transformation des Export-Formats aus dem Quell-Dictionary in das Import-Format des Ziel-Dictionaries. Aufgrund der Gleichheit des unterliegenden Meta-Datenschemas handelt es sich dabei um eine rein syntaktische Transformation, die prinzipiell kaum größere Probleme bereiten sollte. Ein Beispiel dafür ist die Umformung des

Export-Formats eines CASE-Tools (hier: ADW) in ein entsprechendes Input-Format eines relationalen SQL-Datenbanksystems.

Beim Export von ADW-Daten werden vier Dateien in einer Textform angelegt, die jedoch alle einen mit den Strukturerfordernissen von Relationen kompatiblen Aufbau aufweisen.[17] Im relationalen Datenbanksystem läßt sich daher ohne weiteres ein Schema mit vier entsprechenden Tabellen anlegen. Da ja die Exportdatei für Textdaten (TI.EXP) nur eine Spezialform der Eigenschaftsdatei (PI.EXP) ist, genügen prinzipiell auch drei Relationen bzw. Tabellen für Objekte, Assoziationen und Eigenschaften, die dann naheliegenderweise OI, AI und PI heißen könnten.[18] Nachdem diese Tabellen angelegt worden sind, können die Meta-Daten in eine relationale Datenbank übernommen werden. Dazu sind allerdings die einzelnen Zeilen der Exportdateien in entsprechende SQL-Kommandos umzuformen. Dies zeigt Bild 6-12 für das Beispiel einer Meta-Beziehung; daran läßt sich erkennen, wie einfach die Umformung in diesem Fall ist.

Die derart übernommenen Meta-Daten lassen sich dann in der SQL-Datenbank ohne weiteres mit Standard-SQL-Befehlen (SELECT) abfragen. Gerade diese freien Abfragemöglichkeiten können ein Beweggrund für den Export von ADW-Meta-Daten in eine relationale Datenbank sein, da die Standardreports von ADW beim praktischen Arbeiten nicht alle Auswertungsbedürfnisse abdecken.

Probleme bei der Verwaltung einer derart erstellten Meta-Datenbank treten dann auf, wenn in der Meta-Datenbank schon alte Meta-Daten vorhanden sind. In diesem Fall macht sich das Fehlen einer speziellen Konsolidierungsfunktion bemerkbar. Dann wird nämlich eine Überprüfung auf Namensgleichheit der schon vorhandenen Datendefinitionen notwendig, da SQL für die Einführung von Datenelementen einen anderen Befehl vorsieht (INSERT) als für die Änderung bestehender Daten (UPDATE). Die Token können überdies nur dann als Schlüssel benutzt werden, wenn immer von derselben ADW-Enzyklopädie importiert wird.

---

17) Vgl. Kapitel 4.4.2.
18) Vgl. KnowledgeWare (1993b), S. 8-1 ff.

	insert into ai
20000000001,20044,10000000002,10000000003	values(20000000001,20044,10000000002,10000000003)
	insert into pi
20000000001,30034, 0,"besteht_aus"	values(20000000001,30034,0,'besteht_aus')
	insert into pi
20000000001,30037, 0,"gehört_zu"	values(20000000001,30037,0,'gehört_zu')
	insert into pi
20000000001,30035, 0,"1"	values(20000000001,30035,0,'1')
	insert into pi
20000000001,30036, 0,"M"	values(20000000001,30036,0,'M')
	insert into pi
20000000001,30038, 0,"1"	values(20000000001,30038,0,'1')
	insert into pi
20000000001,30039, 0,"1"	values(20000000001,30039,0,'1')
	insert into pi
20000000001,30076, 1,"Ein Auftrag besteht aus"	values(20000000001,30076,1,'Ein Auftrag besteht aus')
	insert into pi
20000000001,30076, 2,"mindestens einer Auftrags-"	values(20000000001,30076,2,'mindestens einer Auftrags-')
	insert into pi
20000000001,30076, 3,"position, kann aber auch"	values(20000000001,30076,3,'position, kann aber auch')
	insert into pi
20000000001,30076, 4,"aus mehreren bestehen"	values(20000000001,30076,4,'aus mehreren bestehen')

Bild 6-12:   Gegenüberstellung des ADW-Exportformats und der entsprechenden SQL-Inserts

6.2.2.3. Konsolidierung verschiedener Dictionaries mit inkompatiblen Datenmodellen

Die Konsolidierung von Data Dictionaries mit verschiedenen Meta-Datenschemata ist ein sehr viel anspruchsvollerer Vorgang, der eine semantische Transformation der Export-Formate notwendig macht. Ein realistischer Fall ist das Zusammenfallen der Notwendigkeit einer syntaktischen und semantischen Transformation im Rahmen einer Konsolidierung von Dictionaries unter verschiedenen Werkzeugen, die nicht nur ein mehr oder minder unterschiedliches Meta-Datenschema aufweisen, sondern denen unter Umständen auch ganz verschiedene Datenmodelle unterliegen. Dies soll im folgenden am Beispiel des Austausches von Meta-Daten zwischen einer Enzyklopädie von ADW und einem Dictionary unter ROCHADE ausgeführt werden.[19]

---

19) Diese Schnittstelle ist im Rahmen eine Lizentiatsarbeit am Institut für Wirtschaftsinformatik der Universität Bern realisiert worden; vgl. Feltscher (1991).

Der Meta-Datenstruktur von ADW liegt ein relationales Konzept zugrunde. Sie unterscheidet zwischen Objekttypen, Assoziations- bzw. Beziehungstypen und Eigenschaftstypen. Sowohl Objekt- als auch Assoziationstypen können eigene Eigenschaftstypen aufweisen. Assoziationstypen verbinden jeweils zwei Objekt- oder Assoziationstypen miteinander.

Der Meta-Datenstruktur von ROCHADE liegt ein unorthodoxes Datenmodell zugrunde, das sowohl Elemente des relationalen Modells als auch des Netzwerkmodells umfaßt. Die zentralen Strukturelemente sind Dokument, Kapitel und Verknüpfung. Jedes Dokument besteht aus mindestens einem Kapitel. Ausgehend von speziellen Verknüpfungskapiteln können Beziehungen zu anderen Dokumenten aufgebaut werden.

Beim Vergleich der Meta-Datenmodelle beider Systeme kann man grundsätzlich den Objekttyp mit einem Dokumenttyp, den Eigenschaftstyp mit einem Kapiteltyp und den Assoziationstyp mit Verknüpfungen gleichsetzen. Dies führt allerdings aufgrund der unterschiedlichen Mächtigkeit der jeweiligen Konstrukte zu Problemen. Zum einen liegt das daran, daß vielen Assoziationstypen in ADW eigene Eigenschaftstypen zugeordnet sind, was die Verknüpfungen in ROCHADE nicht ohne weiteres zulassen; zwar besteht die Möglichkeit, einer Verknüpfung Informationen zuzuordnen, dies können jedoch nur eine beschränkte Anzahl von Worten bzw. Zeichen sein. Eine weitere Schwierigkeit ergibt sich daraus, daß Assoziationstypen in ADW miteinander in Beziehung treten können, was bei Verknüpfungen in ROCHADE ebenfalls nicht möglich ist. Um derartigen Problemen zu entgehen, müssen die betreffenden Assoziationstypen in ADW bei der Transformation als ROCHADE-Dokumenttypen behandelt werden. Von diesen Dokumenttypen ist dann auf die von der Assoziation betroffenen ADW-Objekte oder -Assoziationen zu verknüpfen.

Aus den ausgeführten Überlegungen ergibt sich, daß eine direkte Umsetzung von einem Meta-Datenmodell in ein anderes nicht immer ohne weiteres möglich ist. Insbesondere muß eine Umsetztabelle erstellt werden, die angibt, welche Elemente der beiden Modelle sich entsprechen. Den grundsätzlichen Aufbau einer solchen Tabelle für die Umsetzung des ERM zwischen ADW und ROCHADE zeigt Bild 6-13.[20] Dabei findet keine direkte

---

20) Vgl. auch die in einigen Punkten leicht abweichende Tabelle bei Feltscher (1991), S. 29.

Umsetzung statt, sondern es wird für die Umsetzung ein eigenes Meta-Datenmodell verwendet.

```
RELNR=018        ENT1=ATT_TYPE
                         RODOKTYP=ATTRIBUT              IEWOTC=10003
  KNAME=DEF              ROKNAME=DEFINITION             IEWPTC=30076
  KNAME=COMM             ROKNAME=KOMMENTAR              IEWPTC=30077
  KNAME=MIN_SUB          ROKNAME=MINIMALKARDINALITÄT    IEWPTC=30007
  KNAME=MAX_SUB          ROKNAME=MAXIMALKARDINALITÄT    IEWPTC=30008
  KNAME=MAX_VAL          ROKNAME=MAXIMUM_PRO_WERT       IEWPTC=30009
  KNAME=CREATE_D         ROKNAME=ERSTELLUNGSDATUM       IEWPTC=30110
  KNAME=LAST_UPD         ROKNAME=LETZTE_ÄNDERUNG        IEWPTC=30075


RELNR=18A        ENT1=ATT_TYPE   ENT2=ENT_TYPE
                         RODOKTYP=ATTRIBUT              IEWOTC=10003
  RELKW=DESCRIBES        ROLKNAME=ENTITÄTSTYP           IEWOTCT=10007


RELNR=021        ENT1=ENT_TYPE
                         RODOKTYP=ENTITÄTSTYP           IEWOTC=10007
  KNAME=DEF              ROKNAME=DEFINITION             IEWPTC=30076
  KNAME=COMM             ROKNAME=KOMMENTAR              IEWPTC=30077
  KNAME=PURPOSE          ROKNAME=TYP                    IEWPTC=30025
  KNAME=CREATE_D         ROKNAME=ERSTELLUNGSDATUM       IEWPTC=30110
  KNAME=LAST_UPD         ROKNAME=LETZTE_ÄNDERUNG        IEWPTC=30075


RELNR=081        ENT1=RELA
                         RODOKTYP=BEZIEHUNGSTYP         IEWATC=20044
  KNAME=DEF              ROKNAME=DEFINITION             IEWPTC=30076
  KNAME=COMM             ROKNAME=KOMMENTAR              IEWPTC=30077
  KNAME=F_T_NAME         ROKNAME=VON_ZU_NAME            IEWPTC=30034
  KNAME=LR_MIN           ROKNAME= VZ_MINKARDINALITÄT    IEWPTC=30035
  KNAME=LR_MAX           ROKNAME=VZ_MAXKARDINALITÄT     IEWPTC=30036
  KNAME=T_F_NAME         ROKNAME=ZU_VON_NAME            IEWPTC=30037
  KNAME=RL_MIN           ROKNAME=ZV_MINKARDINALITÄT     IEWPTC=30038
  KNAME=RL_MAX           ROKNAME=ZV_MAXKARDINALITÄT     IEWPTC=30039
  KNAME=CREATE_D         ROKNAME=ERSTELLUNGSDATUM       IEWPTC=30110
  KNAME=LAST_UPD         ROKNAME=LETZTE_ÄNDERUNG        IEWPTC=30075


RELNR=081A       ENT1=RELA        ENT2=ENT_TYPE
                         RODOKTYP=BEZIEHUNGSTYP         IEWATC=20044
  RELKW=RELATES          ROLKNAME=ENTITÄTSTYPEN         IEWOTCT=10007
```

Bild 6-13:   Ausschnitt einer Umsetztabelle von ADW in ROCHADE

Bei der Umsetzung von ADW-Assoziationen zu ROCHADE-Dokumenten treten Schwierigkeiten bezüglich der Namensgebung der Dokumente auf. In ROCHADE werden Dokumente über einen Dokumentnamen identifiziert, der für den jeweiligen Dokumenttyp eindeutig sein muß. In ADW wird für jedes Objekt und jede Assoziation ein als Token bezeichneter interner Schlüssel generiert. Bei einer Konsolidierung sind interne Schlüssel nach Art des Tokens wenig brauchbar, da semantisch gleichen Meta-Objekten in verschiedenen Data Dictionaries ganz unterschiedliche Token zugeordnet sein können.

Eine Konsolidierung kann unter der Annahme, daß gleiche Namen gleiche Sachverhalte ausdrücken, nur auf einem logischen Objektnamen beruhen. Für ADW-Objekte existieren neben den Token in der Regel auch noch Objektnamen, die als global gültige Identifikatoren verwendet werden können. Diese lassen sich ohne weiteres als Dokumentname des entsprechenden ROCHADE-Dokuments verwenden. ADW-Assoziationen besitzen keinen derartigen Namen; bei der Transformation muß also für die als Dokumente abgebildeten Assoziationen ein neuer Name vergeben werden. Dies kann beispielsweise ein explizit vom Benutzer vergebener "sprechender" Name oder eine automatisch generierte Zählnummer sein. Letzteres erscheint insbesondere dann angebracht, wenn die fragliche Assoziation für den Benutzer keine relevante Bedeutung hat. Da jedoch die Konsolidierung von ROCHADE-Dokumenten ausschließlich auf der Basis von Namensgleichheiten erfolgt, kann dies zu Problemen führen.

Die Problematik bei der Umsetzung soll anhand des ERM näher erörtert werden. Nach der obigen Umsetztabelle werden die ADW-Objekte der Typen *Entitätstyp* und *Attribut* in entsprechende ROCHADE-Dokumente umgesetzt. Für Entitätstypen ist dies problemlos; deren jeweilige Objektnamen würden dann auch als Dokumentnamen verwendet werden. Für Attribute ist das jedoch nicht ohne weiteres möglich. Zwar werden Attribute ADW-intern als Objekte behandelt, doch führen sie keinen global gültigen Objektnamen; statt dessen ist ihnen ein lokaler Name als Eigenschaft zugeordnet. Sie können somit in verschiedenen Entitätstypen den gleichen Namen tragen. Dies würde aber bei einem entsprechenden Dokumentennamen zu einem Konflikt führen.

Im Gegensatz zu Entitätstypen und Attributen werden Beziehungstypen in ADW als Assoziationstyp geführt, dem eigene Attribute zugeordnet sind. Daher können sie nicht durch das entsprechende ROCHADE-Konstrukt, der

Verknüpfung, abgebildet werden. Bei der Transformation sind die Assoziationen dieses Typs also zu ROCHADE-Dokumenten mit Verknüpfungen auf die mit ihnen verbundenen Entitäten umzuformen. In diesem Fall ergeben sich allerdings die oben angesprochenen Probleme bei der Namensgebung. Ein Beziehungstyp wird über die beiden durch ihn verbundenen Entitäten und die Rollenbezeichnungen identifiziert. Dieser Ausdruck wäre jedoch für einen Dokumentnamen sehr unpraktisch, wenn nicht sogar aufgrund der Längenbeschränkung unzulässig. Außerdem ist es nicht ratsam, die Namen anderer Objekte als Teil des Dokumentnamens zu verwenden. Bild 6-14 zeigt die Umsetzungsproblematik für Beziehungstypen anhand eines Beispiels.

Bei dieser Umsetzung wird eine möglichst geringfügige Transformation vollzogen; d.h. daß jede ADW-Eigenschaft einem entsprechenden ROCHADE-Kapitel gegenübersteht. Da es sich um eine ADW-Assoziation handelt, ist kein logischer Name definiert, was ein ROCHADE-Dokument jedoch voraussetzt. Der im Beispiel verwendete Dokumentname ist X. Eine weitere Besonderheit stellen die Namen der Entitätstypen dar, die durch den Beziehungstyp verknüpft werden. Diese werden in der ADW-Maske angezeigt, sind dort jedoch keine Eingabefelder. Intern lassen sich die Namen dadurch ableiten, daß von den in der Assoziation enthaltenen Objekt-Token auf die entsprechenden Objekte verwiesen wird, denen jeweils ihre logischen Namen zugeordnet sind. In ROCHADE wird diese Verknüpfung nicht durch ein Token hergestellt, sondern durch die entsprechenden Verweise "->ENTITÄTSTYP AUFTRAG" bzw. "->ENTITÄTSTYP AUFPOS". Diese Verweise erhalten gemäß der ROCHADE-Logik eine Doppelfunktion: einmal stellen sie einen Eigenschaftswert dar und werden in einem entsprechenden Kapitel dem Dokument zugeordnet, zum anderen werden bei der Speicherung aufgrund der Verweise physische Referenzen auf die betreffenden Dokumente aufgebaut, die sich durch entsprechende Abfragen auswerten lassen.

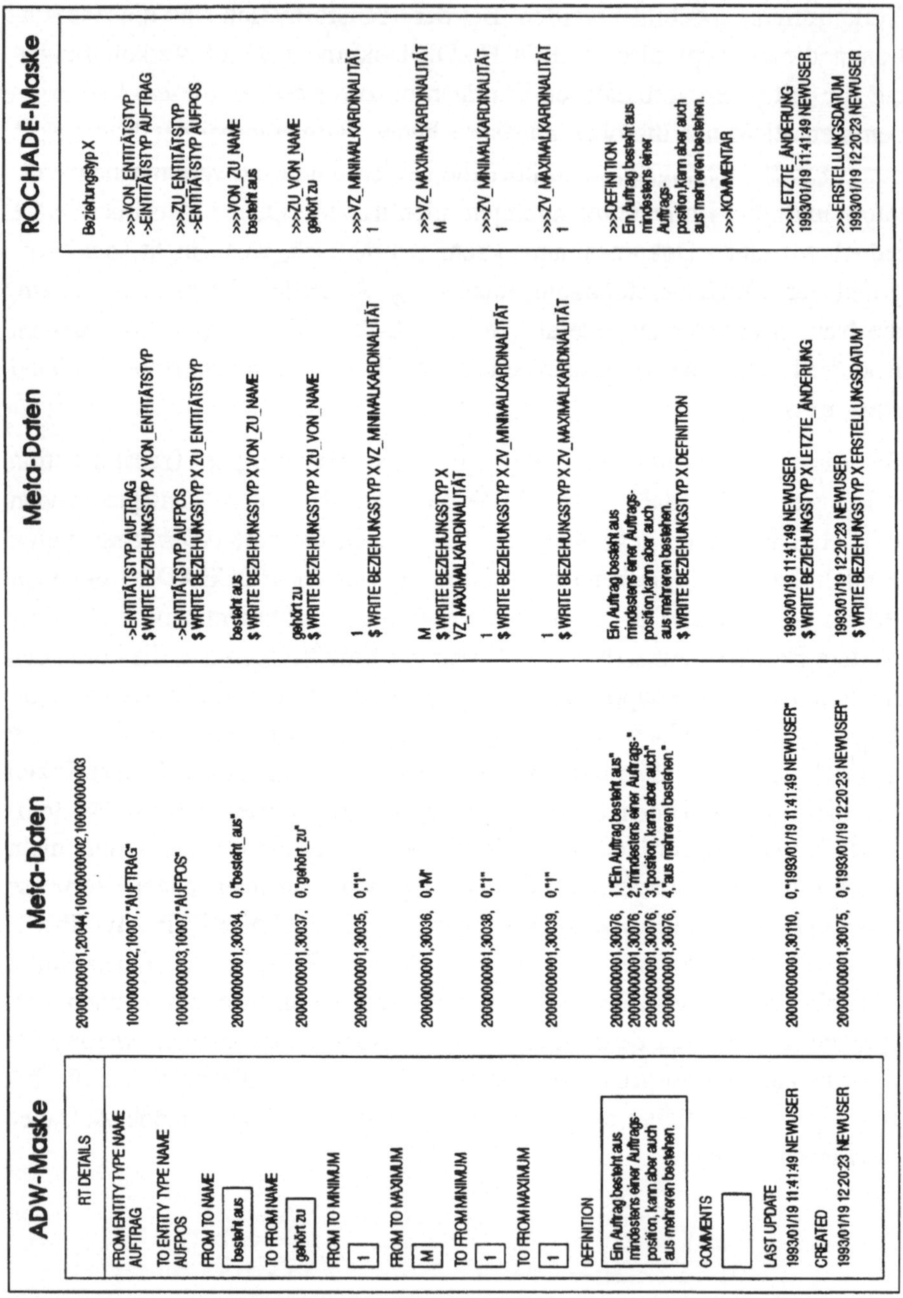

ADW-Maske	Meta-Daten	Meta-Daten	ROCHADE-Maske
RT DETAILS	20000000001,20044,10000000002,10000000003		Beziehungstyp X
FROM ENTITY TYPE NAME AUFTRAG	10000000002,10007,"AUFTRAG"	->ENTITÄTSTYP AUFTRAG $ WRITE BEZIEHUNGSTYP X VON_ENTITÄTSTYP	>>>VON_ENTITÄTSTYP ->EINTITÄTSTYP AUFTRAG
TO ENTITY TYPE NAME AUFPOS	10000000003,10007,"AUFPOS"	->ENTITÄTSTYP AUFPOS $ WRITE BEZIEHUNGSTYP X ZU_ENTITÄTSTYP	>>>ZU_ENTITÄTSTYP ->ENTITÄTSTYP AUFPOS
FROM TO NAME [besteht aus]	20000000001,30034, 0,"besteht_aus"	besteht aus $ WRITE BEZIEHUNGSTYP X VON_ZU_NAME	>>>VON_ZU_NAME besteht aus
TO FROM NAME [gehört zu]	20000000001,30037, 0,"gehört_zu"	gehört zu $ WRITE BEZIEHUNGSTYP X ZU_VON_NAME	>>>ZU_VON_NAME gehört zu
FROM TO MINIMUM [1]	20000000001,30035, 0,"1"	1 $ WRITE BEZIEHUNGSTYP X VZ_MINIMALKARDINALITÄT	>>>VZ_MINIMALKARDINALITÄT 1
FROM TO MAXIMUM [M]	20000000001,30036, 0,"M"	M $ WRITE BEZIEHUNGSTYP X VZ_MAXIMALKARDINALITÄT	>>>VZ_MAXIMALKARDINALITÄT M
TO FROM MINIMUM [1]	20000000001,30038, 0,"1"	1 $ WRITE BEZIEHUNGSTYP X ZV_MINIMALKARDINALITÄT	>>>ZV_MINIMALKARDINALITÄT 1
TO FROM MAXIMUM [1]	20000000001,30039, 0,"1"	1 $ WRITE BEZIEHUNGSTYP X ZV_MAXIMALKARDINALITÄT	>>>ZV_MAXIMALKARDINALITÄT 1
DEFINITION [Ein Auftrag besteht aus mindestens einer Auftrags-position, kann aber auch aus mehreren bestehen.]	20000000001,30076, 1,"Ein Auftrag besteht aus" 20000000001,30076, 2,"mindestens einer Auftrags-" 20000000001,30076, 3,"position, kann aber auch" 20000000001,30076, 4,"aus mehreren bestehen."	Ein Auftrag besteht aus mindestens einer Auftrags- position,kann aber auch aus mehreren bestehen. $ WRITE BEZIEHUNGSTYP X DEFINITION	>>>DEFINITION Ein Auftrag besteht aus mindestens einer Auftrags- position,kann aber auch aus mehreren bestehen.
COMMENTS [ ]			>>>KOMMENTAR
LAST UPDATE 1993/01/19 11:41:49 NEWUSER	20000000001,30110, 0,"1993/01/19 11:41:49 NEWUSER"	1993/01/19 11:41:49 NEWUSER $ WRITE BEZIEHUNGSTYP X LETZTE_ÄNDERUNG	>>>LETZTE_ÄNDERUNG 1993/01/19 11:41:49 NEWUSER
CREATED 1993/01/19 12:20:23 NEWUSER	20000000001,30075, 0,"1993/01/19 12:20:23 NEWUSER"	1993/01/19 12:20:23 NEWUSER $ WRITE BEZIEHUNGSTYP X ERSTELLUNGSDATUM	>>>ERSTELLUNGSDATUM 1993/01/19 12:20:23 NEWUSER

Bild 6-14: Gegenüberstellung einer ADW-Assoziation des Typs *Beziehungstyp* und eines entsprechenden ROCHADE-Dokuments

Betrachtet man auch dynamische Aspekte, so führt diese unterschiedliche Realisierung zu einem unterschiedlichen Systemverhalten. In ADW bedingt eine Assoziation, daß die durch sie verbundenen Objekte bzw. Assoziationen auch existieren. Soll beispielsweise ein Entitätstyp gelöscht werden, so führt das notwendigerweise auch zur Löschung der mit ihm verbundenen Beziehungstypen. In ROCHADE ist das anders: da ein Beziehungstyp als Dokumenttyp implementiert ist, kann dieser auch für sich alleine existieren. Die aus einem Dokument heraus aufgebauten Verweise können auch nicht-existierende Dokumente betreffen; diese würden dann in ROCHADE als Dummies geführt werden.

Die gezeigte Umsetzung stellt nur eine der denkbaren Möglichkeiten dar. Durch die direkte Entsprechung von ADW-Eigenschaft und ROCHADE-Kapitel wird erreicht, daß die Komplexität der Transformation verhältnismäßig gering ist. Allerdings wird bei einer derartigen Umsetzung nicht den spezifischen Möglichkeiten des ROCHADE-Datenmodells Rechnung getragen. Es ließe sich durchaus eine kompaktere Darstellung realisieren, z.B. indem die jeweiligen Kardinalitätspaare in einem Kapitel zusammengefaßt oder eventuell sogar den Verweisen als Zusatzinformation zugeordnet werden würden. Letzteres hätte auch den Vorteil, daß die Zusatzinformationen über spezielle Kommandos relativ einfach ausgewertet werden können.

Neben der Transformation, die aufgrund der Unterschiedlichkeit der beiden Meta-Datenmodelle notwendig wird, ist auch eine Anpassung der unterschiedlichen Ex- und Importformate notwendig. Diese stellt jedoch vergleichsweise geringe Anforderungen. Der naheliegendste Weg ist eine direkte Umformung des vorliegenden Outputformats in das jeweils benötigte Importformat. Eine Alternative dazu ist eine indirekte Umformung über die Verwendung eines neutralen Austauschformates, wie dies im obigen Beispiel geschieht. Dieses Vorgehen ist insbesondere dann vorteilhaft, wenn zwischen mehreren Werkzeugen Meta-Daten ausgetauscht werden müssen. Dann braucht jedes Werkzeug nur eine Schnittstelle zum neutralen Austauschformat aufweisen, was insbesondere im Falle der Änderung eines einzelnen Werkzeuges einen geringeren Anpassungsaufwand erfordert, als wenn zwischen allen Werkzeugen eine direkte Schnittstelle bestünde.

6.3. Integration von verschiedenen Entwicklungswerkzeugen

Eine umfassende Unterstützung des Software-Entwicklungs-Zyklus kann den Einsatz einer Vielzahl unterschiedlicher Entwicklungswerkzeuge erfordern.[21] Dies sind u.a. Upper- und Lower-CASE-Werkzeuge, 4GL-Umgebungen und/oder Datenbanksysteme. In der Regel verfügen diese Werkzeuge jeweils über ein eigenes (sekundäres) Dictionary. Diese sekundären Dictionaries verwalten die von den jeweiligen Systemen erstellten und verwendeten Meta-Daten und verfügen über mehr oder minder weitgehende Auswertungsmöglichkeiten. Im Zuge der Software-Entwicklung wird es dann notwendig, daß Meta-Daten eines Werkzeugs von einem anderen Werkzeug übernommen werden.[22] Diese gemeinsame Nutzung von Meta-Daten kann indirekt über Transformatoren erfolgen, die den Output eines Werkzeugs in verständlichen Input für ein anderes Werkzeug umsetzen; sie kann jedoch auch über eine gemeinsame Datenbasis realisiert werden.[23] Eine Zwischenstufe zwischen beiden Optionen ist gegeben, wenn für zwei Werkzeuge zwar eine gemeinsame Datenbasis existiert, sie jedoch nicht direkt darauf zugreifen, sondern eine Übertragung zwischen der lokalen Datenhaltungskomponente des jeweiligen Werkzeugs und der globalen Datenhaltungskomponente der zentralen Datenbasis stattfinden muß.[24]

Die direkte Transformation von Meta-Daten von einem Werkzeug zu einem anderen kann zur Folge haben, daß in den verschiedenen Data Dictionaries jeweils verschiedene Sachverhalte bzw. gleiche Sachverhalte verschieden dokumentiert sind. Die dann bei der Speicherung von Meta-Daten in verschiedenen Dictionaries auftretenden Brüche führen zu einer schlechten Auswertbarkeit der Gesamtarchitektur von Software-Systemen und damit zu einem schlechten Überblick über den Zusammenhang zwischen den einzelnen Teilen. Dies soll am Beispiel der Umsetzung eines ER-Schemas zu einem relationalen Schema verdeutlicht werden.

Bei bestimmten Datenmodellierungswerkzeugen, wie den ER-Designer von Chen & Associates, der die Modellierung von ER-Diagrammen entspre-

---

21) Vgl. dazu z.B. Löffler/Warner (1988), S. 31.
22) Vgl. z.B. Löffler/Warner (1988), S. 31.
23) Vgl. z.B. Löffler/Warner (1988), S. 32.
24) Vgl. Kapitel 4.5.

chend der Notation von Chen unterstützt, erfolgt über entsprechende Generatormodule eine direkte Umsetzung eines ER-Diagramms in den SQL-Syntax von DB2 oder eines anderen Datenbanksystems. Dieses SQL-Datenschema kann dann in das Datenbanksystem übernommen werden, was dort zu entsprechenden Datenkatalogeinträgen führt. Das interne Data Dictionary des Werkzeugs und der Datenkatalog der Datenbank haben jedoch nicht allzuviel gemein, da sie verschiedene Meta-Objekttypen dokumentieren, nämlich auf der einen Seite *Entitätstypen*, *Beziehungstypen* und *Attribute*, auf der anderen Seite *Tabellen*, *Attribute* sowie *Primär-* und *Fremdschlüssel*. Eine Verbindung beider Ebenen kann nur über Namensgleicheiten und Rückschlüsse auf die Umsetzalgorithmen hergestellt werden. Erfolgt zudem eine nachträgliche Änderung des abgleiteteten relationalen Schemas, so geht der Zusammenhang zwischen den beiden Ebenen unter Umständen vollends verloren.

Generell gilt, daß wenn einzelne Dictionaries überhaupt keine Überdeckungen in der Meta-Datenstruktur aufweisen, es sehr schwer oder gar unmöglich sein dürfte, Querverbindungen zwischen den verschiedenen Schemata zu dokumentieren und zu pflegen.

Besser wird dies im Rahmen von ADW gehandhabt, das ja selbst ein Werkzeug ist, welches mehrere Phasen unterstützt, wobei die verschiedenen Workstations von ADW alle mit derselben Enzyklopädie arbeiten und damit untereinander integriert sind. Die in der Analysis-Workstation erstellten ER-Schemata können in ein entsprechendes relationales Datenschema umgewandelt werden, das in der ADW-Enzyklopädie abgelegt wird. Mit der Design-Workstation lassen sich diese relationalen Schemata modifizieren und zusätzliche Sachverhalte ergänzen. Aus der Design-Workstation heraus ist es dann möglich, SQL-Datenschemata zu generieren. Die so erzeugten Schemata können in DB2 übernommen werden und führen wiederum zur Anlage einer entsprechenden Datenstruktur und damit auch zur Anlage der Definitionen im internen Datenkatalog von DB2.

In früheren Versionen umfaßte das aus ADW abgeleitete relationale Datenschema lediglich das logische und gegebenenfalls das externe Schema des relationalen Modells, sowie die Angabe von Index-Dateien. Die Definition von für das physische Modell wichtigen Meta-Objekttypen wie *Database* und *Table Space* konnte nicht in ADW vorgenommen werden. Diese mußten dann also direkt im jeweiligen Datenbanksystem spezifiziert werden, was zur Folge hatte, daß bestimmte Aspekte des Datenschema nur im relationalen Datenkatalog dokumentiert waren. In neueren Versionen (ab 2.7) kann auch das physische Modell im Design von ADW modelliert und abgeleitet werden.

Beim Einsatz von ADW ist das relationale Datenschema zwar sowohl in der ADW-Enzyklopädie als auch im DB2-Datenkatalog dokumentiert, deren Meta-Daten sind allerdings jeweils verschiedenen Meta-Objekten bzw. Meta-Beziehungen zugeordnet. Im Datenkatalog sind das für die Tabellen die Relationen *Tables* und *Columns* und für die Indizes die Relationen *Indexes* und *Keys*. In der ADW-Enzyklopädie wird ein relationales Datenschema über die Meta-Objekte der Typen *Relational Database*, *Relation*, *Data Structure* und *Data Type* abgebildet. Nicht nur, daß verschiedene Meta-Objekttypen verwendet werden, sondern auch die Namen der Meta-Objekte sind teilweise verschieden. In ADW ist beispielsweise für Attribute die Vergabe eines internen Namens (*Physical Name*) vorgesehen, der für die generierten (relationalen) Datenschemata maßgeblich ist und dementsprechend auch im relationalen Datenkatalog erscheint. Aus diesem Grunde ist trotz weitgehender Überdeckung zwischen der ADW-Enzyklopädie und dem DB2-Datenkatalog der Rückschluß aus dem Datenkatalog in die ADW-Enzyklopädie nicht immer einfach.

Die genannten Probleme werden umso gravierender, je mehr verschiedene Werkzeuge im Rahmen eines Software-Entwicklungszyklus eingesetzt werden. Um diesen Nachteil zu umgehen, erscheint anstatt eines direkten Austausches von Meta-Daten zwischen Werkzeugen der Einsatz eines den gesamten Zyklus umfassenden primären Dictionaries vorteilhaft. In diesem sind dann die für die Dokumentation der vollständigen Architektur von Anwendungssystemen relevanten Meta-Daten abzulegen. Alle Werkzeuge, die im Rahmen des Zyklus eingesetzt werden, exportieren die von ihnen angelegten Meta-Daten in dieses zentrale Dictionary und importieren die benötigten Meta-Daten aus diesem; es stellt damit die zentrale (Entwicklungs-) Datenbasis dar. Dies ist beispielsweise die Idee des schon angesprochenen IBM-Repositories, welches im Konzept des AD/Cycle das Rückgrat bildet.[25]

Das IBM-Repository bietet nicht nur die für die effiziente Verwaltung von Meta-Daten erforderliche Funktionalität, sondern legt auch gegenüber den ihnen zuarbeitenden Werkzeugen eine definierte Schnittstelle fest, die neben

---

25) Vgl. dazu Habermann/Leymann (1993), S. 97.

einem bestimmten Austauschformat auch ein definiertes Informationsmodell umfaßt. Dies sind sehr umfassende und komplexe Anforderungen,
was ein Grund für die bei der Entwicklung des Produkts aufgetretenen Ver-
zögerungen und der letztendlichen Einstellung der Entwicklung für die
Großrechnerumgebung sein dürfte.

Eine sehr viel bescheidenere Werkzeugintegration wurde am Institut für
Wirtschaftsinformatik der Universität Bern prototypisch realisiert. Diese
umfaßte ROCHADE als das Trägersystem für das zentrale Dictionary, das
genannte Datenmodellierungswerkzeug ER-Designer sowie ORACLE als
Datenbanksystem. Sowohl der ER-Designer als auch ORACLE tauschten
ihre Meta-Daten nicht direkt sondern nur über ROCHADE aus.

7. Nutzung von Data Dictionaries - Ergebnisse einer empirischen Untersuchung

Um die tatsächliche Nutzung von Data Dictionaries in der Praxis beurteilen zu können, wurde in den Jahren 1990/91 eine empirische Untersuchung innerhalb der deutsch- und französischsprachigen Schweiz durchgeführt. Derartige Untersuchungen, die sich schwerpunktmäßig auf Data Dictionaries richten, sind bisher kaum publiziert worden. Besonders erwähnenswert ist die zu Beginn der achtziger Jahre im Rahmen einer europäisch angelegten Studie zur Auswahl und Einführung von Datenbanksystemen durchgeführte Teiluntersuchung, die 34 DD-Nutzer in Deutschland und Großbritannien umfaßte.[1]

Die hier vorgestellte Untersuchung zielte zum einen auf die Ermittlung des Verbreitungsgrades von Data Dictionaries in Unternehmen, weshalb eine breite Streuung angestrebt wurde. Zum anderen sollten bei den identifizierten Anwendern von Data Dictionaries die quantitativen und qualitativen Aspekte der Nutzung von Data Dictionaries näher bestimmt werden. Aus dieser Zielsetzung heraus wurde eine zweistufige Erhebung konzipiert, die in einem ersten Schritt aus einen kurzen Fragebogen und in einem zweiten Schritt aus einem strukturierten Interview bestand.

Anhand des kurzen Fragebogens sollte die Relevanz der einzelnen Unternehmen bezüglich des Untersuchungsgegenstandes festgestellt werden. Dabei wurden wichtige Kennziffern zur DD-Nutzung erfragt, u.a. ob und welche Dictionary-Systeme eingesetzt werden, was in Dictionaries gespeichert wird und wie häufig welche Benutzergruppen darauf zugreifen; einige dieser Fragen lehnen sich an die oben zitierte Umfrage an. Die Untersuchungsgesamtheit umfaßte alle in den beiden Sprachregionen ansässigen Unternehmen mit einer Mitarbeiterzahl von mehr als 500. Diese pragmatische Festlegung erfolgte unter der Annahme, daß kleinere Unternehmen im Regelfall nicht über eine derart ausgebaute DV-Infrastruktur verfügen, welche einen Einsatz von Data Dictionaries interessant erscheinen läßt. Die Ausrichtung an der Mitarbeiterzahl, anstatt an einer für die zu untersuchende Fragestellung möglicherweise relevanteren Maßzahl, war durch die Verwendung des vom Schweizerischen Bundesamt für Statistik zur Verfü-

---

1) Vgl. CNR/GMD/INRIA/NCC (1981).

gung gestellten Adreßmaterials beeinflußt, das nach Branche und Mitarbeiterzahl klassifiziert war. In einigen Fällen wurden allerdings einige (auch kleinere) Unternehmen gezielt angeschrieben, da von ihnen der Einsatz von Data Dictionaries bekannt war.

Von insgesamt 326 verschickten Fragebögen wurden 150 ausgefüllt retourniert. Auf dieser Basis konnte eine Reihe von Unternehmen als nach Art und Umfang der DD-Nutzung interessante Kandidaten für die zweite Phase der Untersuchung identifiziert werden. Von diesen mochte sich allerdings eine ganze Reihe nicht für ein Interview bereit erklären, so daß letztendlich bei nur 14 Unternehmen eine vertiefende Befragung durchgeführt wurde. Da diese Zahl zu klein ist, um daraus statistisch valide Aussagen ableiten zu können, werden die Ergebnisse dieser Interviews nur teilweise als exemplarische Ergänzungen herangezogen.

7.1. Allgemeine Angaben

Um eine Klassifizierung der antwortenden Unternehmen zu ermöglichen, wurden Fragen nach den zwei Kriterien Branchenzugehörigkeit und Unternehmensgröße gestellt. Dies entspricht grundsätzlich der Klassifikation, nach der das zur Verfügung stehende Adreßmaterial gegliedert war.

Eine Unterteilung der antwortenden Unternehmen in einzelne Branchen zeigt Bild 7-1. Dabei fällt der starke Anteil der Industrie auf, die mit 83 Nennungen ca. 55 % der Grundgesamtheit ausmacht. Die nächsthäufige Branche, der Handel, kommt auf nur knapp ein Viertel der Antworten industrieller Unternehmen.

Als alleinige Kennziffer für die Unternehmensgröße wurde die Mitarbeiterzahl angenommen. Dabei erfolgte eine willkürliche Unterteilung in vier Größenintervalle. Bild 7-2 zeigt die Anzahl der Unternehmen in den einzelnen Größenklassen. Eingedenk der besonders starken Vertretung der Branche *Industrie* wird diese besonders herausgehoben. Dabei zeigt sich, daß die Unternehmen dieser Branche bezüglich der Grundgesamtheit eine leicht unterdurchschnittliche Größe aufweisen, da ihr relativer Anteil an den jeweiligen Klassen mit zunehmender Größe tendenziell sinkt.

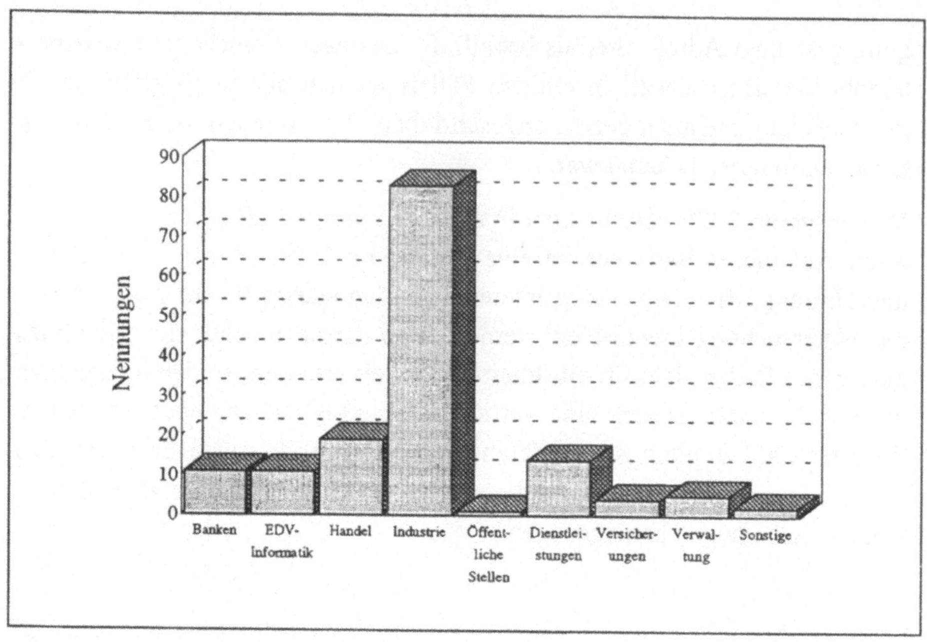

Bild 7-1:   Aufschlüsselung der Unternehmen nach Branchenzugehörigkeit

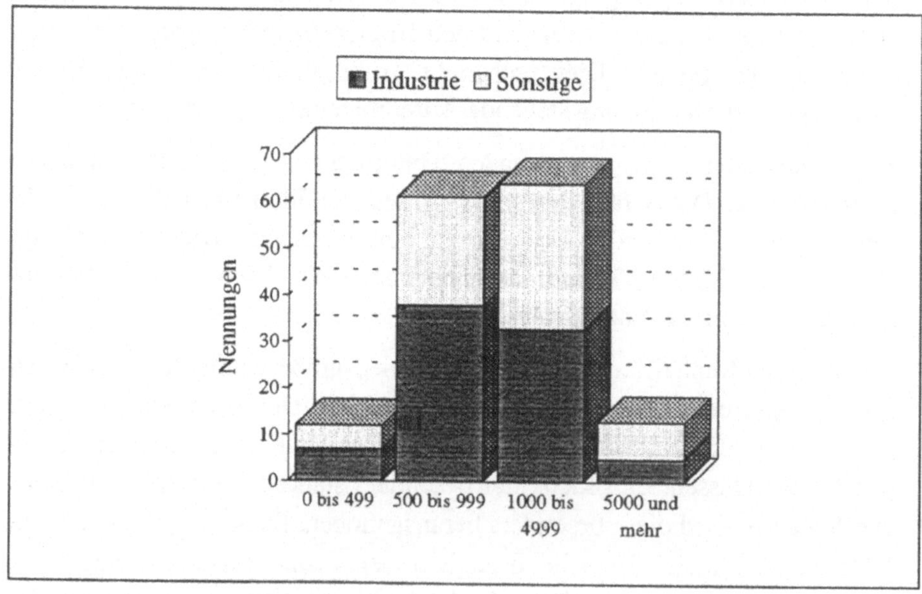

Bild 7-2:   Aufschlüsselung der Unternehmen nach Anzahl der
Mitarbeiter

Die Unternehmen in diesen Gruppen werden im folgenden aus Vereinfachungsgründen als klein, mittel, mittelgroß bzw. groß bezeichnet. Bezogen auf die Mitarbeiterzahl der Organisation ist dann die überwiegende Mehrheit der antwortenden Unternehmen als mittel bzw. mittelgroß zu bezeichnen; beide Gruppen machen zusammen 125 Nennungen und damit einen Anteil von ca. 84 % der Grundgesamtheit aus. Nur 13 und damit 9 % der antwortenden Unternehmen sind als groß einzustufen. Die 12 Antworten von Unternehmen mit weniger als 500 Mitarbeitern resultieren vor allem daraus, daß einige kleinere Unternehmen als DD-Nutzer bekannt waren und gezielt angeschrieben wurden, sowie daß einige Unternehmen die Fragebögen an organisatorisch oder sogar rechtlich eigenständige Einheiten weitergeleitet haben, die für die DV-Funktion zuständig sind.

Außer der Frage nach den insgesamt in einer Organisation beschäftigten Mitarbeitern wurden noch zwei speziellere Kennzahlen erfragt, nämlich die Zahl der Mitarbeiter in der DV-Abteilung und in der Systementwicklung.

Die Frage nach der Anzahl der Mitarbeiter der DV-Abteilung ergab, daß 6 Unternehmen keinen einzigen Mitarbeiter in diesem Bereich einsetzen und demzufolge auch keine DV-Abteilung haben dürften. Die Zahl der DV-Mitarbeiter korreliert erwartungsgemäß mit der Unternehmensgröße, wie Bild 7-3 zeigt, welches die Durchschnitte in den einzelnen Größenklassen aufführt. Einzig die durchschnittliche Anzahl der DV-Mitarbeiter in Unternehmen der kleinsten Größenklasse ist größer als die der nachfolgenden Größenklasse, was jedoch im Lichte der obigen Erläuterung für das Zustandekommen der Antworten in dieser Klasse nicht unplausibel scheint.

Entsprechende Betrachtungen lassen sich für die Anzahl der mit der Systementwicklung beschäftigten Mitarbeiter innerhalb einer DV-Abteilung anstellen. Insgesamt 22 Unternehmen gaben an, keinen Mitarbeiter für die Systementwicklung einzusetzen; daraus folgt, daß von den 150 antwortenden Unternehmen immerhin 128 (ca. 85 %) speziell Mitarbeiter für die Systementwicklung beschäftigen. Die durchschnittliche Zahl der Systemwickler bezogen auf die einzelnen Größenklassen ist ebenfalls in Bild 7-3 enthalten. Diese graphische Gegenüberstellung der Anzahl von Mitarbeitern der DV-Abteilung und Systementwicklern veranschaulicht, daß letztere im Durchschnitt etwas weniger als die Hälfte aller DV-Mitarbeiter ausmachen.

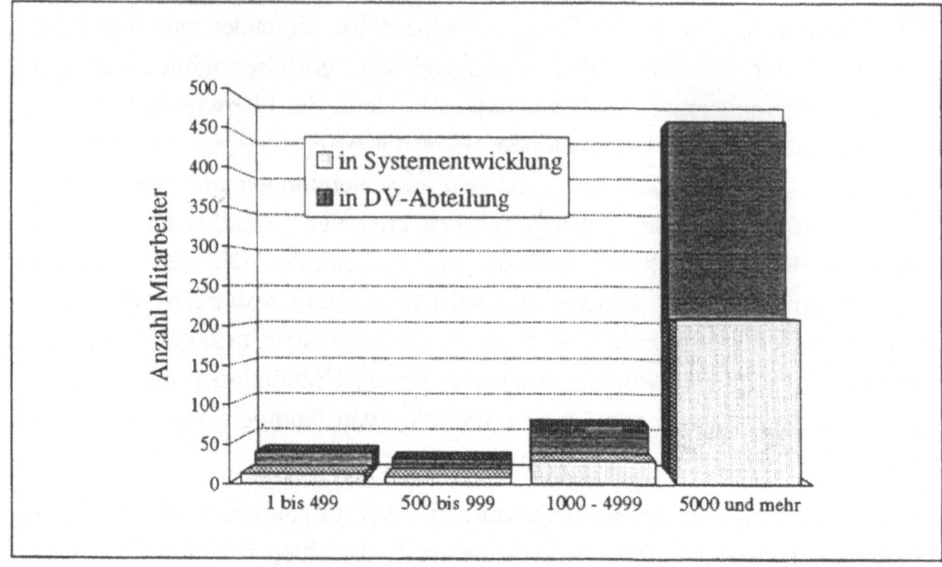

Bild 7-3: Aufschlüsselung der Unternehmen nach Größenklassen und durchschnittlicher Anzahl der Mitarbeiter in DV-Abteilung und Systementwicklung

7.2. Einsatz von Data Dictionaries

Eine der Kernfragen der Untersuchung war natürlich, ob in der betreffenden Organisation überhaupt Dictionary-Systeme eingesetzt werden und welche das gegebenenfalls sind. Die Mehrzahl der antwortenden Unternehmen, nämlich insgesamt 92 und damit rund 61 %, gaben an, Data Dictionaries einzusetzen; bei 27 Anwendern und damit 18 % der Untersuchungsgesamtheit waren sogar mehrere Systeme im Einsatz. Bild 7-4 zeigt die entsprechenden prozentualen Anteile bezogen auf die jeweiligen Größenklassen. Dabei zeigt sich, daß mit Ausnahme der kleinen Unternehmen die der Untersuchung unterstellte Hypothese offenbar berechtigt ist, wonach der DD-Einsatz ganz wesentlich von der Größe eines Unternehmens bestimmt wird. Zudem ist ein Unterschied zwischen dem industriellen Bereich (55 %) und dem nicht-industriellen Bereich (68 %) feststellbar, der vor allem aus Abweichungen in den unteren beiden Größenklassen resultiert.

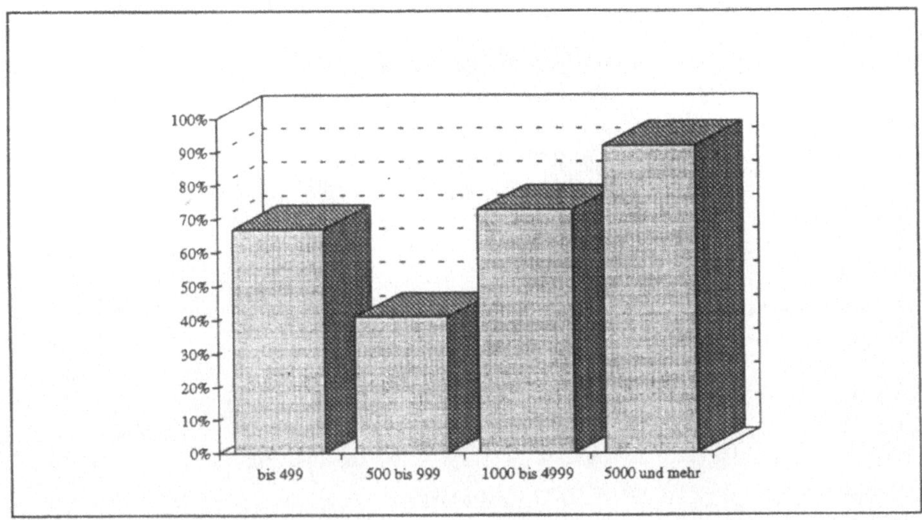

Bild 7-4:   Aufschlüsselung der Unternehmen mit Data Dictionaries nach
Größenklassen

Von den Data-Dictionary-Anwendern werden insgesamt 42 verschiedene
Produkte eingesetzt, davon sind allerdings 28 nur jeweils einmal genannt
worden. Die mehrmals genannten Produkte sind in Bild 7-5 aufgeführt. In
diesen Nennungen spiegelt sich die Unschärfe des Begriffs Data Dictionary
wieder, dem eine Vielfalt unterschiedlicher Werkzeuge zugeordnet werden.
So werden sowohl primäre Dictionary-Systeme genannt wie auch Datenkataloge von Datenbanksystemen und Entwicklungsdatenbanken von CASE-
Werkzeugen. Alle drei in dieser Arbeit eingehender behandelten Dictionary-
Systeme sind vertreten.

Das am häufigsten genannte Produkt ist der DATAMANAGER von MSP
bzw. seine Fortentwicklung zum MSP-Repository mit 16 Nennungen, was
einem Anteil von ca. 18 % an allen Dictionary-Anwendern entspricht.[2]
DATAMANAGER ist als ein primäres, unabhängiges Data-Dictionary-
System einzustufen, welches die freie Definition eines Informationsmodells
erlaubt. Obwohl es für verschiedene Rechnerumgebungen verfügbar ist, war

---

2)   Dieses Werkzeug war auch schon in der zitierten Studie der europäischen
Gemeinschaft mit 12 von 34 Nennungen das am weitesten verbreitete Produkt; vgl.
CNR/GMD/INRIA/NCC (1981), S. 28.

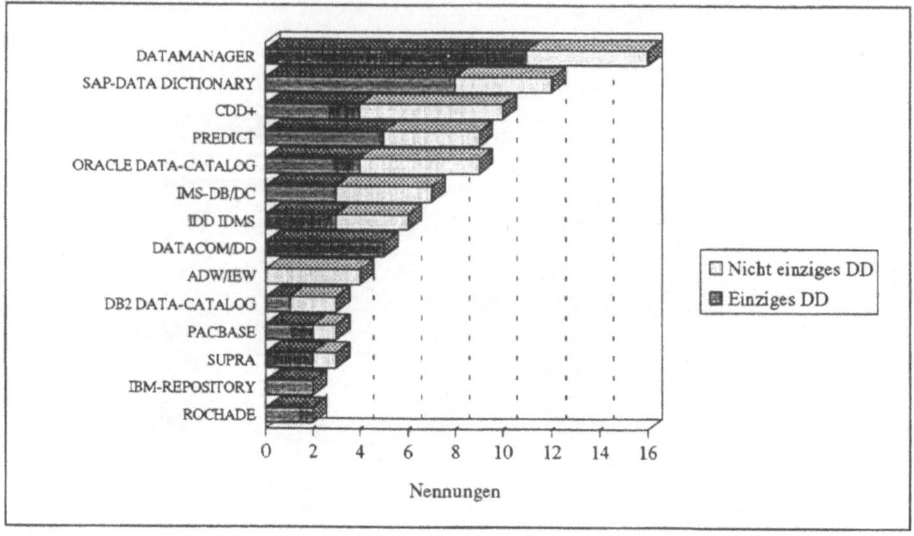

Bild 7-5:   Auflistung der wichtigsten genannten DD-Produkte

es bei den untersuchten Organisationen ausschließlich auf IBM-Rechnern installiert. Mit einer Erstinstallation im Jahre 1975 handelt es sich um ein relativ reifes Produkt, das seit dieser Zeit fortlaufend weiterentwickelt worden ist. Mittlerweile ist es das zentrale Repository eines umfassenden Methodenkonzepts (METHODMANAGER), in dessen Rahmen auch noch andere Werkzeuge angeboten werden, wie z.B. das graphikorientierte Designwerkzeug MANAGERVIEW. Der Hersteller nimmt für sich in Anspruch, daß der DATAMANAGER auch heute noch - insbesondere in Zusammenhang mit den Datenbanksystemen IMS und DB2 - das weltweit bei Großanwendern am häufigsten eingesetzte Produkt zur Unterstützung der Daten(bank)administration ist.[3]

In den vertiefenden Befragungen bei insgesamt *sieben* DATAMANAGER-Anwendern wurde die Leistungsfähigkeit mit einer Ausnahme als gut oder sogar sehr gut eingestuft und damit überdurchschnittlich bewertet. Als positiv wurden Eigenschaften wie Offenheit, Flexibilität, Anpassungsfähigkeit und Ausbaufähigkeit genannt. Damit im Zusammenhang steht die freie Definierbarkeit des DD-Datenmodells, das aber auch als schwer änderbar moniert wurde. Mehrmals wurden auch die Abfragemöglichkeiten mit der

---

3)   Vgl. Habermann/Leymann (1993), S. 111.

Kommandosprache positiv vermerkt. Als negativ - wie übrigens bei allen anderen Dictionary-Systemen auch - wurde vor allem die Benutzeroberfläche bzw. die Mensch-Maschine-Schnittstelle genannt. Diese sei schlecht, zu komplex bzw. umfangreich und im Vergleich zum sonstigen Umfeld ungewohnt.

Von ganz anderer Art ist das insgesamt am zweithäufigsten genannte Data Dictionary, welches von SAP stammt. Dieses Werkzeug ist im Zusammenhang mit den SAP-Standardsoftware-Paketen R/2 bzw. R/3 relevant und enthält die im Rahmen dieser Systeme auftretende semantische und DV-technische Datenwelt. Auch die SAP-Standardsoftware ist in verschiedenen Rechnerumgebungen lauffähig; in der Untersuchung waren dies allerdings wiederum nur IBM-Rechner. Die einzelnen Programme, aus denen die jeweiligen Pakete bestehen, sind allesamt in der interpretativen Sprache ABAP/4 realisiert und die Dialogsteuerung erfolgt ebenfalls interpretativ. In alle diese operativen Teile des SAP-Systems ist das Data Dictionary aktiv eingebunden: wird etwa beim Start eines Programms festgestellt, daß ein relevantes Objekt im Data Dictionary geändert wurde, so findet eine automatische Nachgenerierung und damit Anpassung des Programmes statt. Neben den DV-technischen Objekten kann auch ein Unternehmensmodell abgelegt werden, welches die betrieblichen Strukturen in einem Unternehmensdatenmodell und Unternehmensfunktionsmodell abbildet. Es soll die komplexen Zusammenhänge innerhalb des Systems für den Benutzer durchsichtiger machen und zur Klärung der SAP-Begriffswelt beitragen. Dieser Teil des Data Dictionaries ist allerdings nicht aktiv in das Gesamtsystem eingebunden.[4]

Das dritthäufigste Data Dictionary System CDD bzw. CDD+ stammt von Digital und ist dementsprechend für DEC-Rechner (VAX und MicroVAX) vorgesehen. Es wird seit 1985 (CDD) bzw. 1988 (CDD+) angeboten. In diesem System stehen vordefinierte Elemente (Standardklassen) zur Verfügung, die aber durch eigene Klassen zu einem individuellen Informationsmodell ergänzt werden können. Prinzipiell ist es als aktives Data-Dictionary konzipiert, daß dementsprechend mit einer Vielzahl von auf diesen Rechnern einsetzbaren Werkzeugen integriert werden kann, z.B. dem relationalen Datenbanksystem RdB. Als besonders mächtige Funktion unterstützt es auch eine verteilte Datenverwaltung, d.h. daß verschiedene physische

---

4) Vgl. Habermann/Leymann (1993), S. 174.

Dictionaries zu einem zentralen logischen Dictionary zusammengefaßt werden können.

Relativ häufig genannt wurden auch primäre abhängige Data-Dictionary-Systeme wie PREDICT (im Zusammenhang mit dem Datenbanksystem ADABAS) und DB/DC (im Zusammenhang mit dem Datenbanksystem IMS), IDD (im Zusammenhang mit IDMS/R) und DATACOM/DD (im Zusammenhang mit dem DATACOM-Datenbanksystem). Bei den vertiefenden Befragungen waren die Werkzeuge DB/DC (4 Anwender) und PREDICT (2 Anwender) mehrfach vertreten. Die Leistungsfähigkeit dieser Werkzeuge wurde bestenfalls als befriedigend und im Falle des DB/DC teilweise noch schlechter eingestuft. Als Gründe für die Wahl dieser Dictionaries wurden vor allem der Hersteller bzw. die Einbindung in die jeweilige Produktionsumgebung genannt. Für DB/DC wurde auch noch angeführt, daß es zur damaligen Zeit keine anderen vergleichbaren Produkte auf der IBM-Rechnerumgebung gegeben habe. Als Hauptgrund für die strenge Bewertung wurden vor allem die mangelnde Benutzeroberfläche bzw. unzureichende Retrieval-Möglichkeiten angeführt.

Besonders deutlich wird die oben angesprochene Unsicherheit bei der Abgrenzung des Begriffs Data Dictionary daran, daß teilweise auch Datenkataloge und CASE-Werkzeuge als solche angegeben wurden. Dabei ist bezeichnend, daß nicht alle Anwender der betreffenden Datenbanksysteme und CASE-Tools diese auch als Data Dictionaries eingestuft haben. So wurden die in relationalen Datenbanksystemen integrierten Datenkataloge von DB2 in 4 von 19 Fällen und ORACLE in 7 von 18 Fällen als Data Dictionary angesehen. Bei den CASE-Tools IEW bzw. ADW war dies für 2 von 18 Anwendern so; bei PACBASE sind gar 3 Nennungen als Data Dictionary erfolgt, aber nur eine als CASE-Tool!

Eine Minderheit von 5 Organisationen (ca. 6 %) setzt auch Eigenentwicklungen ein. Dabei ist interessant, daß dies in 4 von 5 Fällen zusammen mit kommerziellen Data-Dictionary-Systemen erfolgt. Hier drängt sich die Vermutung auf, daß kommerzielle Produkte bestimmte Bedürfnisse nicht ausreichend abdecken und deshalb ergänzend spezifisch ausgerichtete Eigenentwicklungen zum Einsatz kommen.

Die verwendeten Data-Dictionary-Systeme sind überwiegend auf IBM-Rechnern installiert, nämlich in 49 Fällen, wovon 26 Großrechner vom Typ IBM 3090 sind. Dies dürfte eine Folge des erheblichen Marktanteils von

IBM-Rechnern im Bereich der Großrechner sein. Auch die Rechner von DEC sind insgesamt 21-mal als Plattformen von Dictionary-Systemen genannt worden, wobei es sich überwiegend um VAX-Rechner handelt. Alle anderen Rechnerumgebungen spielen in der Untersuchung nur eine untergeordnete Rolle.

Von besonderem Interesse sind Organisationen, die mehrere Dictionary-Systeme einsetzen. Ein Grund dafür kann sein, daß verschiedene Rechnerplattformen abgedeckt werden müssen. Die Untersuchung zeigt jedoch, daß dies weniger häufig der Fall ist, als man meinen könnte: bei Organisationen, die mehrere Data-Dictionary-Systeme einsetzen, geschieht dies nämlich in 18 Fällen auf der gleichen Rechnerplattform, nur in 9 Fällen hingegen auf verschiedenen Rechnerplattformen.

Wird der Zeitpunkt der Einführung von Dictionary-Systemen in den untersuchten Organisation betrachtet, so ergibt sich das Bild 7-6. Dieses zeigt, daß die Verbreitung von Dictionaries in den achtziger Jahren deutlich zugenommen hat, seinen Höhepunkt am Ende jenes Jahrzehnts erfuhr und seitdem etwas abgeflacht ist, woraus sich eine gewisse Marktsättigung ableiten läßt, sofern man konjunkturelle Gründe außer acht läßt. In dieser Graphik wird übrigens für die gegenwärtige Verbreitung von Data Dictionaries ein Anteil von weniger als 61 % der Grundgesamtheit ausgewiesen, weil nicht

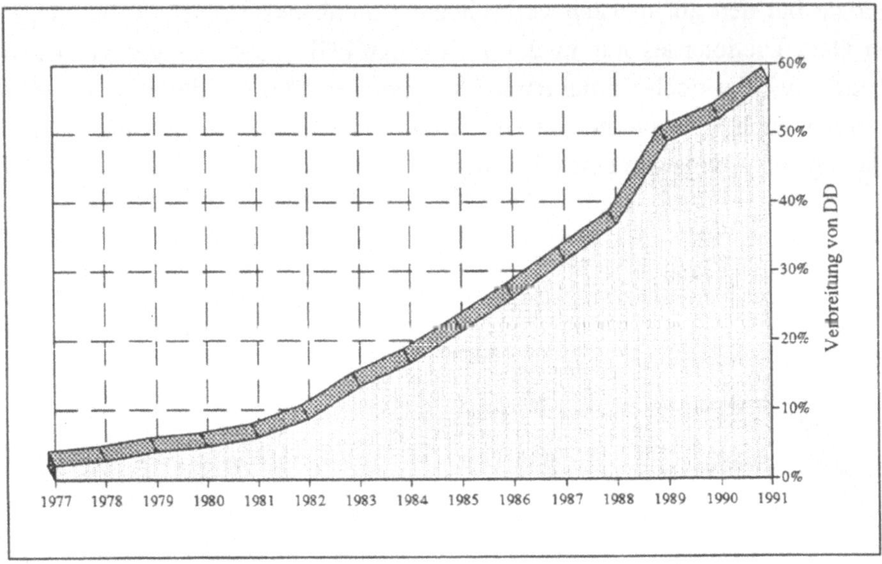

Bild 7-6:   Einführungszeitpunkte von Data Dictionaries

alle DD-Anwender das Jahr der Installation ihres Dictionary-Systems angegeben haben.

7.3. Umgebung von Data Dictionaries

Der Einsatz von Data Dictionaries ist stets im Kontext einer bestimmten Entwicklungs- und Produktionsumgebung zu sehen. Besonders betroffen sind Data Dictionaries von Werkzeugen wie Datenbanksystemen und CASE-Tools.

Von den 150 antwortenden Unternehmen setzen 44 kein und 41 mehr als ein Datenbanksystem ein. Insgesamt 23 Organisationen mit Data Dictionaries und damit immerhin fast ein Viertel aller DD-Anwender gaben kein Datenbanksystem an; von diesen setzen 5 SAP-Software ein.

Eine Betrachtung der eingesetzten Datenbanksysteme zeigt ein recht heterogenes Bild. Insgesamt wurden 19 verschiedene Datenbanksysteme genannt. Am häufigsten verwendet wird DB2 mit 26 Nennungen und damit einem Anteil von ca. 15 %. In Bild 7-7 werden die Produkte mit der Häufigkeit ihrer Nennung aufgeführt, wobei nach Systeminstallationen mit oder ohne Anbindung an ein Data Dictionary unterschieden wird. Dabei fällt auf, daß gerade bei den am meisten verbreiteten Datenbanksystemen Anbindungen an Data Dictionaries nur in der Hälfte der Fälle oder weniger vorliegen. Zudem sei hier noch einmal darauf hingewiesen, daß mit derartigen Anbindungen auch der interne Datenkatalog eines (insbesondere relationalen) Datenbanksystems gemeint sein kann.

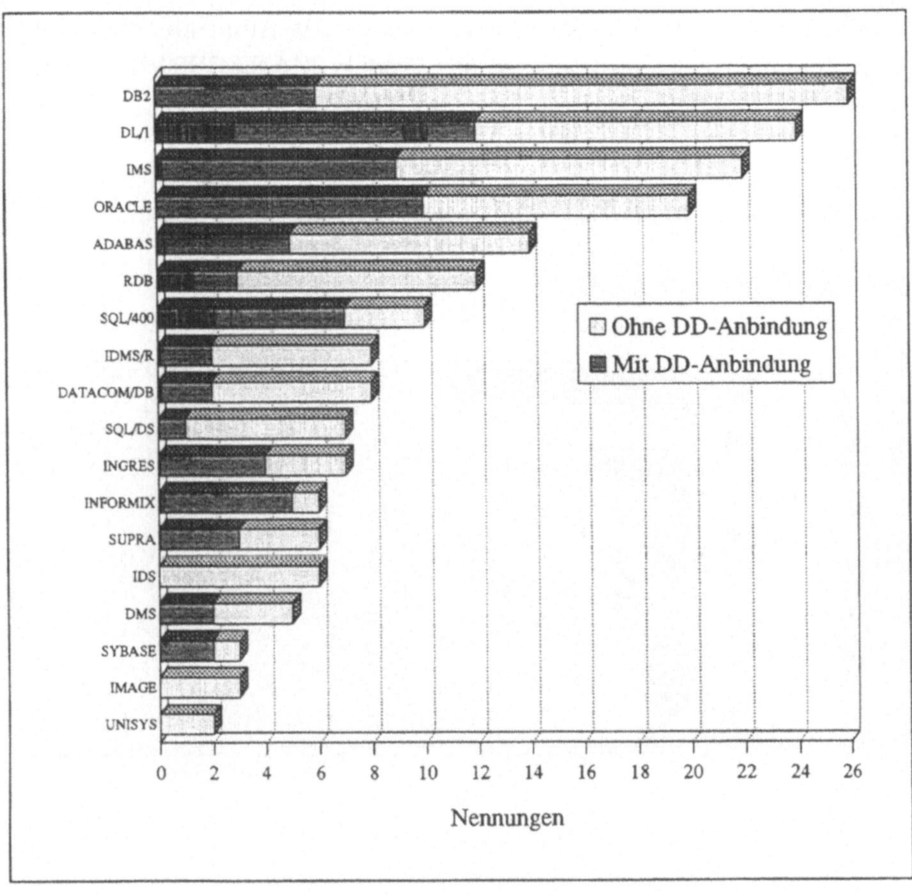

Bild 7-7: Auflistung der wichtigsten genannten Datenbanksysteme

Bei den CASE-Tools wurden insgesamt 47 Nennungen gezählt, was einen Anteil von ca. 31 % an allen Unternehmen bzw. von ca. 37 % an den Unternehmen mit eigener Systementwicklung ausmacht. Insgesamt wurden 13 verschiedene Produkte genannt, allerdings nur 9 davon mehrfach. Bild 7-8 stellt für alle genannten Produkte die Häufigkeit ihrer Nennung graphisch dar, wobei ebenfalls nach der Anbindung an Data Dictionaries differenziert wird. ADW/IEW tritt mit 19 Nennungen (ca. 40 %) mit Abstand am häufigsten auf. Die genannten CASE-Tools weisen überwiegend keine Anbindung an ein Data Dictionary auf. Für ADW/IEW ist dies etwa in nur 7 Fällen gegeben; dazu ist noch zu berücksichtigen, daß es viermal als Data Dictionary genannt worden ist, so daß offenbar in nur 3 Fällen eine Anbindung an ein externes Produkt realisiert wurde. Als Ausnahme muß in diesem Zusammenhang insbesondere das Produkt MANAGERVIEW gelten, welches stets in Verbindung mit dem Data-Dictionary-System DATA-MANAGER vom gleichen Hersteller auftritt.

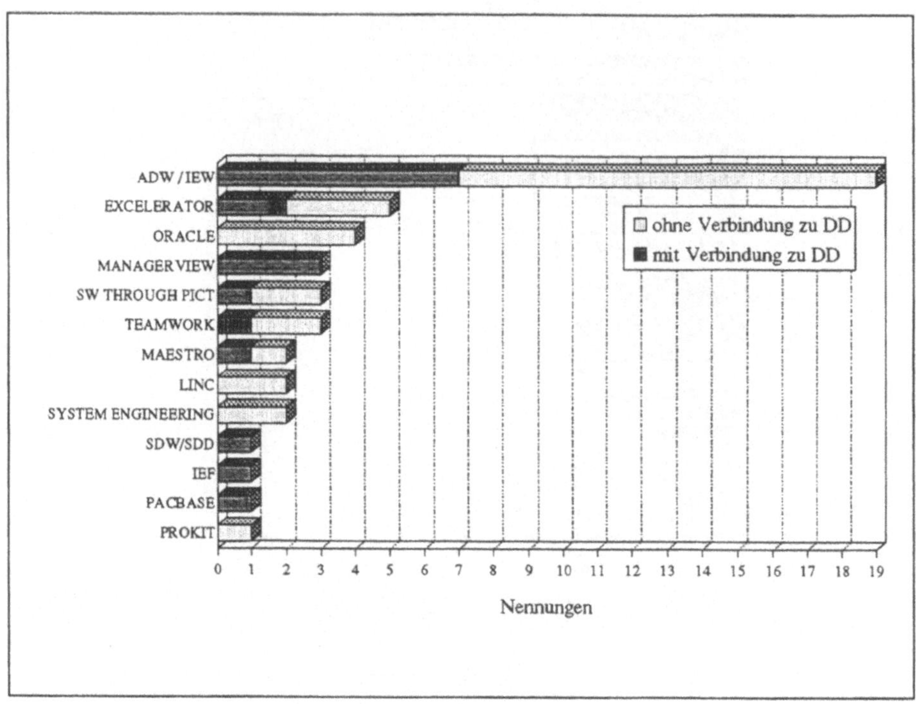

Bild 7-8:   Auflistung der genannten CASE-Tools

7.4. Bedeutung des Einsatzes von Data Dictionaries

Durch die Messung des Verbreitungsgrades wird lediglich der quantitative Aspekt der Nutzung von Data Dictionaries abgebildet. Dieser muß um Angaben zur Qualität der Nutzung ergänzt werden. Im einfachsten Fall kann dies erfolgen, indem von den jeweiligen Benutzern direkt entsprechende Einschätzungen erfragt werden. Außerdem sind noch indirekte Fragestellungen möglich, die verschiedene die Bedeutung determinierende Parameter messen. Dazu gehören Angaben über die in einem Data Dictionary erfaßten Sachverhalte und die Benutzungshäufigkeit.

Bei der Frage, welche Bedeutung das Data Dictionary in ihrer Organisation habe, wurde eine ordinale Skala von sehr hoch bis sehr gering zugrundegelegt. Insgesamt antworteten darauf 93 Unternehmen; Bild 7-9 zeigt die genannten Ausprägungen, wiederum differenziert nach den Bereichen Industrie und Nicht-Industrie. Zwar war die Kategorie 'mittel' die meistgenannte Einschätzung, jedoch beurteilten 50 Anwender die Bedeutung ihres Data Dictionaries als hoch oder sehr hoch, was immerhin mehr als die Hälfte (ca. 55 %) aller DD-Anwender ausmacht; das heißt also, daß insgesamt ein Drittel aller befragten Organisationen zu dieser Gruppe gehört. Nur ein einziger Anwender mochte die Bedeutung des DD-Einsatzes in seinem Unternehmen als sehr gering einstufen. Die industriellen Anwender von Data Dictionaries schätzen die Bedeutung leicht schlechter ein als die anderen Anwender, was vor allem auf einen unterdurchschnittlichen Anteil bei der Ausprägung 'sehr hoch' zurückzuführen ist.

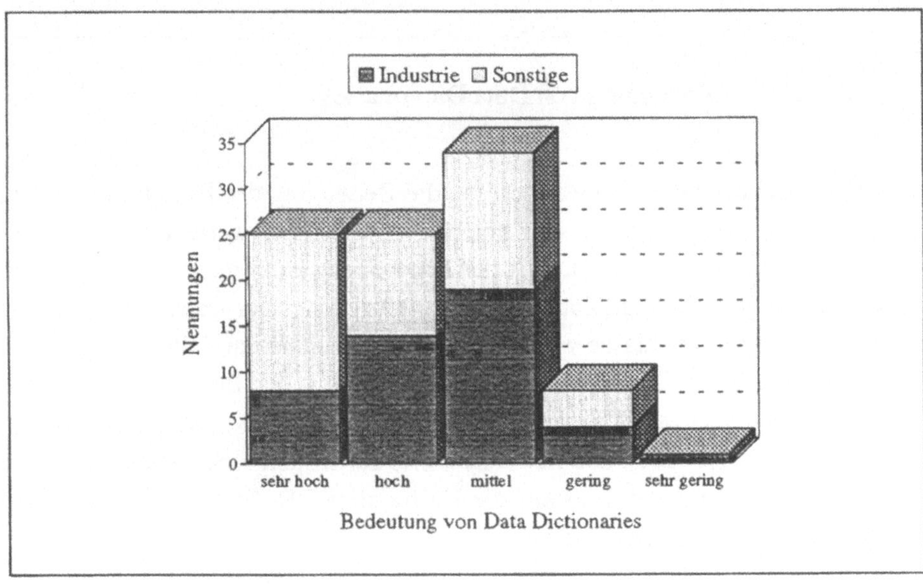

Bild 7-9:   Aufschlüsselung der Unternehmen nach Bedeutung der Data Dictionaries

In Bild 7-10 wird der Einsatz von Data Dictionaries zur Unternehmensgröße in Bezug gesetzt; dabei bildet die hinterste Säulenreihe die Anzahl der Nennungen in den jeweiligen Größenklassen ab, die mittlere Säulenreihe den Anteil der Data-Dictionary-Anwender in diesen Größenklassen und die vor-

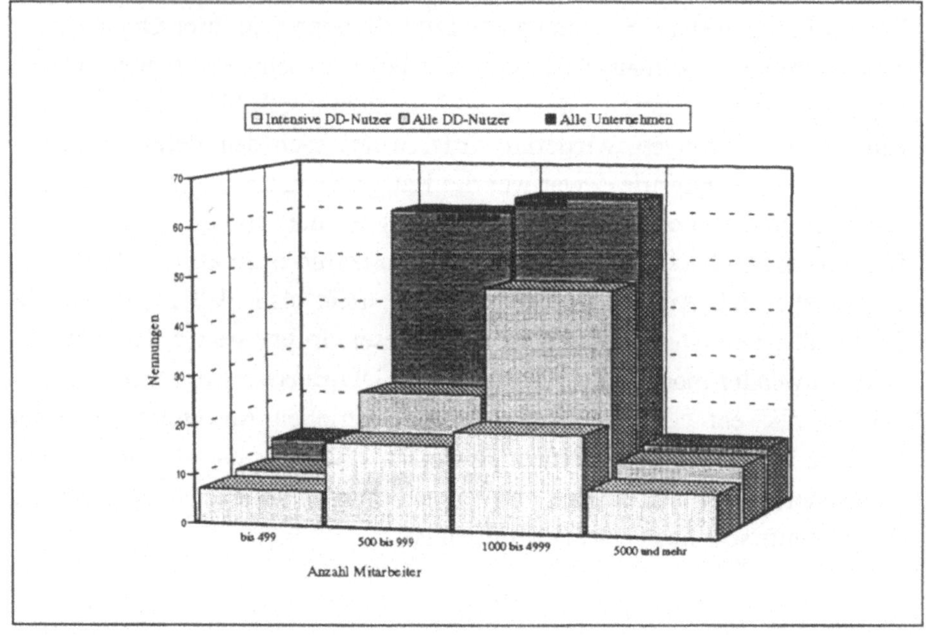

Bild 7-10:   Bedeutung von Data Dictionaries

derste Säulenreihe die Anwender, die die Bedeutung des Einsatzes von Data
Dictionaries als hoch oder sehr hoch bewerten; diese werden hier als intensive DD-Nutzer bezeichnet. Aus der Darstellung kann man ersehen, daß die
Verwendung von Data Dictionaries tendenziell mit der Größe steigt, wobei
die kleinste Größenklasse wiederum eine Ausnahme darstellt. Weniger ausgeprägt ist dieser Trend, wenn die Einschätzung der Bedeutung des Data-
Dictionary-Einsatzes in Bezug zur Unternehmensgröße gesetzt wird. Besonders auffällig ist dabei, daß mit Ausnahme der mittelgroßen Unternehmen in
jeder Klasse jeweils wenigstens die Hälfte aller DD-Anwender als intensive
DD-Nutzer einzustufen sind.

Der Vergleich der mittleren und mittelgroßen Unternehmen ist besonders
aufschlußreich. Während bei den mittleren Unternehmen nur eine Minderheit der antwortenden Unternehmen Data Dictionaries einsetzt (41 %), so
wird doch bei diesen mehrheitlich (68 %) eine hohe oder sehr hohe Bedeutung des DD-Einsatzes angegeben. Genau anders verhält es sich bei den
mittelgroßen Unternehmen, bei denen zwar eine Mehrheit der Unternehmen
Data Dictionaries einsetzt (73 %), aber nur eine Minderheit (43 %) deren

Einsatz eine hohe oder sehr hohe Bedeutung zuweist. Man kann daraus schließen, daß bei den mittleren (und kleinen) Unternehmen der Einsatz von Data Dictionaries sorgfältiger erwogen, dann aber auch konsequenter umgesetzt wird, als dies bei den mittelgroßen Unternehmen der Fall ist.

7.5. In Data Dictionaries dokumentierte Sachverhalte

Die in einem Data Dictionary abgelegten Sachverhalte sind über zwei Dimensionen bestimmt. Zum einen läßt sich nach den Typen bzw. Klassen von Meta-Objekten fragen, die grundsätzlich dokumentiert werden. Dies allein ist jedoch wiederum nur beschränkt aussagefähig, solange nicht auch die Vollständigkeit Berücksichtigung findet, mit der die im Rahmen dieser Meta-Objekttypen zu dokumentierenden Sachverhalte jeweils erfaßt werden.

Die in einem Data Dictionary zu dokumentierenden Meta-Objekttypen werden in dem jeweils unterliegenden Informationsmodell bzw. Metamodell festgelegt. Dabei handelt es sich je nach Ausrichtung um Typen wie Datenelement, Datensatz, Datei, Programm, usw. Da bei einer derartig detaillierten Auflistung schon bei einfachen Modellen eine Anzahl verschiedener Meta-Objekttypen zustande kommt und außerdem noch teilweise verschiedene Begriffe bzw. Konstrukte gebraucht werden, erschien eine direkte Frage nach den Meta-Objekttypen nicht als sinnvoll. Statt dessen wurde nach bestimmten vorgegebenen Bereichen gefragt. Diese Bereiche waren:

- *Konzeptuelles Datenmodell:* Hierbei ist an semantische Datenmodelle zur Beschreibung fachlicher Datenstrukturen wie das ERM gedacht. Die entsprechenden Meta-Objekttypen sind etwa *Entitätstyp, Beziehungstyp* und *Attribut.*

- *DBMS-Datenschemata:* Dieser Bereich umfaßt je nach verwendetem Datenbanksystem unterschiedliche Meta-Objekttypen, für ein relationales DBMS u.a. Relation (*Table*) und Attribut (*Column*), für ein Netzwerk-DBMS u.a. *Record, Item* und *Set.*

- *Konventionelle Dateien:* Darunter sind Dateien unter einem einfachen Dateiverwaltungssystem wie z.B. VSAM zu verstehen. Entsprechende Meta-Objekttypen sind *Datei, Datensatz, Datengruppe* und *Datenelement* bzw. *-feld.*

- *Manuell organisierte Daten:* Damit sind solche Daten (-elemente) gemeint, die nicht im Kontext eines (automatisierten) Informationssystems gebraucht werden und darum auch nicht in einer Datenbank oder einer konventionellen Datei verwaltet werden.

- *Abgeleitete Daten:* Darunter sind solche Daten (-elemente) zu verstehen, die nicht physisch gespeichert werden, weil sie sich aus anderen Datenelementen ableiten lassen.

- *Benutzer von Daten:* Damit sind Personen (-gruppen) gemeint, die im Zuge ihrer Arbeit auf bestimmte Daten (-elemente) zugreifen müssen.

- *Unternehmensfunktionen und -prozesse:* Hierunter sind Methoden zur Abbildung von Funktionen und Prozessen auf der fachlichen Ebene und deren Beziehungen untereinander zu verstehen. Ein Beispiel dafür sind Datenflußdiagramme mit den Meta-Objekttypen *Prozeß, Externe Entität, Datenfluß* und *-speicher.*

- *DBMS-Anwendungsprogramme:* Darunter fallen Programme (3GL, aber auch 4GL), die für die Datenverwaltung auf Datenbanksysteme aufsetzen. Die entsprechenden Meta-Objekttypen sind beispielsweise *Programm* und *Modul.*

- *Konventionelle Anwendungsprogramme:* Dabei handelt es sich um Programme, die auf konventionell gespeicherte Dateien zugreifen.

- *Bildschirmformate/Masken:* Darunter wird der Aufbau von Bildschirmmasken verstanden, insbesondere die darin enthaltenen Datenelemente.

- *Reports/Listen:* Dabei handelt es sich um Auswertungen, die entweder am Bildschirm angezeigt oder über einen Drucker ausgedruckt werden.

- *JCL:* Damit ist nicht die eigentliche Job Control Language gemeint, sondern die damit realisierten Operationspläne. Typische Meta-Objekttypen sind *Job* und *Step.*

Die Häufigkeit, mit der die einzelnen DV-Objekte bzw. Bereiche grundsätzlich in einem Data Dictionary dokumentiert werden, ist in Bild 7-11 veranschaulicht. Hier zeigt sich erwartungsgemäß, daß vor allem Datenbankschemata (ca. 77 %) und Anwendungsprogramme über Datenbanken (ca.
58 %) in einem Data Dictionary gespeichert werden. Aber auch konventionelle Dateien (ca. 57 %) werden in mehr als der Hälfte der Fälle berücksichtigt, die zugehörigen Programme allerdings nur noch bei ca. 40 % der
Dictionary-Anwender. In beiden Fällen gibt es also offenbar Organisationen, die zwar die Datenwelt abbilden, nicht jedoch die entsprechende Pro-
grammwelt. Dabei kann natürlich auch der Einsatz von Programmbiblio-
theksverwaltungsprogrammen eine Rolle spielen.

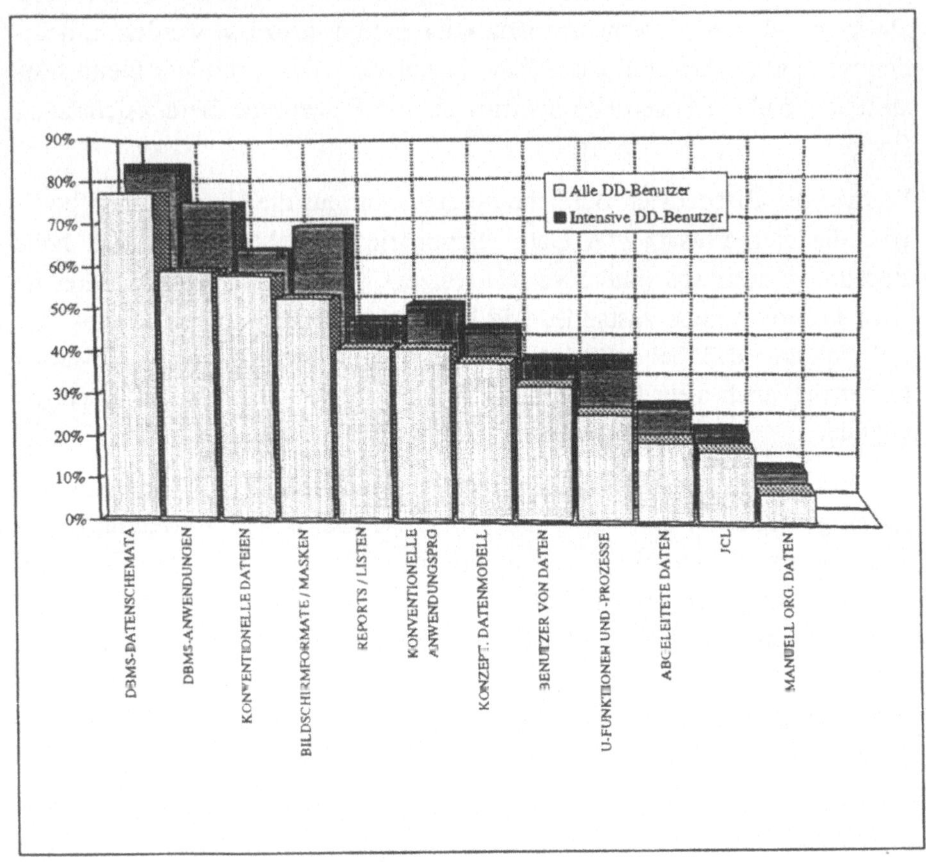

Bild 7-11:   DV-Objekte in Data Dictionaries

Die am häufigsten genannten Ausprägungen waren übrigens auch in der europäischen Umfrage zum Dictionary-Einsatz die mit der höchsten Verbreitung.[5] Dort wurden DBMS-Datenbanken von 82 % und die dazugehörenden DBMS-Anwendungsprogramme von 74 % der DD-Nutzer berücksichtigt. Für die sonstigen Computer-Dateien waren dies 74 % und für die zugehörigen Anwendungsprogramme 65 %. Angesichts der höheren Prozentzahlen muß darauf hingewiesen werden, daß in jener Untersuchung nur Unternehmen mit primären Dictionary-Systemen berücksichtigt worden sind.

Aus den Antworten läßt sich die Schlußfolgerung ziehen, daß die DV-technischen Aspekte der Informationssystemarchitektur wesentlich häufiger abgebildet werden als die fachlichen Aspekte. Die Bereiche konzeptionelle Datenmodelle und Unternehmensfunktionen und -prozesse werden in deutlich weniger als der Hälfte der Fälle abgedeckt. Aber auch hier bleibt festzustellen, daß die Datenseite häufiger als die Prozeßseite Berücksichtigung findet.

Werden die abgedeckten Bereiche übrigens nur auf die Unternehmen bezogen, die dem Einsatz von Data Dictionaries eine hohe oder sehr hohe Bedeutung zumessen (intensive DD-Nutzer), so kommen für alle Bereiche noch höhere Anteile zustande, wie Bild 7-11 ebenfalls zeigt. Daraus läßt sich folgern, daß bei größerer Bedeutung des Data-Dictionary-Einsatzes tendenziell auch mehr Klassen bzw. Typen von DV-Objekten dokumentiert werden.

Die Frage, wie hoch der Dokumentationsgrad von DV-Objekten in den jeweiligen Klassen ist, wurde nur global für Daten und Anwendungsprogramme gestellt. Dabei zeigt sich, daß mehr als die Hälfte (ca. 59 %) der DD-Anwender eine vollständige oder hohe Abdeckung der Unternehmensdaten erreichen, dies hingegen bei den Programmen für nur ca. 43 % zutrifft. Für beide Gruppen ist der hohe Dokumentationsgrad die meistgenannte Ausprägung, allerdings ist dies für Daten sehr viel ausgeprägter als für Programme. Bild 7-12 zeigt diesen Zusammenhang auf.

---

5)   Vgl. CNR/GMD/INRIA/NCC (1981), S. 46.

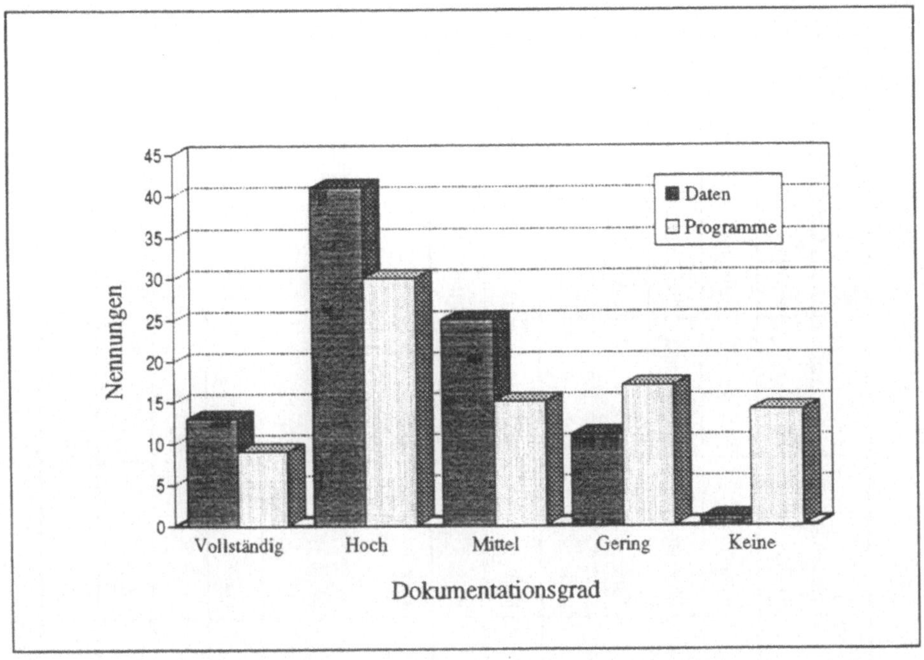

Bild 7-12:   Dokumentationsgrad von Daten und Programmen

Diese Angaben korrelieren im übrigen deutlich mit der angegebenen Bedeutung des Data-Dictionary-Einsatzes, d.h. eine hohe oder sehr hohe Bedeutung entspricht in den meisten Fällen auch einem hohen oder sehr hohen Dokumentationsgrad für Daten; für Programme ist diese Korrelation weniger ausgeprägt. Aus den Angaben kann man ersehen, daß die befragten Organisationen ihre Dictionary-Systeme überwiegend im "klassischen" Sinne als Data Dictionaries einsetzen.

Um die möglichen Mengengerüste zu verdeutlichen, die sich hinter derartigen Angaben verbergen können, sind von einigen der weitergehend befragten Organisationen die entsprechenden Zahlen in Tabelle 7-1 aufgeführt. Dabei sei nochmals darauf hingewiesen, daß die verwendeten Meta-Objekttypen teilweise sehr unterschiedlich sind, so daß ein direkter Vergleich oftmals nicht ohne weiteres möglich ist. Außerdem wollten oder konnten die befragten Unternehmen nicht immer alle entsprechenden Daten offenlegen.

	A	B	C	D	E	F	G	H
Branche	Industrie	Verwaltung	Transport	Banken	Verlag/Druckerei	Handel	Industrie	Banken
Grösse	gross	gross	gross	mittelgross	mittelgross	mittelgross	mittelgross	mittel
DDS	IBM DB/DC	Datamanager	Datamanager	IBM DB/DC	Datamanager	Datamanager	IBM DB/DC	Datamanager
Einsatz seit	1982	1982	1978	ca. 1980	1979	< 1980	1981	1982
Abdeckung Daten	hoch	hoch	hoch	hoch	hoch	hoch	mittel	hoch
Abdeckung Programme	hoch	mittel	hoch	hoch	hoch	hoch	mittel	vollständig
Datenelemente	47000	19071	9600	18526	6419	4047	2180	4640
Dateien (Files)	o.A.	7523 (log.) 5093 (phys)	80	o.A.	10567	2077	723	4397 5338 (File)
Datenbanken	1200 (IMS)	526 (DL1) 98 (DB2)	o.A.	o.A.	57 (DL1)	29 (IMS) 29 (DB2)	94 (DL1)	40 (DL1)
Programme	15000	8090	4300	2700	6692	1053	1120	2304
Module	o.A.	2273	4200	5000	2	627	o.A.	3
Job	20000	8838	o.A.	300	o.A.	1750	693	1076
Step	90000	17796	o.A.	o.A.	o.A.	o.A.	o.A.	3816

Tabelle 7-1: Beispiele für Mengengerüste von Data Dictionaries

Die angegebenen Mengen zeigen, daß mit wenigen Ausnahmen die Zahl der zu verwaltenden Meta-Objekte gemessen an den in Anwendungsdatenbanken auftretenden Größenordnungen nicht übermäßig groß ist. Bei den Modulen wurden in zwei Fällen sogar derart geringe Werte angegeben, daß deren systematische Dokumentation bezweifelt werden kann.

Alle vertiefend befragten Organisationen gaben übrigens an, Standards für die Benennung von Meta-Objekten zu verwenden. Diese sind im Regelfall sehr einfach aufgebaut. In erster Linie werden dabei Prefixe festgelegt, die den Namen der Meta-Objekte bestimmter Typen voranzustellen sind. Diese Prefixe bezeichnen vor allem den Typ des Meta-Objekts, oftmals zusätzlich auch noch das Arbeitsgebiet und/oder das Projekt. Nur in einem einzigen Fall wurde ein ausgebauter Standard zur Identifikation von Datenelementen auf der Basis von KWOC ähnlich dem Konzept von Brenner[6] angetroffen.

7.6. Unternehmensweites Datenmodell

Der Dokumentationsgrad sagt zwar etwas über die Vollständigkeit der erfaßten (Meta-) Daten aus, nichts jedoch darüber, ob diese zueinander widerspruchsfrei definiert sind. Ein integriertes und widerspruchsfreies Gesamtbild aller Datenressourcen eines Unternehmens wird als unternehmensweites Datenmodell (UDM) bezeichnet.[7] Die Frage, ob die Organisation ein unternehmensweites Datenmodell aufgebaut habe oder dabei sei, es zu tun, verneinte die Mehrzahl. Allerdings gaben 19 Unternehmen an, daß ein UDM vorhanden sei und 54, daß es gerade aufgebaut werde, was zusammen einen Anteil von immerhin fast der Hälfte (49 %) der befragten Organisationen ausmacht. Diese Angaben zeigen, daß sich das Konzept des unternehmensweiten Datenmodells gegenwärtig noch in der Verbreitungsphase befindet.

Von den Unternehmen mit einem vorhandenen oder in Entwicklung befindlichen UDM setzen 75 % ein Data Dictionary ein und 50 % ein CASE-Tool. Bild 7-13 zeigt die entsprechenden Zusammenhänge für die jeweiligen Klassen. Daraus kann man ersehen, daß mit einer Ausnahme alle Organisationen mit einem vorhandenen UDM auch ein Data Dictionary einsetzen.

---

6)   Vgl. Kapitel 5.2.3.

7)   Vgl. z.B. Scheer (1990); Ortner (1991b).

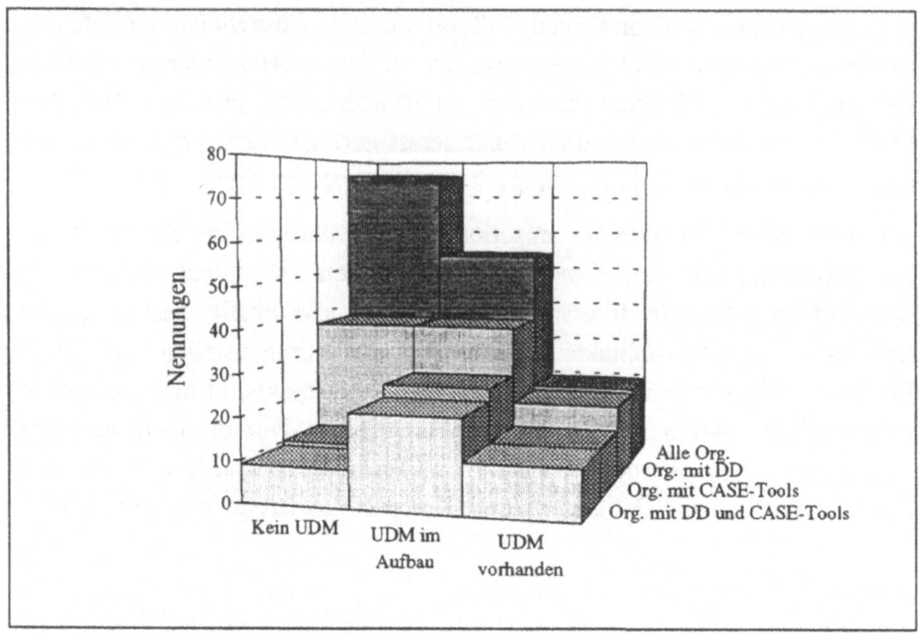

Bild 7-13:   Aufschlüsselung der Unternehmen nach der Existenz eines unternehmensweiten Datenmodells

Solche Organisationen, die CASE-Tools einsetzen, verfügen in der Regel auch über ein Data-Dictionary-System; allerdings ist dabei zu berücksichtigen, daß CASE-Tools teilweise auch als Data Dictionaries eingestuft wurden.

7.7. Benutzungshäufigkeit von Data Dictionaries

Eine weitere wichtige Kennzahl zur Nutzung von Data Dictionaries ist, welche Benutzergruppen wie häufig darauf zugreifen. Die Benutzergruppen, die typischerweise im Zuge ihrer Tätigkeit mit einem Dictionary arbeiten, sind im folgenden aufgeführt:[8]

---

8)   Vgl. insbes. Van Duyn (1982), S. 26 ff.

- *Daten(bank)administratoren:* Die primäre Aufgabe der Datenadmininistration ist die Definition und Überwachung von Datendefinitionen und deren Gebrauch in den verschiedenen Anwendungen. Aus diesem Grund ist ein Data Dictionary gerade für diese Gruppe als Instrument prädestiniert. Es wird übrigens keine Unterscheidung zwischen eher administrativ-fachlich orientierten Datenadministratoren und eher technisch ausgerichteten Datenbankadministratoren gemacht.

- *Systemanalytiker:* Die Systemanalytiker (und -designer) sind vor allem für den fachlichen und DV-technischen Entwurf von Informationssystemen zuständig. Sie sind es vor allem, die die Architektur von Anwendungssystemen entwickeln. Für sie ist das Data Dictionary vor allem als Entwurfsdatenbank wichtig. Sie müssen ihre Arbeitsergebnisse nicht nur dort ablegen, sondern sich auch vergewissern, ob vorhandene Spezifikationen für eine gegebene Problemstellung (wieder-) verwendet werden können.

- *Anwendungsprogrammierer:* Die Anwendungsprogrammierer sind für die eigentliche Programmierung von Anwendungen zuständig. Sie nutzen dafür insbesondere Generatorfunktionen, mit deren Hilfe Meta-Daten als Datendefinitionen in einer Programmiersprache zur Verfügung gestellt werden, z.B. als COBOL Copy-Strecken. Eine wichtige Bedeutung haben Auswertungen von Data Dictionaries zudem auch bei der Wartung von Programmen.

- *Systemprogrammierer:* Im Gegensatz zur vorstehenden Gruppe erstellen und warten Systemprogrammierer vor allem systemnahe und anwendungsneutrale Programme, die bestimmte technische Funktionen auf der Rechnerumgebung ermöglichen bzw. erleichtern. Ein Data Dictionary kann vor allem dann für ihre Arbeit relevant sein, wenn Informationen über Hardware-Komponenten bzw. Rechnerarchitekturen abgelegt sind.

- *DV-Operateure:* Die DV-Operateure steuern und kontrollieren den Rechenzentrumsbetrieb. Für sie ist besonders das Anlegen und die Einplanung von Jobs von Bedeutung, so daß die zur Verfügung stehenden Ressourcen möglichst optimal genutzt werden. Die für diese Fragestellungen notwendigen Informationen können unter Umständen auch dem Data Dictionary entnommen werden. Es ist sogar denkbar, daß die Generierung von JCL aus dem Dictionary heraus erfolgt.

- **_Endbenutzer:_** Als Endbenutzer werden die Benutzer von Anwendungssoftware verstanden. Diese können über ein Data Dictionary z.B. erfahren, welche Systeme mit welcher Funktionalität zur Verfügung stehen, welche Daten wo abgelegt sind und welche Bedeutung diese haben.

Bild 7-14 stellt die Nutzungshäufigkeiten graphisch dar. Erwartungsgemäß haben Daten(bank)administratoren (ca. 83 %), Anwendungsprogrammierer (ca. 87 %) und Systemanalytiker (ca. 86 %) am meisten mit Data Dictionaries zu tun; wenn nicht nach Benutzungshäufigkeit differenziert wird, dann arbeiten Anwendungsprogrammierer und Systemanalytiker sogar in mehr Organisationen mit Data Dictionaries als Daten(bank)administratoren, was sehr überraschend ist, da doch ein Data Dictionary als zentrales Hilfsmittel vor allem für die Datenadministration gesehen wird. Allerdings greift der Daten(bank)administrator in 71 % aller Fälle zumindest wöchentlich und in 50 % sogar täglich auf ein Data Dictionary zu, während die entsprechenden

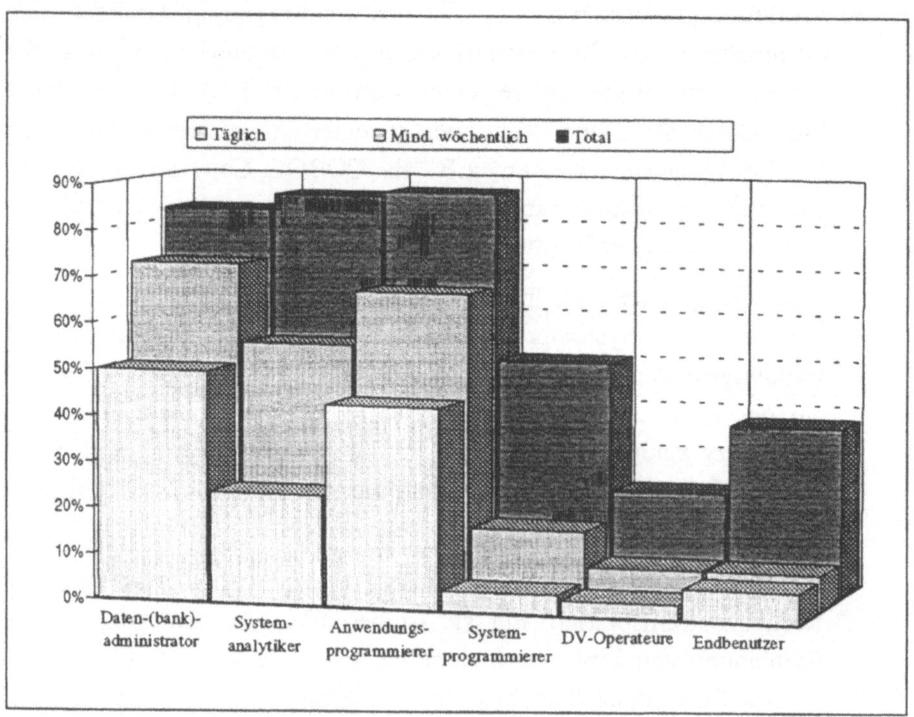

Bild 7-14:   Benutzergruppen von Data Dictionaries

Zahlen für die Gruppe der Anwendungsprogrammierer lediglich 66 % bzw. 44 % und die für die Systemanalytiker 54 % bzw. 24 % sind. Am seltensten haben von den angeführten Benutzergruppen die DV-Operateure etwas mit dem Data Dictionary zu tun, nämlich in nur 22 % aller Organisationen. Interessant ist, daß in immerhin mehr als einem Drittel der Fälle (ca. 37 %) auch Endbenutzer auf ein Data Dictionary zugreifen, wenngleich dies zumeist unregelmäßig geschieht.

Bei der vertiefenden Befragung ergab sich, daß Data Dictionaries nahezu ausnahmslos im idealtypischen Sinne eingesetzt wurden: Zunächst werden die (Daten-) Definitionen im Data Dictionary definiert und anschließend erfolgt davon die Generierung der entsprechenden Datenbankschemata bzw. Copy-Strecken. Diese Generatorfunktionen wurden durchwegs als sehr wichtig eingestuft; zumindest in einigen Fällen beschränkte sich der Einsatz von Data Dictionaries sogar vor allem auf den Aspekt des Hilfsmittels für die Generierung. Die zentrale Kontrolle über die definierten Elemente, die normalerweise der Datenadministration obliegt, wird dann kaum ausgeübt oder entfällt sogar ganz. Überhaupt entstand der Eindruck, daß die verantwortlichen Datenadministratoren teilweise nur sehr vage Vorstellungen davon hatten, wer wie mit dem Data Dictionary arbeitet. Nicht in allen Organisationen war die Benutzung des Data Dictionaries verbindlich durchgesetzt, sondern stand zum Teil im Ermessen der jeweiligen Projektleiter. Bedenkt man dies, so ist damit vielleicht auch zu erklären, warum Anwendungsprogrammierer und Systemanalytiker über alle Organisationen sogar häufiger auf Data Dictionaries zugreifen als Daten(bank)administratoren.

Auch die Ergebnisse zur Benutzungshäufigkeit von Data Dictionaries entsprechen prinzipiell der europäischen Studie zum Einsatz von Data Dictionaries. Dort wurden die Datenbankadministratoren als häufigste Gruppe in 94 % aller Fälle als DD-Nutzer ausgewiesen.[9] Systemanalytiker wurden zu 85 % und Programmierer zu 82 % genannt. Alle anderen Benutzergruppen gebrauchten das Data Dictionary deutlich weniger, nämlich 44 % der Systemprogrammierer, 21 % der Endbenutzer und gar nur 3 % der Operateure.

---

9)   Vgl. CNR/GMD/INRIA/NCC (1981), S. 47.

7.8. Nutzen von Data Dictionaries

Im Rahmen der vertiefenden Interviews wurde unter anderem versucht, den Nutzen von Data Dictionaries näher zu evaluieren. Dazu sind die Gesprächspartner in einem ersten Schritt mit einer Liste möglicher Nutzen konfrontiert worden, deren Bedeutung sie für ihre Organisation auf einer ordinalen Skala einschätzen sollten; obwohl diese Liste offen war, wurden zusätzliche Nutzenkategorien kaum genannt. Folgende Nutzen wurden überwiegend als von großer Bedeutung angesehen:

- Unterstützung bei der Programmierung von Systemerweiterungen bzw. -änderungen (Wartung)

- Unterstützung bei der Dokumentation

- Unterstützung bei der Durchsetzung von Standards

- Unterstützung bei der Erkennung von Namenskonflikten

- Unterstützung bei der (Neu-) Programmierung von Systemen (Generierung von DB-Schemata, Copy-Strecken)

- Überprüfung der Auswirkungen von Systemänderungen.

Diese Aufzählung überrascht nicht, da es sich dabei um Argumente handelt, die üblicherweise für Data Dictionaries ins Felde geführt werden. Überwiegend als wichtig, aber mit deutlich uneinheitlicherer Beurteilung bei den befragten Unternehmen, wurden folgende Nutzen angesehen:

- Unterstützung bei der Datenmodellierung

- Unterstützung bei der Integration von Datenmodellen

- Unterstützung des Copy-Managements

- Unterstützung bei der Kontrolle des Zugriffs auf Daten und deren Verwendung.

Von überwiegend geringer Bedeutung wurden dagegen die folgenden möglichen Nutzen eingestuft:

- Unterstützung bei der Vermeidung von Mehrfachprogrammierung von Programmen und Modulen

- Unterstützung beim Configuration-Management und der Versionsverwaltung

- Kontrolle des Zugriffs auf Daten

- Integritätssicherung bei der Dateneingabe.

Insbesondere die letzten beiden Argumente betreffen aktive Dictionary-Funktionen, die überwiegende Mehrheit der befragten Organisationen setzte hingegen ein passives bzw. bedingt aktives Dictionary-System ein, was die geringe Bedeutung erklären dürfte. Auch die geringe Einstufung der Versionsverwaltung mag die diesbezüglich eingeschränkten Möglichkeiten der im Einsatz befindlichen Systeme widerspiegeln.

Neben dieser eher pauschalen Benennung von Nutzen, die durch den Einsatz von Data Dictionaries zu erzielen sind, sollte der Versuch unternommen werden, den Nutzen in monetären Größen zu beziffern und mit den auftretenden Kosten in Bezug zu setzen. Ansätze zur Quantifizierung von Nutzen des Data-Dictionary-Einsatzes basieren im wesentlichen auf der Überlegung möglicher Kosteneinsparungen bei ihrer Verwendung. Diese seien in folgenden Bereichen zu suchen:[10]

- Verbesserung der Identifikation von Informationsressourcen, die gemeinsam genutzt bzw. wiederverwendet werden können

- Verminderung von Doppelentwicklungen

- Vereinfachung von Software-Migration und Datenkonversion

- Verminderung von Ausbildungskosten durch Standardisierung der Systementwicklung.

Unter der Fiktion von auftretenden Suchkosten, der bei erfolgloser Suche durchgeführten, eigentlich überflüssigen Mehrfachentwicklung und des daraus entstehenden zusätzlichen Aufwands für Wartung und Integration lassen sich dann Kennzahlen für die jährliche Personalkosteneinsparung errechnen. Habermann/Leymann geben auf der Basis solcher Annahmen Einsparungen von 400.000,- DM pro Jahr an.[11]

An dieser Stelle muß allerdings festgestellt werden, daß keines der befragten Unternehmen auch nur annähernd so detaillierte Angaben machen konnte. Schon bei der Bezifferung der Kosten traten erhebliche Schwierigkeiten auf. Zwar waren in allen Fällen die Kaufpreise und die jährlichen

---

10) Vgl. Habermann/Leymann (1993), S. 24 f.

11) Vgl. Habermann/Leymann (1993), S. 25.

Wartungskosten feststellbar, aber bei den mit dem Betrieb von Dictionaries in Zusammenhang stehenden Personalkosten konnten keine präzisen Angaben und oftmals nicht einmal grobe Schätzungen gemacht werden.

Keines der vertiefend befragten Unternehmen hatte jemals einen Versuch unternommen, den Nutzen von Data Dictionaries zu quantifizieren. Statt dessen wurden häufiger pauschale Werturteile abgegeben. Ein typisches positives Werturteil war dabei, daß ohne das Data Dictionary überhaupt kein vernünftiger Betrieb möglich wäre und damit die Kosten auf jeden Fall gerechtfertigt seien. Ein ebenso typisches negatives Werturteil lautete hingegen, daß das Data Dictionary wahrscheinlich mehr koste als es letztendlich bringe.

8. Schlußbetrachtungen

8.1. Zusammenfassung

In dieser Arbeit wurden eingehend verschiedene Voraussetzungen für den Einsatz von Data Dictionaries dargestellt und ihre tatsächliche Nutzung in der Praxis anhand einer empirischen Untersuchung aufgezeigt.

Das "klassische" Data Dictionary wird vor allem im Zusammenhang mit Datenbanksystemen gesehen und richtet sich insbesondere auf die Dokumentation von Daten (-elementen), Datenstrukturen und deren Verwendung. Dabei wird dieser Begriff oftmals noch von dem des Data Directory und des Data Catalogs abgegrenzt. Der Grundgedanke des Data Dictionaries bietet sich auch für die Realisierung einer umfassenden Entwicklungsdatenbank an, von der der Datenaspekt nur ein Teil ist. Dieser erweiterte Kontext wird dann oftmals durch eine andere Begriffswahl zum Ausdruck gebracht: es wird dann von einem Information Resource Dictionary oder auch einem Repository gesprochen.

Als eine der grundlegenden Voraussetzungen beim Aufbau eines Dictionaries wird hier das Vorliegen eines geeigneten Informationsmodells angesehen, welches über die darin definierten (Meta-) Objekttypen, (Meta-) Beziehungstypen und (Meta-) Attribute festlegt, welche Arten bzw. Typen von Meta-Daten in einem Dictionary berücksichtigt werden können. Ein Informationsmodell als Ganzes bildet somit den Rahmen für die Architektur von Informationssystemen. Es stellt damit ein allgemeines Denkmodell für die Organisation von Meta-Daten dar. Dabei besteht aber auf jeden Fall ein enger Zusammenhang zu den Methoden und Technologien, die abgebildet werden sollen. In der Arbeit wurde dieser Zusammenhang auf der fachlichen Ebene insbesondere für das Entity-Relationship-Modell und Datenflußdiagramme im Rahmen der Strukturierte Analyse und auf der DV-technischen Ebene anhand der Abbildung des relationalen Datenbanksystems DB2 und konventioneller Programmarchitekturen von sich untereinander aufrufenden Modulen bzw. Unterprogrammen aufgezeigt.

Dictionary-Systeme sind spezielle Datenbanksysteme, die bezüglich des unterstützten Datenmodells und der Funktionalität den speziellen Anforderungen an die Speicherung, Manipulation und Auswertung von Meta-Daten

Rechnung tragen sollen. Darunter fällt die Berücksichtigung komplexer Strukturen wie die von unstrukturierten, monolithischen Datenfeldern, die insbesondere längere Texte beinhalten. Weitere Besonderheiten bzw. Problematiken betreffen beispielsweise die Identifizierung von Meta-Objekten und die Versionierung.

Für die Verwaltung von Dictionaries kommen recht unterschiedliche Systeme in Frage. Einmal kann dafür ein spezielles System vorgesehen sein, das primär die Funktion eines Dictionaries abdeckt. Als Beispiel dafür wurde in der Arbeit das Werkzeug ROCHADE eingehender dargestellt. Es erlaubt eine freie Definition eines Informationsmodells. Zum anderen wird ein Dictionary aber auch oftmals im Rahmen von verschiedenen Werkzeugen einer Software-Produktionsumgebung (SPU) geführt, die damit nur als sekundäre Funktion die eines Dictionary-Systems aufweisen. Dies können sehr verschiedenartige Werkzeuge sein, wie z.B. Datenbanksysteme, 4GL-Umgebungen und CASE-Werkzeuge. Als Beispiele dafür wurden der Datenkatalog des relationalen Datenbanksystems DB2 und die Enzyklopädie des integrierten (Upper-) CASE-Werkzeugs ADW näher betrachtet. Bei diesen ist das Informationsmodell jeweils fest vorgegeben. Den angeführten Systemen wurde die IRDS-Norm der ANSI gegenübergestellt. In dieser werden eine Architektur für ein Dictionary-System definiert und verschiedene zu unterstützende Funktionen vorgegeben. Die Norm sieht eine freie Definition von Informationsmodellen mit den Mitteln des Entity-Relationship-Modells (ERM) vor.

Wenn in einer gegebenen Entwicklungsumgebung verschiedene Werkzeuge mit einer Dictionary-Komponente existieren, dann muß ein Konzept zu deren Integration entwickelt werden. Sofern ein Dictionary-System keine verteilte Datenverwaltung unterstützt oder verschiedene primäre und sekundäre Dictionary-Systeme im Rahmen einer SPU auftreten, wird ein Austausch bzw. eine Konsolidierung von Meta-Daten notwendig. Bei der Konsolidierung stellen sich verschiedene methodisch-technische Probleme. Vor allem müssen den zu konsolidierenden Dictionaries gleichartige bzw. kompatible Informationsmodelle unterliegen. Ist dies nicht der Fall, so ist eine Transformation von einem ins andere Modell notwendig, die sich sehr aufwendig gestalten kann. Deckt dieses Informationsmodell andere Konzepte bzw. Methoden ab, so ist eine Transformation unter Umständen überhaupt gar nicht ohne Informationsverluste möglich. Ein weiteres Problem kann sich aus unterschiedlichen Austauschformaten ergeben; dieses ist aber für sich allein genommen im Vergleich zur Problematik unterschiedlicher Informationsmodelle relativ einfach zu lösen.

Technische Konsolidierungsprobleme ergeben sich vor allem dann, wenn Dictionaries unter Dictionary-Systemen verschiedener Hersteller zu konsolidieren sind. In der Arbeit wurde dies am Beispiel von ADW und ROCHADE dargestellt. Da ROCHADE ein primäres Dictionary-System ist, das eine freie Definition des Informationsmodells erlaubt, sollte es eigentlich genau an das ADW-interne Modell anzupassen sein. Dies ist jedoch nicht vollständig möglich, da beide Systeme ein unterschiedliches Datenmodell für die Organisation ihrer Meta-Daten benutzen.

Selbst wenn keine Probleme mit unterschiedlichen Datenmodellen, Informationsmodellen und Austauschformaten auftreten, ist die Konsolidierung keineswegs trivial. Dann muß nämlich eine Integration der Meta-Daten der zu konsolidierenden Dictionaries stattfinden, was zu Kollisionen unterschiedlicher Spezifikationen führen kann. Die in gegenwärtigen Werkzeugen angebotenen Konsolidierungsmechanismen sind vergleichsweise simpel. Dieses wurde insbesondere am Beispiel der Konsolidierung von Enzyklopädien unter ROCHADE und ADW ausgeführt. Die Konsolidierung ist bei diesen Werkzeugen gerichtet, es wird also eine Menge von Meta-Daten aus einem Quell-Dictionary in ein Ziel-Dictionary exportiert. Im Fall von Namensgleichheiten treten dabei Kollisionen auf, wenn ein Dictionary wie üblich nur ein Meta-Objekt mit einem gegebenen Namen in einem Dictionary akzeptiert. Auf solche Kollisionen kann im einfachsten Fall auf zwei Arten reagiert werden: zum einen wird die Aufnahme eines namensgleichen Meta-Objekts abgelehnt, zum anderen werden Inhalte einfach überschrieben, was zu fatalen Informationsverlusten führen kann.

Um die beschriebenen Probleme zu vermeiden, müßten die zu konsolidierenden Sachverhalte zur Sicherheit vorgängig auf Namensgleichheiten untersucht werden. Selbst wenn keine Kollisionen auftreten, sind immer noch Konflikte durch Synonyme und die Verwendung unterschiedlicher Modellkonstrukte zur Darstellung gleicher Sachverhalte möglich. Diese sind zwar speicherungstechnisch unproblematisch, führen aber zu einem uneinheitlichen Modellverständnis.

Wenn das Was und das Wo der Speicherung von Meta-Daten geklärt ist, dann muß auch das Wie geregelt werden. Durch die Definition eines Informationsmodells und dessen Implementation in einem oder mehreren Dictionary-Systemen wird schon ein mehr oder minder beschränkender Rahmen für die Form der Beschreibung von DV-Sachverhalten in Dictionaries vorgegeben. Diese Einschränkungen sind je nach Datenmodell, das von dem jeweiligen Dictionary-System unterstützt wird, seinen Möglichkeiten zur Integritätssicherung, sowie der konkreten Modellierung des Informationsmodells unterschiedlich streng. Daneben existieren noch Meta-Attribute, deren Inhalte weitgehend frei zu definieren sind. Dies gilt insbesondere für benutzerorientierte Meta-Daten, die oftmals eine unstrukturierte, textuelle Form aufweisen. Eine beschränkte Freiheit ist auch bei der Vergabe geeigneter Zugriffsnamen für Meta-Objekte gegeben. Unabhängig von diesen technischen Möglichkeiten ist es sinnvoll, auch für Meta-Attribute, die keinem streng formalen Aufbau genügen müssen, vereinheitlichende Formvorschriften vorzugeben, um so eine möglichst hohe Dokumentationsqualität zu begünstigen. Dies geschieht über das Setzen geeigneter Standards zur Definition von Meta-Objekten. Besonders wichtig sind solche Standards für die Definition von Objektnamen, da über diese üblicherweise der Zugriff auf ein konkretes Objekt erfolgt. Komplexere Namensstandards basieren auf der Verwendung von Schlüsselworten, aus denen der Name nach ganz bestimmten Regeln zusammengesetzt wird (*Keyword-in-Context*). Als Alternative dazu lassen sich Schlüsselworte auch ausserhalb des Namens führen (*Keyword-out-of-Context*). Ebenfalls nicht unwichtig sind Standards für benutzerorientierte Meta-Attribute, insbesondere solche, die eine sinnvolle und aussagekräftige Definition der Bedeutung von Meta-Objekten betreffen.

Eine empirische Untersuchung sollte die tatsächliche Nutzung von Data Dictionaries einschätzen helfen. Insgesamt gaben deutlich über die Hälfte (61 %) der antwortenden Unternehmen an, daß sie wenigstens ein Data Dictionary einsetzen, davon einige sogar mehrere. Allerdings wurden unter dem Begriff Data Dictionary sehr unterschiedliche Produkte verstanden. Dabei handelte es sich um primäre, unabhängige Dictionary-Systeme sowie primäre, abhängige Systeme auf der einen Seite und sekundäre Dictionary-Systeme auf der anderen Seite. Als die häufigsten Produkte wurden DATA-MANAGER (bzw. MSP-Repository), SAP Data Dictionary und CDD+ von DEC genannt. Die Data Dictionaries einsetzenden Organisationen wurden außerdem nach ihrer Einschätzung der Bedeutung des Dictionary-Einsatzes in ihrem Unternehmen gefragt: mehr als die Hälfte gaben dabei an, daß diese hoch oder sehr hoch sei.

Die Untersuchung zeigt, daß Dictionary-Systeme heute überwiegend in der Rolle als Data Dictionary eingesetzt werden: Objekte der Datenwelt finden häufiger als die der Prozeßwelt Berücksichtigung und DV-technische Objekte werden weitaus öfter erfaßt als die der Fachwelt. Die am häufigsten gespeicherten DV-Objekte betreffen die Datenschemata von Datenbanken und - schon seltener - die diese benutzenden Programme. Auch konventionelle Dateien wurden noch von einer Mehrzahl der antwortenden Unternehmen dokumentiert. Immerhin mehr als die Hälfte der Dictionary-Nutzer behaupteten, eine hohe oder gar vollständige Abdeckung der Unternehmensdaten in ihrem Data Dictionary erreicht zu haben. Demgegenüber ist die Dokumentation von konzeptuellen Datenmodellen wie dem ERM und der Unternehmensfunktionen und -prozesse weitaus seltener. Dies schlägt sich auch darin nieder, daß derzeit nur 13 % der befragten Unternehmen ein unternehmensweites Datenmodell aufgebaut haben. Allerdings gaben zudem über ein Drittel der Organisationen an, daß sie an der Entwicklung eines derartigen Modells arbeiten würden.

Sind Data Dictionaries vorhanden, so werden sie bei den meisten antwortenden Unternehmen auch regelmäßig benutzt. Die Benutzergruppen, die ein Data Dictionary am häufigsten gebrauchen, sind Daten(bank)administratoren, Anwendungsprogrammierer und Systemanalytiker. Dabei greifen die ersten beiden Gruppen in ungefähr der Hälfte aller Fälle täglich auf das Data Dictionary zu, in mehr als zwei Drittel der Fälle zumindest wöchentlich. Deutlich weniger wichtig ist der Gebrauch von Dictionaries für andere Benutzergruppen wie Systemprogrammierer, Endbenutzer und DV-Operateure.

8.2. Schlußfolgerungen und Ausblick

Die tatsächliche Nutzung von Methoden und Werkzeugen des Software Engineerings im allgemeinen und von Data Dictionaries im besonderen wird oftmals eher skeptisch beurteilt. "Eine Einsatzhäufigkeit von mehr als 50 % erreichen nur wenige Hilfsmittel bzw. Kategorien von Hilfsmitteln. Selbst grundlegende Methoden und Werkzeuge wie etwa der Datenentwurf oder Data Dictionaries erreichen keine hohe Verbreitung, wenn man nicht auf die Installationszahl, sondern auf den effektiven Einsatz schaut."[1] Die durchgeführte empirische Untersuchung bestätigt diese Einschätzung tendenziell. Allerdings konnten auch eine ganze Reihe von Organisationen identifiziert werden, die das Dictionary-Konzept offenbar intensiv verfolgen. Von der idealisierten Vision einer (logisch) zentralisierten und umfassenden Entwicklungsdatenbank als Speicher und Quelle von Meta-Daten scheinen jedoch auch diese noch weit entfernt zu sein.

Bei herkömmlichen Dictionary-Systemen lassen sich eine Reihe von technischen Unzulänglichkeiten feststellen. Das vorherrschende Paradigma bei der Speicherung von Meta-Daten in Dictionaries erfordert eine "Atomisierung" komplexer Entwurfsdokumente bzw. Software-Definitionen in eine Menge von Meta-Objekten unterschiedlicher Typen, die durch Meta-Beziehungen miteinander verbunden sind. Daraus ergeben sich eine Anzahl praktischer Probleme, zum Beispiel, wie die einzelnen Meta-Objekte identifiziert werden sollen. Hier ist zu fragen, ob die derzeit unterstützten Konzepte der globalen Namensidentifikation im Rahmen eines Dictionaries, die Namenseindeutigkeit bezüglich des ganzen Dictionaries oder des betreffenden Meta-Objekttyps verlangen, nicht zu rigide sind. Um mögliche Namenskollisionen zu vermeiden, müssen entweder im Vorfelde eindeutige Zugriffsnamen definiert und durchgesetzt werden oder aber ein eigener dictionary-interner Name eingeführt werden; die verschiedenen lokalen Namen haben dann nur eine kontextgebundene Gültigkeit. Der erste Fall ist aus verschiedenen organisatorischen und praktischen Erwägungen unter Umständen nicht oder nur schwer durchzusetzen. Im zweiten Fall ist dann nichts gewonnen, solange ein externer Benutzer nur den jeweiligen lokalen Namen kennt. Das Konzept der Aliasnamen hilft auch nicht, da es üblicherweise ebenfalls Eindeutigkeit unterstellt.

Als Konsequenz aus diesen Überlegungen ist zu fordern, daß verschiedene lokale bzw. alternative Namen für Meta-Objekte geführt werden können, die nicht unbedingt eindeutig sein müssen, über die aber trotzdem ähnlich schnell wie über den Identifikator zugegriffen werden kann. Es handelt sich dabei

---

1)   Österle (1988), S. 10.

also um Sekundärschlüssel im Sinne der Datenbankterminologie. Da diese unter Umständen nicht eindeutig auf ein Meta-Objekt verweisen, muß dann eine Auswahl aus gleichnamigen Elementen möglich sein. Hier wäre es sinnvoll, wenn für ein Meta-Objekt der Kontext vorgegeben werden kann, in dem es identifiziert werden soll, z.B. ein bestimmtes System, eine Datenbank, eine Organisationseinheit. Dieser Kontext wäre dann als qualifizierendes Merkmal bei dem Zugriff anzugeben, wobei es nützlich scheint, wenn dieser Kontext nicht immer bei jedem Zugriff neu eingegeben werden müßte, sondern auch pauschal für alle folgenden Manipulationen gesetzt werden kann.

Mit dieser Problematik hängt unmittelbar die Frage der Integration zusammen. Die Meta-Objekte verschiedener zu dokumentierender Systeme können unter Umständen redundante Definitionen gleicher Sachverhalte beinhalten und sich im schlimmsten Fall sogar widersprechen. Eine Integration strebt an, diese uneinheitlichen Definitionen gleicher Sachverhalte zu vereinheitlichen oder zumindest einen Zusammenhang zwischen ihnen herzustellen. Dieser Vorgang beschränkt sich allerdings nicht nur auf Namenskonflikte, von denen in einem Dictionary üblicherweise nur Synonyme auftreten können, sofern Namen Identifikatoren sind, sondern auch auf Strukturkonflikte, bei denen gleiche Sachverhalte unterschiedlich modelliert, d.h. durch unterschiedliche Typen von Meta-Objekten abgebildet werden. Da derartige Konflikte in einem umfangreicheren Dictionary nur schwerlich zu entdecken sind, müßte dieser Vorgang durch entsprechende Integrationsfunktionen unterstützt werden. Dabei kann die Integration nicht nur nachträglich, sondern auch vorgängig stattfinden. In letzterem Fall wäre vor der Neudefinition eines jeden Meta-Objekts zu prüfen, ob nicht ein entsprechendes Meta-Objekt bereits definiert wurde. Diese Überprüfung darf sich wiederum nicht nur auf Meta-Objekte des gleichen Typs beschränken.

Im Zusammenhang mit Dictionary-Systemen wird auch häufiger das Konzept der Versionierung gefordert, wenngleich bei der hier beschriebenen Untersuchung nicht der Eindruck entstanden ist, daß diese Problematik für DD-Anwender gegenwärtig von überragender Bedeutung wäre. Praxisrelevante Systeme unterstützen Versionierung häufig nicht oder nur unvollständig. Dieses Konzept erscheint jedoch sehr wichtig um die Dynamik und Fortentwicklung von Informationssystemen sauber abbilden zu können. Die IRDS-Norm sieht ein zweidimensionales Versionenkonzept vor, welches Revisionen und Alternativen abdeckt. Dieses Versionenkonzept wird allerdings nur auf Meta-Objekte angewandt. Dabei stellt sich die Frage, ob Beziehungen nicht auch Versionen haben können. Dies gilt umso mehr, als im IRDS auch Beziehungstypen eigene Attribute aufweisen können; deren Werte könnten geändert werden, ohne daß die verbundenen Meta-Objekte betroffen wären.

Das Konzept eines (Data) Dictionaries steht und fällt mit der Vollständigkeit und der Richtigkeit der in ihm gespeicherten Meta-Daten. Deshalb müssen alle im Rahmen von Informationssystem-Architekturen relevanten Sachverhalte systematisch und sorgfältig dokumentiert werden. Hier ergeben sich jedoch große Probleme, solange die Dokumentation als zusätzlicher Arbeitsschritt erfolgen muß, der von den betroffenen Personen oft als Ärgernis und unter Umständen sogar als überflüssig wahrgenommen wird. Die nur zu menschliche Reaktion darauf wäre, dieser lästigen Verpflichtung so weit wie möglich auszuweichen, was eine immanente Bedrohung der Relevanz eines Dictionaries darstellt. Um dies zu verhindern, müssen die organisatorischen und technischen Voraussetzungen geschaffen werden, die den Gebrauch des Data Dictionaries begünstigen bzw. seine Umgehung unmöglich machen. Dazu gehört eine möglichst einfache Benutzung, die sich möglichst gut in die gegebene SPU einfügt.

Am ehesten kann der Gefahr unvollständiger Dokumentation begegnet werden, wenn die Dokumentationstätigkeit unauflöslich mit der Analyse- und Entwurfstätigkeit verbunden ist. Die organisatorische Verzahnung von Entwicklung und Dokumentation bedingt eine technische Verzahnung von Dokumentations- und Entwicklungswerkzeugen. Passive Dictionary-Systeme bieten nicht die technischen Voraussetzungen, um der gestellten Anforderung ohne weiteres nachzukommen. Da es sich bei ihnen in der Regel um primäre Systeme handelt, die die Möglichkeit zu einer freien Definition des Informationsmodells eröffnen, besteht keine Bindung an eine gegebene Methoden- oder Technologielandschaft, wodurch sie vergleichsweise flexibel einsetzbar sind. Durch spezielle Generatormodule können sie zudem zu einem bedingt aktiven Dictionary fortentwickelt werden. Aktive Dictionary-Systeme erfüllen zwar die technischen Voraussetzungen in hohem Maße, bei ihnen handelt es sich jedoch üblicherweise um sekundäre Dictionaries wie CASE-Werkzeuge und Datenbanksysteme, die über eigene Dictionary-Funktionen verfügen. Diese können üblicherweise kaum an andere Informationsbedürfnisse angepaßt bzw. erweitert werden. Außerdem ist zu beachten, daß selbst dann, wenn die Entwicklungs- und Entwurfsaktivität unauflöslich mit der Dokumentationsaktivität verzahnt ist, dies doch nur für die Meta-Daten gilt, die für den Entwicklungsvorgang unabdingbar sind. Gerade benutzerorientierte Daten, die etwa die Bedeutung der betreffenden Meta-Objekte beschreiben, werden davon nicht betroffen; für sie gilt also weiterhin die oben angesprochen Dokumentationsproblematik.

Bei der Auswahl eines geeigneten Dictionary-Systems ergibt sich somit ein Dilemma: Zwischen primären passiven Dictionary-Systemen und sekundären aktiven besteht ein *Trade-Off* zwischen Flexibilität und Integration, der bei einer Entscheidung für das eine oder andere Konzept zu beachten ist. Je homogener eine SPU um eine einzige Umgebung zentriert ist, umso eher kommt eine Lösung mit einem sekundären aktiven System in Betracht, je heterogener die Umwelt ist, umso eher ist ein primäres passives System zu erwägen.

Die Integration von Dictionary-Systemen in eine bestehende Systemlandschaft erfordert zumindest, daß das Dictionary-System zentrale Datenspeicherungskomponente für die Entwicklungssysteme einer SPU wird. Dieses Konzept kann verwirklicht werden, indem alle Werkzeuge direkt auf das zentrale Dictionary zugreifen, aber auch indirekt, indem die einzelnen Werkzeuge durchaus über individuelle, lokale Dictionaries verfügen und ihre Meta-Daten im Rahmen von Konsolidierungsvorgängen mit dem zentralen Dictionary austauschen.

Das Konzept der Konsolidierung, sofern überhaupt unterstützt, erweist sich bei vielen Werkzeugen für diese Zwecke als zu wenig mächtig. Zum einen erscheinen pauschale Konsolidierungsregeln als bedenklich, weil sie zu ungewollten Überschreibungen führen können. Hier stellt sich die Frage, ob und inwieweit die menschliche Kontrolle bei diesem Vorgang überhaupt durch einen Regelmechanismus ersetzt werden kann. Zum anderen erweist sich die Gerichtetheit des Konsolidierungsmechanismus als problematisch, bei dem ein Austausch von Meta-Daten immer nur zwischen einem Quell- und einem Ziel-Dictionary stattfindet. Die übliche Problemstellung bei der Konsolidierung dürfte jedoch sein, daß die in beiden Dictionaries enthaltenen Objektdefinitionen übereinstimmen sollen. Im einfachsten Fall heißt dies, daß abweichende Definitionen entweder in dem einen oder dem anderen Dictionary geändert werden müssen. In einem gerichteten Vorgehen sind vorderhand jedoch nur Änderungen im Ziel-Dictionary möglich; wird die Übernahme der Meta-Daten dort abgewiesen, so sind die betreffenden Objekte auch nach der Konsolidierung in den zu konsolidierenden Dictionaries unterschiedlich definiert. Zudem kann das dazu führen, daß das Ziel-Dictionary inkonsistent wird, wenn einige Teile eines zusammenhängenden Dokuments übernommen werden, andere hingegen nicht.

Selbst wenn keine technischen Probleme auftreten, bedingt jede Konsolidierung eine (nachträgliche) Integration der betreffenden Meta-Objekte, weshalb dieser Vorgang tendenziell sehr arbeitsaufwendig und fehleranfällig ist. Aus diesem Grunde stellt sich die Frage, ob eine logisch zentralisierte Meta-Datenhaltung prinzipiell vorgezogen werden sollte. Diese kann ja physisch durchaus als verteilte Datenbank organisiert sein. Allerdings setzen die Heterogenität der Umgebungen und möglicherweise auch Performance-Überlegungen einem derartigen Konzept gewisse Grenzen.

Bei einer vollständigen Integration in eine SPU tritt das Dictionary-System hinter den einzelnen Werkzeugen zurück: Der Endbenutzer sieht nur deren Oberfläche, selbst wenn er auf Dictionary-Inhalte zugreift. Das Dictionary-System selbst bietet allenfalls einige Spezialfunktionen an, die für spezielle Administrationsbedürfnisse benötigt werden. Eine weitergehende Integration führt dann zu einer Symbiose, weshalb zwischen dem Dictionary-System und dem darauf aufsetzenden Werkzeug unter Umständen nicht mehr genau zu unterscheiden ist. Soll dies umfassend verwirklicht werden, so führt das zu einer erheblichen Komplexität.

Die Forderung nach einer gemeinsamen Meta-Datenbank bedingt ein einheitliches Informationsmodell. Dies wird nicht nur als Definitionsschema des umfassenden Dictionaries benötigt, sondern betrifft auch direkt den Austausch von Meta-Daten im Rahmen einer Konsolidierung. Jeder Austausch von Meta-Daten zwischen Dictionaries verlangt nämlich ein gleiches bzw. kompatibles Informationsmodell der beteiligen Dictionaries. Da Informationsmodelle nichts weiter als Abbildungen von bestimmten Methoden bzw. DV-Technologien sind, heißt das nichts anderes, als daß nur Meta-Daten über Objekte konsolidiert werden können, die gleichen bzw. kompatiblen Methoden- und Systemlandschaften entstammen. Wird an ein Referenzmodell der Anspruch geknüpft, eine zumindest beschränkte Allgemeingültigkeit aufzuweisen, so müssen die Meta-Datenstrukturen in der Lage sein, verschiedene Methoden abzudecken, also quasi eine Super-Methode zu sein. Es ist zu fragen, inwieweit dieser Anspruch wirklich eingelöst werden kann. Am ehesten wird dies für Methoden der Fall sein, die sich ohnehin sehr ähnlich sind.

Die Entwicklungsgeschichte des IBM-Repository steht wie ein Menetekel für die grundsätzliche Frage, ob das Konzept einer zentralisierten und umfassenden Entwicklungsdatenbank nicht ebenso an der in der Praxis zu beobachtenden technischen *und* organisatorischen Komplexität und Heterogenität scheitern muß, wie andere Integrationskonzepte vor ihr. Dies soll jedoch nicht heißen, daß damit die Brauchbarkeit von Dictionaries an sich in Zweifel gezogen wird. Dictionary-Konzepte sind geradezu eine Voraussetzung für CASE und ermöglichen erst eine organische Verbindung der verschiedenen Entwurfsdokumente des Entwicklungszyklus mit den Objektcodes und Datendefinitionen der implementierten Systeme. Erst in einem alle Entwicklungsstufen eines Informationsystems umfassenden Dictionary können übergreifende Integritätsbedingungen erzwungen werden. Von besonderer Bedeutung dürften dabei solche Integritätsbedingungen sein, die daraus resultieren, daß logisch als Einheit zu betrachtende Dokumente intern als einzelne, miteinander verbundene Meta-Objekte abgelegt werden. Dazu gehört die Phasenverbundenheit von Meta-Objekten, die fordert, daß zwei über eine Beziehung phasenverbundene Meta-Objekte stets den gleichen Status aufweisen müssen. Das heißt z.B., daß kein Datenelement innerhalb eines bestimmten Datensatzes seinen Status ändern kann, ohne daß der Status dieses Datensatzes entsprechend mitverändert wird.

Das Konzept der Phasenverbundenheit unterstellt stillschweigend, daß sich alle Meta-Objekte durch die verschiedenen Entwicklungsstufen hindurchbewegen. Dies muß aber nicht der Fall sein. So gibt es Meta-Objekte, die qua Definition unterschiedlichen Phasen zuzuordnen sind und trotzdem zusammengehören. Dies gilt beispielsweise für ein fachliches Datenelement, das der Analyse zuzurechnen ist und dem ein oder mehrere physische Datenelemente der Phase Design bzw. Produktion entsprechen. Zwischen beiden Bereichen besteht eine Abhängigkeit der Art, daß bestimmte Eigenschaften eines in der Phase nachgelagerten Meta-Objekts nicht geändert werden dürfen, ohne daß das zugehörige phasenvorgelagerte Meta-Objekt entsprechend abgeändert wird. Soll beispielsweise die Datenlänge des physischen Datenelements so abgeändert werden, daß eine längere Postleitzahl gespeichert werden kann, so ist das die Folge einer Änderung in der Fachwelt und muß dementsprechend auch dort berücksichtigt werden; eine Änderung des physischen Datenelements ohne eine entsprechende Änderung des logischen Datenelements wäre dann abzuweisen. Da dies heutzutage in der Regel nicht ordnungsgemäß geschieht, haben Entwicklungsdokumente die Eigenschaft, daß sie ein Informationssystems mit fortlaufender Lebensdauer immer weniger repräsentieren, bis sie nahezu nutzlos geworden sind. Dies ist dann auch der Anfang vom Ende des betreffenden Informationssystems, das dann nur noch mit immer größer werdendem Aufwand gewartet werden kann.

Wenn über geeignete Integritätsbedingungen die Änderung nachgelagerter Meta-Objekte ohne gleichzeitige Anpassung der entsprechenden vorgelagerten Meta-Objekte unmöglich ist, so wäre dies ein Weg, das Auseinanderlaufen von Entwicklungsdokumenten und implementierten Systemen zu verhindern und diese damit zu einer gesamtheitlichen Software zu verbinden. Dies stellt ein lohnendes Feld für zukünftige Forschung im Bereich von Dictionary-Systemen dar.

Literaturverzeichnis

Andexer, H., AD/Cycle - Das IBM-Softwareentwicklungs-Konzept ... und
wie geht es weiter?, in: Wirtschaftsinformatik 33 (1991), Nr. 1,
S. 26 - 32.

ANSI, American National Standard X3.138-1988: Information Resource
Dictionary System (IRDS), New York: American National Standard
Institute 1989.

ANSI/X3/SPARC Study Group on Database Management Systems, Interim
Report 75-02-08, in: FDT Bulletin of ACM SIGMOD 7 (1975), Nr. 2.

Appleton, D.S., The Modern Data Dictionary, in: Datamation 33 (1987),
Nr. 5, S. 66-68.

Aschmann, M., Rauh, K.-H., Schröder, E., Systematische Anwendungsentwicklung mit Hilfe eines CASE-Tools - Erfahrungen aus einem Pilot-
projekt, in: K.-H. Rauh, E. Stickel (Hrsg.), Software Engineering -
Erfahrungsberichte aus Dienstleistungsunternehmen, Handel und
Industrie, Wiesbaden: Gabler 1991.

Ashworth, C., Goodland, M., SSADM - A Practical Approach, London et
al.: McGraw-Hill 1990.

Balzert, H., Die Entwicklung von Software-Systemen - Prinzipien,
Methoden, Sprachen, Werkzeuge, Mannheim et al.: BI-Wissenschaftsverlag 1982.

Batini, C., Lenzerini, M., Navathe, S.B., A Comparative Analysis of
Methodologies for Database Schema Integration, in: ACM Computing
Surveys 18 (1986), Nr. 4, S. 323-364.

Batini, C., Ceri, S., Navathe, S.B., Conceptual Database Design - An Entity-
Relationship Approach, Redford City: Benjamin/Cummings 1992.

Batra, D., Kirs, P.J., A Comparison of the Data Aggregation Approach with
the Logical Relational Design Methodology, in: J.I. DeGross, M.
Alavi, H. Oppelland (Eds.), Proceedings of the Eleventh International
Conference on Information Systems 1990, Baltimore: ACM,
S. 111 - 123.

Bauer, M., Einsatz von Sprachen der 4. Generation im Rahmen von CASE,
in: Wirtschaftsinformatik 33 (1991), Nr. 1, S. 40 - 46.

BCS (British Computer Society), Data Dictionary Systems Working Party Report, in: Data Base 9 (1977), Nr. 2, S. 1 ff.

Beetz, J., Lambers, H., Eine Anwendungs-Entwicklungsmethodik für AD/Cycle - Die Methodik der DV-Verfahrenstechnik, Bonn et al.: Addison-Wesley 1991.

Biethan, J., Mucksch, H., Ruf, W., Ganzheitliches Informationsmanagement, Band I: Grundlagen, München, Wien: Oldenbourg 1990.

Biethan, J., Mucksch, H., Ruf, W., Ganzheitliches Informationsmanagement, Band II: Daten- und Entwicklungsmanagement, München, Wien: Oldenbourg 1991.

Böhm, R., Fuchs, E., Pacher, G., System-Entwicklung in der Wirtschafts-informatik, Zürich: Verlag der Fachvereine 1993.

Brathwaite, K.S., Analysis, Design, and Implementation of Data Dictionaries, New York et al.: McGraw-Hill 1988.

Brenner, W., Entwurf betrieblicher Datenelemente: Ein Weg zur Integration von Informationssystemen, Berlin et al.: Springer 1988.

Brenner, W., Lieser, K., Österle, H., Datenintegration über Datenklassifi-kation - Ein Erfahrungsbericht, in: Angewandte Informatik 30 (1988), Nr. 7, S. 302 - 310.

Bundesamt für Sozialversicherung, Die Versichertennummer - Gültig ab 1. Januar 1989, Bern: Eidgenössische Drucksachen- und Material-zentrale o.J.

Carlyle, R., Is Your Data Ready for the Repository?, in: Datamation, January 36 (1990), Nr. 1, S. 43-48.

CCTA, SSADM Support Tools Conformance Appraisal Schema, o.O.: Central Computer and Telecommunications Agency 1989.

CDIF, Introduction to CDIF - The CASE Data Interchange Format Standards, Informationsbroschüre der CDIF, o.O. April 1992.

Chen, P.P., The Entity-Relationship Model - Towards a Unified View of Data, in: Transactions on Database Systems 1 (1976), Nr. 1, S. 9-36.

Chen, P.P., English Sentence Structure and Entity-Relationship-Diagrams, in: Information Sciences 29 (1983), S. 127 - 149.

CNR, GMD, INRIA, NCC, Der Einsatz von Data Dictionaries: Eine
Umfrage, Gemeinsames Projekt Auswahl und Einführung von Daten-
banksystemen, St. Augustin: Gesellschaft für Mathematik und
Datenverarbeitung 1981.

Coad, P., Yourdon, E., Object-Oriented Analysis, 2nd Ed., Englewood
Cliffs: Prentice Hall 1991.

Codd, E.F., A Relational Model for Large Shared Data Banks, in:
Communications of the ACM 13 (1970), Nr. 6, S. 377 - 387.

Codd, E.F., Extending the Database Relational Model to Capture More
Meaning, in: ACM Transactions on Database Systems 4 (1979), Nr. 4,
S. 397 - 434.

Codd, E.F., How Relational is your Database Management System?, in:
Computerworld (1985), Part 1: October 14, S. 1 - 9, 21; Part 2: Does
your DBMS run by the rules?, October 21, S. 49 -60.

Codd, E.F. Nicht jedes RDBMS ist wirklich relational, in: Computerwoche
(1986a), Teil 1: 11. April, S. 12 - 15; Teil 2: 18. April, S. 12 - 14.

Codd, E.F., An Evaluation Scheme for Database Management Systems that
are claimed to be Relational, in: Proceedings of the International
Conference on Data Engineering, Washington: IEEE (1986b),
S. 720 - 720.

Codd, E.F., The Relational Model for Database Management - Version 2,
Reading et al.: Addison-Wesley 1990.

Curtice, R.M., Data Dictionaries: An Assessment of Current Practice and
Problems, in: Proceedings of the Seventh International Conference on
Very Large Data Bases, New York: IEEE Computer Society Press
1981.

Date, C.J., An Introduction to Database Systems, Volume I, 4th Ed.,
Reading et al.: Addison-Wesley 1986.

Date, C.J., An Introduction to Database Systems, Volume II, Reading et al.:
Addison-Wesley 1983.

Date, C.J., White, C.J., A Guide to DB2, 2nd Ed., Reading et al.: Addison-
Wesley 1988.

DeMarco, T., Structured Analysis and Systems Specification, Englewood
Cliffs: Prentice-Hall 1979.

Dolk, D.R., Model Management and Structured Modeling - The Role of an Information Resource Dictionary System, Communication of the ACM 31 (1988), Nr. 6, S. 704 - 718.

Dolk, D.R., Kirsch, R.A., A Relational Information Resource Dictionary System, in: Communication of the ACM 30 (1987), Nr. 1, S. 48 - 61.

Downs, E., Clare, P., Coe, I., Structured Systems Analysis and Design Method - Application and Context, 2nd Ed., New York et al.: Prentice Hall 1992.

Dreesbach, W., Das Entwicklungssystem ROCHADE der R&O Software-Technik GmbH, in: T. Gutzwiller, H. Österle (Hrsg.), Anleitung zu einer praxisorientierten Software-Entwicklungsumgebung, Band 2: Entwicklungssysteme und 4.-Generations-Sprachen, Hallbergmoos: Angewandte Informationstechnik 1988, S. 113 - 122.

Durell, W.R., Data Administration: A Practical Guide to Successful Data Management, New York et al.: McGraw-Hill 1985.

Elmasri, R., Navathe, S.B., Fundamentals of Database Systems, Redwood City et al.: Benjamin/Cummings 1989.

Everest, G.C., Database Management: Objectives, System Functions, and Administration, New York et al.: McGraw-Hill 1986.

Feltscher, M., Realisierung einer Schnittstelle zwischen IEW und ROCHADE, Lizentiatsarbeit an der Universität Bern 1991.

Ferstl, O.K., Sinz, E., Objektmodellierung betrieblicher Informationssysteme im Semantischen Objektmodell (SOM), in: Wirtschaftsinformatik 32 (1990), Nr. 6, S. 566 - 581.

Ferstl, O.K., Sinz, E., Ein Vorgehensmodell zur Objektmodellierung betrieblicher Informationssysteme im Semantischen Objektmodell (SOM), in: Wirtschaftsinformatik 33 (1991), Nr. 6, S. 477 - 491.

Ferstl, O.K., Sinz, E., Grundlagen der Wirtschaftsinformatik, Band 1, München, Wien: Oldenbourg 1993.

Finkenzeller, Kracke, Unterstein, Integritätsunabhängigkeit mit neuem SQL, in: ComputerMagazin 20 (1991), Nr. 11/12, S. 35 - 38.

Gane, C., Sarson, T., Structured Systems Analysis - Tools and Techniques, Englewood Cliffs: Prentice-Hall 1978.

Goldfine, A., The Information Resource Dictionary System, in: Proceedings of the 4th International Entity-Relationship Conference, New York: IEEE Press 1985, S. 114 - 122.

Goldfine, A., Konig, P., A Technical Overview of the Information Resource Dictionary System (Second Edition), NBSIR 88-3700, Gaithersburg MD: National Bureau of Standards - Institute for Computer Science and Technology 1988.

Göpfrich, H.R., Wirtschaftsinformatik II - Strukturierte Programmierung in COBOL, 4. Auflage, Stuttgart, Jena: Fischer 1991.

Gotthard, W., Datenbanksysteme für Software-Produktionsumgebungen, Berlin, Heidelberg: Springer 1988.

GPS-Gesellschaft zur Prüfung von Software, Meisterdefinitionen: Die Überlegenheit Data-Dictionary-gestützter Softwareentwicklung, 2. Aufl., Ulm: GPS 1987.

Grupp, B., Optimale Verschlüsselung bei Online-Datenverarbeitung - Aufbau moderner Nummernsysteme für Sachnummern jeder Art, Personennummern und Auftragsnummern, Köln: TÜV Rheinland 1987.

GUIDE, ORION - Dokumentationssystem für Daten und Funktionen, internes Dokument, o.O.: o.V, Stand 12.03.87.

Habermann, H.-J., Leymann, F., Repository - Eine Einführung, München, Wien: Oldenbourg 1993.

Halpin, T.A., Orlowska, M.E., Fact-oriented Modelling for Data Analysis, in: Journal of Information Systems 2 (1992), Nr. 2, S. 97 - 119.

Hansen, H.R., Wirtschaftsinformatik I, 6. Aufl., Stuttgart, Jena: Fischer 1992.

Heinrich, L.J., Informationsmanagement - Planung, Überwachung und Steuerung der Informationsinfrastruktur, 4. Auflage, München, Wien: Oldenbourg 1992.

Heinrich, L.J., Burgholzer, P., Systemplanung I - Planung und Realisierung von Informations- und Kommunikationssystemen, 5. Auflage, München, Wien: Oldenbourg 1991.

Heinrich, L.J., Burgholzer, P., Systemplanung II - Planung und Realisierung von Informations- und Kommunikationssystemen, 4. Auflage, München, Wien: Oldenbourg 1990.

Hesse, W., Merbeth, G., Frölich, R., Software-Entwicklung - Vorgehens-modelle, Projektführung, Produktverwaltung, München, Wien: Oldenbourg 1992.

Heuer, K., Die Rolle von Dictionary-Systemen in Software-Produktions-umgebungen, in: H. Österle (Hrsg.), Anleitung zu einer praxisorientierten Software-Entwicklungsumgebung, Band 1: Erfolgsfaktoren werkzeugunterstützter Software-Entwicklung, Hallbergmoos: Angewandte Informationstechnik 1988, S. 117 - 133.

Heuer, K., Projektorientierte Datenmodellierung mit der Information Engineering Workbench (IEW) - Einsatzerfahrungen, in: HMD - Theorie und Praxis der Wirtschaftsinformatik 27 (1990), Nr. 152, S. 128 - 141.

Holloway, S., Data Administration, Aldershot: Gower Technical Press 1988.

IBM, Database 2 Release 3 - SQL Reference, 4th Edition, Order Number SC26-4346-0, o.O.: International Business Machines 1987.

ISO, TC97/SC5/WG3: Concepts and Terminology for the Conceptual Schema and Information Base, J.J. Griethuysen (Ed.), Geneva: International Organization for Standardization 1982.

ISO, TC97/SC21/WG3/N302: Information Resource Dictionary System Framework, Working Draft for Discussion at the Tokyo IRDS Rapporteur Meeting 1st-5th June 1987, Revision 3, DJL Gradwell (Ed.), Geneva: International Organization for Standardization 1987.

ISO, Draft International Standard ISO/IEC DIS 10027, Information Processing Systems - Information Resource Dictionary System (IRDS) Framework, Geneva: International Organization for Standardization 1989.

ISO, Draft International Standard ISO/IEC N 1020-2-1990, ATIS - A Tool Integration Standard, Geneva: International Organization for Standardization 1990.

ISO, ISO/IEC JTC1/SC07/WI 01.07.20.01A: Information Systems Engineering Reference Model, J. Berube, J. Thornton (Eds.), Working Draft Version 6, Geneva: International Organization for Standardization 1991.

Jajodia, S., Ng, P.A., Springsteel, F.N., Entity-Relationship Diagrams which are in BCNF, in: International Journal of Computer and Information Sciences 12 (1983), S. 269 - 283.

Kent, W., Data and Reality - Basic Assumptions in Data Processing Reconsidered, Amsterdam et al.: North-Holland 1978.

Kent, W., Limitations of Record-Based Information Models, in: ACM Transactions on Database Systems 4 (1979), Nr. 1, S. 107 - 131.

Kent, W., Fact-Based Data Analysis and Design, in: C.G. Davis, S. Jajodia, P.A. Ng, R.T. Yeh (Eds.), Entity-Relationship-Approach to Software Engineering, Amsterdam: North-Holland 1983, S. 3 - 53.

Knolmayer, G., Myrach T., Anforderungen an Tools zur Darstellung und Analyse von Datenmodellen, in: HMD - Theorie und Praxis der Wirtschaftsinformatik 27 (1990), Nr. 152, S. 90 - 102.

KnowledgeWare, Workstation Basics, Release 2.7.02, o.O.: Knowledge Ware 1993a. (ist für alle Workstations gleich).

KnowledgeWare, Encyclopedia Management, Release 2.7.02, o.O.: Knowledge Ware 1993b. (ist für alle Workstations gleich).

KnowledgeWare, Planning Workstation, User Guide, Release 2.7.02, o.O.: Knowledge Ware 1993c.

KnowledgeWare, Analysis Workstation, User Guide, Release 2.7.02, o.O.: Knowledge Ware 1993d.

KnowledgeWare, Design Workstation, User Guide, Release 2.7.02, o.O.: Knowledge Ware 1993e.

KnowledgeWare, Construction Workstation-MVS, User Guide, Release 2.7.02, o.O.: Knowledge Ware 1993f.

Koshafian, S., Insight into Object-Oriented Databases, in: Information and Software Technology 32 (1990), Nr. 4, S. 274 - 289.

Krcmar, H., Bedeutung und Ziele von Informationssystem-Architekturen, in: Wirtschaftsinformatik 32 (1990), Nr. 5, S. 395 - 402.

Kudlich, H., Datenbank-Design, Wien, New York: Springer 1988.

Kunerth, W., Werner, G., EDV-gerechte Verschlüsselung - Grundlagen und Anwendung moderner Nummernsysteme, 2. Auflage, Stuttgart, Wiesbaden: Forkel 1981.

Larson, B.L., The Database Experts' Guide to Database 2, New York: McGraw-Hill 1988.

Lefkovits, H.C., IBM's Repository Manager/MVS: Concepts, Facilities, and Capabilities, Boston et al.: QED 1991.

Leong-Hong, B.W., Plagman, B.K., Data Dictionary/Directory Systems: Administration, Implementation and Usage, New York et al.: John Wiley & Sons 1982.

Leung, C.M.R., Nijssen, G.M., Relational Database Design Using the NIAM Conceptual Schema, in: Information Systems 13 (1988), Nr. 2, S. 219 - 227.

Ling, A.: Normal Form for Entity-Relationship Diagrams, in: P.P. Chen (Ed.), Entity Relationship Approach - The Use of the ER concept in Knowledge Representation, Amsterdam: North-Holland 1985.

Lockemann, P.C., Radermacher, K., Konzepte, Methoden und Modelle zur Datenmodellierung, in: HMD - Theorie und Praxis der Wirtschafts- informatik 27 (1990), Nr. 152, S. 3 - 16.

Löffler, S., Warner, A., Integration von Software-Entwicklungswerkzeugen, in: H. Österle (Hrsg.), Anleitung zu einer praxisorientierten Software- Entwicklungsumgebung, Band 1: Erfolgsfaktoren werkzeugunter- stützter Software-Entwicklung, Hallbergmoos: Angewandte Informationstechnik 1988, S. 29 - 37.

Mark, L., What is the Binary Relationship Approach, in: C.G. Davis, P.A. Jajodia, P.A. Ng. (Eds.), Entity-Relationship-Approach to Software Engineering, Amsterdam: North-Holland 1983, S. 205 - 220.

Mark, L., Roussopoulos, N., Integration of Data, Schema and Meta-Schema in the Context of Self-Documenting Data Models, in: C.G. Davis, P.A. Jajodia, P.A. Ng. (Eds.), Entity-Relationship-Approach to Software Engineering, Amsterdam: North-Holland 1983, S. 585 - 602.

Martin, J., Strategic Data Planning Methodologies, Englewood Cliffs: Prentice-Hall 1982.

Martin, J., McClure, C, Diagramming Techniques for Analysts and Programmers, Englewood Cliffs: Prentice-Hall 1985.

Martin, J., Information Engineering, Book I: Introduction, Englewood Cliffs: Prentice-Hall 1989.

Martin, J., Information Engineering, Book II: Planning and Analysis, Englewood Cliffs: Prentice-Hall 1990a.

Martin, J., Information Engineering, Book III: Design and Construction, Englewood Cliffs: Prentice-Hall 1990b.

Meier, A., Relationale Datenbanken - Eine Einführung für die Praxis, Berlin et al.: Springer 1992.

Melton, J., Simon, A.R., Understanding the New SQL: A Complete Guide, San Mateo: Morgan Kaufmann 1993.

Mertens, P., Integrierte Informationsverarbeitung 1 - Administrations- und Dispositionssysteme in der Industrie, 8. Auflage, Wiesbaden: Gabler 1991.

Mertens, P., Griese, J., Integrierte Informationsverarbeitung 2 - Planungs- und Kontrollsysteme in der Industrie, 6. Auflage, Wiesbaden: Gabler 1991.

Montgomery, S.L., AD/Cycle - IBM's Framework for Application Development and CASE, Van Nostrand Reinhold: New York 1991.

Myrach, T., A Comparison of Entity-Relationship and Normalization Approaches to Data Modeling with Respect to Normal Forms, in: S. Spaccapietra (Ed.), Proceedings of the Database Research in Switzerland Conference, Lausanne 1991, S. 237 - 253.

Myrach, T., Jordan, A., Implementierung und Vergleich mehrerer Methoden zur Identifizierung von Datenelementen im Data Dictionary ROCHADE, Arbeitsbericht Nr. 22 des Instituts für Wirtschaftsinformatik der Universität Bern, Bern 1990.

Myrach, T., Jordan, A., Implementierung und Vergleich mehrerer Methoden zur Identifizierung von Datenelementen, in: H.-J. Scheibl (Hrsg.), Software-Entwicklungs-Systeme und -Werkzeuge, Esslingen: Technische Akademie 1991, S. 8.2.-1 - 8.2.-15.

Narayan, R., Data Dictionary - Implementation, Use, and Maintenance, Englewood Cliffs: Prentice-Hall 1988.

Nauer, B., Das Repository-Informationsmodell als zentrale Schnittstelle, in: HMD Theorie und Praxis der Wirtschaftsinformatik 28 (1991), Nr. 161, S. 26 - 34.

Navathe, S.B., Kerschberg, I., Role of Dictionaries in Information Resource Management, in: Information & Management 10 (1986), Nr. 1, S. 21 - 46.

Newton, J., Guide on Data Entity Naming Conventions, NIST Special Publication 500-149, Gaithersburg MD: National Bureau of Standards 1987.

Newton, J., Developing and Applying Data Entity Naming Conventions, in: Data Resource Management 2 (1991), Nr. 4, S. 63 - 68.

Niedereichholz, J., Wentzel, C., Voraussetzungen und organisatorische Wirkungen des Informationsmanagements, in: Angewandte Informatik 27 (1985), Nr. 7, S. 284 - 290.

Nijssen, G.M., Halpin, T.A., Conceptual Schema and Relational Database Design - A Fact Oriented Approach, New York et al.: Prentice-Hall 1989.

Olle, T.W., Black, M., Data Levels in IRDS, in: S. Holloway (Ed.), The Future of Data Dictionaries, Proceedings of Database 88, 19 - 20 May 1988, Open University, Milton Keynes, Aldershot: Gower Technical 1989.

Olle, T.W., Hagelstein, J., MacDonald, I.G., Roland, C., Sol, H.G., Van Assche, F.J.M., Verrjin-Stuart, A.A., Information Systems Methodologies - A Framework for Understanding, 2nd Ed., Workingham at al.: Addison-Wesley 1991.

Ollmert, H.J., Datenstrukturen und Dateiorganisationen, München, Wien: Oldenbourg 1989.

Ortner, E., Semantische Modellierung - Datenbankentwurf auf der Ebene der Benutzer, in: Informatik-Spektrum 8 (1985), Nr. 1, S. 20 - 28.

Ortner, E., Söllner, B., Konzept und Einsatz eines Data Dictionary bei DATEV, in: Informatik-Spektrum 12 (1989), Nr. 2, S. 82-92.

Ortner, E., Rössner, J., Söllner, B., Entwicklung und Verwaltung standardisierter Datenelemente, in: Informatik-Spektrum 13 (1990), Nr.1, S. 17 - 30.

Ortner, E., Informationsmanagement - Wie es entstand, was es ist und wohin es sich entwickelt, in: Informatik-Spektrum 14 (1991a), Nr. 6, S. 315 - 327.

Ortner, E., Unternehmensweite Datenmodellierung als Basis für integrierte Informationsverarbeitung in Wirtschaft und Verwaltung, in: Wirtschaftsinformatik 33 (1991b), Nr. 4, S. 269 - 280.

Ortner, E., Ein Referenzmodell für den Einsatz von Dictionary/Repository-Systemen in den Unternehmen, in: Wirtschaftsinformatik 33 (1991c), Nr. 5, S. 420 - 430.

Österle, H., Brenner, W., Integration durch Synonymerkennung, in: Information Management 1 (1986), Nr. 2, S. 54 - 62.

Österle, H., Auf dem Weg zum Computer Integrated Software-Engineering, in: H. Österle (Hrsg.), Anleitung zu einer praxisorientierten Software-Entwicklungsumgebung, Band 1: Erfolgsfaktoren werkzeugunterstützter Software-Entwicklung, Hallbergmoos: Angewandte Informationstechnik 1988, S. 9 - 28.

Österle, H., Gutzwiller, T., Konzepte angewandter Analyse- und Design-Methoden, Band 1: Ein Referenz-Metamodell für die Analyse und das System-Design, Hallbergmoos: Angewandte Informations Technik 1992a.

Österle, H., Gutzwiller, T., Konzepte angewandter Analyse- und Design-Methoden, Band 2: Ein Beispiel für die Analyse und das System-Design, Hallbergmoos: Angewandte Informations Technik 1992b.

Page-Jones, M., The Practical Guide to Structured Systems Design, 2nd Ed., Englewood Cliffs: Prentice-Hall 1988.

Peters, L., Advanced Structured Analysis and Design, Englewood Cliffs: Prentice-Hall 1988.

Quang, P.T., Chartier-Kastler, C., MERISE in Practice, Houndmills, London: Macmillan London 1991.

R&O, Rochade Benutzerhandbuch, Version 3.30k, Stand: 01.09.1987, Germering: R&O GmbH 1987.

R&O, ROCHADE 4.0x - Referenzhandbuch Grundbegriffe und Arbeitsweise von ROCHADE, Stand: 15.12.1993, o.O.: R&O GmbH 1993a.

R&O, ROCHADE 4.0x - Referenzhandbuch Systemadministration, Stand: 15.12.1993, o.O.: R&O GmbH 1993b.

Rauh, O., Systementwicklung - Datenmodellierung als Voraussetzung des Datenbankeinsatzes, in: Wirtschaftswissenschaftliches Studium 19 (1990), Nr. 5, S. 252 - 256.

Rauh, O., Überlegungen zur Behandlung ableitbarer Daten im Entity-Relationship-Modell (ERM), in: Wirtschaftsinformatik 34 (1992a), Nr. 3, S. 294 - 306.

Rauh, O., Die Unterscheidung von originären und ableitbaren Daten im Entity-Relationship-Modell (ERM), in: K.-H. Rau, E. Stickel (Hrsg.), Daten- und Funktionsmodellierung, Wiesbaden: Gabler (1992b), S. 115 - 136.

Reusch, P.J.A., Informationssysteme, Dokumentationssprachen, Data Dictionaries, Mannhein et al.: BI-Wissenschaftsverlag 1980.

Röhrle, J., Kratzer, K., Verwaltung von Integritätsbedingungen in einem Datenwörterbuch, in: Angewandte Informatik 30 (1988), Nr. 1, S. 18 - 26.

Rumbaugh, J., Blaha, M., Premerlani, W., Eddy, F., Lorensen, W., Object-Oriented Modeling and Design, Englewood Cliffs: Prentice-Hall 1991.

Sakamoto, J.G., Ball, F.W., Supporting Business Systems Planning Studies with the DB/DC-Dictionary, in: IBM Systems Journal 21 (1982), Nr. 1, S. 54 - 80.

Scheer, A.-W., Wirtschaftsinformatik - Informationssysteme im Industriebetrieb, Berlin et al.: Springer 1988.

Scheer, A.-W., Unternehmensdatenmodell, in: Information Management 5 (1990), Nr. 1, S. 92 - 94.

Scheer, A.-W., Architektur integrierter Informationssysteme - Grundlagen der Unternehmensmodellierung, Berlin et al.: Springer 1991.

Schek, H.-J., Pistor, P., Data Structures for an Integrated Database Management and Information Retrieval System, in: Proceedings of the International Conference on Very Large Databases, Mexico City 1982, S. 197 - 207.

Schlageter, G., Stucky, W., Datenbanksysteme: Konzepte und Modelle, 2. Aufl., Stuttgart: Teubner 1983.

Scholl, M.H., Schek, H.-J., Evolution von Datenmodellen, in: HMD - Theorie und Praxis der Wirtschaftsinformatik 27 (1990), Nr. 152, S. 103 - 115.

Schulz, A., Software-Entwurf - Methoden und Werkzeuge, 2. Auflage, München, Wien: Oldenbourg 1990.

Schussel, G., The Role of the Data Dictionary, in: Datamation 23 (1977), Nr. 6, S. 129 - 142.

Schütt, A., Schütt, E., Wildgrube, E., Data Dictionaries - Hilfsmittel zur Verwaltung von Datenressourcen, in: Angewandte Informatik 23 (1981), Nr. 7, S. 281 - 285.

Seeler, J., Data-dictionary-gestützte Datenmodellierung bei der EFFEM GmbH, in: HMD - Theorie und Praxis der Wirtschaftsinformatik 27 (1990), Nr. 152, S. 55 - 65.

Shlaer, S., Mellor, S.J., Object-Oriented Systems Analysis - Modeling the World in Data, Englewood Cliffs: Prentice-Hall 1988.

Sinz, E.J., Das Strukturierte Entity-Relationship-Modell (SER-Modell), in: Angewandte Informatik 30 (1988), Nr. 5, S. 191 - 202.

Sinz, E.J., Das Entity-Relationship-Modell und seine Erweiterungen, in: HMD - Theorie und Praxis der Wirtschaftsinformatik 27 (1990), Nr. 152, S. 17 - 29.

Skubch, H., Industriestandard oder Mixed Software, in: H. Österle (Hrsg.), Anleitung zu einer praxisorientierten Software-Entwicklungsumgebung, Band 1: Erfolgsfaktoren werkzeugunterstützter Software-Entwicklung, Hallbergmoos: Angewandte Informationstechnik 1988, S. 217 - 227.

Sokolovsky, Z., Bemerkungen zu Data-Dictionary-Systemen, in: Angewandte Informatik 23 (1981a), Nr. 3, S. 122 - 130.

Sokolovsky, Z., Funktionsmächtigkeit künftiger Data-Dictionary-Systeme, in: Angewandte Informatik 23 (1981b), Nr. 7, S. 286 - 291.

Song, I., Forbes, E.A., Schema Conversion Rules Between EER and NIAM Model, in: T.J. Teorey (Ed.), Proceedings of the 10th International Conference on the Entity Relationship Approach, San Mateo: o.V. 1991.

Stahlknecht, P. Einführung in die Wirtschaftsinformatik, 5. Auflage, Berlin et al.: Springer 1991.

Straub, A., Konsolidierung von Daten verteilter Data Dictionaries in der Systementwicklung am Beispiel von ADW, Lizentiatsarbeit an der Universität Bern 1992.

Strunz, H., CASE, in: Information Management 3 (1988), Nr. 2, S. 64 - 65.

Stülpnagel, A. von, Data Dictionary, in: Handbuch der Modernen Datenverarbeitung 21 (1984), Nr. 118, S. 59 - 70.

Takoushian, R., Domain Classification: A Scalar Approach to Data Names, in: Data Resource Management 4 (1993), Nr. 2, S. 15 - 24.

Tasker, D, Fourth Generation Data - A Guide to Data Analysis for New and Old Systems, New York et al.: Prentice-Hall 1989.

Teorey, T.J., Database Modeling and Design - The Entity-Relationship Approach, San Mateo: Morgan Kaufman 1990.

Trombetta, M., Finkelstein, S.C., OS JCL and Utilities - A Comprehensive Treatment, Reading et al.: Addison-Wesley 1984.

Tsichritzis, D., Klug, A., The ANSI/X3/SPARC DBMS Framework: Report of the Study Group on Database Management Systems, in: Information Systems 3 (1978), S. 173 - 191.

Uhrowczik, P.P., Data Dictionary/Directories, in: IBM Systems Journal 12 (1973), Nr. 4, S. 332 - 350.

Ullman, J.D., Principles of Database Systems, 2nd Ed., Rockville: Computer Science Press 1982.

Van Duyn, J., Developing a Data Dictionary System, Englewood Cliffs: Prentice-Hall 1982.

Verheijen, G.M.A., Van Bekkum, J., NIAM: An Information Analysis Method, in: T.W. Olle, H.G. Sol, A.A. Verijn-Stuart (Eds.), Information Systems Design Methodologies: A Comparative Review, Amsterdam: North-Holland 1982, S. 537 - 589.

Vetter, M., Mit einem Data Dictionary zu einem unternehmensweiten Realitätsmodell, Sonderdruck aus OUTPUT (1982), Nr. 8 - 11.

Vetter, M., Aufbau betrieblicher Informationssysteme mittels konzeptioneller Datenmodellierung, 6. Auflage, Stuttgart: Teubner 1990.

Wenner, T., Datenbankunterstützung für CASE-Entwicklungsumgebungen, in: Wirtschaftsinformatik 33 (1991), Nr. 1, S. 33 - 39.

Wertz, C.J., The Data Dictionary: Concepts and Uses, Amsterdam: North-Holland 1986.

Wesseler, B., Der Geist ist willig, in: Online (1987), Nr. 4, S. 50 - 53.

Wiorkowski, G., Kull, D., DB2 - Design & Development Guide, Reading et al.: Addison-Wesley 1988.

Yourdon, E., Constantine, L.L., Structured Design - Fundamentals of a Discipline of Computer Program and Systems Design, Englewood Cliffs: Prentice-Hall 1979.

Yourdon, E., Modern Structured Analysis, Englewood Cliffs: Prentice-Hall 1989.

Zachman, J.A., A Framework for Information Systems Architecture, in: IBM Systems Journal 26 (1987), Nr. 3, S. 276 - 292.

Zimmerl, O., Wartung und Pflege mit Data Dictionaries - Ein Leistungs-vergleich, in: Handbuch der modernen Datenverarbeitung 24 (1987), Nr. 135, S. 19 - 29.

Zimmermann, G., Praktische Erfahrungen beim Einsatz von Data Dictionary Systemen, in: Angewandte Informatik 31 (1989), Nr. 11/12, S. 478 - 484.

Zitny, U., Entwicklung der Datenstruktur und Unterstützung der Wartung und Pflege von Anwendungssystemen, in: Handbuch der modernen Datenverarbeitung 24 (1987), Nr. 135, S. 43 - 57.

Anhang A: Fragebogen "Nutzung von Data Dictionaries"

iWi Institut für
Wirtschafts-
informatik
B E R N

1. Welcher Branche gehört Ihre Organisation an?
Organisation wird hier definiert als eine juristische Person bzw. nach aussen unter eigenem Namen auftretende Einheit

- ❏ Banken
- ❏ Software-Hersteller
- ❏ Dienstleistungen
- ❏ Versicherungen
- ❏ Handel
- ❏ Verwaltung
- ❏ Industrie
- ❏ Sonstige

1.1. Wieviel Mitarbeiter sind in Ihrer Organisation beschäftigt?

1-99	100-499	500-999	1000-4999	5000 und mehr
❏	❏	❏	❏	❏

1.2. Wieviele Mitarbeiter sind in Ihrer DV-Abteilung beschäftigt?

Anzahl: _____________, davon in der Systementwicklung: _____________

2. Setzen Sie ein oder mehrere Data Dictionaries ein?

- ❏ eines
- ❏ mehrere
- ❏ keines ☞ gehen Sie bitte zu Frage 3

2.1. Welche/s Data Dictionary System/e setzen Sie ein?

Data Dictionary System 1

Name: _____________________ Hersteller: _____________________

Rechner/Betriebssystem: _____________________ Im Einsatz seit: _____________

Verantwortliche Abteilung: _____________________ Mitarbeiter: _____________

Data Dictionary System 2

Name: _____________________ Hersteller: _____________________

Rechner/Betriebssystem: _____________________ Im Einsatz seit: _____________

Verantwortliche Abteilung: _____________________ Mitarbeiter: _____________

Sonstige Data Dictionary Systeme: _____________________

2.2. Wie gross ist die Bedeutung des Einsatzes von Data Dictionaries in Ihrer Organisation?

sehr hoch	hoch	mittel	gering	sehr gering
❏	❏	❏	❏	❏

2.3. Welche DV-Objekte werden in Ihrem bzw. Ihren Data Dictionaries gespeichert?

- ❏ Konzeptuelles Datenmodell
- ❏ DBMS-Datenschemata
- ❏ Konventionelle Dateien
- ❏ Manuell organisierte Daten
- ❏ Abgeleitete Daten
- ❏ Benutzer von Daten
- ❏ Unternehmensfunktionen und -prozesse
- ❏ DBMS-Anwendungsprogramme
- ❏ Konventionelle Anwendungsprogramme
- ❏ Bildschirmformate/Masken
- ❏ Reports/Listen
- ❏ JCL

❏ Sonstiges: _____________________

____

2.4. Wie hoch schätzen Sie den Anteil der in Ihrer Organisation verwendeten Daten und Anwendungsprogramme, die in Ihrem bzw. Ihren Data Dictionaries dokumentiert sind?

	vollständig	hoch	mittel	gering	keine
Daten	❑	❑	❑	❑	❑
Programme	❑	❑	❑	❑	❑

2.5. Von welcher Benutzergruppe werden Data Dictionaries im Durchschnitt wie häufig benutzt?

	regelmässig			unregelmässig	nie
	täglich	wöchentlich	seltener		
Datenbankadministratoren	❑	❑	❑	❑	❑
Systemanalytiker	❑	❑	❑	❑	❑
Anwendungsprogrammierer	❑	❑	❑	❑	❑
Systemprogrammierer	❑	❑	❑	❑	❑
DV-Operateure	❑	❑	❑	❑	❑
Endbenutzer	❑	❑	❑	❑	❑
_____________	❑	❑	❑	❑	❑
_____________	❑	❑	❑	❑	❑

3. Setzen Sie Datenbanksysteme auf anderen Rechnern als PCs und Workstations ein?

❑ ja, und zwar   ❑ nein

✎ Bitte markieren Sie: ⊠ mit Verbindung zu einem DD   ⊘ ohne Verbindung zu einem DD

❑ ○ Adabas   ❑ ○ Datacom/DB   ❑ ○ DB2   ❑ ○ DL/1
❑ ○ DMS   ❑ ○ IDMS/R   ❑ ○ IMS   ❑ ○ Informix
❑ ○ Ingres   ❑ ○ Oracle   ❑ ○ RDB   ❑ ○ SQL/DS
❑ ○ SQL/400   ❑ ○ Supra   ❑ ○ Sybase   ❑ ○ Total

andere: ____

4. Setzen Sie Entwurfswerkzeuge (CASE-Tools) mit eigener Entwurfsdatenbank ein?

❑ ja, und zwar   ❑ nein

✎ Bitte markieren Sie: ⊠ mit Verbindung zu einem DD   ⊘ ohne Verbindung zu einem DD

❑ ○ ADW   ❑ ○ Excelerator   ❑ ○ IEF   ❑ ○ IEW
❑ ○ Maestro   ❑ ○ Managerview   ❑ ○ Pacbase   ❑ ○ Prokit
❑ ○ SDW/SDD   ❑ ○ Software through Pictures ❑ ○ Teamwork

andere: ____

5. Existiert bei Ihnen ein unternehmensweites Datenmodell?

❑ vorhanden   ❑ im Aufbau   ❑ nein

6. Wären Sie bereit, im Zuge einer umfassenderen Erhebung zu einem Interview zur Verfügung zu stehen respektive einen umfassenderen Fragebogen auszufüllen?

❑   ja   ☞ bevorzugte Sprache: ❑   Deutsch   ❑   Französisch
❑   nein

Name _________________________________   Firma _________________________________

Abteilung _________________________________   Strasse _________________________________

Funktion _________________________________   PLZ, Ort _________________________________

Telefon _________________________________   FAX _________________________________

Wir danken Ihnen herzlich für Ihre Mitarbeit

Anhang B: Auswertung des Fragebogens "Nutzung von Data Dictionaries"

Frage 1: Branchenzugehörigkeit

Branche	Nennungen
Banken	11
EDV/Informatik	11
Handel	19
Industrie	83
Öffentliche Stellen	1
Dienstleistungen	14
Versicherung	4
Verwaltung	5
Sonstige	2
Summe	150

Frage 1.1: Anzahl Mitarbeiter insgesamt

Größenklasse	Nennungen
1 - 99	3
100 - 499	9
500 - 999	61
1000 - 4999	64
> 5000	13
Summe	150

Durchschnittliche Anzahl DV-Mitarbeiter in den einzelnen
Unternehmensgrößenklassen
(die ersten beiden wurden zusammengefaßt)

Größenklasse	Durchschnitt DV-Abteilung	Durchschnitt System-entwicklung
1 - 499	28	12
500 - 999	19	8
1000 - 4999	64	29
> 5000	471	209
Insgesamt	76	35

Frage 1.2: Anzahl Mitarbeiter in DV-Abteilung und Systementwicklung

Größenklasse	Nennungen DV-Abteilung	davon in der System- entwicklung
0	6	22
1 - 5	19	44
6 -15	39	33
16 - 50	38	28
51 - 100	26	11
101 - 500	18	10
501 - 1500	4	2
Summe	150	150

Frage 2: Anzahl der in der Organisation eingesetzten Data-Dictionary-Systeme

Anzahl	Nennungen
kein DD	58
ein DD	65
mehrere	27
Summe	150

Frage 2.1: Mehrfach genannte Data-Dictionary-Systeme

Name	Hersteller	Nennungen
DATAMANAGER	MSP	16
DATA DICTIONARY	SAP	12
CDD+	DEC	10
PREDICT	SAG	9
ORACLE	ORACLE	9
IBM-DB/DC	IBM	7
IDD IDMS	CA	6
DATACOM	CA	5
ADW/IEW	KNOWLEDGE WARE	4
DB/2-DATA CATALOG	IBM	3
PACBASE	CGI	3
SUPRA	CINCOM	3
IBM-REPOSITORY	IBM	2
ROCHADE	R&O	2
Eigenentwicklung	---	5
Sonstige	---	23

Rechner:

Rechner	Nennungen
IBM	8
IBM 3090	26
IBM 4381	7
IBM 9000	6
IBM AS/400	2
DEC	6
DEC VAX	15
SIEMENS BS-2000	2
UNISYS	4
BULL	4
NCR	2
PC'S	2
Sonstige	8

Frage 2.2: Bedeutung des Einsatzes von Data-Dictionaries in den Organisationen

Bedeutung	Nennungen
Keine Angaben	57
Sehr hoch	25
Hoch	25
Mittel	34
Gering	8
Sehr gering	1
Summe	150

Frage 2.3: DV-Objekte in Data Dictionaries

DV-Objekte	Nennungen
DBMS-Datenschemata	71
DBMS-Anwendungsprogramme	54
Konventionelle Dateien	53
Bildschirmformate/Masken	48
Reports/Listen	37
Konventionelle Anwendungsprogramme	37
Konzeptuelles Datenmodell	34
Benutzer von Daten	29
Unternehmensfunktionen und -prozesse	23
Abgeleitete Daten	17
JCL	15
Manuell organisierte Daten	6

Frage 2.4: Dokumentationsgrad von Daten und Anwendungsprogrammen

Bezeichnung	Nennungen	
	Daten	Programme
Vollständig	13	9
Hoch	41	30
Mittel	25	15
Gering	11	17
Keine	1	14
Keine Angaben	59	65
Summe	150	150

Frage 2.5: Verwendung von Data Dictionaries durch Benutzergruppen

Benutzergruppe	Täglich	Wöchentl.	Seltener	Unregelm.	Nie	Keine Angaben
DB-Administratoren	46	20	3	7	7	67
Systemanalytiker	22	28	14	15	7	64
Anwendungsprogr.	40	21	10	9	4	66
Systemprogrammierer	4	10	17	15	24	80
DV-Operateure	3	4	6	7	50	80
Endbenutzer	6	1	10	17	41	75

Frage 3: Eingesetzte Datenbanksysteme

Name	ohne DD-Anbindung	mit DD-Anbindung	Total
DB2	6	20	26
DL/1	12	12	24
IMS	9	13	22
ORACLE	10	10	20
ADABAS	5	9	14
RDB	3	9	12
SQL/400	7	3	10
IDMS/R	2	6	8
DATACOM/DB	2	6	8
INGRES	4	3	7
SQL/DS	1	6	7
SUPRA	3	3	6
INFORMIX	5	1	6
DMS	2	3	5
SYBASE	2	1	3
TOTAL	0	1	1
Summe			179

Sonstige:

Name	Nennungen
IDS	6
IMAGE	3
UNISYS	2
Sonstige	7

Frage 4: Eingesetzte CASE-Tools

Name	ohne DD-Anbindung	mit DD-Anbindung	Total
ADW/IEW	12	7	19
EXCELERATOR	3	2	5
MANAGERVIEW	0	3	3
SOFTWARE THROUGH PICTURES	2	1	3
TEAMWORK	2	1	3
MAESTRO	1	1	2
SDW/SDD	0	1	1
IEF	0	1	1
PACBASE	0	1	1
PROKIT	1	0	1
Summe	21	18	39

Sonstige:

Name	Nennungen
ORACLE-Tools	4
LINC	2
SYSTEM ENGINEERING	2

Frage 5.: Existenz eines unternehmensweiten Datenmodells

Bezeichnung	Nennungen
Vorhanden	19
Im Aufbau	54
Nein	76
Keine Angaben	1
Summe	150